REVISTA DE DIREITO MERCANTIL industrial, econômico e financeiro

140

Publicação do
Instituto Brasileiro de Direito Comercial Comparado
e Biblioteca Tullio Ascarelli
do Departamento de Direito Comercial
da Faculdade de Direito da Universidade de São Paulo

Ano XLIV (Nova Série)
outubro-dezembro/2005

MALHEIROS
EDITORES

REVISTA DE DIREITO MERCANTIL
industrial, econômico e financeiro

Nova Série — Ano XLIV — n. 140 — outubro-dezembro de 2005

REVISTA DE DIREITO MERCANTIL
publicação trimestral de
MALHEIROS EDITORES LTDA.
Rua Paes de Araújo, 29, conjunto 171
CEP 04531-940
São Paulo, SP - Brasil
Tel. (011) 3078-7205
Fax: (011) 3168-5495

Diretor Responsável: Álvaro Malheiros
Diretora: Suzana Fleury Malheiros

Assinaturas e comercialização:
CATAVENTO DISTRIBUIDORA DE LIVROS S.A.
Rua Conselheiro Ramalho, 928
CEP 01325-000
São Paulo, SP - Brasil
Tel. (011) 3289-0811
Fax: (011) 3251-3756

Supervisão Gráfica: Vânia Lúcia Amato
Composição: *Scripta*

SUMÁRIO

DOUTRINA

A INEVITÁVEL INSTABILIDADE DA GOVERNANÇA CORPORATIVA NORTE-AMERICANA 7
— Mark J. Roe

RESOLUÇÃO POR ONEROSIDADE EXCESSIVA 23
— Luiz Gastão Paes de Barros Leães

ATUALIDADES

REFLEXOS DA TEORIA CONTRATUAL CONTEMPORÂNEA NA RESILIÇÃO UNILATERAL DA REPRESENTAÇÃO COMERCIAL 39
— Sérgio Botrel

RACIOCÍNIO JURÍDICO FUNCIONAL A EXEMPLO DO DIREITO SOCIETÁRIO 52
— Lorenz Fastrich

RESPONSABILIZAÇÃO NO DIREITO SOCIETÁRIO DE TERCEIRO POR OBRIGAÇÃO DA SOCIEDADE 86
— Vinícius Jose Marques Gontijo

DA EXECUÇÃO CAMBIAL SEM CÁRTULA ORIGINAL NA HIPÓTESE DE PAGAMENTO PARCIAL DE TÍTULOS DE CRÉDITO 99
— Fabrício Gonçalves de Souza Sabina

LIQUIDAÇÃO, ENCERRAMENTO E EXTINÇÃO DAS OBRIGAÇÕES DO FALIDO 110
— Vera Helena de Mello Franco

DÉBITOS FISCAIS E A RECUPERAÇÃO JUDICIAL DE EMPRESAS 118
— José Eli Salamacha

ALADI — CONTORNOS GERAIS DO SISTEMA DE INTEGRAÇÃO 126
— Cláudio Luiz Gonçalves de Souza

A FUNÇÃO ECONÔMICA DAS PARCERIAS PÚBLICO-PRIVADAS (PPPs) 139
— Marcos Barbosa Pinto

A *ICANN* E A REGULAMENTAÇÃO DOS NOMES DE DOMÍNIO 148
— Luciana Batista Esteves

OPERAÇÕES DE CRÉDITO E A DISCIPLINA DO MERCADO FINANCEIRO 171
— Renato M. Buranello

GERENCIAMENTO DE RISCO OPERACIONAL (Resolução CMN 3.380, DE 29.2.2006) 181

— HAROLDO MALHEIROS DUCLERC VERÇOSA e JOÃO ALBERTO MAGRO

CONSIDERAÇÕES GERAIS SOBRE AS CHAMADAS *FINANCIAL HOLDING COMPANIES* 189

— RICARDO SIMÕES RUSSO

HOMOLOGAÇÃO E EXECUÇÃO DE SENTENÇA ARBITRAL ESTRANGEIRA NO STJ 193

— MARCO AURÉLIO GUMIERI VALÉRIO

ESPAÇO DISCENTE

INTERNET: O CONCEITO DA ATIVIDADE EMPRESARIAL DE PROVIMENTO DE ACESSO PARA FINS TRIBUTÁRIOS 205

— TARCISIO TEIXEIRA

JURISPRUDÊNCIA COMENTADA

SERVIDOR PÚBLICO — TERÇO CONSTITUCIONAL DE FÉRIAS — CONTRIBUIÇÃO PREVIDENCIÁRIA — NÃO INCIDÊNCIA 225

— RENATO PELIZZARO

PARECERES

OFERTA PÚBLICA PARA A AQUISIÇÃO DE AÇÕES (OPA) — TEORIA DA CONFIANÇA — DEVERES DE PROTEÇÃO VIOLADOS — A DISCIPLINA INFORMATIVA E O MERCADO DE CAPITAIS — RESPONSABILIDADE PELA CONFIANÇA — ABUSO DO PODER DE CONTROLE 229

— JUDITH MARTINS-COSTA

COLABORAM NESTE NÚMERO

CLÁUDIO LUIZ GONÇALVES DE SOUZA

Pós-Graduado em Administração do Comércio Exterior, Metodologia do Ensino Superior. Mestre em Direito Empresarial. Professor de Relações Internacionais do Comércio e Direito Internacional Privado da Pontifícia Universidade Católica de Minas Gerais — PUC/MG. Professor de Introdução ao Comércio Exterior e Sistemática Prática de Exportação do Centro Universitário Newton Paiva. Presidente do Instituto Nacional do Comércio Exterior — INACEX. Advogado.

FABRÍCIO GONÇALVES DE SOUZA SABINA

Mestrando em Direito Privado pela Faculdade de Direito da Universidade Federal de Minas Gerais — UFMG. Advogado.

HAROLDO MALHEIROS DUCLERC VERÇOSA

Mestre e Doutor em Direito Comercial pela Universidade de São Paulo — USP. Professor de Direito Comercial das Faculdades de Direito da USP e da FAAP. Membro do Centro de Mediação e Arbitragem da Câmara de Comércio Brasil-Canadá. Consultor.

JOÃO ALBERTO MAGRO

Contador, com Especialização em Auditoria e Auditoria de Sistemas (USP e ESAF). Pós-Graduação em Administração e Controladoria (USP). Graduando em Direito (PUC/SP).

JOSÉ ELI SALAMACHA

Mestre em Direito Econômico e Social pela Pontifícia Universidade Católica do Paraná — PUC/PR. Advogado no Paraná.

JUDITH MARTINS-COSTA

Professora Livre-Docente pela Universidade de São Paulo — USP. Professora da Faculdade de Direito da Universidade Federal do Rio Grande do Sul — UFRGS.

LORENZ FASTRICH

Professor Titular da Universidade de Munique/Alemanha, para as Cátedras de Direito Civil, Econômico e do Trabalho.

LUCIANA BATISTA ESTEVES

Mestranda, na Área de Direito Intelectual, da Faculdade de Direito da Universidade de Lisboa.

LUIZ GASTÃO PAES DE BARROS LEÃES

Professor Titular da Faculdade de Direito da Universidade de São Paulo — USP. Advogado.

MARCO AURÉLIO GUMIERI VALÉRIO

Bacharel e Mestre em Direito pela UNESP — Universidade Estadual Paulista, *campus* de Franca/SP. Professor da FEA — Faculdade de Economia, Administração, Contabilidade e Economia de Empresas e Controladoria da USP — Universidade de São Paulo, *campus* de Ribeirão Preto/SP. Advogado.

MARCOS BARBOSA PINTO

Advogado.

MARK J. ROE

Professor da Universidade de Harvard.

RENATO M. BURANELLO

Mestre em Direito Comercial e Especialista em Direito Empresarial pela Pontifícia Universidade Católica de São Paulo — PUC/SP. Membro da Associação Internacional de Direito do Seguro — AIDA e da Associação Nacional de Seguro e Previdência — ANSP.

RENATO PELIZZARO

Advogado em São Paulo.

RICARDO SIMÕES RUSSO

Advogado.

SÉRGIO BOTREL

Mestre em Direito de Empresa. Doutorando em Direito Privado da Pontifícia Universidade Católica de Minas Gerais — PUC/MG. Professor do Curso de Direito da Universidade FUMEC. Advogado.

TARCISIO TEIXEIRA

Mestrando em Direito Comercial pela Faculdade de Direito da Universidade de São Paulo — USP. Especialista em Direito Empresarial pela Escola Paulista da Magistratura — EPM. Professor Universitário. Advogado em São Paulo.

VERA HELENA DE MELLO FRANCO

Professora Assistente Doutora da Faculdade de Direito da Universidade de São Paulo — USP. Advogada em São Paulo.

VINÍCIUS JOSE MARQUES GONTIJO

Doutor e Mestre em Direito Comercial pela Universidade Federal de Minas Gerais — UFMG. Professor no Curso de Mestrado *stricto sensu* da Faculdade de Direito Milton Campos, nos Cursos de Graduação e Pós-Graduação *lato sensu* da Faculdade de Direito da Pontifícia Universidade Católica de Minas Gerais — PUC/MG, no Curso de Graduação em Direito da UNA/BH-MG. Ex-Professor substituto na Faculdade de Direito da UFMG e da Universidade Federal de Ouro Preto/MG.

Doutrina

A INEVITÁVEL INSTABILIDADE DA GOVERNANÇA CORPORATIVA NORTE-AMERICANA[1]

Mark J. Roe

1. Introdução. 2. A fissura fundamental: 2.1 O conceito – 2.2 As vantagens – 2.3 As crises recorrentes. 3. A porosidade da regulação norte-americana: 3.1 A estrutura descentralizada – 3.2 A inevitabilidade da estrutura porosa. 4. Conclusão.

A governança corporativa apresenta duas instabilidades centrais nos Estados Unidos. A primeira é a separação entre "controle" e "titularidade" – acionistas distantes e difusos são titulares, enquanto o controle fica com a administração concentrada – uma separação que cria não apenas grandes eficiências, mas também grandes e recorrentes fraturas. Desde a II Guerra Mundial, a cada década enfrentamos um fundamental problema com a grande empresa nos Estados Unidos. E cada um deles emana dessa instabilidade básica. Não resolvemos, de forma definitiva, tal instabilidade porque alguma forma de separação é necessária nas grandes empresas, dado que gera eficiências relevantes e porque, se resolvemos um dos problemas derivados, outro emergirá em algum momento. Escândalos do tipo Enron são apenas a última manifestação dessa fissura central nas grandes companhias abertas norte-americanas.

A segunda instabilidade surge da descentralização e porosidade do sistema regulatório, aqui. Descentralização tem vantagens importantes – tais como flexibilidade, especialização, múltiplos canais informacionais –, de que decorrem custos na porosidade. Nosso sistema regulatório descentralizado deixa cada regulador enfraquecido. Mais importante, eles não são completamente independentes dos regulados. As entidades reguladas, freqüentemente, impedem que o regulador independente atue. O regulado pode induzir autoridades políticas a negar ao regulador poder suficiente para agir, pode se dirigir ao Congresso para reduzir os fundos destinados ao regulador e pode discutir a regulação que, potencialmente, o afetará. Escândalos do tipo Enron ilustram bem a instabilidade regulatória da governança corporativa norte-americana. Por isso que a resposta estrutural à primeira fissura – separação e administradores sem patrões imediatos – deveria facilitar a fiscalização por intermédio de fortes estruturas para acompanhar as ações, por intermédio de acionistas fortes e com motivação para conduzir os administradores em busca de lucratividade, por intermédio de contado-

1. Trad. de Rachel Sztajn. Originalmente publicado no *Restoring Trust in American Business* (MIT Press 2005) e *The Corporate Governance Law Review* 1, n. 1, 2005.

res poderosos e independentes, voltados a verificar as informações prestadas, entre outras medidas. Algumas dessas funções fiscalizadoras resultam de contratos, melhores práticas e exigências naturais do mercado. Outras são facilitadas pela regulação, mas aqui o regulado – em geral os administradores, nos Estados Unidos – pode afetar o resultado da regulação, freqüentemente enfraquecendo-a. Parte da regulação resulta de exigência do público que se manifesta de forma clara para que a regulação seja mais rígida e menos flexível do que seria o ideal.

Essas instabilidades não podem ser resolvidas de uma vez e para sempre. Ao revés, resolvemos o problema tópico e imediato, seguimos adiante e, em algum momento, enfrentamos um novo problema, que emana de uma ou ambas essas instabilidades centrais. Nos movemos através delas; não as resolvemos porque não podemos fazê-lo.

1. Introdução

As recentes crises de negócios parecem novas e diferentes do que ocorreu antes. Mas, no cerne, não são. A fissura central na governança corporativa norte-americana é a separação entre *propriedade* e *controle* – acionistas difusos e distantes e administração concentrada –, uma separação que cria tanto grandes eficiências quanto quebras recorrentes. Verdade, alguns dos escândalos e problemas específicos do tipo Enron são novos, ou formas exageradas do que ocorrera anteriormente – veículo de propósito especial com esquemas complexos de captação de recursos, elevada remuneração de executivos, em que as opções são elementos dominantes, falhas de uma tradicional empresa de contabilidade e conselho de administração desatento –, mas o específico ainda decorre da estrutura central da governança corporativa norte-americana. Resolveremos a questão – ou, mais plausivelmente, a reduziremos a proporções administráveis – e adiante, em outro local, outra peça do aparato corporativo falhará. Teremos outra crise de governança corporativa, que emanará da mesma fonte básica: a separação entre propriedade e controle das grandes companhias abertas. Vamos repará-la e continuar. Isso é o que acontecerá desta vez, e é o que ocorrerá na próxima.

A separação é a instabilidade fundacional da governança corporativa norte-americana. Mas não é a única chave de instabilidade, e a crise atual exemplifica que outra há. Temos um sistema regulatório descentralizado e poroso. Sim, descentralização tem grandes vantagens: especialização reguladora, múltiplos canais de informação fluindo para os reguladores e o potencial para que muitos atores possam, facilmente, fiscalizar uns aos outros, sem que se construa uma estrutura reguladora potencialmente rígida e monolítica. Um regulador pode não ver o problema, mas – esperamos – outro o perceberá.

Vantagens de descentralização são acompanhadas de dois custos na porosidade. E são elevados. Primeiro, uma crise pode emergir sem que haja regulador especializado e devidamente preparado para equacionar o problema; e cada um pode pensar que a tarefa recai sobre outro regulador, considerado mais bem preparado para tratar do problema corrente.

Mais ainda – e provavelmente mais importante –, nosso sistema regulatório descentralizado deixa cada regulador enfraquecido; a autoridade de cada um é incompleta. E o regulado pode explorar tais fraquezas, e freqüentemente o faz, por vezes impedindo o regulador de agir bem, seja por influenciar as autoridades políticas a negarem autoridade ao regulador, ou por questionar a proposta de regulação nos tribunais e Congresso. Essa porosidade impede muito de super-regulação – uma significativa vantagem. Mas também pode impedir a boa regulação. Os escândalos do tipo Enron ilustram bem a instabilidade da governança corporativa norte-americana; os fiscais[2] como os contadores mantêm seu ambiente regulatório fraco, além de contestarem as tentativas para reduzir conflitos de interesses. Presumivelmente as empresas reguladas influenciaram as medidas contábeis de rentabilidade, entre elas se as opções para aquisição de ações garantidas aos executivos e empregados deveriam ser lançadas como despesas, tal como salários ou remuneração de empregados. Em uma reação às crises de governança corporativa, a *Securities and Exchange Commission*/SEC considerou alterar a autoridade dos colegiados de forma mais severa em relação aos administradores – embora não mais do que alguns graus –, mas os administradores [objetaram] com uma oposição que até o momento impediu que a SEC recalibrasse a relação de poder acionista/administrador.

Combinem-se essas duas instabilidades, e é possível ver uma estrutura mais profunda no caso de escândalos do tipo Enron. Para mitigar os problemas da separação, mercados e reguladores têm construído instituições cuja função primária é verificar e validar as ações administrativas, uma vez que a separação de propriedade e controle aumenta o risco de irregularidades nas ações administrativas. Algumas dessas formas de controle – *gatekeeping*, em linguagem de governança – são reguladas. Mas, dado nosso sistema de regulação poroso, o grupo regulado – os administradores – pode induzir os reguladores a enfraquecer a fiscalização direta a que seriam submetidos, pode influenciar o Congresso a negar aos reguladores recursos para que exerçam, eficazmente, sua função, pode impedir a aprovação de uma boa regulação, e, dessa forma, tornar ineficaz a função fiscalizadora dos *gatekeepers* em relação aos administradores. Há mais que um pouco de cada elemento – um-dois-soco no estômago da governança corporativa norte-americana – no grupo de escândalos Enron.

2. *Gatekeepers*, no original.

2. A fissura fundamental

2.1 O conceito

Ao final do século XIX, avanços na Engenharia e uma economia continental tornaram eficiente a produção em larga escala nos Estados Unidos. Com as ferrovias cortando o país, a produção poderia ser grande e local, e a distribuição nacional.[3] O capital necessário para esse tipo de produção ultrapassava a capacidade mesmo das pessoas mais ricas. Para reunir recursos – especialmente nos casos de incorporações e de fundadores que alienassem suas participações –, operou-se a mudança da titularidade dos acionistas controladores para um mercado de valores mobiliários disperso e a separação entre propriedade e controle. A análise acadêmica por excelência veio com o famoso livro de Berle e Means.[4] A natureza da separação e seu grau foram pressionados por políticos populistas norte-americanos, que mantiveram as instituições financeiras – bancos e seguradoras no início do século XX – pequenas, fracas, e geralmente impedidas de investir em ações. Se os bancos e seguradores fossem grandes e autorizados a deter ações, teriam maior participação nas grandes empresas, como ocorreu em outros países e como seus sucessores fazem atualmente – como investidores institucionais – no início do século XXI, e o sistema de *corporate governance* nos Estados seria diferente.[5]

2.2 As vantagens

As vantagens da separação são claras e não requerem repetição. A separação per-

3. Alfred D. Chandler, *The Visible Hand: the Mangerial Revolution in American Business*, 1977.

4. Adolf Berle, Jr. e Gardiner C. Means, *The Modern Corporation and Private Property*, 1933.

5. Mark J. Roe, *Strong Managers, Weak Owners: the Political Roots of American Corporate Governance*, 1994. E, então, teríamos diferente forma de separação, uma que focaria as instituições financeiras – e, portanto, uma separação entre poupa-

mite que a escala de operações supere a capacidade individual de prover recursos. Mesmo Bill Gates, o mais rico dos norte-americanos, detém apenas 10% da *Microsoft*. O restante pertence a terceiros externos e a alguns poucos *insiders*. Mais ainda, a separação permite que as companhias combinem administradores talentosos mas sem recursos (ao menos no início) com investidores que têm capital mas não dispõem nem de tempo ou aptidões para administrar. Isso dá aos fundadores uma estratégia de saída básica; as barreiras para saída são também barreiras à entrada, e, se os fundadores não tivessem mecanismos de saída, a atividade empresarial seria, possivelmente, mais fraca do que é nos Estados Unidos da América. A separação também permite que os investidores diversifiquem, fazendo com que, ao longo do tempo, a poupança seja mais eficiente. E isso facilita a competição de produtos em mercados, no que diz respeito ao financiamento de necessidades de quem inicia uma operação (novos ingressantes).

2.3 As crises recorrentes

As vantagens da separação impõem custos. O mais relevante, a desestabilização repetida da governança corporativa, é que, com a separação entre propriedade e administração, o controle da companhia exercido pelos administradores pode gerar resultados pífios. Ninguém consegue fiscalizá-los. As metas dos administradores deterioram: buscam boa remuneração, boa vida, e manter as operações tal como estão, ao invés de se esforçarem para inovar, beneficiando a companhia, seus acionistas e os consumidores. Sem qualquer fiscalização, os problemas se acentuam. Mais importante, tecnologias e mercados mudam, e, por vezes, os administradores designados não são os mais adequados para lidar com a mudança. Mas, com a propriedade separada do controle, os administradores permanecem mais tempo do que seria bom para a economia.

A concentração acionária reduz os problemas causados pela separação, mas tem seus próprios custos, notadamente por aumentar os riscos de que *insiders* desviem o valor dos acionistas externos para si. Outros países enfrentam esse problema mais que nós. Não há "bala de prata".

Pode-se ver uma série de crises de companhias norte-americanas na metade do século, ou desde a II Guerra Mundial, todas emanadas da dificuldade central da separação. Nossas crises Enron e WorldCom são apenas a mais recente manifestação da fissura subjacente, o custo inevitável que vem com os benefícios da separação. Nos anos 1950 a crise estava na companhia – e seus administradores – e no surpreendente poder sobre a sociedade, poder que vinha quando a separação era combinada com o oligopólio doméstico, que ainda não enfrentava as fortes concorrentes internacionais. Nos anos 1960 o impulso da grande companhia expandindo vendas sem considerar lucros, inovação ou o bem-estar do consumidor, organizada em poderosos conglomerados. Tomadas de controle hostis emergiram nos anos 1970 e nos anos 1980 tornaram-se a *cause célebre* do debate político, social e societário. Nas suas melhores manifestações, eram os meios para reduzir os custos da separação e fazer os administradores mais responsáveis frente aos mercados. Na sua pior interpretação, eram os meios pelos quais administradores gananciosos expandiam o império de suas companhias. E no final dos anos 1980 os escândalos de *insider trading* – centrados em Ivan Boesky, Michael Milken e alguns outros – foram vistos na imprensa e pelo público, talvez, como centrais no sistema societário. No final dos anos 1990 a compensação de executivos – exemplificada pelo pacote de Michael Eisner, extraordinariamente grande, recebido da Disney em 1999 – parecia fora de controle. E, então, na primeira década do século XXI, tivemos

dores e a carteira institucional –, e menor participação societária.

Enron, WorldCom e falhas associadas, nas quais administradores informaram de forma enganosa os números, e os olhos dos auditores ficaram fechados. Ou pior.

Houve uma crise a cada década, e cada crise foi analisada por acadêmicos. E cada crise – e o movimento analítico que gerou – pode ser ligada à separação entre propriedade e controle, ocasionalmente por intermédio de uma reação, ou super-reação, à crise anterior. Vejamos cada uma delas, mais detalhadamente.

1. Poder gerencial nos anos 1950. A questão nos anos 1950 era *poder*. Considere-se um primeiro documento acadêmico da época, a coleção de ensaios editada por Edward Mason incluída em *The Corporation in Modern Society*[6] (Mason foi professor de Economia em Harvard e organizou um grupo de pensadores em matéria de companhias para refletir sobre a empresa nos anos 1950). O consenso, então, foi que uma grande sociedade anônima esmagaria seus empregados, consumidores e suas comunidades. Era muito poderosa, sendo necessário vigiá-la cuidadosamente. Política pública deveria ser, pensava-se, formulada na direção de domar e enjaular a empresa.

Disse Mason: "Esta poderosa máquina societária, que com sucesso produz os bens que desejamos, parece atuar sem qualquer controle perceptível".[7] Outros diziam que as companhias haviam "produzido tensão de poder ... (como) empresas gigantescas ... que rivalizavam em poder com a soberania estatal".[8] Olhando para trás, diria que a posição oligopolista em certos mercados fora combinada com a separação da propriedade para dar aos administradores de grandes companhias – GM, GE, IBM – enorme poder e discricionariedade.

Esse poder surgiu do comando sobre o capital nas grandes companhias norte-americanas, por seu tamanho e por estarem insuladas de forte concorrência no mercado oligopolizado norte-americano, ao qual faltava uma séria concorrência internacional. A separação deu-lhes discricionariedade, e a separação deu-lhes liberdade para construir companhias gigantescas. As três grandes do setor automobilístico, do aço e fabricantes de equipamentos elétricos eram companhias poderosas, com administradores poderosos que gozavam de discricionariedade sobre o que fazer com os lucros acima do normal. A discricionariedade administrativa – decorrente da separação – e os grandes lucros fizeram o poder dos administradores norte-americanos visível nos anos 1950. Os capitães da indústria distribuiriam esses lucros excepcionais para si – por meio de salários elevados, bons escritórios e boa vida – ou aos acionistas, empregados, instituições de caridade, ou aos consumidores por meio de melhores produtos.

A sensação de enorme poder esmaeceu. A política *antitruste* foi o remédio central das análises acadêmicas nos anos 1950 e início dos anos 1960. Talvez a política de *mergers* – o Departamento de Justiça e decisões judiciais barraram a maioria das grandes operações horizontais e verticais durante o período – tenha feito a diferença, e as análises acadêmicas do período desejam que assim fosse. Mas o crescimento da concorrência internacional na produção também afetou o poder dos administradores norte-americanos, talvez até mais. O aumento da concorrência e a rápida mudança da tecnologia transformaram os administradores de criaturas todo poderosas, como os acadêmicos os viam nos anos 1950, em dirigentes que organizaram os conglomerados pesados e demorados nos anos 1970 e que nos anos 1980 falharam no reconstruir as companhias.

6. Edward Mason, *The Corporation in Modern Society*, 1959. Mais detalhes sobre esse período podem ser encontrados em Mark J. Roe, "From antitrust to corporate governance? The corporation and the law: 1959-1964", in Carl Kaysen, *The American Corporation Today*, 1996, pp. 102-127.

7. Mason, supra, nota 5, pp. 3-4.

8. Idem, p. 218.

Mas no cerne do problema percebido nos anos 1950 estava a separação da propriedade. Separação e grandes lucros deram àqueles administradores poderes discricionários sobre enorme montante de lucros e capital que excediam, em muito, a riqueza individual de qualquer deles. Podiam construir e administrar companhias gigantescas. Eles pareciam poderosos; e eram.

2. *Aumentando, satisfazendo e maximizando vendas nos anos 1960 e 1970.* No final dos anos 1960 e início dos anos 1970 a percepção mudou de "poder" para "desperdício". As companhias gastavam muito em propaganda, ofereciam produtos que rapidamente ficavam obsoletos, aumentavam em tamanho, e não em resultados. A administração estava ainda na frente e no centro, mas o sentido que predominava – refletido nos trabalhos clássicos de Oliver Williamson – era o de que os administradores maximizavam seu poder, prestígio e salários pela maximização das vendas. Quanto aos lucros, eram apenas satisfatórios. Os administradores não poderiam ignorar completamente os lucros, mas, desde que fossem, em média, aceitáveis, o que buscavam era maximizar as vendas (e não os lucros).[9]

3. *Os conglomerados nos anos 1960 e 1970.* Vaidade e discricionariedade aparecem e ganham a mais expressiva forma nos conglomerados norte-americanos da época. Na sede se concentravam pensadores estratégicos que dirigiriam as subsidiárias distantes. Os administradores locais teriam informação e aptidão, enquanto os administradores centrais teriam visão e competência para alocar os recursos. Por um período o conglomerado não foi entendido como problema, mas como solução para a separação da propriedade, de vez que os administradores centrais na sede monitorariam os administradores operacionais nas divisões e subsidiárias, transferindo aos melhores mais recursos e retirando-os daquelas divisões mais débeis. Esse estado de coisas – e a capacidade dos conglomerados para reduzir problemas derivados da separação administrativa – foi brevemente celebrado nos círculos econômicos.[10]

4. *Tomadas de controle hostis e a falha concorrencial nos anos 1970 e 1980.* Nos anos 1980 a grande empresa produtora norte-americana estava contida, como se completamente amarrada. Poderosos concorrentes europeus e japoneses batiam seus rivais norte-americanos.

Os lucros oligopolistas desapareceram, e as grandes empresas, setor depois de setor, tinham de concorrer com duros jogadores externos. Alguma coisa deveria ser feita para reduzir a ineficácia das companhias, para tornar as sociedades norte-americanas mais enxutas, menores, e novamente competitivas, desmanchar o movimento lento dos conglomerados. Conglomerados não eram mais a solução para a fissura da separação, mas eram seu maior problema.

O mercado e a teoria também ofereceram meios para reduzir o então recorrente e crítico problema da separação – o conglomerado e a administração não-competente – por meio de tomadas hostis de controle. O empresário que fizesse a oferta compraria ações da companhia, venderia divisões separadamente, ao invés de em conjunto, e, então, obteria lucros, porque as partes poderiam ser melhor administradas do que em conjunto num conglomerado pesado; portanto, os adquirentes paga-

9. Oliver Williamson, *The Economics of Discretionary Behavior: Managerial Objectives in a Theory of the Firm*, 1964. V., também: Robin Marris, *The Economic Theory of "Managerial" Capitalism*, 1964; Herbert A. Simon, "Theories of bounded rationality", in C. B. McGuire e Roy Radner (eds.), *Decision and Organization*, 1972; Richard M. Cyert e James G. March, *A Behavioral Theory of The Firm*, 1962.

10. Oliver Williamson, *Markets and Hierarchies: Analysis and Antitrust Implications. A Study in the Economics of Internal Organizations*, 1975.

riam mais pelas divisões melhor administradas, o suficiente para cobrir os custos da oferta. Essa possibilidade foi celebrada nas análises financeiras, notadamente por Michael Jensen.[11] Aquisições alavancadas focariam sobre administradores em uma só companhia com um único produto, reduzindo os problemas da separação.

Argumentos opostos apareceram. As empresas deveriam se comprometer com seus empregados e uma oferta hostil no mercado fazia os compromissos dos administradores inúteis, porque sabiam que poderiam ser destituídos. Na arena pública, um elemento fundamental parece ter sido o fato de que ofertas hostis implicavam a quebra de promessas implícitas feitas pelos administradores aos empregados, que pensavam entender que manteriam seus postos de trabalho desde que atuassem bem, não apenas enquanto os mercados – financeiro, de produtos e ofertas – concordassem. E algumas tomadas de controle foram efetuadas não para desmantelar o conglomerado grande demais, mas para criar mais poder para os administradores ofertantes: *empire building*. Mas, qualquer que fosse a posição adotada nessas questões, a fonte do problema era clara: novamente a separação entre propriedade e controle. O *takeover* hostil pode ser uma solucão partial para a separacão entre titularidade e controle. E o *empire building* também foi um problema causado pela separacão entre titularidade e controle.

5. "Insider trading" nos anos 1980. Separação significava que aqueles que negociassem ações teriam, freqüentemente, menos informação que pessoas ligadas à sociedade. Com freqüência a disparidade informacional não era muito importante, porque os *insiders* não sabiam muito do que poderia alterar o valor das ações. Casos ilegais de *insider* apareceram de forma intermitente e outros, presumivelmente, não foram detectados, parecendo este um problema de segunda ordem.

A explosão de *takeovers* (e outros *mergers*) alterou o quadro. Pessoas que experimentaram os efeitos que receberam de uma tomada de controle com grande prêmio tinham informação que podiam negociar com vantagens. Podiam adquirir ações de investidor ingênuo, não-participante do grupo de controle, a preços baixos e ganhar muito quando a oferta fosse anunciada. Não apenas os administradores tinham essa informação, como, também, os profissionais de Wall Street – e os *wall streeters* sabiam como negociar rápido e bem. O surto de *inside trading* ganhou as manchetes, indiciamentos – o mais famoso o de Michael Milken, o negociador de *junk bonds*, e Ivan Boesky, o *arbitrageur* – reduziram a legitimação do mercado acionário aos olhos de muitos.[12]

6. Remuneração de executivos nos anos 1990. Em 1999, Michael Eisner recebeu mais de US$ 500 milhões, incluindo lucros de opções que converteu em espécie. Alguns pensaram ser excessivo, e seu pagamento foi destaque nos meios de comunicação; outros pensaram ser a justa recompensa pelo valor que ele inicialmente criara para os acionistas.[13] A remuneração dos executivos cresceu tanto em termos absolutos quanto relativos. A remuneração de executivos era cerca de 40 vezes a média da remuneração do trabalhador dos anos 50 a 80.[14] Depois de sustentado aumento

11. Michael C. Jansen, "Agency costs of free cash flow. Corporate finance, and takeovers", 76 *American Economic Review Papers & Proceedings* 323, 1986.

12. Milken não foi indiciado por *insider trading*, mas por violar operações decorrentes de *parking stock*.

13. V. "Forbes executive pay", disponível em *www.forbes.com/lists*.

14. V. Elizabeth Smith, "This is not Michael Eisner's pay stub ..., *Fortune* 294 (8.6.1998); "Who wants to be a billionaire", *The Economist* 14 (8.5.1999); "Who earned the pay – And who didn't", *Business Week* 75 (19.4.1999). Alguns comentaristas consideraram que as operações com ações da Disney justificavam o pagamento; sem dúvida, prendendo a remuneração à *performance*, a elevada remuneração pode ter causado resultados financeiros excelentes. O pagamento ainda era controverso.

no pagamento de executivos nos anos 1990, a remuneração dos CEOs *[chief executive officers]* aumentou de 140 para 500 vezes a média dos salários dos empregados em 2003.[15] Muitas são as explicações. A remuneração poderia ser eficiente, alinharia melhor os interesses dos administradores mais influentes com os dos acionistas.[16] O pagamento premiava os executivos modernos pelo excesso de risco que enfrentavam em virtude da volatilidade dos anos 90, quando sua substituição era rápida. O CEO ganhava bem, mas, como um atleta de escol, teria o posto, por certo, poucos anos.[17]

Ou a remuneração resultava da separação da propriedade. Ninguém fiscalizava os administradores de perto; as normas haviam mudado; e os executivos podiam converter em moeda seu poder dentro da companhia.[18]

7. E a Enron no século XXI. E aí veio a Enron. Os administradores da Enron, especialmente o *chief financial officer* Andrew Fastow, declararam de forma enganosa os resultados da companhia, recorrendo a movimentações financeiras que retiravam recursos da Enron para seus próprios bolsos, e durante muito tempo ninguém os apanhou no jogo. A obrigação financeira da Enron via veículos de propósitos especiais relacionados não aparecia clara nas suas informações financeiras. O conselho fiscal não detectou o problema; o conselho suspendeu as regras internas relativas a conflitos de interesse; e os contadores não reagiram ao problema. A separação significava que aqueles – os conselhos e comissões – fiscalizando internamente, não estavam fiscalizando seus próprios recursos. Com a especialização, dependiam de outros para obter informações – primeiramente administradores dos escalões inferiores da companhia, como Fastow, mas também dos externos –, e estes outros não as proveram bem. Enquanto a fraude da Enron, ao recorrer a entidades relacionadas – os veículos de propósito especial –, era novidade na especificidade, os informes financeiros da WorldCom eram enganosos de forma mais comum – mas enormes.

* * *

Assim, quando a propriedade é separada do controle, surgem problemas. Administradores perseguem seus próprios interesses, e parece que a cada década houve uma falha sistemática. Combine-se separação com oligopólio, e temos o grande poder dos anos 1950. Combine-se separação com idéias relativas a conglomerados, e temos as megaempresas sem justificativa continuada nos anos 1960. Aparecem soluções – como as ofertas hostis – contra as quais o público reagiu nos anos 1980. Tivemos as hiper-remunerações nos anos 1990, que eram soluções parciais e parcialmente resultaram em problema. E no início do século XXI tivemos enganos nas demonstrações financeiras que minaram a confiança no mercado de valores mobiliários e fizeram alguns dos enganadores (temporariamente) ricos.

Não fomos capazes de estabilizar inteiramente os danos colaterais da separação da propriedade. Fraquezas apareceram, ficaram tóxicas, e, então, tivemos de saná-las e repará-las. Mas faríamos melhor então do que antes – ou ao menos teríamos um conjunto de problemas primários diferente –, se não fossem os efeitos negativos

15. "Face value: business as the new rock and roll", *The Economist* 70 (28.11.1998); John A. Byrne, "What, me overpaid? CEOs Fight Back", *Business Week* 142-143 (4.5.1992).

16. Janice Ravel, "Mo'mone, fewer problems: is it a good idea to get rid of the $1 million CEO pay ceiling?", *Fortune* 34 (31.3.2003).

17. Brian J. Hall e Jeffrey B. Liebman, "Are CEOs really paid like bureaucrats?", 63 *Quarterly Journal of Economics* 653, 1998; Kevin Murphy, "Executive compensation", in Orley Ashenfelter e David Cards (eds.), *Handbook of Labor Economics*, 1999.

18. Rakesh Khurana, *Searching for a Corporate Savior: the Irrational Quest for Charismatic CEOs*, 2002.

da segunda maior instabilidade da governança corporativa norte-americana: a natureza porosa da regulação. A regulação norte-americana é aberta e descentralizada, e essas qualidades dão à regulação – com freqüência, os mesmos administradores que estamos buscando direcionar para a eficiência e longe de comportamentos abusivos – a capacidade para influências e, com freqüência, enfraquecem a regulação.

3. A porosidade da regulação norte-americana

3.1 A estrutura descentralizada

1. Federalismo. Os Estados Unidos da América não dispõem de uma autoridade centralizada, um "czar", cuja atribuição seja regular a governança corporativa. No mais das vezes a descentralização é celebrada, especialmente quando aparece sob a forma de concorrência entre Estados por serem sede de companhias, e a regulação concomitante das companhias via leis estaduais.[19] A regulação fundada em Estados tende a passar para os contratos, facilitando que o estatuto social siga quase qualquer modelo que os participantes prefiram, e as regras fiduciárias que os juízes aplicam. As comissões reguladoras e as ações criminais estão, na maior parte, ausentes no desenho das leis acionárias estaduais.[20]

Dito isto, a governança corporativa é, ainda, federal, em virtude das leis que regem os valores mobiliários e da *Securities and Exchange Commissions*. Certo, o poder da SEC, aqui, é incompleto, majoritariamente centrado sobre a informação e a negociação de valores mobiliários em mercados. Mas a governança corporativa pode ser profundamente afetada pela simples informação. Isso é, a maioria dos Estados tem alguma regra contra ilegalidades a operações entre partes interessadas. O problema transacional é como fazer a informação fluir da companhia para fora. Regras cogentes sobre informação, sobre contabilidade, e o controle (ou influência) da SEC sobre a profissão do contador podem – quando a SEC atua adequadamente e tem recursos para tanto – afetar profundamente a governança corporativa.[21]

2. Mais fragmentação. E há o Congresso. Age esporadicamente em matéria de governança corporativa, mas age. E os tribunais algumas vezes interpretam provisões fundamentais em matéria de valores mobiliários ou outras normas federais relativas à políticas sobre companhias. Mais ainda, alguns elementos de governança corporativa são auto-reguláveis: a Bolsa de Valores de Nova York faz regras de governança, embora na maioria das vezes apenas seguindo a SEC. E há códigos de conduta particulares que aparecem de tempo em tempo.

Essa natureza fragmentária da regulação também permite que potenciais inovações e cruzamentos se tornem imprestáveis por conta de quebras. Autoridades das Bolsas podem considerar que auditorias judiciais são boa idéia, mas as Bolsas não pensariam ser função de outrem insistir nisso.

19. Roberta Romano, *The Genius of American Corporate Law*, 1993. Nem todos estão felizes com a descentralização, há muitos analistas pensando que conduz as regras abertamente em benefício dos administradores. William L. Cary, "Federalism and corporate law: reflections upon Delaware", 83 *Yale L. J.* 663, 705 (1974); Lucian Arye Bebchuk, "Federalism and the corporation: the desirable limits on State competition in corporate law", 105 *Harv. L. Rev.* 1.437, 1.509 (1992).

20. Cf. Mark J. Roe, "Delaware's politics", 118 *Harv. L. Rev.* 2.491 (2005).

21. Mark J. Roe, "Delaware's competition", 117 *Harv. L. Rev.* 588-646 (2003). Cf. William W. Bratton, "Corporate law's race to nowhere in particular", 44 *U. Toronto L. Rev.* 401, 419 (1994); John C. Coffee, Jr., "The future of corporate federalism: State competition and the new trend toward *de facto* federal minimum standards", 8 *Cardozo L. Rev.* 759, 768 (1987); Melvin Eisenberg, "The structure of corporate law", 89 *Colum. L. Rev.* 1461, 1512 (1989); Arthur Fleischer, Jr., "Federal corporation law: an assessment", 78 *Harv. L. Rev.* 78 (1965): 1.146 (*federal disclosure rules control fiduciary behavior*); Mark J. Roe, "Takeover politics", in Margaret Blair, *The Deal Decade* 321, 340-347, 1993.

Os juízes de Delaware – Delaware é o Estado que regulamenta a maioria das grandes companhias norte-americanas – reclamam que não têm autorização para perseguir fatos e propor regulação que uma agência regulatória pode empreender.[22] Isto é, um dos nossos mais importantes reguladores em matéria de governança corporativa pode apenas agir depois do fato, quando particulares trazem o caso para ser decidido. A SEC poderia preencher sua falta de competência sobre as companhias abertas; poderia ter muitas idéias boas, mas as leis sobre valores mobiliários lhe conferem autoridade incompleta, e o *Business Roundtable* (o *lobby* dos grandes negócios) está pronto para recordar à SEC (e, se necessário, às Cortes Federais) os limites da sua competência.

3.2 A inevitabilidade da estrutura porosa

1. Questões conceituais. A fragmentação, obviamente, tem vantagens e desvantagens. Não há dizer, abstratamente, o que é melhor, fragmentação ou centralização. Do lado positivo, não sofremos nos Estados Unidos por conta de um regulador monolítico e sem fiscalização. E, usualmente, não sofremos por conta de muita regulação. Diferentes reguladores têm distintas fontes de informação, diferentes estilos reguladores e diferentes modos de imposição das regras. O regulado pode interagir com os reguladores e prestar informações de que dispõe, de forma a que o desenho da regulação seja melhor do que seria de outra forma e para evitar uma tendência dos reguladores de regular em excesso. É fácil para o regulador ser bastante rigoroso com os membros do conselho de administração. O regulador ganha créditos por resolver o problema, mas aí fica menos atraente participar do colegiado, ou menos eficiente administrar os negócios. Por isso, a pressão dos regulados reduz o excesso regulatório.

Contudo, a descentralização, ainda que, na comparação, seja boa, não é boa em todos os aspectos. Alguns deles podem cair no vazio, e isso pode ser o preço a ser pago pelas vantagens da descentralização. Mas o regulado tem profundo impacto sobre os reguladores fragmentados, e isso eleva ainda mais os custos.

(a) *No Delaware.* Todos concordam que os administradores influenciam muito a legislação do anonimato de Delaware. Enquanto o Judiciário é independente, a legislatura pode – e algumas vezes o faz – modificar a posição das Cortes. E em Delaware a legislatura age seguindo recomendações do comitê da ordem dos advogados – escolhidos entre os líderes de sociedades de advogados que representam administradores e algumas vezes investidores. O acordo sobre a influência dos administradores é amplo; divergência de opinião recai sobre se a influência é perniciosa ou, em geral, benéfica.[23] Talvez a influência dos administradores explique por que, para melhor ou pior, Delaware não seja considerado um regulador rigoroso, por que não prevê penalidades criminais para ações erradas na governança corporativa e por que não existe um regulador poderoso olhando o futuro.

Mais genericamente, considere-se como alguns estados – e Delaware em especial – responderam às ofertas (de compra de controle) dos anos 1980. Conceitualmente, essas ofertas podem ser vistas como a chave para reduzir os custos da separação da propriedade. Administradores me-

22. A legislatura de Delaware pode aprovar a criação de uma agência reguladora de companhias, mas não o fez.

23. E, na verdade, alguns estão menos seguros sobre o quanto o Judiciário é sempre independente. Os juízes são escolhidos depois de vetos impostos pelas ordens de advogados e sociedades de advogados, depois que sua lealdade corporativa é testada. V.: William L. Cary, "Federalism and corporate law: reflections upon Delaware", 83 *Yale L. J.* (1974); Jonathan R. Macey e Geoffrey P. Miller, "Toward an interest group theory of Delaware corporate law", 65 *Tex. L. Rev.* 469, 473 (1987).

díocres veriam o preço das ações caindo. Terceiros comprariam as ações, demitiriam os administradores, reconstruiriam o negócio, para torná-lo lucrativo, e dessa forma a oferta seria paga. Mas os administradores de empresas-alvo não gostavam de ofertas públicas. Por isso agiram *[“lobbied”, no original]* junto aos legisladores para barrá-las, sendo, com freqüência, bem-sucedidos. Ofertas públicas eram uma forma de reduzir os custos da separação, mas o regulado interferiu no quão facilmente poderiam ocorrer. Muitos Estados aprovaram leis que tornam as ofertas hostis mais difíceis, e a ação dos administradores foi central para que tais leis fossem aprovadas.[24] E, enquanto Delaware era lento no aprovar uma legislação contra as ofertas, isso aconteceu, e a influência dos administradores foi bastante visível.

(b) *No Congresso.* O Congresso pode regular a governança corporativa. Mas seus membros disputam eleições, e precisam de contribuições para as campanhas.

Ofertas públicas, novamente, servem de exemplo. Nos anos 1980, ofertas hostis foram centrais para a governança corporativa norte-americana. No final dos anos 1980 o Congresso discutiu normas que teriam barrado muitas das medidas defensivas dos administradores. O *lobby* de *Business Roundtable* – grandes empresas de *lobby* organizado – provavelmente afetou o resultado do que foi aprovado, ou, mais claramente, do que não foi aprovado.

Mais ainda, o Congresso pode controlar outros reguladores, como a SEC. Os administradores que enfrentam uma perda diante da SEC podem agir junto ao Congresso para conter os poderes da SEC.

(c) *Por intermédio de informação e "lobbying".* O regulado pode apresentar e iluminar aspectos negativos de qualquer proposta de regulação diretamente, ou qualquer aumento de poder dos seus fiscais. Com isso, a proposta de regulação pode parecer menos interessante do que seria encarada de outra forma.

Em 1991 a SEC propôs abrandar a até então severa restrição relativa a ações de investidores institucionais, algumas das quais permanecem até hoje. Àquele tempo, se o investidor institucional reclamasse da disfuncionalidade dos colegiados, como alguns de seus membros deveriam ser indicados, arriscavam-se a sofrer medida penal por faltar com o dever de apresentar reclamação à agência (embora o risco da medida penal fosse baixo, o risco efetivo de alguma medida adotada pela SEC e o concomitante embaraço apareciam como fortes o suficiente para inibir a atividade). As leis sobre valores mobiliários exigiam reclamação à SEC para a comunicação, pelos acionistas, de sua intenção, ou como parte de um plano, para alterar o controle de uma companhia. Quando a SEC inicialmente apresentou seu plano para flexibilizar essas normas, os administradores se referiram a acordos secretos celebrados entre investidores institucionais reunidos em aposentos enfumaçados, em detrimento dos acionistas.[25] A SEC retirou a proposta, que por algum tempo parecia morta. Então, a SEC retornou com uma versão mais débil, embora viável, que foi promulgada.[26]

24. Roe, supra, nota 5, pp. 151-168; Roe, supra, nota 21, pp. 340-347; Joseph Grundfest, “Subordination of american capital, 27 *Journal of Financial Economics* 89-114 (1990); Roberta Romano, “The political economy of takeover statutes”, 73 *VA. L. Rev.* 11 (1978). Alguns legisladores estaduais sem dúvida pensaram que as ofertas eram má política. E outros responderam aos interesses dos empregados das empresas-alvo, não apenas aos dos administradores. Mas ninguém negaria que os administradores eram lobistas importantes na legislação contra as ofertas nos Estados.

25. “Business Roundtable criticizes SEC plan on shareholder data”, *Wall Street Journal*, 20.12.1991, p. A4.

26. Stephen Labaton, “U.S. pressed by business over SEC”, *New York Times*, 18.10.1991, D1: a *Business Roundtable* reuniu-se com a administração para superar a SEC “no tentar prevenir novas regras para as batalhas de acionistas”. A *Roundtable* atacou a proposta de regramento da SEC como permissiva para acordos sigilosos. V., também, Roberta S. Karmel, “Calpers *versus* the Business

Outra instância no sentido de promulgar padrões de governança corporativa aparece no esforço do *American Law Institute* visando a tornar mais enxuta a estrutura da companhia no escalão mais alto. O Instituto é administrado não apenas por professores em suas "torres de marfim", nem por reguladores completamente distanciados dos regulados. Advogados empresariais – que representam administradores, conselheiros de companhias e assemelhados – são grandes atores, e derrotaram muitas propostas para tornar mais rígida a governança corporativa. Reformadores que tentaram apresentar minuta de regras de governança corporativa do ALI "enfrentaram oposição por um coeso grupo de conselheiros de companhias que os empregavam. Finalmente, a ALI adotou uma regra vaga que permitia aos diretores e Cortes Estaduais o que já faziam anteriormente".[27] Temos um sistema fraco – para bem ou para mal – parcialmente porque foram os representantes dos administradores que desenharam, ou tiveram de aprovar, muitas das regras ou quase-regras.

(d) *Por meio de litígio.* O próprio regulado pode atacar uma regulação que alinharia melhor os administradores e *insiders* com os acionistas. Exemplo bem conhecido é o esforço da SEC para reduzir o poder interno barrando recapitalizações que dessem aos *insiders* mais votos por ação que os demais acionistas. Tais recapitalizações foram, por vezes, método comum para que acionistas de empresas-alvo resistissem a ofertas hostis de tomada de controle; mantinham votos suficientes para impedir as tomadas de controle que outros acionistas poderiam desejar. A *Business Roundtable* se opôs à regra. Quando a SEC, apesar disso, a promulgou, a *Roundtable* atacou a regra da SEC, afirmando que ultrapassaria a competência da agência nos termos da legislação de valores mobiliários. Ganharam.[28]

2. *Exemplos recentes.* Ambos, os escândalos da Enron e a reação regulatória, demonstram a porosidade da regulação norte-americana em matéria de governança corporativa. O Congresso reagiu de forma pró-ativa via a aprovação da Lei Sarbanes-Oxley, de 2002, e Delaware ficou mais rígido em relação aos *insiders* desde que os escândalos eclodiram. O Procurador-Geral de Nova York entrou em ação, e a SEC passou a cogitar sobre normas disciplinando administradores e contadores. Múltiplas regras oferecem múltiplas soluções, emanando de suas forças especializadas.

Mas a porosidade induz a lassidão – em parte boa, em parte não. Contadores, atuando como lobistas junto ao Congresso, impediram que a SEC reduzisse os conflitos de interesses em que pudessem figurar. O regulado, em geral – administradores assim como contadores – acompanhava como um Congresso contrário à regulação mantinha a SEC sem recursos.[29] No início

Roundtable", *New York Law Journal* 3 (fevereiro/1991).

27. Alan Schwartz e Robert E. Scott, "The political economy of private legislatures", 143 *U. PA. Law Review* 595-642 (1995). De forma similar, Stephen M. Bainbridge, "Independent directors and the ALI corporate governance project", 61 *Geo. Wash. L. Rev.* 1.034, 1.0144, 1.048, 1.052 (1993). Bainbridge relata que houve alegação de "que as companhias estariam contratando membros da ALI para representar seus interesses no corpo deliberativo e que estariam retirando dos escritórios de Advocacia cujos sócios fossem simpáticos à posição da ALI, em relação a litígios, os serviços que até então prestavam". V., ainda, Jonathan R. Macey, "The transformation of the American Law Institute", 61 *Geo. Wash. L. Rev.* 1.212, 1.228-1.232 (1993).

28. "Business Roundtable *vs.* SEC", 905 F.2d. 406, 407 (D.C. Cir. 1990). A *Roundtable* ganhou a primeira batalha. Mas a SEC, eventualmente, induziu as Bolsas de Valores a fixarem a regra de "uma ação, um voto".

29. David E. Rovella, "Congressional ploys squeeze SEC budget; a fight over the agency's budget creates fiscal crisis". *National Law Journal*, 5.9.1994. O Congresso cortou a verba solicitada pela SEC, de US$ 305 milhões para US$ 125 milhões. O Congresso ainda vetou o pedido da SEC para que se financiasse com a cobrança de taxas: "O senador Phil Gramm, R-Texas, que liderou os esforços republicanos para fazer naufragar o autofinanciamento, disse que a independência da SEC 'apenas aumentaria a

os administradores reduziram a velocidade de tramitação das reformas da Sarbanes-Oxley no Congresso. Um reformador – John Biggs – foi impedido de discutir a regulação dos fiscais de contadores. E os administradores, e seus aliados temporários na regulação, até agora impediram a SEC de apertar as regras de governança corporativa de forma que pudesse melhorar a fiscalização pelos acionistas.

Vejamos isso em detalhe.

(a) *Contadores e o Congresso.* Contadores auditavam seus clientes e lhes prestavam serviços de consultoria, com freqüência em matéria tributária ou em sistemas de informação. Os administradores podiam influir sobre os fiscais, fazendo com que as receitas de consultoria existissem ou não[30] (isto é, os administradores têm o poder de dar, ou não, consultarias para os fiscais). Arthur Levitt, o presidente da SEC durante essa época, queria romper o conflito. Em junho/2000 a SEC propôs regras que separariam auditoria e consultoria.

Os contadores atuaram junto ao Congresso para impedir Levitt. E tiveram sucesso.[31] O esforço para impedir Levitt é instrutivo. O Congresso, efetivamente, disse a Levitt para não prosseguir, ameaçando a SEC de cortar as verbas ainda mais e reduzir sua autoridade. A SEC não pode se opor a uma determinação congressual. As regras propostas por Levitt foram enfraquecidas, e auditoria e consultoria não foram completamente separadas.[32]

(b) *As opções para compra de ações do Silicon Valley.* No Vale do Silício costuma-se remunerar os empregados com opções para compra de ações. Se as ações aumentassem de preço, os empregados ficariam ricos. Mas as empresas não consideravam o valor das opções como custos operacionais. O conselho dos contadores, o *Financial Accounting Standards Board* (usualmente referido como FASB), decidiu que empregados remunerados em moeda e aqueles remunerados com opções eram igualmente remunerados, e isso era uma despesa da companhia. Despesas tinham de ser deduzidas da receita. Em seguida solicitaram que o valor das opções de compra de ações dos empregados fosse deduzido dos lucros contábeis da companhia. Mas a FASB nunca determinou que as companhias norte-americanas deduzissem o valor das opções conferidas aos empregados. Por quê? O regulado – no caso, o *Silicon Valley*, o maior usuário de opções para compra de ações – chegou aos reguladores, desta vez por intermédio do Congresso.

Na seqüência de intensa campanha pelas companhias do *Silicon Valley*, vários importantes membros do Congresso, incluindo Joseph Lieberman e Diane Feinstein, ameaçaram pôr a FASB fora do mercado se insistisse com a mudança. O Conselho recuou – e, assim, a tentativa oficial de controlar as avarias das companhias terminou.[33]

Essa habilidade do regulado para influenciar reguladores acentuou a racionalização de algumas das práticas administrativas quanto à qualidade das informações financeiras. Desde que o Governo se retraiu, por que deveriam os executivos se esforçar para apresentar relatórios financeiros precisos?

possibilidade de escalada das taxas no mercado' de valores mobiliários e reduziria o poder do Congresso sobre a agência".

30. Jeffrey N. Gordon, "What Enron means for the management and control of the modern business corporation: some initial reflections", 69 *University of Chicago Law Review* 1.233-1.250 (2002).

31. Para relatório crítico, v. Mike Brewster, *Unaccountable; how the Accounting Profession Forfeited a Public Trust*, 2003.

32. Idem.

33. John Cassidy, "The greek cycle: how the financial system encouraged corporations to go crazy", *The New Yorker*, 23.9.2002, 64, 69. A FASB é uma organização auto-reguladora, não um regulador independente. William W. Bratton, "Rules, principles, and the accounting crisis in the United States", 5 *European Bus. Org. L. Rev.* 25 (2004).

E, a despeito dos escândalos, isso não mudou: os lobistas do Vale do Silício ainda atuavam em 2004:

"O Silicon Valley *[em julho/2004]* dominava (...) membros do Congresso, sussurrando doces frases em seus ouvidos. Tais como 'opções para compra de ações não representam custos'. E os 312 membros da Casa ouviram.

"Esse foi o número de congressistas que votou a *Baker Bill*, uma medida que danificou os esforços da *Financial Accounting Standards Board* para aprovar regras determinando que as opções para compra de ações fossem consideradas custos. A regra violava a independência da FASB (...).

"Incapaz de evitar que a questão das opções para compra de ações aparecesse como custo, de forma completa, o *Silicon Valley* ficou contente com um compromisso. Sabendo que alguma coisa estava errada com a falta de reconhecimento do custo das opções para compra de ações, os redatores da *Baker Bill* queriam que fossem conferidas apenas aos CEOs (presidentes executivos), e quanto aos quatro administradores cujas remunerações fossem as mais elevadas elas seriam consideradas despesas."[34]

(c) *Contando fundos da SEC; diminuindo a reforma depois da Enron.* Nos anos 1990 o Congresso reduziu dramaticamente o financiamento da SEC. A maior parte dos cortes dos recursos congressuais no início dos anos 1990 derivou de um pensamento anti-regulação que então dominava o Congresso. Um aspecto o evidencia: alguns no Congresso queriam dar à SEC autoridade para impor taxas mais elevadas, o que a SEC poderia usar em seu orçamento operacional. O senador Phil Gramm e seus aliados disseram que, se a SEC pudesse se autofinanciar mediante a cobrança de taxas, ficaria menos dependente do Congresso.[35] Gramm ganhou. Assim, a cadeia persistiu: grupos de interesse – como os conselheiros e auditores – podem influenciar o Congresso, e o Congresso pode controlar a SEC.

Depois que a Enron faliu, houve uma onde de pensamentos reformadores, que rapidamente esmaeceu da agenda congressual, aparentemente com a bênção do *lobby* dos administradores,[36] e não parecia que qualquer ação ocorresse até que a WorldCom entrou em colapso. Com o colapso da WorldCom os membros do Congresso que, com empenho, haviam se oposto à reforma regulatória mudaram de opinião.

(d) *Atualmente: "lobbying" na SEC para acesso dos acionistas.* Depois da Enron, a SEC concluiu que os conselhos norte-americanos – o primeiro fiscal interno da ação administrativa – seriam fortalecidos se os acionistas das companhias de resultados piores pudessem ter acesso, para eleger alguns administradores. Nada dramático, mas uma tentativa de abrir os conselhos (a prática ordinária norte-americana é que os administradores sejam eleitos por indicação e as despesas de reeleição sejam pagas pela companhia; outros diretores indicados devem arcar com suas despesas, que tipicamente perfazem milhões de Dólares). Os acionistas britânicos podem destituir diretores, quase que *ad nutum*. A proposta da SEC ficaria longe disso.

Até agora os administradores dificultaram a ação da SEC, pressionando-a para desistir "diante da oposição da Câmara de Comércio e da *Business Roundtable*, uma organização de executivos que ocupam altos cargos nas maiores companhias da Nação".[37] A retração da SEC foi considerada

34. Jess Eisinger, "Microsoft can count, Intel can't", *Wall Street Journal*, 21.7.2004.

35. "SEC budget request cut", *New York Times*, 28.6.1994; Rovella, supra, nota 29.

36. William Neikirk, "Andersen: the fallout", *Chicago Tribune*, 18.6.2002 (o *lobby* corporativo impede reformas).

37. Stephen Labaton, "SEC at odds on plan to let big investors pick directors", *New York Times*, 1.7.2004. V. também: Adrian Michaels, "Vote on reforming boardroom elections delayed by SEC, split

como "grande vitória dos executivos das companhias que teriam lutado para matar a regra".[38] Os administradores derrotaram a proposta de acesso dos acionistas durante décadas,[39] e parecem tê-lo feito novamente, levando a SEC a apresentar proposta menos rigorosa que a original.[40] O próprio regulado derrotou a reforma que teria estreitado a distância entre propriedade e controle, nossa fissura fundamental. Usaram informações (argüindo que a regra não seria adequada, causaria quebra nos colegiados e seria empregada principalmente por interesses especiais), e nos casos de pior cenário (paralisação dos colegiados ou colegiados dominados por interesses específicos sem uma agenda de acionistas, ou, pior, com uma agenda contrária aos acionistas[41]), e usaram o Congresso e a Casa Branca como alavancas.[42]

4. Conclusão

A governança corporativa norte-americana tem duas instabilidades inevitáveis. Com o controle separado da propriedade, a agenda dos administradores difere daquela de outros dentro da sociedade; e, especialmente, com a propriedade fragmentada, alguns poucos administradores às vezes agem mal, em detrimento da companhia e, se as condutas se espalharem bastante, até mesmo da economia. A tecnologia muda, crises eclodem, e os problemas de uma década diferem dos de outra. Mas o principal deles deriva da separação de propriedade, e a separação da propriedade veio para ficar.

Em outros países a separação é menos acentuada, mas disso decorre outro conjunto de problemas, notadamente aqueles que surgem com a concentração da propriedade (por intermédio de maquinações internas) e mercados de valores mobiliários fracos. Dizer que nossos problemas derivam da separação não é dizer que poderemos fazer melhor abandonando-a, é apenas dizer que temos de lidar repetidamente com os problemas dela decorrentes.

Assim, resolvemos cada problema corrente, e continuamos.[43] Mas, compreensivelmente, não é plausível pensar em uma solução única e definitiva para resolver os problemas da governança corporativa norte-americana. Encontramos soluções *ad hoc* e parciais, como a maior profissionalização e alguns aspectos da regulação da Sarbanes-Oxley, e vamos adiante.

powers", *Financial Times*, 1.6.2004; Deborah Solomon, "SEC may temper plan to boost shareholders' powers", *Wall Street Journal*, 19.4.2004.

38. Labaton, "SEC at odds on plan to let big investors pick directors", *New York Times*, 1.7.2004.

39. Mortimer M. Caplin, "Proxies annual meetings and corporate democracy: the lawyers' role", 37 *VA. L. Rev.* 653, 682-684 (1951).

40. Deborah Solomon, "SEC nears compromise on shareholder plan", *Wall Street Journal*, 11.8.2004.

41. Quando a SEC, em 1992, aboliu regras que, potencialmente, criminalizavam certas ofensas, como a troca de informações entre acionistas sobre um mau colegiado, alguns grupos de administradores também ficaram aborrecidos com a possibilidade de maior fiscalização. "Líderes de grandes negócios evitaram a mudança na indicação, argumentando que permitiria que alguns acionistas com maiores posições acionárias conspirassem contra os interesses das companhias e de minoritários sem notificação. É 'difícil compreender por que a comissão permitiria que grandes, poderosos investidores tivessem o direito de somar os votos nas disputas por indicações (...) sem alguma informação pública para os demais acionistas', disse um membro da *Business Roundtable*" (Kevin Salwen, "SEC votes to ease barriers to holders' communications", *Wall Street Journal*, 16.10.1992).

42. Adrian Michaels, "Board election rules debate defies unanimity", *Financial Times*, 16.6.2004: "A SEC entrou (...) na corrente majoritária. A questão do acesso envolve pressão da Casa Branca. A *Business Roundtable* é crucial para *[a administração Bush]* obter recursos". A citação vem de John Coffee, professor de Direito da Escola de Direito de Colúmbia. Cf. Adrian Cichaels, "Vote on reforming boardroom elections delayed by SEC split", *Financial Times*,1.6.2004 (as propostas de acionistas "atingiram interesses de poderosos lobistas contra o ativismo institucional dos investidores"). "Opositores da proposta, tais como a *Business Roundtable*, o podereso grupo de presidentes, e a Câmara de Comércio, dizem que os planos causariam importantes quebras mas nas companhias mais bem administradas" (odem).

43. Cf. Charles E. Lindblom, "The science of "muddling through", 19 *Public Administration Review* 79-88 (1959).

A primeira instabilidade interage com a segunda. A regulação norte-americana das companhias é porosa. Temos múltiplos reguladores, cada um com forças e fraquezas. Mais ainda, com freqüência os regulados afetam a forma como eles são regulados. Os regulados podem influenciar os reguladores. Alguns dos colapsos na fiscalização, e nos esforços para reduzi-los, emanaram de ações de um núcleo do grupo a ser controlado – em geral os administradores norte-americanos, algumas vezes contadores, outras promotores de *start-ups* no *Silicon Valley*. O regulado, em regra, procurou enfraquecer a regulação que deveria ter reduzido – no caso de administradores – seu poder discricionário. Acionistas – difusos e distantes – têm sido menos bem organizados tanto no que diz respeito às empresas quanto aos reguladores e regulação, embora isso possa mudar. Algumas das fraquezas da regulação e dos reguladores podem ser boas. Reduzem a rigidez. Facilitam mudança e inovação empresarial. Dão multiplicidade de canais de informação para os reguladores, de forma que as regras que resultam têm maior probabilidade de serem prestáveis.

Mas nem toda porosidade é boa. Por vezes isso impediu que atores governamentais corrigissem falhas derivadas da separação de propriedade e controle, porque o regulado buscava evitar não apenas a regulação ruim, mas *qualquer* regulação. Algumas das rupturas da fiscalização poderiam ter sido evitadas caso fiscais e administradores não tivessem influenciado o regulador de forma a diminuir a efetividade da fiscalização. O ponto, aqui, não é que a centralização supere a descentralização; a centralização tem seus custos, e as dificuldades regulatórias existentes em outros países o demonstram. O ponto é que a descentralização é problema nosso, não que haja uma fundamental, definitiva, solução para o problema.

Quando o Congresso age, por vezes de forma curiosa, tem razões para reagir de modo forte da mesma forma que o regulado, com freqüência, teme: quando pode agir, porque a questão é relevante, servidores públicos podem pensar que a porosidade permitira que a futura regulação alterasse algumas regras. Assim, esses servidores podem, na verdade, buscar mais rigidez que o ideal, para reduzir futura erosão. Reunindo o conjunto – o regulado pode afetar os reguladores e enfraquecer o resultado final, e os reguladores, quando aptos a agir, pensam que devem conter tudo –, e acabamos com uma governança corporativa mais quebradiça do que seria ideal.

Esta não será a última vez que a governança corporativa quebra de forma ruidosa em ponto central. Diferentes pontos de tensão aparecerão na companhia aberta, e uma ou outra das fissuras persistentes ameaçará romper, e deverá ser corrigida. Se tivermos sorte, alguém antecipará o problema e o corrigirá antes. Se não, estaremos no meio da confusão outra vez. Funcionou até agora.

Doutrina

RESOLUÇÃO POR ONEROSIDADE EXCESSIVA

LUIZ GASTÃO PAES DE BARROS LEÃES

1. Preliminares. 2. Onerosidade excessiva. 3. Prestações de execução continuada e diferida. 4. A resolução por onerosidade excessiva. 5. Conseqüências patrimoniais decorrentes da resolução.

1. Preliminares

1.1 A longa evolução da teoria dos contratos deixou definitivamente decantada, já no fim do século XVIII, os princípios gerais que a informam — o princípio da liberdade de contratar e o princípio da intangibilidade do conteúdo do contrato — orientados no sentido de reconhecer o poder jurídico da vontade individual para gerar direitos e obrigações. Políticas solidaristas, desde meados do século XIX, elaboraram normas restritivas a esses princípios, ora ditadas pelo chamado dirigismo contratual, ora pela adoção de outros paradigmas, como a boa-fé objetiva, o equilíbrio econômico e a função social, que não derrogaram os princípios cardeais acima apontados, mas lhe imprimiram nova funcionalidade.

1.2 Daí que representa um evidente exagero (ou mero amor ao novo) falar em declínio da autonomia privada ou em superação do modelo clássico dos contratos, centrado no poder criativo da vontade individual, em favor de um novo padrão, introduzido pela lei, que emprestaria ao contrato a sua força obrigatória, voltada no sentido da justiça nas relações entre as partes.[1] Dito poder, no duplo campo da celebração e da estipulação, continua porém a prevalecer no sistema jurídico vigente, como valor central, permitindo que as partes contratantes disciplinem os seus interesses como melhor lhes convier, fazendo da convenção uma verdadeira norma jurídica, que entre elas opera como lei (*lex contractus*).

1.3 Uma vez celebrada, com observância de todos os pressupostos e requisitos necessários à sua validade, a convenção passa, portanto, a ser *cogente* entre os signatários, como se suas cláusulas fossem preceitos legais imperativos (*pacta sunt servanda*). O que as partes, por livre acordo de vontade, estipularam e aceitaram, deverá por elas ser cumprido, sob pena de execução patrimonial do inadimplente. Dessa obrigatoriedade decorre o dogma da *intangibilidade* do conteúdo do contrato, a menos que haja novo concurso de vontades, alterando a avença, ou haja escusa justificada para eximir uma das partes da obrigação, em virtude da ocorrência de caso fortuito ou de força maior, que tornou a prestação impossível. Nem mesmo em juízo pode

1. Eros Roberto Grau, "Um novo paradigma dos contratos", in *Revista Trimestral de Direito Civil* 5/73-82, Rio de Janeiro, Padma, jan.-mar. 2001: "As transformações sofridas pelo contrato no século XX não provocaram uma solução de continuidade em relação à estrutura tradicional, sendo antes parte de um processo de ajuste e de acomodação inerentes à evolução histórica de todo e qualquer instituto jurídico".

ser modificado o conteúdo do que foi livremente pactuado, justificando-se a intervenção judicial apenas e tão-somente nas hipóteses previstas em lei para a decretação da nulidade ou da resolução da avença.

1.4 Essa intangibilidade do conteúdo do contrato foi sempre considerada a pedra angular da segurança do comércio jurídico e se consolidou definitivamente como tal ao longo de toda a evolução do direito contratual. Quem contrata quer precisamente se resguardar de eventos futuros; e seria uma incongruência que, sendo esta a sua finalidade básica, pudesse o ajuste ser rompido, ou alterado, segundo a vontade unilateral dos contratantes. No entanto, exceções ao princípio de intangibilidade têm sido admitidas, principalmente a partir do século anterior, por razões de eqüidade, sem que se queira com isso sinalizar que se pretenda bani-la do direito atual dos contratos, até porque a função de certeza e segurança jurídicas do princípio do *pactum sunt servanda* é que garante a sobrevivência do instituto.

1.5 Ocorre que acontecimentos futuros podem sobrevir, alterando de tal modo as circunstâncias dentro das quais foi pactuado o contrato, que tornam extremamente gravoso o cumprimento da obrigação por parte de um dos contratantes, no momento de sua execução. Nesse sentido, a alteração radical das condições econômicas, nas quais o contrato foi celebrado, tem sido considerada uma das causas possíveis que, com o concurso de outros fatores, podem determinar a resolução e até a revisão do ajuste. Várias teorias procuraram apurar sob que fundamento, e em que condições, a alteração das circunstâncias autorizaria o devedor — que se sacrificaria exageradamente com a execução do contrato — a promover sua dissolução, ou postular sua revisão.

1.6 Para justificar as exceções que a eqüidade imporia ao princípio da intangibilidade do conteúdo dos contratos, a doutrina, inicialmente, fez ressurgir a antiga proposição do direito canônico chamada de cláusula *rebus sic stantibus*, supostamente implícita nos contratos, segundo a qual a convenção só permaneceria íntegra e intangível quando não alteradas, em sua fase de execução, as circunstâncias de fato levadas em consideração pelas partes no momento de sua conclusão.

1.7 Essa doutrina originou-se, como se sabe, no direito dos pós-glosadores, sob a influência de princípios de fundo ético e religioso, mas, dada a extrema "generalidade e imprecisão" da cláusula em apreço, provocou, desde logo, dúvidas quanto à sua aplicação nas situações particulares, dando ensejo a interpretações desencontradas, até que, a partir do fim do século XIV, procurou-se delimitar o seu campo de atuação, circunscrevendo-a aos contratos de trato sucessivo, ou de execução diferida. Para essa orientação, baseou-se em texto de Neratius, em que se afirmava que o contrato devia ser cumprido no pressuposto de que se conservassem imutáveis as condições externas, mas que, se houvesse alterações, a execução deveria ser igualmente modificada: "contractus qui habent tractum sucessivum et dependentiam de futuro rebus sic stantibus intelleguntur" (*Digesto*, liv. XII, tit. IV, fr. 8).

1.8 Com o tempo, a cláusula entrou em declínio, a ponto de, à época das codificações oitocentistas, já estar no esquecimento. Ela voltaria a renascer no primeiro quartel do século XX, após a primeira conflagração mundial, sob diferentes fundamentos teóricos, com novas reformulações. Em síntese, sucessivas variantes então se apresentaram, recebendo, progressivamente, consagração doutrinária ou jurisprudencial: a) a teoria da pressuposição; b) a teoria da superveniência ou da vontade marginal; c) a teoria da base subjetiva do negócio; d) a teoria da base objetiva do negócio; e, e) a teoria da imprevisão.

1.9 Já nos meados do século XIX, Windscheid restaurou-lhe o prestígio, quando lançou a *teoria da pressuposição* (*Vo-*

raussetzung). Segundo essa teoria, quem celebra um contrato supõe que, na execução do mesmo, serão mantidas as mesmas condições gerais que, a seu juízo, prevaleciam no momento da conclusão, desobrigando-se se as condições futuras se mostrarem radicalmente diferentes das que teriam "motivado" sua manifestação de vontade. Ou seja, se tal pressuposto não subsistir, o efeito do liame contratual não corresponderá mais ao querer do contratante, de onde a escusa para o seu inadimplemento.

1.10 Em dois artigos publicados em 1912-1913, Giuseppe Osti desenvolveu a *teoria da vontade marginal*, muito próxima da teoria de Windscheid, segundo a qual, ao lado da vontade de contratar, em que o contratante se obriga ao cumprimento de certa prestação, coexistiria uma "vontade marginal", implícita na vontade declarada, de que a prestação fosse cumprida nas circunstâncias previstas. Se as circunstâncias se modificaram, conduzindo o cumprimento da obrigação a resultado diverso da vontade marginal, legitimar-se-ia a sua eliminação.

1.11 Do mesmo teor seria também a *teoria da base subjetiva do negócio*, lançada por Paulo Oertmann em 1921, cuja mola mestra é a representação íntima que os contratantes teriam das circunstâncias básicas em que se formou a vontade dos contraentes, legitimando-se o desate do ajuste se, por ocasião da execução, fatos supervenientes viessem a alterar a base em que se plasmou a vontade negocial.

1.12 Todas essas teorias se revelaram falhas porque demais subjetivas, levando a insegurança às relações jurídicas, sem contar que são incompatíveis com o sistema brasileiro que, em linha de princípio, não leva em consideração os *motivos* do ato, que não viciam o consentimento exceto quando expressamente integram o mesmo, como razão determinante ou condição que dela dependa. Em suma, na vida negocial, quando da análise do cumprimento da obrigação, não há espaço para a pesquisa sobre a motivação íntima das pessoas.[2]

1.13 Procurando suprir a falha dessas teorias, Karl Larenz desenvolveu a *teoria da base objetiva do negócio* (*Geschäftsgrundlage*), segundo a qual, a par da análise do *pressuposto subjetivo*, cumpriria examinar a base objetiva do negócio, de tal sorte que a manutenção das condições gerais no curso do contrato, semelhantes às que prevaleciam no momento da conclusão, constituiria o *pressuposto objetivo* da vontade declarada pelas partes, tenham estas tido ou não consciência de sua imanência na convenção. Ou seja, na celebração do contrato, são levadas em consideração certas condições básicas, de caráter geral, tais como a ordem econômica do país, o poder aquisitivo da moeda e as circunstâncias de mercado. Se eventos supervenientes fizerem "desaparecer" essas condições, impondo ao devedor um esforço muito além da previsão que pudesse ser feita ao tempo da pactuação, legitimar-se-ia a resolução ou a revisão do contrato. A referida base objetiva desapareceria quando ocorresse (i) destruição da relação de equivalência ou (ii) frustração da finalidade do contrato.

1.14 Uma formulação diferente dessas teses foi a que se processou na França sob a denominação de *teoria da imprevisão*, formulada originalmente pela jurisprudência administrativa e, em seguida, acolhida pela Lei Faillot, de 1918, segundo a qual a superveniência de acontecimentos inesperados ao tempo da conclusão do contrato, que tornem muito difícil ou extraordinariamente gravosa a prestação, poderá exonerar a parte prejudicada do cumprimento de

2. Como observou Clóvis Couto e Silva ("Teoria da base do negócio jurídico no direito brasileiro", in *RT* 655, São Paulo, 1990), o recurso à representação subjetiva acerca dos motivos do surgimento futuro de circunstâncias sobre cuja base formou a vontade negocial, como fundamento para a revisão, é incompatível com o sistema brasileiro, que, em linha de princípio, não leva em conta o erro acerca dos motivos do ato, em razão do art. 90 do Código Civil de 1916, ora reproduzido no art. 140 do novo Código.

sua obrigação, ou autorizá-la a obter a revisão judicial da mesma.

1.15 No Brasil, apesar de referências esparsas às demais doutrinas,[3] é essa última teoria que recebeu paulatinamente a adesão da doutrina, da jurisprudência e por fim na lei, inicialmente sob a velha roupagem da cláusula *rebus sic stantibus*, mas logo depois por referência expressa à *imprevisão*. Já em 1923, Jair Lins listava alguns dispositivos do Código Civil de 1916 e de certas leis extravagantes que, de uma forma ou de outra, demonstravam o acolhimento, tímido porém presente, da imprevisão negocial. É de 1932 a obra pioneira de Arnoldo Medeiros da Fonseca, *Caso Fortuito e Teoria da Imprevisão*. Em acórdão de 1938, o Supremo Tribunal Federal já decidiu que "a regra *rebus sic stantibus* não seria contrária ao texto expresso da lei nacional". Os repositórios de jurisprudência dão notícia de um julgado do Tribunal de Apelação do Distrito Federal e outro do Tribunal de Apelação de São Paulo, o primeiro de 1943 e o segundo de 1942, ambos admitindo a aplicação da teoria da imprevisão.

1.16 A partir daí a jurisprudência dos tribunais foi avassaladora e, de há muito, ficou consagrada no direito brasileiro a teoria da imprevisão como subsídio de interpretação dos contratos e como causa de revisão das avenças. De início, encontrou o seu campo de aplicação por força da jurisprudência, e ao depois em virtude de lei, no âmbito dos contratos administrativos. Hoje em dia, a Lei n. 8.666, de 1995, assegura expressamente a manutenção do equilíbrio econômico-financeiro do contrato administrativo, numa formulação afim à teoria da imprevisão, pois fala em "fatos imprevisíveis ou previsíveis, porém de conseqüências incalculáveis, retardadores ou impeditivas da execução do ajustado" (art. 65, alínea "d").

1.17 Atualmente, a aplicação da teoria da imprevisão não se cinge aos contratos de direito público mas se estende pela seara do direito contratual privado. A jurisprudência manifestou-se sobre a aplicação da teoria da imprevisão em relação aos contratos de empreitada, aos compromissos de compra e venda, às ações de alimentos, às relações de locação, nos contratos de mútuo e financiamento, tendo o Supremo Tribunal Federal acolhido, definitivamente, a teoria na revisão contratual nos acórdãos que se encontram publicados na *Revista Trimestral de Jurisprudência* 57/44, 60/774, 63/561 e 68/95, entre outras.[4]

2. *Onerosidade excessiva*

2.1 Uma variante da teoria da imprevisão foi agasalhada na Itália, primeiramente pela doutrina e ao depois pelo Código Civil de 1942, no referente à resolução contratual e não no âmbito da revisão, nos

3. Arnoldo Medeiros da Fonseca, in *Caso Fortuito e Teoria da Imprevisão*, Rio de Janeiro, Tip. do Jornal do Comércio, 1932, p. 196, procurou explicar a cláusula *rebus sic stantibus* com base na teoria da pressuposição, na esteira do direito italiano (Sacco, "La presupposizione e l'art. 1.467 c.c.", in *Rivista del Diritto Commerciale*, II, p. 163). A referência à teoria da base objetiva também sempre foi freqüente na doutrina e jurisprudência brasileiras, tendo sido utilizada ultimamente na experiência de 1999 com os contratos de *leasing* que tinham cláusula de reajuste com base no dólar, examinada por Antônio Jeová Santos, in *Função Social do Contrato*, São Paulo, Método, 2004, p. 257. Assim, decisão do TJRS, na Ap. Civ. 70001346956, 14ª C. Civ., relator Desembargador João Armando Bezerra Campos, j. 10.9.2000: "Alterada a base objetiva do contrato, merece revisão a cláusula que determina o índice de correção monetária, atualizando-se as parcelas devidas pelo IGP-M, não mais pela variação cambial". A referência à cláusula *rebus sic stantibus*, aliada à teoria da imprevisão, sempre foi constante na jurisprudência brasileira, como, p.ex., os acórdãos do STF publicados na *RTJ* 51/187, 57/44, 66/561, 68/95 e tantos outros.

4. Cf. Arnoldo Wald, *Obrigações e Contratos*, 13ª ed., São Paulo, Ed. RT, 2000, pp. 242 e ss.; "O equilíbrio econômico e financeiro no direito brasileiro", in *Estudos em Homenagem ao Professor Caio Tácito*, org. Carlos Alberto Menezes Direito, Rio de Janeiro, Renovar, 1997, pp. 75-97; Marcio Klang, *A Teoria da Imprevisão e a Revisão dos Contratos*, 2ª ed., São Paulo, Ed. RT, 1991.

arts. 1.467 e 1.468, através da figura da *onerosidade excessiva*, incorporada, quase *ipsis litteris*, pelo legislador brasileiro no Código Civil de 2002, através dos arts. 478 *usque* 480.

2.2 O texto do Código peninsular, devidamente vertido, é do seguinte teor:

> 1.467. [1] **Contrato com prestações correspectivas**. Nos contratos de execução continuada ou periódica, ou então de execução diferida, se a prestação de uma das partes tornou-se excessivamente onerosa pela ocorrência de acontecimentos extraordinários e imprevisíveis, poderá a parte que deve tais prestações pedir a resolução do contrato, com os efeitos estabelecidos no art. 1.458.
>
> [2] A resolução não pode ser pedida se a onerosidade superveniente entra na álea normal do contrato.
>
> [3] A parte contra a qual é pedida a resolução, pode evitá-la oferecendo-se modificar eqüitativamente as condições do contrato.
>
> 1.468. **Contrato com obrigações de uma só parte**. Nas hipóteses previstas no artigo precedente, se se trata de um contrato no qual apenas uma das partes assumiu obrigações, esta pode pedir a redução de sua prestação ou então uma modificação no modo de execução, suficiente para reconduzi-la à eqüidade.
>
> 1.469. **Contrato aleatório**. As normas dos artigos precedentes não se aplicam aos contratos aleatórios por natureza ou por vontade das partes.[5]

2.3 Os dispositivos correspondentes do Código Civil brasileiro são praticamente idênticos aos do Código italiano, exceção feita ao último artigo, que não tem correspondente:

> Art. 478. Nos contratos de execução continuada ou diferida, se a prestação de uma das partes se tornar excessivamente onerosa, com extrema vantagem para a outra, em virtude de acontecimentos extraordinários e imprevisíveis, poderá o devedor pedir a resolução do contrato. Os efeitos da sentença que a decretar retroagirão à data da citação.
>
> Art. 479. A resolução poderá ser evitada, oferecendo-se o réu a modificar eqüitativamente as condições do contrato.
>
> Art. 480. Se no contrato as obrigações couberem a apenas uma das partes, poderá pleitear que a sua prestação seja reduzida, ou alterado o modo de executá-la, a fim de evitar a onerosidade excessiva.

2.4 Como se infere dos dois textos transcritos, para a incidência dos dispositivos faz-se mister o preenchimento das seguintes condições:

(a) que haja a presença de um contrato de duração, com execução dividida ou continuada, em que as prestações se repetem ou se dividem no prazo avençado, ou de um contrato de execução diferida, em que simplesmente a prestação de uma das partes é protraída no tempo; ou seja, que se trate de um contrato em que haja uma certa *distantia temporis* entre o momento de celebração e o momento de execução;

(b) que a prestação de uma das partes se torne excessivamente onerosa, supondo-se que esse índice quantitativo, que o Código não define, seja de tal magnitude que autorizaria a resolução do vínculo, nos contratos bilaterais ou sinalagmáticos, ou a alteração *ad aequitatem*, nos contratos uni-

5. "1.467. **Contratto con prestazioni corrispettive**. Nei contratti a esecuzione continuata o periódica ovvero a esecuzione deferita, se la prestazione di una delle parti è divenuta eccessivamente onerosa per il verificarsi di avvenimenti straordinari e imprevedibili, la parte che deve tale prestazione può domandare la risoluzione del contratto, con gli effetti stabiliti dall'articolo 1.468. La risoluzione non può essere domandata se la sopravvenuta onerosità rientra dell'alea normale del contratto. La parte contro la quale è domandatala risoluzione può evitarla offrendo di modificare equamente la condizioni del contratto.

"1.468. **Contratto con obbligazioni di una sola parte.** Nell'ipotesi prevista dall'articolo precedente, se si tratta di um contratto nel quale una sola delle parti ha assunto obbligazioni, uesta può chiedere una riduzione della sua prestazione ovvero una modificazione delle modalità di esecuzione, sufficienti per ricondurla ad equità.

"1.469. **Contratto aleatorio**. Le norme degli articoli precedenti non si applicano ai contratti aleatori per loro natura o per volontà delle parte."

laterais, como se fosse uma forma de impossibilidade relativa ou de extrema dificuldade (*difficultas praestationis*) que sobrevém na execução da prestação;

(c) que essa onerosidade provoque uma "extrema vantagem" para a parte credora com a *jactura* ou o sacrifício da parte devedora da prestação;

(d) que não basta para determinar a incidência dos dispositivos que a prestação se tenha agravado exageradamente, mas que a tenha onerado excessivamente em decorrência de eventos *extraordinários* e *imprevisíveis*, ou seja, fora de uma evolução regular dos acontecimentos e além da álea normal do contrato;

(e) que a causa do evento extraordinário e imprevisível seja estranha às partes, não podendo ser imputada ao contratante que, concorrendo para que se agrave excessivamente a prestação, o invoca para resolver o contrato;

(f) que o remédio resolutório, com o poder de a contraparte evitar a resolução mediante a modificação, só se aplica aos contratos sinalagmáticos, com obrigações para as duas partes, em estado de dependência recíproca, visto que nos contratos unilaterais, que geram obrigações apenas *ex uno latere*, a lei só admite a redução da prestação, ou a modificação no modo de executá-la, como forma de evitar a onerosidade excessiva e reconduzir o contrato a uma situação de equilíbrio.

2.5 Como se vê, o sistema da onerosidade excessiva foi concebido como forma de resolução do contrato, não se prevendo a sua revisão, a não ser nas duas exceções contempladas nos dispositivos reproduzidos, vale dizer, (i) no caso de contrato sinalagmático de execução continuada, periódica ou diferida, mediante expressa anuência do credor (art. 479), e (ii) no caso de contrato unilateral, que gera obrigações somente para uma das partes, quando o credor estará sujeito às modificações (redução ou alteração) que lhe forem judicialmente impostas, como forma de evitar o agravamento da prestação (art. 480).

2.6 No art. 317, o novo Código Civil admite a revisão do contrato por desproporção observada especificamente em caso de *obrigações pecuniárias*, com vencimento protraído no tempo, objeto de regras insertas no contexto regulatório, do art. 315 ao 318, como segue:

> Art. 315. As dívidas em dinheiro deverão ser pagas no vencimento, em moeda corrente e pelo valor nominal, salvo o disposto nos artigos subseqüentes.
>
> Art. 316. É lícito convencionar o aumento progressivo de prestações sucessivas.
>
> Art. 317. Quando, por motivos imprevisíveis, sobrevier desproporção manifesta entre o valor da prestação devida e o do momento de sua execução, poderá o juiz corrigi-lo, a pedido da parte, de modo que assegure, quanto possível, o valor real da prestação.
>
> Art. 318. São nulas as convenções de pagamento em ouro ou em moeda estrangeira, bem como para compensar a diferença entre o valor desta e o da moeda nacional, excetuados os casos previstos na legislação anterior.

2.7 Trata-se, como se vê, de regras destinadas a moderar o princípio do *nominalismo monetário*, possibilitando a correção do valor a ser pago em dinheiro, mediante os requisitos legais que alinha: (i) motivos imprevisíveis e (ii) desproporção entre o valor da prestação pactuada e o devido no momento de execução. Daí porque não se pode estender a incidência da regra prevista no art. 317 do Código a outras hipóteses, além da desvalorização monetária, geradora do desequilíbrio das prestações, às situações de onerosidade excessiva, que já dispõem de regras específicas, no mesmo diploma. Basta aliás acompanhar as vicissitudes da tramitação do artigo em tela do anteprojeto nas duas casas do Congresso, para verificar que o preceito tinha, desde o início, o escopo de contornar apenas e exclusivamente o desequilíbrio gerado pela depreciação monetária.

2.8 Com efeito, no anteprojeto apresentado pela Comissão Revisora e Elaboradora,[6] o então art. 311 facultava ao juiz, a pedido da parte, "atualizar o valor da moeda", "quando houver desproporção manifesta entre o valor da prestação devida e o do momento da execução, de modo a preservar, quanto possível, a equivalência das prestações". Na Câmara dos Deputados, o dispositivo, já enumerado como art. 317, continuava a frisar expressamente que a idéia era a manutenção da equivalência das prestações "quando ocorrer desvalorização da moeda". No Senado, depois da tentativa de suprimir o dispositivo, o presidente da Comissão Revisora e Elaboradora ponderou da conveniência da manutenção do dispositivo, voltando à redação do anteprojeto, com referência tópica à desproporção decorrente da "desvalorização da moeda", que foi excluída da redação final, por considerá-la implícita, na seqüência dos artigos, incluindo-se, porém, no suporte fático, o atributo da imprevisibilidade, que não havia na redação primitiva.[7]

2.9 Questiona-se se a referência a "motivos imprevisíveis", constante do dispositivo em apreço, justificaria essa limitação do artigo exclusivamente aos casos de desproporção decorrente de depreciação monetária, já que a variação do poder de compra da moeda, mesmo nas atuais conjunturas do país, mais do que previsível, é até provável. Mas, evidentemente, imprevisível, no caso, é sempre o grau de intensidade dos surtos de variação monetária, que podem gerar uma "desproporção manifesta" entre o valor da prestação devida e o do momento de sua execução. É essa imprevisibilidade de variação da moeda que autorizaria o juiz a corrigir a prestação pecuniária, "de modo que, assegure, quanto possível, o valor real da prestação".

2.10 Por conseguinte, a disciplina introduzida pelo art. 317 da nova lei civil não pode ser associada à regulação da resolução contratual por onerosidade excessiva, que mereceu tratamento específico e exaustivo no novo Código, nos seus arts. 478 a 480, prevendo apenas duas hipóteses de revisão judicial, como foi assinalado. A alteração de sua redação durante o processo legislativo não teve, portanto, o condão de fazer nascer uma regra genérica, inconsistente com os demais dispositivos da lei civil. Fora possível estender a revisão judicial, prevista no art. 317, para todas as hipóteses de superveniente desequilíbrio contratual, e chegaríamos à própria negação do instituto da onerosidade excessiva, disciplinado dentro do mesmo corpo de lei.[8]

2.11 Feitas essas considerações, podemos agora passar a analisar os quesitos formulados na consulta.

Quesito A

3. Prestações de execução continuada e diferida

3.1 Os romanos definiram obrigação (*obligatio*) com rigor e precisão. Assim, nas

6. *Anteprojeto de Código Civil*, 2ª ed., Brasília, Ministério da Justiça, 1973, p. 108.

7. Miguel Reale, *O Projeto de Código Civil no Senado Federal*, v. 1, Brasília, Senado Federal, 1998, p. 167; Josaphat Marinho, *Parecer Final 749*, de 1997. *Código Civil. Projeto de Lei da Câmara 118*, de 1984, Redação Final, Brasília, Senado Federal, 1997, p. 424.

8. *A favor* da tese de que os arts. 317 e 478 do novo Código Civil tratam distintas situações jurídicas, com tratamento diferenciado, v. Antonio Celso Fonseca Pugliese, "Teoria da imprevisão e o novo Código Civil", in *RT* 830/23 e ss., dez. 2004. *Contra*, Judith Martins-Costa, nos seus magníficos *Comentários ao Novo Código Civil*, v. V, t. I, Rio de Janeiro, Forense, que interpreta o art. 317 como "uma versão mitigada da teoria da excessiva onerosidade" (p. 297). Ruy Rosado de Aguiar Júnior (in *Extinção dos Contratos por Incumprimento do Devedor — Resolução*, 2ª ed., São Paulo, Aide, p. 152) acha que "há aparente conflito entre o que está no art. 317 (revisão) e no art. 478 (resolução)", pelo que propõe que esses dispositivos "sejam interpretados juntamente" ("O novo Código Civil e o Código de Defesa do Consumidor — Pontos de convergência", *Revista de Direito Renovar* 26/17, mai.-ago. 2003). No projeto de Código de Obrigações de 1965, que pela primeira vez incorporou literalmente o dispositivo da lei italiana sobre onerosidade excessiva, o relator,

Institutas (3,13 pr.), diz-se que "obligatio est iuris vinculum, quo necessitate adstringimur alicuius solvendae rei", e, no *Digesto* (44, 7, 3 pr.), que "obligationum substantia non in eo consistit, ut aliquod corpus nostrum aut servitutem nostram faciat, sed ud alium nobis obstringat ad dandum aliquid vel faciendum vel praestandum". O primeiro trecho define a obrigação como o vínculo jurídico em virtude do qual uma pessoa fica compelida a realizar uma prestação em favor de outra. O segundo distingue o vínculo obrigacional dos vínculos reais, dizendo que a sua substância consiste em compelir uma pessoa a dar, fazer ou prestar alguma coisa a outra.

3.2 As definições modernas não fogem do modelo romano acima apontado, procurando, no entanto, evitar não só a referência à expressão "solvere rem", que, tomada no seu sentido literal e restrito, significaria pagar uma coisa, não abrangendo todas as espécies de obrigação, como também a variedade de termos designativos daquilo a que o devedor estaria adstrito a satisfazer, contida na trilogia "dare, facere, praestare", cujo exato sentido nem sempre é fácil determinar, reduzindo-os a um termo comum: prestação. Ou seja, o objeto da relação obrigacional é sempre uma *prestação*,[9] entendendo-se como tal toda ação, ativa ou passiva, a que uma pessoa se acha compelida a realizar, a fim de satisfazer o interesse de outra.

3.3 Para afastar dúvidas, costuma-se também distinguir, na relação em apreço, o objeto *imediato* do objeto *mediato* da obrigação, ou, por outras palavras, o *objeto da obrigação* do *objeto da prestação*. Objeto *imediato* da obrigação é a prestação em si, vale dizer, o comportamento do devedor destinado a satisfazer o interesse do credor. Objeto *mediato* é o bem ou o fato, positivo ou negativo, sobre o qual recai a prestação. A diferença adquire relevo na hipótese de obrigação de prestação de coisas (*obligatio dandi*), onde o objeto imediato da obrigação consiste no ato de entrega da coisa que se impôs ao devedor, sendo o objeto mediato, alvo da prestação, a própria coisa. A distinção, porém, é menos nítida nas obrigações de fazer (*obligatio faciendi*) ou de não fazer (*obligatio non faciendi*), onde a prestação é sempre uma determinada conduta, positiva ou negativa, consistente na própria ação ou abstenção do devedor. Em síntese, pode-se estabelecer a distinção em apreço, dizendo simplesmente que o objeto da relação obrigacional é a prestação, cujo objeto, por sua vez, é o ato ou a omissão do devedor.

3.4 Essas prestações revestem formas variadas, de onde resultam *modalidades* diferentes de obrigações. No direito brasileiro, as diversas categorias de obrigações não são apenas frutos da elaboração da doutrina, já que o Código Civil as perfilha, estabelecendo a sua disciplina em razão das modalidades a que as reduziu: obrigações de dar, de fazer, alternativas, divisíveis e indivisíveis, solidárias etc. (arts. 233 *usque* 285). Em princípio, é a prestação que é de dar ou de fazer, positiva ou negativa, divisível ou indivisível, de fim ou de meio, instantânea ou de duração. Tendo em vista, porém, que a prestação é o objeto imediato das obrigações, costuma-se classificar as obrigações, por metonímia, tendo em vista as características que a prestação venha a revestir. É certo, ainda, que essas diversas

prof. Caio Mário da Silva Pereira, advertia, no relatório do projeto, que "a onerosidade excessiva com base na teoria da imprevisão (art. 346) ficou adstrita à resolução, e não à revisão dos contratos (...). Mas o interessado poderá evitar a resolução, oferecendo-se a modificar a prestação (art. 350)" (Publicação do Ministério da Justiça, 1965, p. XVIII).

9. Diz o *BGB* no seu § 241: "Em virtude da obrigação, o credor tem o direito de exigir do devedor uma prestação. A prestação pode consistir também numa omissão" (*Kraft des Schuldverhältnisses ist der Gläubiger berechtigt, von dem Schuldner eine Leistung zu fordern. Die Leistung kann auch in einem Unterlassen bestehen*). O art. 397 do Código Civil português de 1966 também diz a mesma coisa: "Art. 397. Obrigação é o vínculo jurídico por virtude do qual uma pessoa fica adstrita para com outra à realização de uma prestação". O Código Civil italiano diz, no art. 1.174, que "la prestazione (...) forma oggetto dell'obbligazione". O Código brasileiro não define obrigação.

modalidades de prestações se interpenetram e se entrecruzam, de sorte que umas categorias interferem em outras, diversificando-se nas estruturações.

3.5 Tomando por critério a maneira como se realizam *no tempo*, as prestações debitórias são classificadas pelo direito brasileiro, em plena consonância aliás com o direito continental europeu, em (i) *instantâneas* e (ii) *duradouras* ou *de duração*, sendo que as primeiras se desdobram em prestações (a) de *execução imediata* e (b) de *execução diferida*, e as últimas, em prestações (a) *divididas*, (b) *repetidas* e (c) *contínuas*.[10] Dizem-se instantâneas as prestações em que o comportamento exigido do devedor se executa num dado e único momento, extinguindo-se a correspondente obrigação com essa atuação isolada (*quae unico actu perficiuntur*), pouco importando se a prestação seja satisfeita em momento contemporâneo à formação do vínculo (*execução imediata*), como na entrega da coisa na venda à vista, ou satisfeita depois, protelando-se a sua realização para um momento ulterior (*execução diferida*), como, por exemplo, na restituição pelo mutuário do capital no termo convencionado.

3.6 Quando não se circunscreve a uma atividade — ou inatividade — momentânea do devedor, mas se distende ao longo do tempo, a prestação qualifica-se como *duradoura* ou *de duração*.[11] Cumpre, porém, não confundir a *prestação diferida* com a *prestação de duração*, pois naquela, na prestação diferida, a atividade a ser satisfeita num único momento é simplesmente protraída, enquanto nesta, na prestação de duração, a atividade é para ser satisfeita de forma articulada no decurso do tempo. Na prestação de duração, a sua distribuição no tempo — ou melhor, a sua duração — não se apresenta como mera modalidade acessória de execução, mas constitui elemento substancial da prestação, que é necessariamente distribuída no tempo. A prestação de duração constitui, portanto, uma categoria oposta à prestação instantânea, imediata ou diferida, apresentando três variantes fundamentais: as prestações *divididas*, *reiteradas* e *contínuas*.

3.7 Se a execução da prestação se efetua por partes, em momentos temporais distintos, a prestação diz-se *dividida* ou *fracionada* — a qual, aliás, pode ser *periódica* ou *não periódica*, conforme medeiem ou não intervalos certos entre os atos sucessivos. Trata-se, no caso, de uma única prestação que satisfaz por partes o interesse permanente do credor, cada fração se implementando no curso do tempo previsto. A título de exemplo, basta pensar no pagamento parcelado do preço na venda a prestações, ou no fornecimento de mercadorias em várias partidas. Quando, todavia, em vez de uma única prestação a ser cumprida fracionadamente, nos defrontamos — ainda que decorrentes de uma só relação obrigacional — com várias e sucessivas prestações a serem satisfeitas ao longo do tempo, com periodicidade (como na obrigação de o inquilino pagar aluguel mensal), ou sem periodicidade (como na obrigação de fazer reparações no prédio alugado sempre que forem necessárias), teremos as chamadas prestações *reiteradas* ou *repetidas*.

3.8 Essas prestações repetidas ou reiteradas são também chamadas de *trato sucessivo*, pois se renovam em prestações singulares satisfeitas ao fim de períodos consecutivos, como nas dívidas de rendas, juros, foros e alimentos. Sustenta-se na doutrina que, no caso, ao lado de uma prestação básica geral (*Hauptleistung*), objeto de uma única obrigação e de uma pretensão correspondentes (*Stammverpflichtung* e *Gesammtanspruch*), haveria os atos singulares de execução, a serem encarados como

10. Cf. Darcy Bessone, *Do Contrato*, Rio de Janeiro, Forense, 1960, n. 40, p. 118; Caio Mário da Silva Pereira, *Instituições de Direito Civil*, v. III, Rio de Janeiro, Forense, 1963, n. 195, pp. 48-49; Orlando Gomes, *Contratos*, 4ª ed., Rio de Janeiro, Forense, 1973, ns. 58-59, pp. 88 e ss. e *Obrigações*, Rio de Janeiro, Forense, 1961, p. 66.

11. V. Ângelo De Martini, verbete "obbligazione di durata", in *Novissimo Digesto Italiano*, Torino, UTET, 1957, p. 655.

prestações juridicamente individualizadas, correspondendo a pretensões particulares (*Einzelnansprüchen*), mas filiadas à prestação geral numa relação de dependência, e, não propriamente a distintas obrigações, tantas quanto forem as prestações (*Einzelnverplichtungen*), como sustentam alguns.[12]

3.9 Por fim, existem as prestações denominadas *contínuas*, cuja execução consiste numa determinada atividade ou numa abstenção, que se prolonga ininterruptamente no tempo, sem solução de continuidade, como, por exemplo, no uso pelo inquilino do prédio locado, na obrigação do senhorio de assegurar ao inquilino durante o prazo pactuado o uso do prédio alugado, e, de um modo geral, nas prestações de fato negativas, quer consistam numa abstenção (*non facere*), quer numa omissão (*pati*). Aqui, também, é devida uma só prestação, como nas obrigações divididas ou fracionadas, e não várias prestações singulares, como nas prestações repetidas ou reiteradas, donde dizer-se que a prestação contínua deve efetuar-se *quotidie et singulis momentis*. Cumpre observar que a circunstância de que a contraprestação possa ser desdobrada no tempo, ou até ser instantânea, não altera o caráter continuativo da relação.

3.10 Cabe também ter presente a diferença entre *prestações contínuas* (uma única prestação que se alonga) e *prestações de execução continuada* (várias prestações individualizadas), visto que esta segunda expressão é empregada para caracterizar tanto as prestações divididas ou repartidas, que se distribuem no tempo, como também as chamadas prestações repetidas ou reiteradas, que são satisfeitas ao longo do tempo, através de sucessivos atos singulares.[13]

3.11 No Código Civil brasileiro em vigor, a resolução por onerosidade excessiva foi reconhecida para incidir em dois tipos de contratos: (i) nos *contratos de execução continuada* e (ii) nos *contratos de execução diferida* (arts. 478 a 490), ou seja, nos contratos que prevêem prestações a serem cumpridas em um tempo futuro, quer em razão de execução protraída para outro momento, quer em razão de execução a ser realizada ao longo do tempo, em fase posterior à formação do vínculo.

3.12 No Código Civil italiano, fonte de inspiração dos dispositivos da lei brasileira, fala-se da aplicação do conceito de onerosidade excessiva em "contratos de execução continuada ou periódica" e em "contratos de execução diferida" (art. 1647). A lei brasileira manteve a incidência do mecanismo da excessiva onerosidade nos contratos de execução diferida, mas não fez menção, na primeira hipótese de incidência, senão aos "contratos de execução continuada", sem fazer referência aos contratos de execução periódica, por achar essa referência desnecessária. Com efeito, nos contratos de execução continuada são presumidos todos os tipos de contrato de duração — contratos de execução parcelada, repetida, periódica ou não, e contínua — em que existe uma *distantia temporis* entre o momento de sua estipulação e o início e o desenvolvimento de sua execução.

3.13 Estabelecidas essas distinções, estamos habilitados a responder o primeiro quesito da consulta (item A). Entende-se por *prestação*, fulcro de toda relação obrigacional, o ato ou omissão, a que o devedor se acha compelido, com vista a satisfazer o interesse do credor. Essa definição genérica é também perfeitamente adequada para traduzir a conduta a que o devedor se acha adstrito nos contratos de execução diferida ou continuada, previstos no art. 478 do Código Civil brasileiro, para efeito de

12. Cf. Giorgio Oppo, "I contratti di durata", in *Rivista del Diritto Comerciale*, v. XLI (1943), I, pp. 143 e ss., citando os artigos de Gierke, "Dauernde Schuldverhältnisse", in *Jhering Jahr.*, 1914, v. 64, pp. 355 e ss., e Gschnitzer, "Die Kündigung nach deutschem und Öesterreichischem Recht", in *Jhering Jhar.*, 1926, v. 76, pp. 317 e ss.

13. Cf. Luigi Devoto, *L'Obbligazione a Esecuzione Continuata*, Padova, 1943; Mário Júlio de Almeida Costa, *Direito das Obrigações*, Coimbra, Atlântida, 1968, p. 213; João de Matos Antunes Varela, *Das Obrigações em Geral*, 9ª ed., Coimbra, Almedina, 1998, p. 97.

resolução por onerosidade excessiva. Ou dizendo de outra maneira, não há nenhum significado especial, diferente do acima consignado, para as diferentes formas de prestação debitória — divididas, repetidas, periódicas ou continuativas — que podem ocorrer nos aludidos contratos.

3.14 Somos também da opinião de que a versão para o inglês do art. 478 do Código Civil brasileiro, reproduzida na consulta, é correta, praticamente literal (com exceção da utilização do vocábulo *obligation* para traduzir a expressão "prestação") e adequada à redação do original em português. Com efeito, é perfeitamente admissível a utilização, no contexto, do vocábulo *obligation*, ao invés do emprego do termo *performance*, para a versão da expressão "prestação", reservando *performance* para traduzir "execução" do contrato, constante do começo do dispositivo. Afinal, a prestação constitui o conteúdo das obrigações, e estas, como já observamos, são comumente qualificadas pelo tipo da atividade que se requer do devedor para a satisfação do interesse do credor (por exemplo, *obligatio dandi* significa obrigação cuja prestação é de dar). Feitos esses esclarecimentos, passemos ao quesito subseqüente (item B).

Quesito B

4. A resolução por onerosidade excessiva

4.1 As medidas franqueadas ao contratante que vê a sua prestação, a ser cumprida, agravada excessivamente, em decorrência de alteração imprevisível e extraordinária das circunstâncias em que foi pactuada, estão previstas nos arts. 478 a 480 do Código Civil brasileiro: a *resolução* e eventualmente a *revisão* do contrato, para reconduzi-lo à eqüidade (*reductio ad aequitatitem*). No que tange à resolução contratual, que é a conseqüência habitual em caso de onerosidade excessiva (no Código Civil brasileiro, a excessiva onerosidade está inserida no capitulo relativo à *extinção do contrato*), os seus *efeitos* variam em conformidade com o tipo de prestação objeto do contrato.

4.2 Assim, (i) nos *contratos de execução diferida*, a resolução por onerosidade excessiva abrange a prestação futura, que deveria ser cumprida de forma única e instantânea, determinando a extinção da relação obrigacional, com o retorno das partes à situação anterior, tal como nos casos de resolução contratual decorrentes de outras causas; (ii) nos *contratos de execução repartida ou fracionada*, a resolução produz também efeito retroativo, abrangendo todas as parcelas da prestação, incluídas as já efetuadas, na medida em que o objeto da prestação, que também é única, já estava previamente fixado, independentemente da duração da relação contratual; e (iii) nos *contratos de execução repetida ou continuada*, a resolução, embora gozando de eficácia retroativa, não abrange as prestações já realizadas e satisfeitas, pois estas, nesse tipo de contrato, são consideradas autônomas e adstritas às correspondentes frações de tempo, operando-se somente em relação às futuras prestações, ou em relação à duração futura de prestação em curso.

4.3 Nesse último tipo contratual, respeitam-se, portanto, os efeitos jurídicos já produzidos, mas sempre sob a condição de que essas prestações sejam independentes, passando a abranger as prestações já efetuadas se, entre estas e a causa da resolução, existir um vínculo que legitime a resolução de todas elas.

4.4 Advirta-se que a resolução dos contratos por gravame excessivo está condicionada à verificação de pressupostos, sem a presença dos quais não há que se falar em extinção do contrato, a saber:

Primo, a onerosidade excessiva não dá ensejo à responsabilização patrimonial pelo não cumprimento da prestação diferida ou continuada, visto que este descumprimento se assemelha ao inadimplemento não imputável ao devedor, por impossibilidade relativa de realizar a obrigação. Ou seja, na ocorrência de obstáculos que oneram exorbitantemente o adimplemento da prestação (*difficultas praestandi*), o credor não tem o direito de ser indenizado pelos prejuízos sofridos em virtude da inadimplência, podendo o devedor postular a resolução do contrato ou, eventualmente, a sua redução eqüitativa. A resolução do contrato por descumprimento do mesmo por força de onerosidade excessiva somente induzirá ao pagamento de indenização quando existir, além da mora, a culpa do devedor;[14]

Secundo, a ausência de mora do devedor que se afirma lesado não foi colocada expressamente pelo legislador nos arts. 478 a 480 do Código Civil brasileiro como condição de incidência do pedido de resolução (ou de revisão) do contrato que foi atingido pela excessiva onerosidade; ela, porém, é de rigor, visto que prevalece a regra constante do mesmo Código segundo a qual o devedor em mora responde pela impossibilidade superveniente, ainda que esta decorra de caso fortuito ou força maior (art. 399, primeira parte);

Tertio, diante da onerosidade excessiva, o devedor não está desobrigado do cumprimento da prestação, pois o fato de a prestação se tornar excessivamente gravosa (impossibilidade relativa) não o libera *ipso facto* do vínculo a que se acha preso. Só a impossibilidade absoluta pode liberar automaticamente o devedor. A este não é atribuído o arbítrio de extinguir por conta própria as suas obrigações, sob o fundamento de que se tornou extremamente difícil de ser cumprida. Apenas se lhe permite optar entre o cumprimento da prestação, arcando com os encargos exagerados de um ajuste livremente pactuado, e a resolução do negócio. A onerosidade excessiva age como uma cláusula resolutória tácita, apenas possibilitando a resolução judicial, mas não operando *pleno iure*. Para efetuar a resolução, necessária se faz a decretação judicial, provocada em ação própria na qual se aprecia a alegação de excessiva onerosidade. Acrescente-se que, a despeito de ser necessária para a resolução uma sentença judicial constitutiva, dispõe o art. 478 do Código Civil que os efeitos da mesma "retroagirão à data da citação", quando o credor foi intimado do gravame exagerado.

4.5 Fixados esses princípios, estamos habilitados a responder os quesitos constantes do item B da consulta. Encontrando-se um contrato de execução diferida ou continuada em etapa de cumprimento, pode a parte devedora postular judicialmente a sua resolução se foi surpreendida pelo surgimento de fato extraordinário e imprevisível que torne a prestação sumamente gravosa. Há, porém, que ser pleiteada *antes* que a obrigação seja cumprida, pois, se já o foi, não tem cabimento o pedido.

4.6 Ademais, a sentença judicial que venha a resolver o contrato por excessiva onerosidade produz, entre as partes, efeito retroativo, advertindo, porém, o art. 478, *in fine*, da lei civil que as conseqüências dessa sentença "retroagirão à data da citação", que tornou litigiosa a prestação agravada (Código de Processo Civil, art. 219). Não existe disposição semelhante no artigo do Código Civil italiano, mas já constava do parágrafo único do art. 346 do projeto de Código de Obrigações, de 1965, elaborado pelo professor Caio Mário da Silva Pereira, que não se transformou em lei. Tal como o art. 478 do Código vigente, o dispositivo desse antigo projeto também reproduz, quase *ipsis litteris*, o art. 1.467 do Código Civil italiano, inovando apenas nessa passagem.[15]

14. Ruy Rosado de Aguiar Júnior, *Extinção dos Contratos por Incumprimento do Devedor — Resolução*, ob. cit., p. 266: "Só há indenização pelos danos para o caso de resolução com culpa do devedor. Nas situações em que há perda do interesse do credor pelo fato não imputável ao devedor, há resolução, mas não a indenização. Igualmente, nas hipóteses de resolução por modificação das circunstâncias". Da mesma opinião Daniel Ustárroz, *A Responsabilidade Contratual no Novo Código Civil*, São Paulo, Aide, 2003, p. 169.

15. "Art. 346. Nos contratos de execução diferida ou sucessiva, quando, por força de acontecimento excepcional e imprevisível, ao tempo de sua

4.7 Assim, invertendo a ordem das perguntas, podemos inicialmente responder à indagação constante do item B.3, dizendo que, para que se opere a resolução do contrato, é necessário que a onerosidade excessiva já tenha ocorrido por ocasião da citação na ação que tenha sido proposta com esse escopo pelo devedor, antes que o cumprimento da prestação se fizesse necessário Se a resolução se justifica por ter ocorrido realmente agravamento excessivo na prestação, em virtude da superveniência de acontecimentos "imprevisíveis", obviamente não se admite que o requerimento judicial de resolução seja formulado antes do evento inesperado causador da onerosidade, nem depois de o devedor ter incorrido em mora.

4.8 No que se refere à extensão dos efeitos da resolução sobre as prestações, objeto dos itens B.1 e B.2, cumpre fazer a distinção entre as várias hipóteses de contratos, a saber:

(i) em se tratando de contrato de execução diferida, a resolução abrange somente a prestação cuja execução está prevista no futuro, mas ainda não o foi, extinguindo o contrato *ex tunc* e voltando às partes à situação anterior à sua celebração (*status quo ante*);

(ii) se o contrato é de mera prestação fracionada, a resolução atinge a todas as parcelas, passadas, presentes e futuras, incluindo as já efetuadas, pois, nesse tipo contratual, o tempo não influi na determinação da prestação, apenas se relacionando com o modo de sua execução, podendo assim alcançar frações eventualmente satisfeitas em data anterior à citação, porque a prestação é, no caso, única;

(iii) se se trata, porém, de contrato de execução continuada ou repetida, a resolução do contrato, embora gozando de eficácia retroativa, não abrange as prestações satisfeitas, que se consideram já exauridas, pois, nesse tipo de contrato, tanto as prestações já efetuadas, quanto as que estão em curso ou que devem ser realizadas no futuro, gozam de independência entre si, exceto se entre estas e a causa da resolução exista um vínculo que legitime a resolução de todas elas.[16] Aqui deve ser respeitada a regra legal de que o efeito retroativo se atém à data da citação.

4.9 As autoridades (*travaux préparatoires*, jurisprudência anterior à introdução dos arts. 478 a 480 do Código Civil, doutrina) sobre as questões acima ventiladas foram objeto de referência nas notas de rodapé, inclusive nas matérias em que existe dissídio.[17] Especificamente sobre as questões objeto do item B, cumpre acentuar que não existe jurisprudência relevante sobre as mesmas, mas apenas alusões doutrinárias esparsas.

celebração, a prestação de uma das partes venha a tornar-se excessivamente onerosa, capaz de lhe ocasionar grande prejuízo e para a outra, lucro desmedido, pode o juiz, a requerimento do interessado, declarar a resolução do contrato. Parágrafo único. Os efeitos da sentença, então proferida, retroagem a data da citação da outra parte."

16. É o que escreve Antônio Jeová Santos, in *Função Social do Contrato*, ob. cit., p. 252, inspirado no art. 434, item 2, do Código Civil português: "Nos contratos de execução continuada ou periódica, a resolução não abrange as prestações já efetuadas, exceto se entre estas e a causa de resolução existir um vínculo que legitime a resolução de todas elas".

17. Sobre os *travaux préparatoires*, v. Miguel Reale, *História do Novo Código Civil*, Ed. RT, 2005, e Miguel Reale, *O Projeto de Código Civil. Situação Atual e seus Problemas Fundamentais*, Saraiva, 1986. Nesse sentido, ver o *Anteprojeto de Código Civil*, do Poder Executivo, 2ª ed., Brasília, Ministério da Justiça, 1973, *Projeto de Lei 634-A*, de 1975, *Mensagem 160/75*, publicado no *Diário do Congresso Nacional, Suplemento 111*, de 14.9.1983, Brasília; *Redação Final do Projeto de Lei 634-B*, de 1975, publicado no *Diário do Congresso Nacional* de 17.5.1984; Josaphat Marinho, *Parecer Final 749*, de 1997, *Código Civil, Projeto de Lei da Câmara 118, Emendas 1 a 366*, Brasília, Senado Federal, 1997; *Emendas ao Projeto de Código Civil*, Brasília, 1984, 2ª ed., 1973, Brasília, publicação do Ministério da Justiça; *Projeto de Lei 634-A*, de 1975; Miguel Reale, *O Projeto de Código Civil no Senado Federal*, Brasília, Senado, 1998.

Quesito C

5. *Conseqüências patrimoniais decorrentes da resolução*

5.1 Passemos agora ao último quesito da consulta. Entende a lei civil brasileira que todo contrato bilateral traz subentendida uma cláusula resolutória tácita, caso um dos contraentes não cumpra a sua obrigação. Essa cláusula autoriza o lesado a pedir a resolução do contrato, se não preferir exigir-lhe o cumprimento, cabendo em ambos os casos indenização por perdas e danos (Código Civil, art. 475). Ao assim dispor, a lei parte da premissa de que, nesse tipo de contrato, a prestação de uma das partes tem por causa a contraprestação da outra. A correspectividade das atribuições patrimoniais, fundamental no cálculo econômico dos contratantes, foi o que motivou a celebração do contrato. Daí que o inadimplemento, que autoriza a resolução, age no contrato bilateral como fator de desequilíbrio das prestações correspectivas, provocando um prejuízo, que cabe ser reparado.

5.2 Na resolução por onerosidade excessiva, isso não ocorre. A lei permite que a parte que se encontra na iminência de se tornar inadimplente, tendo em vista a extrema dificuldade de cumprir o seu dever, provocada pela superveniência de um evento extraordinário e imprevisível, venha a se desligar do contrato, sem que essa resolução envolva a sua responsabilidade patrimonial, visto que ela decorre de uma causa que não lhe é imputável. Ou seja, na excessiva onerosidade, não há como censurar o comportamento do devedor, que restou à mercê de acontecimentos externos. A situação se assemelha à do inadimplemento inimputável, ficando o devedor desonerado de reparar os prejuízos, pois inexiste mora de sua parte (art. 396 do Código Civil), descabendo ao credor o direito de pleitear a indenização por perdas e danos.

5.3 Nesses termos, se verificada uma alteração imprevisível e radical nas condições econômicas do contrato, no momento de sua execução, gerando um gravame excessivo para um dos contraentes, com benefício exagerado para o outro, e se o órgão judicante acolhe o pedido de resolução formulado com base nesses pressupostos, o devedor estará exonerado de responsabilidade pelo não-cumprimento, não importando qual o grau de conseqüências que o credor venha a experimentar com essa ruptura. Assim, não se justifica cogitar da reparação de eventuais prejuízos que o credor teria sofrido com o rompimento do contrato, quando a sua subsistência, nas condições emergentes, exigiria do devedor um sacrifício excessivo, que de resto alteraria o equilíbrio econômico original do contrato.

5.4 Nessas condições, podemos responder ao quesito C, dizendo que as conseqüências econômico-financeiras que o credor possa vir a sofrer, em decorrência da resolução do contrato agravado, não são relevantes para a decisão que venha a determinar a extinção do mesmo, com base no art. 478 do Código Civil. É, no entanto, extremamente relevante para essa decisão verificar se a parte credora ofereceu-se para modificar eqüitativamente as condições do contrato, nos termos do art. 479 do Código Civil brasileiro, visando a preservar o contrato. Com efeito, pelos arts. 478 e 479 da lei civil, a excessiva onerosidade pode ser argüida pelo devedor mediante uma ação de resolução do contrato, à qual a parte demandada tem o poder de se opor, mediante uma oferta em sentido contrário, propondo a modificação eqüitativa das condições do contrato, com o escopo de conservá-lo.

5.5 Essa oferta de readequação *ad aequitatem* das condições do contrato, com o objetivo de preservá-lo, prevista no art. 479 do Código, é remédio exclusivamente judicial, assumindo papel preclusivo na ação de resolução do contrato por excessiva onerosidade.[18] Paralisa o pedido reso-

18. É a opinião que prevalece na doutrina e na jurisprudência italianas, cf. Paolo Tartaglia, ver-

lutivo, que fica momentaneamente suspenso enquanto não definida, em juízo, a readequação da relação contratual. A oferta de modificação é, sob o plano substantivo, uma declaração de vontade unilateral receptícia, e, sob o plano adjetivo, uma figura *sui generis*, que tem pontos de analogia com a exceção e com a reconvenção.

5.6 Deve o juiz limitar-se a aceitar ou não a proposta feita pela parte demandada? Ou pode impor novas condições que, a seu ver, restabeleçam a eqüidade do contrato? Não havendo ainda pronunciamento da doutrina ou da jurisprudência sobre a regra em tela (o Código Civil, que a introduziu no direito brasileiro, só entrou em vigor em 11 de janeiro de 2003), cumpre recorrer ao Código Civil italiano, cujo art. 1.467 é fonte de inspiração direta do art. 479 do Código Civil brasileiro.

5.7 Ora, doutrina e jurisprudência italianas têm se pronunciado no sentido de que o juiz não deve limitar-se a proceder apenas à avaliação da idoneidade da oferta proposta pelo demandado, que pode ser meramente programática, podendo integrá-la, introduzindo alterações necessárias para reconduzir o contrato ao equilíbrio, afetado pelos eventos extraordinários e imprevisíveis.[19] Assim, se o credor formular a proposta de readequação das condições do contrato e o devedor, recusá-la, cabe ao juiz intervir com o fim de restabelecer o equilíbrio inicial das relações jurídicas, operando a revisão do contrato, a fim de obedecer a força obrigatória da avença.

São Paulo, 3 de fevereiro de 2006.

bete "onerosità eccessiva", in *Enciclopédia del Diritto*, v. XXX, Giuffrè, p. 155; Giogio Cian e Alberto Trabucchi, *Commentario Breve al Codice Civile*, Cedam, 1992, p. 1.191; Pietro Perlingieri, *Codice Civile Annotato con la Dottrina e la Giurisprudenza*, Zanichelli ed., s/d, p. 757; Ângelo de Martini e Carlo Giannattasio, *Rassegna di Giurisprudenza sul Codice Civile*, Milano, 1956, pp. 75 e ss.

19. Antonio Celso Fonseca Pugliese, no seu artigo atrás citado, recorre à jurisprudência italiana, que, até há pouco tempo, não dava ao juiz o poder de modificar a oferta e reconduzir o contrato à eqüidade (cf. a resenha jurisprudencial de Martini e Giannattasio já citada — verbete n. 1.059, p. 730). Ugo Carnevale, em obra organizada por Mario Bessone (*Istituzione di Diritto Privato*, Torino, G. Giapichelli, 2001) afirma que em determinadas situações o juiz poderá proceder à alteração do contrato e reconduzi-lo à eqüidade, com base em precedente da Corte di Cassazione, sentença de 18.7.1989, n. 3.347/1989, app. Bolonha, de 24.1.1984.

REFLEXOS DA TEORIA CONTRATUAL CONTEMPORÂNEA NA RESILIÇÃO UNILATERAL DA REPRESENTAÇÃO COMERCIAL

SÉRGIO BOTREL

1. A representação comercial como elemento dos "centros de cooperação empresarial". 2. Breves notas sobre a representação comercial e sua regulamentação. 3. O "controle externo" exercido pelos agentes econômicos representados. 4. Teoria contratual contemporânea. 5. Reflexos da teoria contratual contemporânea na resilição unilateral da representação comercial. 6. A prestação jurisdicional e a satisfação dos direitos dos representantes comerciais. 7. Considerações finais.

1. A representação comercial como elemento dos "centros de cooperação empresarial"

Há algum tempo a sobrevivência dos agentes econômicos no mercado pressupõe a organização otimizada dos fatores de produção, de maneira que no cálculo empresarial estão envolvidos não só elementos econômicos, mas também jurídicos.

As modificações abruptas e cada vez mais velozes no ambiente econômico, o aparecimento de novas tecnologias, que num piscar de olhos tornam a mercadoria ou o serviço oferecido pelo empresário verdadeiramente obsoleto, são algumas das *externalidades*[1] que exigem do agente econômico a formação de verdadeiros "centros de cooperação", concretizados por meio de contratações das mais diversas naturezas,[2] algumas delas desprovidas de regulamentação especial (como sói ocorrer com o *factoring*) e outras com dedicação legislatória exclusiva (é o caso da representação comercial).

Da mesma forma, a especialização das atividades econômicas impossibilita o agente de centralizar todas as fases componentes da cadeia de produção, de modo que a otimização dos resultados pressupõe contratações setorizadas e flexíveis,[3] a fim de

1. *Externalidade* é expressão que identifica "algo causado por um agente econômico a outro, afetando o seu bem-estar, na ausência de uma transação econômica direta entre eles" (Armando Castelar Pinheiro e Jairo Saddi, *Direito, Econômica e Mercados*, Rio de Janeiro, Elsevier, 2005, p. 147).

2. Esta visão ilustra a *Teoria da Firma*, formulada por Ronald Coase, segundo a qual a empresa é compreendida como um "feixe de contratos".

3. Como observa Rachel Sztajn, "confiar, dispor-se a e aceitar renegociar direitos, deveres e obrigações ao longo da execução do contrato são práticas que se acentuam na atualidade. 'Flexibilidade' é a chave nos contratos empresariais que, aliás, precisam ser flexíveis para permitir adaptação das regras previstas pelos contratantes no início do negócio às cambiantes condições econômicas, de suprimento, demanda, concorrência, que se apresentam durante o período de execução do contrato (...)" (Rachel Sztajn, *Teoria Jurídica da Empresa — Atividade Empresária e Mercado*, São Paulo, Atlas, 2004, p. 18).

adaptar a organização empresarial à metamorfose mercadológica.

E dentre as contratações integrantes dos "centros de cooperação", a representação comercial chama especial atenção, porquanto mediante a utilização deste expediente jurídico-econômico o empresário consegue se aproximar de um número indeterminado de clientes potenciais, agregando valor à sua empresa por meio de outro agente econômico, o qual tem interesse na maximização desta aproximação, haja vista ser remunerado com base nos resultados dela advindos.

Deveras, a decisão de contratar a representação comercial não é uma decisão inocente do empresário,[4] haja vista ser conseqüência, na grande maioria das vezes, de um minucioso planejamento econômico-jurídico. Isto porque a contratação de representantes comerciais é extremamente mais *eficiente*[5] do que a contratação de empregados: primeiro, porque a remuneração (comissão) dos representantes comerciais é calculada com base no resultado da representação, de maneira que o representado acaba conseguindo dividir os riscos de sua atividade com os representantes comerciais, haja vista que não havendo proveito econômico advindo da representação, a remuneração não é, via de regra, devida; outrossim, considerando a autonomia formal dos representantes comerciais (declarada expressamente por lei — art. 1º, da Lei n. 4.886/1965), o vínculo empregatício e os encargos dele decorrentes restam afastados, o que desonera em demasia a empresa do representado.

Enquanto instituto otimizador dos resultados empresariais, a representação comercial tem proporcionado o desenvolvimento de várias atividades e, com certa freqüência, possibilitado que os representados alcancem resultados verdadeiramente inesperados.

Mas em que pese os fatores positivos até aqui singelamente noticiados, há de serem registrados os abusos evidenciados nas relações existentes entre representantes e representados, mormente quando a exclusividade de representação é exigida por estes últimos, merecendo serem postos em destaque os reflexos da teoria contratual contemporânea nas situações sob análise (abuso dos representados).

2. *Breves notas sobre a representação comercial e sua regulamentação*

A atividade desenvolvida pelos *representantes comerciais* é regulada pela Lei n. 4.886/1965, a qual sofreu alterações advindas da Lei n. 8.420, de 8 de maio de 1992. Com efeito, o art. 1º da lei especial mencionada traça as características desta atividade, dispondo que "exerce a representação comercial autônoma a pessoa jurídica ou física, sem relação de emprego, que desempenha, em caráter não eventual, por conta de uma ou mais pessoas, a mediação para a realização de negócios mercantis, agenciando proposta ou pedidos, para transmiti-los aos representados, praticando ou não atos relacionados com a execução dos negócios".

De se notar que a regulamentação da atividade desenvolvida pelos representantes comerciais é fruto dos abusos perpetrados pelos representados, os quais, depois de obtida a aproximação junto aos consumidores de seus produtos ou serviços, realizada por meio dos representantes, "denunciavam"[6] o contrato de representação — na

4. Na verdade, considerando a organização dos fatores de produção para o exercício das atividades econômicas, o que pressupõe um planejamento e um *agir estratégico*, não se pode pensar em decisão empresarial "inocente".

5. A *eficiência* da organização empresarial deve ser compreendida como a alocação dos recursos/fatores de produção na qual o resultado econômico é maximizado, devendo ela, como adverte Posner, observar as limitações de critério ético das decisões sociais (Richard A. Posner, *Economic Analysis of Law*, 6ª ed., Nova Iorque, Aspen Publishers, 2002, p. 11).

6. O termo "denúncia" é aqui utilizado como a manifestação de vontade voltada à extinção do contrato celebrado por tempo indeterminado ou à não renovação do contrato realizado por tempo determinado.

grande maioria das vezes celebrado por prazo indeterminado — sem indenizar estes últimos pela "mais-valia" acrescida aos seus negócios.

Como já advertia Rubens Requião "a Constituição proclama que o trabalho é uma obrigação social. E sendo obrigação social merece, conseqüentemente, seja qual for a sua natureza, a proteção do Estado, através da lei. O trabalhador assalariado tem a tutela de seus direitos definidos na legislação social, para cuja aplicação se criaram os tribunais especiais de justiça. O cientista, o literato, o trabalhador intelectual, têm a proteção de seus direitos autorais, tutelados pela lei civil, ou de suas invenções protegidas pelos preceitos do Código de Propriedade Industrial. As empresas capitalistas têm a proteção de seus direitos contra a concorrência desleal. Em todos os setores o poder público tutela o trabalho assalariado ou empresarial. Faltava, apenas igual proteção ao representante comercial, que era um verdadeiro pária, marginal do direito".[7]

Deveras, a natureza social e de ordem pública da legislação em comento foi reconhecida pelo Supremo Tribunal Federal, no julgamento do RE 81.128, merecendo destaque, neste diapasão, a inderrogabilidade e irrenunciabilidade dos direitos garantidos à parte vulnerável e hipossuficiente da relação jurídica em análise.

Aliás, basta examinar a norma do art. 44 da Lei n. 4.886/1965 e constatar que o legislador conferiu ao crédito dos representantes comerciais a mesma natureza dos créditos trabalhistas, em caso de falência do representado. Daí ser inegável não só o referido caráter social e de ordem pública das normas que disciplinam as atividades dos representantes comerciais, como também a natureza alimentícia do seu crédito.

Dentre os dispositivos da lei especial em exame, alguns chamam atenção, por evidenciarem o intento de se extirpar o abuso dos representados e sua tentativa de locupletamento às custas da atividade desenvolvida pelos representantes. É o que sói ocorrer com relação ao valor mínimo da indenização devida ao representante comercial pela denúncia injustificada do contrato pactuado por prazo indeterminado, prescrevendo a norma do art. 27, alínea "j", que o montante ressarcitório não poderá ser inferior a 1/12 (um doze avos) do total da retribuição auferida durante o tempo em que exerceu a representação.

Trata-se do valor mínimo, legalmente imposto, nada impedindo que o representante comercial pleiteie indenização suplementar, sendo certo que nesta hipótese compete a ele comprovar que os prejuízos suportados ultrapassam o mínimo legal.

Com efeito, cumulativamente ao valor tarifado nos moldes do dispositivo comentado, estabelece o art. 34 da lei especial que a denúncia injustificada obriga o denunciante à concessão de aviso-prévio, com antecedência mínima de 30 (trinta) dias, ou ao pagamento de importância igual a um terço das comissões auferidas pelo representante, nos três meses anteriores.

Na hipótese de o contrato ter sido pactuado a prazo certo, estabelece o § 1º do art. 27 que a indenização corresponderá à importância equivalente à média mensal da retribuição auferida até a data da extinção do vínculo contratual, multiplicada pela metade dos meses resultantes do prazo contratual.

Outrossim, importa revelar que a prorrogação tácita ou expressa da contratação inicialmente pactuada a prazo certo convola sua natureza temporal em *por prazo indeterminado*, considerando-se por prazo indeterminado todo contrato que suceder, dentro de seis meses, a outro contrato, com ou sem determinação de prazo. Objetiva-se, com este regramento, coibir a prática maliciosa dos representados, no sentido de realizarem contratações de representação comercial por prazos curtos, renováveis, sucessivamente, por igual prazo, intentan-

7. Rubens Requião, *Do Representante Comercial*, Rio de Janeiro, Forense, 1977, p. 280.

do evitar, desse modo, a contagem da totalidade do prazo da representação.

Por fim, não se pode perder de vista a aplicação, aos contratos de representação comercial, da regra geral contida no parágrafo único, do art. 473 do CC/2002, no sentido de que dada a natureza do contrato, se uma das partes houver feito investimentos consideráveis para a sua execução, a denúncia unilateral só produzirá efeito depois de transcorrido prazo compatível com a natureza e vulto dos investimentos. Em que pese a norma em análise não compor a legislação especial da representação comercial, nada impede sua aplicação, haja vista inexistir qualquer incompatibilidade, neste caso, da "lei geral" (Código Civil) com a "lei especial" (Lei n. 4.886/1965).

Aliás, muito pelo contrário, na medida em que o dispositivo legal mencionado possibilita o amparo do representante comercial que, após adaptar sua organização empresarial às exigências do representado (o que, em regra, importa em custos elevados), recebe a notícia de que o vínculo obrigacional encontra-se dissolvido, sem obter qualquer justificação da decisão deste último.

A rigor, considerando a manipulação da empresa do representante, pelo representado, a denúncia injustificada pode afigurar-se como verdadeiro "abuso de poder", importando revelar, ainda que singelamente, o *controle externo* muitas vezes exercido pelos representados.

3. *O "controle externo" exercido pelos agentes econômicos representados*

Consoante o exposto nas considerações do item 1, os "centros de cooperação" são produto da realidade econômica e da sempre perseguida eficiência empresarial. Deveras, estes "centros de cooperação" auxiliam os empresários (na grande maioria das vezes grupos econômicos) na busca de resultados econômicos otimizados, concretizando-se estes centros, como se viu alhures, por meio de contratações diversas, as quais instrumentalizam a atividade.

Mas considerando que a iniciativa das contratações que compõem os "centros de cooperação" se dá, freqüentemente, por parte daqueles agentes que realizaram o planejamento empresarial, os quais detêm o capital necessário para impor sua vontade, os contratantes "cooperadores" assumem, amiúde, uma posição de subordinação, em especial quando aqueloutros exigem exclusividade, da maneira como ocorre com as representações comerciais. Esta conjuntura evidencia, sem dúvida alguma, o que se convencionou denominar de *controle externo.*

No caso dos representantes comerciais, a autonomia jurídica declarada por lei sucumbe à realidade econômica, haja vista a intensa ingerência que os representados exercem sobre as atividades dos representantes. Basta tomar como exemplo hipóteses, não raras, de sociedades que são constituídas e adaptadas, em todos os aspectos, aos padrões determinados (impostos) pelos representados.

Nas contratações que exigem exclusividade, a própria existência da empresa de representação encontra-se subordinada à vontade dos representados, tornando inegável o exercício do controle por estes. Sobre a definição de controle aplicável à espécie, merecem transcrição as palavras de Fábio Konder Comparato, quando afirma ser ele (o controle) "(...) o direito de dispor dos bens alheios como proprietário. Controlar uma empresa significa poder dispor dos bens que lhe são destinados de tal arte que o controlador se torna senhor de sua atividade econômica", sendo certo que "(...) o controle exprime uma particular situação, em razão da qual um sujeito é capaz de marcar com a própria vontade a atividade econômica de uma determinada sociedade".[8]

8. Fábio Konder Comparato, *O Poder de Controle da Sociedade Anônima*, pp. 92-93.

E em excerto que se amolda perfeitamente à espécie (acerca do *controle externo*), o mesmo autor adverte que "nessas relações, sob o manto diáfano de atividades juridicamente autônomas, resta visível a dependência econômica de uma das partes relativamente à outra. Há núcleos de poder facilmente caracterizáveis, geradores de uma situação de controle societário externo, que o legislador insiste em desconsiderar e que o jurista também não quer ver".[9]

Este controle, outrossim, resta evidenciado quando constatada a modalidade de contratação que, em regra, é utilizada nas contratações de representação comercial. Trata-se dos conhecidos contratos de adesão, caracterizados pela imposição e rigidez de suas cláusulas, contratos estes em que a limitação da liberdade contratual é inexorável. As partes, nesta modalidade de contratação, não têm as mesmas oportunidades contratuais. O contrato, em situações como a que se conjectura, não é fruto do consenso; o regramento particular criado não é produto da participação dos envolvidos, mas sim do exercício do poder econômico de uma parte (representados) sobre a outra (representante), a qual, muitas vezes, se subordina aos termos da contratação imposta por vislumbrar uma possibilidade de suprir suas necessidades econômico-financeiras.

A rigor, verificada a existência de *controle externo* do representado sobre o representante, é de se considerar que a manifestação de vontade dos representantes nas contratações não pode ser tida de maneira absoluta como "livre manifestação de vontade", de modo que os negócios jurídicos em que se verifica esta situação (de *controle externo*) devem ser analisados não sob o critério do *pacta sunt servanda*, mas pelo critério do *equilíbrio contratual*, imposto, aliás, pela sistemática contratual contemporânea.

4. Teoria contratual contemporânea

O Direito Contratual é um ramo jurídico eminentemente principiológico, de maneira que a análise da teoria contratual contemporânea baseia-se, quase que exclusivamente, no estudo dos princípios contratuais.

Os princípios jurídicos (espécies do gênero *norma jurídica*) refletem a concepção reinante num determinado tempo e espaço, bem como as necessidades verificadas por uma determinada sociedade.[10]

A teoria contratual contemporânea apóia-se em basicamente três princípios: o da *boa-fé objetiva*, o da *função social dos ajustes*, e o do *equilíbrio econômico dos contratos* (também chamado de *princípio da justiça contratual*). Estes princípios, é importante registrar, têm o mérito de flexibilizar o rigor daqueles clássicos (como a obrigatoriedade, a relatividade e a intangibilidade dos contratos), possibilitando que o Direito Contratual venha a se adequar à realidade econômico-social.

No Direito Contratual clássico a manifestação da vontade era o elemento de maior importância, concebendo-se esta premissa na idéia de que os contratantes encontravam-se sempre em pé de igualdade.[11]

Mas a igualdade formal declarada àquela época mostrou-se manifestamente descompassada com a realidade sócio-eco-

9. Daniel Sperb de Paola, "Sobre a denúncia dos contratos de distribuição, concessão comercial e franquia", *Revista Forense* 343/118, Rio de Janeiro, Forense.

10. Sobre a natureza deôntica dos princípios jurídicos, as lições de Ronald Dworkin são esclarecedoras, *verbis*: "We might treat legal principles the way we treat legal rules and say that some principles are binding as law and must be taken into account by judges and lawyers who make decisions of legal obligation. If we took this tack, we should say that in the United States, at least, the 'law' includes principles as well as rules" (Ronald Dworkin, *Taking Rights Seriously*, Cambridge, Harvard University Press, 1977, p. 95).

11. Esta premissa encontra justificativa na ideologia à época prevalente, aquela do *laissez-faire*.

nômica verificada já no início do século XX. A rigor, a revolução industrial, e a conseqüente massificação das relações contratuais, evidenciaram que num mundo de desiguais, em que existem os mais fortes e os mais fracos, *c'est la liberté qui opprime et la loi qui affranchit.*

Neste contexto, a manifestação da vontade contratual divide espaço, na sistemática contemporânea, com o conteúdo contratual. Não basta, hodiernamente, analisar se o negócio jurídico é desprovido de vícios de consentimento, ou se estão presentes os pressupostos de validade. Há de se verificar se o contrato atende sua função social, se as prestações contratuais se equivalem, se as partes agiram com probidade no curso do processo de formação do vínculo obrigacional etc.

Na atualidade, como observam Jacques Ghestin e Christophe Jamin, "a força obrigatória do contrato funda-se, não na autonomia da vontade, mas no direito objetivo, que leva em conta sua utilidade social e sua conformidade com a justiça contratual".[12]

No sistema pátrio, conforme restou consignado alhures, o direito objetivo impõe a observância daqueles três princípios (função social, justiça contratual e boa-fé objetiva).

O *princípio da função social* reconhece o contrato como um instrumento de aproximação dos indivíduos inseridos em uma dada sociedade, sobre reconhecer que o contrato é instrumento de promoção da livre iniciativa, da livre concorrência, e da própria subsistência dos contratantes. Este princípio tem sido entendido como "o dever imposto aos contratantes de atender — ao lado dos próprios interesses individuais perseguidos pelo regulamento contratual — a interesses extracontratuais socialmente relevantes, dignos de tutela jurídica, que se relacionam com o contrato ou são por ele atingidos".[13]

O *princípio da justiça contratual* (ou equilíbrio econômico dos contratos), por sua vez, impõe a equivalência e proporcionalidade na equação contratual. As prestações contratuais devem ser equivalentes, na medida em que o contrato não pode ser utilizado para que uma das partes se enriqueça em detrimento da outra.

Já o *princípio da boa-fé objetiva* determina que os contratantes observem, em todas as fases de formação do vínculo contratual, o dever de lealdade, probidade e diligência (CC/2002, art. 422). A este princípio atribuem-se três funções: a *interpretativa*, a *delimitativa*, e a *integrativa*.[14] Exercendo aquela *primeira função*, a boa-fé objetiva serve de critério de interpretação dos negócios jurídicos, estabelecendo o padrão de conduta exigível socialmente. A segunda função, por sua vez, caracteriza-se por servir a boa-fé objetiva de limite à autonomia privada, não reconhecendo a validade de contratos ou cláusulas contratuais que não se enquadrem nos padrões de lealdade e probidade prescritos. E, finalmente, a *função integrativa* da boa-fé objetiva verifica-se em razão de este princípio fazer surgir os denominados *deveres anexos/instrumentais*, implícitos em toda contratação e cuja observância é indispensável para que os objetivos contratuais sejam atingidos. Trata-se de deveres como o dever de informação na fase pré-contratual, o dever de cooperação na execução da contratação, o dever de auxílio da fase pós-contratual, cujo adimplemento possibilita o equilíbrio da relação contratual.

12. Jacques Ghestin e Christophe Jamin, "Le juste et l'utile dans les effets du contrat", in Antônio Pinto Monteiro (coord.), *Contratos: Actualidade e Evolução*, Porto, Universidade Católica Portuguesa, 1997, p. 123, trad. livre.

13. Gustavo Tepedino, "Crise de fontes normativas e técnica legislativa na Parte Geral do Código Civil de 2002", in Gustavo Tepedino, *A Parte Geral do Novo Código Civil — Estudos na Perspectiva Civil-Constitucional*, 2ª ed., Rio de Janeiro, Renovar, 2003, p. XXXII.

14. Teresa Negreiros, *Teoria do Contrato — Novos Paradigmas*, Rio de Janeiro, Renovar, 2002, pp. 115-125.

Sobressai-se, pela simples leitura das condutas ordenadas pela nova principiologia, que as decisões que envolvem o Direito Contratual devem apontar para uma direção distinta daquela prevista pelas soluções ortodoxas (apoiadas em princípios clássicos do Direito Contratual), sob pena de atentarem contra o ordenamento vigente, e ainda, de não conseguirem atender às necessidades contemporâneas.

Dentre as infinitas situações que estão a merecer um tratamento diferenciado, face à nova sistemática contratual, uma que chama atenção é aquela em epígrafe neste trabalho: a resilição unilateral do contrato de representação comercial.

5. Reflexos da teoria contratual contemporânea na resilição unilateral da representação comercial

A rigor, ninguém é obrigado a contratar ou permanecer contratado contra a própria vontade. Trata-se de princípio basilar, apoiado na ideologia do *laissez-faire* — o que, por si só, torna imperativa a sua "releitura". Mas é de se asseverar ser tênue a linha divisória entre o exercício regular deste direito e o abuso em situações como a da resilição unilateral[15] da representação comercial. Isto porque não se pode admitir que o valor agregado pelo representante ao conglomerado econômico do representado não seja objeto de indenização integral, sob pena de coadunar-se com o enriquecimento sem causa.

Leonardo Sperb de Paola descreve o quadro precedente à resilição unilateral e injustificada dos contratos de "colaboração" — como são classificados os contratos de representação comercial, distribuição etc. —, quando, após já ter sido agraciado com a "mais-valia" produto do trabalho dos "colaboradores", o controlador do conglomerado econômico simplesmente os exclui, de modo que "no final das contas, quem se beneficia é o controlador da rede, que mantém a clientela e pode repassá-la, cobrando um sobrevalor, a outro distribuidor que venha integrar a rede. Diante disso, deve o distribuidor excluído ser indenizado pela mais valia que agregou ao fundo comum e que vem a perder com a denúncia do contrato".[16]

Revele-se ser aplicável às situações em análise, como informado anteriormente, a norma do parágrafo único do art. 473 do CC/2002, no sentido de que dada a natureza do contrato, se uma das partes houver feito investimentos consideráveis para a sua execução, a denúncia unilateral só produzirá efeito depois de transcorrido prazo compatível com a natureza e vulto dos investimentos.

Como se vê, a norma mencionada, e outras que envolvem o direito dos contratos,[17] que retratam a nova sistemática do Direito Privado, evidenciam a preocupação com o equilíbrio nas relações jurídicas, sobrepondo-se o *conteúdo* dos contratos à *manifestação de vontade* das partes! É, aliás, o que dispõe o art. 112 do CC/2002, paralelamente às diretrizes ética e a da socialidade, que inspiraram a elaboração do novo Código Civil, no dizer de Miguel Reale.[18]

A rigor, o equilíbrio da equação contratual deve ser observado quando do "acerto de contas" formalizado nos instrumentos de distrato. Isto porque o distrato formalizado é conseqüência da denúncia (muitas vezes arbitrária) realizada pelos representados, os quais, não raramente, aproveitam-se da situação de vulnerabilidade dos representantes (os quais têm inúmeras obrigações, de todas as naturezas, a serem cumpridas) para impor-lhes termos contratuais extremamente lesivos, exigin-

15. Não se pode olvidar que a resilição unilateral dos contratos só se admite nas hipóteses previstas na lei, ou quando houver previsão contratual.

16. Ob. cit., p. 126.

17. Código Civil, arts. 157, 317, 478, dentre outros.

18. Miguel Reale, *O Projeto de Código Civil — Situação Atual e seus Problemas Fundamentais*, São Paulo, Saraiva, 1986, pp. 7-10.

do destes últimos a quitação plena e irrevogável.

É inegável que a situação descrita configura o instituto da *lesão*, fazendo incidir à espécie a regra do art. 157 do Código Civil, de modo a possibilitar a anulação do distrato realizado em dissonância à ordem jurídica, a fim de que a indenização devida ao representante observe as prescrições da Lei n. 4.886/1965, e leve em consideração o valor agregado ao conglomerado econômico do representado.

Ademais, interessa noticiar ser possível, na conjugação do art. 473, parágrafo único, do Código Civil, com os princípios do direito contratual contemporâneo, ineficacizar a denúncia contratual, de modo a fazer subsistir o vínculo jurídico entre as partes. E ao analisar a juridicidade da resilição unilateral os parâmetros a serem considerados não se resumem à existência de *justo motivo*, mas relacionam-se mais à adequação da conduta do agente à normativa contemporânea.

Desse modo, há de se averiguar se o exercício do direito é efetivado conforme os ditames normativos, no qual, como se afirmou, estão inseridos os princípios jurídicos, dentre eles o da *justiça contratual* (*equilíbrio econômico*), o da *boa-fé objetiva*, e o da *função social dos ajustes*. Daí ser pertinente a advertência de Jacques Ghestin e Christophe Jamin, no sentido de que "si la faculté de resiliation unilatérale est soumise à certaines conditions de mise en ouevre, c'est pour assurer l'effectivité du principe de justice commutative".[19] Não é demais insistir que as ações e condutas dos sujeitos de direito só atingem os efeitos pretendidos se houver a sua devida conformação jurídica, sendo certo que a vontade, na atualidade, divide espaço com o direcionamento normativo.

Esta última afirmação se funda na regra do art. 421 do Código Civil, segundo a qual "a liberdade de contratar será exercida *em razão* e nos limites da função social do contrato". A norma em comento esclarece que a liberdade de contratar é conferida aos particulares *porque* os contratos exercem uma utilidade social. A função social, sobre ser um princípio, passa a ser um elemento componente do contrato. Trata-se da incorporação da *teoria preceptiva*, segundo a qual o contrato vincula as partes não só porque elas assim desejam (não pela vontade estrita, porquanto as pessoas não contratam só porque querem, mas porque precisam, porque são incitadas a tal, ou mesmo obrigadas em determinadas circunstâncias), mas porque é reconhecida a sua utilidade (do contrato) pelo direito objetivo, por interessar "à sociedade a tutela da situação objetivamente gerada, por suas conseqüências econômicas e sociais".[20]

Considerando as situações em destaque (resilição unilateral dos contratos de representação comercial), importa revelar a impossibilidade de se quebrar a legítima expectativa inspirada por um determinado comportamento, o que se justifica, dentre outros fatores, pela constatação da praticidade e informalidade com que várias relações jurídicas são constituídas e desenvolvidas, de modo a ser possível extrair destas constatações, e do *princípio da boa-fé objetiva*, o *princípio da vinculação obrigacional pelo exercício de posições jurídicas*.

O modo pelo qual uma posição jurídica é exercida vincula o "exercente" independentemente de uma manifestação de vontade expressa, na medida em que "o determinante não é o fato de se ter ou não uma representação dos efeitos do contrato, mas sim a necessidade de que em contatos sociais qualificados pelo seu aspecto econômico e pelo estabelecimento de uma confiança, a ser apurada objetivamente, independentemente da maior ou menor vontade, ou até de sua inexistência, a concepção obrigacional complexa os abranja, atri-

19. Jacques Ghestin e Christophe Jamin, "Le juste et l'utile dans les effets du contrat...", cit., p. 140.

20. César Fiuza, *Direito Civil — Curso Completo*, 8ª ed., Belo Horizonte, Del Rey, 2004, p. 90.

buindo a estas situações os efeitos contratuais. Tal se justifica não só pela celeridade e praticidade cada vez mais solicitadas na dinâmica da sociedade contemporânea, mas também pela necessidade de proteção da indeterminada gama de pessoas que se utiliza dos serviços e bens fornecidos de modo massificado e padronizado".[21]

Como anota Judith Martins-Costa, o contato social como fundamento dos deveres obrigacionais é uma verdadeira descoberta dogmática, que revela a insuficiência da autonomia da vontade como fonte exclusiva das relações obrigacionais,[22] de maneira que o contato social seria a fonte imediata de todos os deveres obrigacionais, diferindo-se apenas a fonte imediata destes deveres, quais sejam: a vontade, a lei, o delito, o princípio da boa-fé objetiva e a função social do contrato.[23]

O *princípio da vinculação obrigacional pelo exercício de posições jurídicas* é extraído não só da boa-fé objetiva, como sugerido alhures, mas de figuras jurídicas já conhecidas, como o *venire contra factum proprium*, a *suppressio*, a *surrectio*, e o *tu quoque*,[24] de maneira que o seu enunciado prescritivo é gênero, do qual são espécies estas últimas.

A rigor, por este princípio vedar que as legítimas expectativas surgidas em razão do exercício de uma posição jurídica sejam frustradas, resta evidenciado que ele impõe às partes envolvidas em relações de toda a natureza o dever de intensa comunicação, esclarecimento e participação, de maneira que o exercente de uma posição jurídica que se comunicou a todo momento com a outra parte, esclarecendo a natureza e demais características do relacionamento, certamente não será "pego de surpresa" pelo reconhecimento de sua vinculação jurídica. Afinal, ela é fruto de seu comportamento. E como já prelecionou Léon Duguit "el hombre no tiene el poder de permanecer inactivo, de entorpecer el libre desenvolvimiento de su individualidad; no tiene derecho a la inactividad, a la pereza".[25]

No mesmo sentido, Wieacker revela a responsabilização não apenas da sociedade, mas também do próprio indivíduo pela existência social e pelo bem-estar dos outros.[26] Relembre-se que a quebra da confiança inspirada em um comportamento anterior é inexecução de um dever jurídico, configurando verdadeiro inadimplemento.

Com efeito, é neste contexto que a denúncia do contrato de representação comercial deve ser examinada, o que eviden-

21. José Carlos Moreira da Silva Filho, *Hermenêutica Filosófica e Direito — O Exemplo Privilegiado da Boa-Fé Objetiva no Direito Contratual*, Rio de Janeiro, Lumen Juris, 2003, p. 328.

22. Judith Martins-Costa, *A Boa-Fé no Direito Privado: Sistema e Tópica no Processo Obrigacional*, São Paulo, Ed. RT, 1999, p. 407.

23. José Carlos Moreira da Silva Filho, *Hermenêutica Filosófica e Direito...*, cit., p. 329.

24. Todas estas figuras jurídicas podem ser extraídas da boa-fé, as quais foram objeto de estudo de Menezes Cordeiro (*Da Boa-Fé no Direito Civil...*, ob. cit., v. II), consistindo o *venire contra factum proprium*, segundo o autor português, no exercício de uma posição jurídica em contradição a um comportamento anterior, sendo certo que este exercício é tido como inadmissível; a *suppressio*, por sua vez, é a situação do direito que, não tendo sido, em determinadas circunstâncias, exercido durante um determinado lapso temporal, não possa mais sê-lo, sob pena de se atentar contra a boa-fé. A aplicação da *suppressio* apóia-se na premissa de que o titular do direito, abstendo-se do exercício durante um certo período, criaria, na contraparte, a representação de que esse direito não mais seria atuado; a premissa da *surrectio*, porém, é inversa àquela da *suppressio*, determinando, na medida da extinção de um direito, cujo exercício atente contra a confiança provocada, o surgimento de um direito para a parte contrária de não ter de se sujeitar mais ao exercício daquele direito, de maneira a prevalecer a situação presente. O *tu quoque*, por fim, apóia-se no brocardo *equity must come with clean hands*, e traduz a regra pela qual a pessoa que viole uma norma jurídica não poderia, sem abuso, exercer a situação jurídica que essa mesma norma lhe tivesse atribuído. Trata-se da vedação da utilização de dois pesos e duas medidas.

25. León Duguit, *Las Transformaciones del Derecho (Público y Privado)*, trad. Adolfo G. Posada e Ramón Jaén, Buenos Aires, Editorial Heliasta S. R. L., 1975, p. 179.

26. Franz Wieacker, *História do Direito Privado...*, ob. cit., p. 624.

cia que a simples previsão contratual de resilição unilateral pelas partes, ou a existência de contrato com prazo indeterminado, não conferem aos contratantes um direito absoluto, sem limites. Por isso, ao exercerem seus argumentos jurídicos (condição básica para que a solução seja legítima), as partes deverão observar o instrumental revelado acima, o qual demonstra a releitura e a nova direção do Direito Privado.

E a preservação dos direitos dos representantes, caso não se logre atingir uma solução harmônica e equilibrada, poderá ser perseguida por meio da prestação jurisdicional não só mediante a tutela ressarcitória, mas também, e principalmente, mediante a utilização da *tutela específica*, prevista no art. 461 do CPC, nos termos do que sucintamente se passa a analisar.

6. A prestação jurisdicional e a satisfação dos direitos dos representantes comerciais

Inovando quanto à classificação trinária das eficácias dos provimentos jurisdicionais, a doutrina,[27] seguindo os passos de Pontes de Miranda, tem afirmado serem de natureza declaratória, constitutiva, condenatória, *mandamental* e executiva *lato sensu* os provimentos jurisdicionais.

Objetivando imprimir efetividade ao processo civil, possibilitando ao jurisdicionado a satisfação de seus direitos a tempo e modo desejados, o legislador pátrio[28] incorporou ao ordenamento pátrio a tutela específica das obrigações de *fazer*, *não fazer* e *dar*,[29] possibilitando, ainda, a concessão liminar da tutela quando "relevante o fundamento da demanda e presente o justificado receio de ineficácia do provimento final".[30]

J. E. Carreira Alvim, esclarecendo o significado dos pressupostos de concessão liminar da tutela específica registra ser a *relevância do fundamento da demanda* a *relevância do fundamento do pedido*, asseverando, apoiado nas lições de Betina Rizzato Lara, que *relevante* indica a existência de uma provável procedência do pedido.[31]

No que respeita ao *justificado receio de ineficácia do provimento final*, o mesmo autor pondera traduzir-se este pressuposto em "uma situação de perigo (real ou temido), pelo que deve vir acompanhado de circunstâncias fáticas, a demonstrar que a falta de liminar poderá comprometer o provimento final. Aqui não se exige, como na hipótese do art. 273, I, a ocorrência de dano, ou que este seja irreparável, ou de difícil reparação, bastando que a ausência da tutela liminar renda ensejo a eventual ineficácia da sentença".[32]

E concluindo o raciocínio sobre a concessão da tutela específica liminarmente, Carreira Alvim consigna que "bastará, em linha de princípio, o convencimento que o juiz forme sobre a razoabilidade da medida, com base em cognição superficial e provisória, à luz dos elementos de que já pode então dispor".[33]

Lado outro, há quem considere que os pressupostos para o adiantamento da tutela específica equiparam-se aos pressupostos cautelares (*fumus boni iuris* e *periculum in mora*), como sói ocorrer com Nelson Nery Júnior, para quem "a tutela específica pode ser adiantada, por força do CPC 461 § 3º,

27. Luiz Rodrigues Wambier *et al.*, *Curso Avançado de Processo Civil*, v. 1, 2ª ed., São Paulo, Ed. RT, 1999, p. 614.

28. Lei n. 8.952/1994, que alterou o Código de Processo Civil.

29. A inclusão das obrigações de dar, na tutela específica, ocorreu com a edição da Lei n. 10.444/2002.

30. CPC, art. 461, § 3º.

31. J. E. Carreira Alvim, *Tutela Específica das Obrigações de Fazer e Não Fazer na Reforma Processual*, Belo Horizonte, Del Rey, 1999, p. 138.

32. Idem, pp. 138-139.

33. Idem, p. 140.

desde que seja relevante o fundamento da demanda (*fumus boni juris*) e haja justificado receio de ineficácia do provimento final (*periculum in mora*). É interessante notar que, para o adiantamento da tutela de mérito, na ação condenatória em obrigação de fazer ou não fazer, a lei exige menos do que para a mesma providência na ação de conhecimento *tout court* (CPC, art. 273). É suficiente a mera probabilidade, isto é, a relevância do fundamento da demanda, para a concessão da tutela antecipatória da obrigação de fazer ou não fazer, ao passo que o CPC 273 exige, para as demais antecipações de mérito: a) a prova inequívoca; b) o convencimento do juiz acerca da verossimilhança da alegação; c) ou o *periculum in mora* (CPC, 273 I) ou abuso do direito de defesa do réu (CPC 273 II)".[34]

De uma forma ou de outra, o que importa consignar é a existência de técnica processual adequada para resguardar os direitos do representante lesado pela denúncia ilegítima do representado. Trata-se da *tutela de remoção do ilícito*, a qual "dirige-se a remover os efeitos de uma ação ilícita que já ocorreu".[35]

Para compreender a *tutela de remoção do ilícito* é necessário separar o ato praticado de seus potenciais efeitos danosos. O ato antijurídico[36] tem o *potencial* de gerar danos à vítima, sendo certo que *o ato antijurídico seguido de dano* faz surgir a *pretensão indenizatória* contra o agente. Assim, uma vez constatado o ato antijurídico, é salutar perseguir a prevenção da efetivação de seus efeitos danosos, o que se faz possível mediante a utilização da técnica processual ora comentada, a qual possibilita, como afirma Luiz Guilherme Marinoni, "a eliminação da fonte do dano".[37]

No caso da resilição unilateral ilegítima, a qual se formaliza mediante notificação prévia, é fácil constatar a possibilidade de cisão do ato antijurídico de seus efeitos danosos. Isto porque, normalmente, quando a denúncia unilateral é formalizada o representado concede ao representante um prazo para efetuar-se a extinção do vínculo contratual (aviso prévio), durante o qual o prejuízo, em regra, ainda não se instaura.

A denúncia unilateral ilegítima é o ato antijurídico cuja remoção deve-se pleitear, a fim de que seja imposto ao representado a obrigação de manter a contratação realizada, de modo que ambas as partes possam exercer os direitos e cumprir as obrigações (diretas e indiretas) decorrentes do programa contratual por elas fixado, evitando, deste modo, a imposição de prejuízos ao representante.

A rigor, o deferimento da antecipação dos efeitos da tutela para determinar a *remoção do ilícito* é medida indispensável à efetividade da prestação jurisdicional, porquanto o que se busca, como já exposto, é eliminar a "fonte" do dano antes que ele ocorra. Se a remoção do ilícito não se dá liminarmente[38] — de maneira a possibilitar a ocorrência do prejuízo cuja prevenção se persegue — a tutela específica perde seu próprio objeto, não restando ao prejudicado outra alternativa senão buscar ressarcimento pelas vias ordinárias, cujos inconvenientes são por demais conhecidos.

34. Nelson Nery Júnior, *Código de Processo Civil Comentado e Legislação Processual Civil Extravagante em Vigor*, 5ª ed., São Paulo, Ed. RT, 2001, p. 899.

35. Luiz Guilherme Marinoni, *Tutela Inibitória e Tutela de Remoção do Ilícito*, <www.professormarinoni.com.br>, acesso em 9.6.2006.

36. Marinoni prefere chamar o ato antijurídico de *ilícito*. Trata-se de uma questão de semântica, à qual não se dará a devida atenção neste texto, na medida em que a expressões serão aqui utilizadas como sinônimas.

37. Luiz Guilherme Marinoni, *Tutela Inibitória...*, ob. cit.

38. Concedida a tutela de remoção liminarmente ela deverá ser confirmada por sentença, com o objetivo de eliminar, em definitivo, a causa do dano. Neste sentido, Marinoni registra que a "simples prática do *ilícito* abre oportunidade à tutela final, sem que seja preciso pensar em *dano*, que já é pressuposto pela regra de proteção e, assim, descartado para a efetividade da tutela jurisdicional, seja final ou antecipada" (Luiz Guilherme Marinoni, *Tutela Inibitória...*, ob. cit.).

Neste diapasão, percebe-se que a *tutela de remoção do ilícito* é medida eficiente ao resguardo dos direitos do representante comercial nas situações analisadas neste texto,[39] possibilitando-lhe dar continuidade à sua atividade, a qual, amiúde se encontra subordinada à manutenção do vínculo contratual firmado com determinado agente econômico. Nestas circunstâncias, a técnica processual do art. 461 do CPC é aquela que socorre os interesses do representante, haja vista, insista-se, a possibilidade de ser determinada, liminarmente, a manutenção daquilo que foi contratado, de modo a possibilitar o cumprimento imediato das obrigações assumidas pelo representante comercial na esperança de que suas legítimas expectativas não seriam quebradas.

7. Considerações finais

A complexidade da sociedade contemporânea e a profissionalização cada vez mais intensa dos agentes econômicos os conduz a criarem verdadeiros "centros de cooperação", os quais formam verdadeiras redes contratuais, que possibilitam aos agentes "organizadores"/"controladores" destes centros de cooperação otimizarem seus resultados econômicos.

Ocorre que apesar de este novo *modus operandi* possibilitar maior eficiência no desenvolvimento de determinadas atividades, é inquestionável que ele acaba permitindo o surgimento de situações iníquas (o que, por si só, já extrai a eficiência da medida tomada[40]), como aquelas a que são expostos, muitas vezes, os representantes comerciais vítimas de resilições unilaterais abusivas dos organizadores/controladores dos centros de cooperação.

A rigor, a teoria contratual contemporânea deve servir de substrato para que os "centros de cooperação" conduzam a situações legítimas, ainda que esta medida não seja aquela de maior interesse econômico dos organizadores das referidas redes contratuais. Afinal, o direito não pode ser visto como mero instrumento de chancela das práticas mercadológicas.

Por isso, é importante atentar para o caráter inovador do direito dos contratos, o qual "não se limita a revestir passivamente a operação econômica de um véu legal *de per si* não significativo, a representar a sua mera tradução jurídico-formal, mas, amiúde, tende a incidir sobre as operações econômicas (ou até sobre a sua dinâmica complexiva), de modo a determiná-las e orientá-las segundo objetivos que bem se podem apelidar de políticos *lato sensu*".[41]

Com efeito, o Direito Empresarial e seus institutos, apesar de suas especificidades, estão subordinados à normativa que tem sido utilizada na reconstrução do Direito Privado, o que evidencia a necessidade de se substituir a visão tradicional dogmática que caracteriza os estudos do Direito Empresarial por uma visão construtiva, baseada na argumentação jurídica, a qual será desenvolvida mediante a utilização da principiologia aqui trabalhada e da Constituição.

É preciso, enfim, constatar que o positivismo jurídico cede espaço ao pós-positivismo, o qual reconhece a abertura do sistema jurídico — o qual está em constante estado de (re)"construção" —, bem como confere normatividade aos princípios, os

39. Registre-se, ademais, a previsão legal de o juiz, nas situações aqui em destaque, de ofício ou a requerimento, determinar as medidas necessárias à efetivação da tutela, como a imposição de multa (*astreinte*).

40. Esta afirmação encontra respaldo na chamada "eficiência de Pareto", a eficiência está relacionada a alguma situação em que não há mudança que melhore a situação de um agente econômico sem piorar a situação de pelo menos um outro agente, de maneira que "uma dada situação não é eficiente, neste sentido, se houver algo que possa ser feito para beneficiar alguém, sem gerar prejuízos para ninguém" (Armando Castelar Pinheiro e Jairo Saddi, ob. cit., p. 121).

41. Enzo Roppo, *O Contrato*, trad. Ana Coimbra e M. Januário C. Gomes, Coimbra, Almedina, 1988, p. 23.

quais serão utilizados, juntamente com as regras jurídicas, no desenvolvimento da argumentação jurídica. Já é hora de o Direito Empresarial ocupar-se não só de idéias como a otimização da atividade desenvolvida pelos empresários, mas de preocupar-se, também, com a legitimidade do desenvolvimento da empresa.

RACIOCÍNIO JURÍDICO FUNCIONAL A EXEMPLO DO DIREITO SOCIETÁRIO*

LORENZ FASTRICH

I – Introdução: 1. Raciocínio jurídico funcional – 2. Questionamento e sistemática da exposição. II – Importância do pensamento funcional e sua incompreensão em casos específicos: 1. Doutrina do núcleo temático: (a) Conceito e importância geral – (b) Exemplos para os argumentos do núcleo temático: (aa) Casos definidos em lei – (bb) Proibição de segregação – (cc) Cláusulas de exclusão – (dd) Princípio da igualdade de tratamento (Gleichbehandlungsgrundsatz) – (c) Inexistência de uma teoria do núcleo temático – 2. Decisões da maioria: (a) O problema do critério de controle – (b) Fundamentos do princípio da maioria: (aa) Fundamentação inadequada do princípio da maioria – (bb) Convergência de interesses (Interessengleichrichtung) através da participação conjunta ("estar no mesmo barco") – (c) Limites funcionais do princípio da maioria e suas compensações: (aa) Considerações gerais – (bb) Exemplos: (1) Limitação de direitos de uma minoria de acionistas: decisão especial – (2) Conflitos de interesse graves: exclusão do direito de voto – (3) Situações de dependência e de grupo: indenização, compensação – (cc) Controle de decisões como reação a perturbações dos pressupostos de funcionamento do princípio da maioria? – 3. Empréstimos de sócios substitutos do capital social: (a) O problema – (b) Inexistente contradição do suposto comportamento contraditório – (c) Revogação da auto-regulação como razão decisiva: (aa) O pensamento funcional da regulamentação legal – (bb) Sinais de perturbação funcional – (cc) Revogação do controle externo por terceiro mutuante – (dd) Restauração da relação funcional por meio do direito do capital substitutivo. III – Sociedade como mecanismo funcional. Auto-regulação. A função freqüentemente ignorada: 1. Delimitação com a teoria das instituições – 2. Auto-regulação como elemento funcional: (a) O pensamento da auto-regulação – (b) Responsabilidade funcional – (c) Garantia de justeza – 3. Delimitação: (a) Distingüibilidade teórica entre falha sistêmica e falha individual: (aa) Falha do indivíduo em um sistema que, em si, funciona – (bb) Falha do sistema – (cc) Exemplo para a diferenciação básica – (b) Risco de banimento da auto-regulação em caso de confusão entre comportamento falho e falha sistêmica – (c) Problema da distingüibilidade prática. IV – Conseqüências para a aplicação do Direito e para a evolução jurisprudencial: 1. Conseqüências para a atribuição do risco e para os requisitos da intervenção – 2. Sistema gradual da evolução jurisprudencial com prioridade da manutenção ou reconstrução da auto-regulação: (a) Diferentes meios para manutenção e reconstrução da auto-regulação: (aa) Proteção das condições de funcionamento – (bb) Restauração das condições de funcionamento mediante evolução jurisprudencial – (cc) Introdução de me-

* Texto ampliado de conferência proferida perante a Sociedade Jurídica de Berlim em 21.6.2000, trad. para o português por Nilson Lautenschleger Jr., sob autorização do autor, com base na publicação da editora Walter de Gruyter, Berlim/Nova York, 2001.

canismos complementares de auto-regulação – (b) Limitação de conteúdo da autonomia por meio do controle judicial – (c) Falta de uma declaração metodológica e dogmática eloqüente sobre a prioridade da auto-regulação – 3. Conclusões para o controle de decisões no direito acionário: (a) Necessidade de uma visão mais diferenciada – (b) Garantia de justeza conforme a visão funcional da lei – (c) Controle material de decisões como resposta a uma falha sistêmica. V – Panorama: 1. Direito econômico – 2. Direito contratual geral – 3. Direito do trabalho.

Abreviaturas

AktG – *Aktiengesetz* (Lei das Sociedades por Ações alemã)
BAG – *Bundesarbeitsgericht* (Tribunal Superior do Trabalho)
BGB – *Bürgerliches Gesetzbuch* (Código Civil alemão)
BGH – *Bundesgerichthof* (Superior Tribunal Federal alemão)
BGHZ – *BGH Zeitschrift* (Revista do BGH)
GmbH – *Gesellschaft mit beschränkter Haftung* (Sociedade Limitada)
GmbHG – *GmbH Gesetz* (Lei das Sociedades Limitadas)
HGB – *Handelsgesetzbuch* (Código Comercial alemão)
OHG – *Offene Handelsgesellschaft* (Sociedade Comercial Aberta)
RG – *Reichsgericht* (Tribunal do Império)

I – Introdução

1. Raciocínio jurídico funcional

O que deve ser analisado a seguir, sob o raciocínio jurídico funcional, pode talvez ser melhor evidenciado, inicialmente, com um exemplo.

Podemos assumir que em um contrato social de uma sociedade de pessoas seja acordado que a maioria possa excluir outros sócios mediante decisão por maioria qualificada, sem que seja necessária prova de uma justa causa. Tal regra traz algo por si, pois deve permitir que os sócios, sem necessidade de uma prova morosa e complicada sobre determinadas faltas e da conhecida "lavagem-de-roupa-suja" em público, possam se separar de um determinado sócio, quando o trabalho em conjunto se torna problemático. Por muito tempo considerou-se absolutamente válida uma cláusula de tal tipo, pois se visualiza sua necessidade.[1] Muitos foram surpreendidos à época quando no ano de 1977 o BGH, porém, a reprovou[2] e entendeu, a partir de então, que "cláusulas de exclusão" (*Hinauskündigungsklauseln*), como entrementes passaram a ser conhecidas, representavam uma violação dos bons costumes na forma do § 138 do Código Civil alemão.[3]

Tal decisão levou a uma longa controvérsia na doutrina, que não deve ser retratada aqui,[4] que criticava o fato de não ser correto que não se pudesse, como só-

1. Assim ainda RG ZAkDR 1938, 818; BGH NJW 1973,1.606; BGHZ 34, 80; representando a antiga doutrina A. Hueck, *OHG*, 4ª ed., 1971, § 29 I 2 b, com outras referências bibliográficas.

2. BGHZ 68, 212.

3. Tal a explicação dogmática desde BGHZ 81, 263.

4. Cf. sobretudo G. Hueck, *Gesellschaftsrecht*, 19ª ed., 1991, § 10 II 1; K.Schmidt, *Gesellschaftsrecht*, 3ª ed., 1997, § 50 III 4; Wiedemann, *Gesellschaftsrecht* I, 1980, § 7 III 2.

cio, no contexto da autonomia privada, submeter-se a uma cláusula tal, e ainda mais quando não era nem mesmo dito que no caso de exclusão não se receberia compensação.[5] O que é, então, contra os bons costumes?[6] O RG reconhecia, assim, de forma expressa, que a exclusão de um sócio pode ser submetida à vontade dos demais sócios, pois em sua aceitação do contrato social encontra-se um consentimento antecipado para uma eventual exclusão.[7]

O BGH não apresentou inicialmente – ainda que não exista razão objetiva especial para isto – qualquer fundamentação[8] para sua decisão em sentido contrário, e que considerava nula tal "cláusula de exclusão". Mais tarde, porém, uma fundamentação surpreendente: a liberdade de contratar seria obrigada a ter seus limites não só nos princípios gerais do ordenamento jurídico (com isto pensava o BGH claramente na proibição de violação dos bons costumes), mas também nos princípios gerais do direito societário. Cláusulas contratuais não poderiam ser formuladas de tal forma que atingissem o necessário trabalho em conjunto dos sócios em sua essência. Não poderiam colocar em risco o cumprimento das tarefas relativas a cada sócio ou em dúvida a colaboração leal à sociedade. Isto seria exatamente o problema em existir uma cláusula deste tipo, pois o sócio, sobre cuja cabeça estaria pairando constantemente a espada de Dâmocles da exclusão infundada, não poderia mais lançar mão de seus direitos como sócio de forma despreocupada.[9] Não obstante algumas críticas, o BGH mantém tal opinião até hoje. Pode-se falar, entrementes, em uma jurisprudência reiterada.[10]

Se analisarmos a fundamentação do BGH para o não-reconhecimento da "cláusula de exclusão", então, torna-se claro que em tal jurisprudência não se trata – ou, em todo caso, não em primeira linha – da proteção do sócio contra um abuso de poder que viola os bons costumes, mas em essência da proteção da funcionalidade da sociedade como tal. É a funcionalidade interna da sociedade que é protegida. O BGH diz que cláusulas contratuais não podem colocar em risco o cumprimento das tarefas relativas a cada sócio ou em dúvida a colaboração leal à sociedade.[11] Com isto, a sociedade é claramente vista como um subsistema, cuja função se estrutura sob determinados pressupostos que não podem ser prejudicados por acordos contratuais. E o BGH visualiza tais pressupostos funcionais, entre outras coisas, na possibilidade do exercício dos direitos de sócio conforme necessário. Somente assim funciona a sociedade como sistema.

2. *Questionamento e sistemática da exposição*

Este aspecto, por mim denominado *funcional* (ou, se quiserem, *sistêmico-funcional*, por estar direcionado à funcionalidade do subsistema "sociedade"), é expressão de uma compreensão teleológica das respectivas regras jurídicas. Se perguntarmos, porém, sobre a tarefa de uma determinada regulamentação, então, o questionamento teleológico é ainda muito geral. Trata-se, na realidade, de investigar o sentido de uma determinada regulamentação. Este pode ser muito variado. Trata-se aqui, porém, do reconhecimento de que o sentido de uma regulamentação encontra-se muitas vezes não – ou não somente – na

5. BGH WM 1978, 1.044; BGHZ 81, 263, 268.

6. Cf. G. Hueck, *Gesellschaftsrecht* (nota 4 acima), § 10, 1b, bb.

7. RG ZakDR 1938, 818; cf. também A. Hueck, *OHG* (nota 1 acima), § 29 I 2 b.

8. BGHZ 68, 212, 215 fundamenta simplesmente que (e não por que) uma regra tão grave, e que afeta a liberdade econômica e pessoal, somente poderia ser reconhecida sob circunstâncias muito especiais.

9. BGHZ 81, 263, 268.

10. BGHZ 81, 263; 104, 50, 57; 105, 213; 107, 351; para a sociedade limitada BGHZ 112, 103.

11. BGHZ 81, 263, 266 s.; cf. também BGHZ 105, 213, 217.

proteção direta do indivíduo, do sócio, do credor etc., mas também no funcionamento de um subsistema como o da sociedade de pessoas ou da sociedade de capitais, e que se deve considerar a manutenção da funcionalidade deste subsistema quando da aplicação do Direito ou de sua construção jurisprudencial (*Rechtsfortbildung*). Não é permitido que seja destruído, e para tanto é necessário que se conheçam as condições funcionais que não estão escritas.

Com o tema "Raciocínio Jurídico Funcional a Exemplo do Direito Societário", gostaria, então, de perseguir este pensamento funcional e procurar descobrir do que se trata, pois estamos acostumados, em todo caso, no direito privado, a pensar a partir da proteção do indivíduo e de lá determinar os limites da ação. Para tanto disponibilizamos todo um arsenal de figuras e instrumentos dogmáticos. Cito somente o § 138 BGB, § 242 BGB etc. Ocupam mais e mais espaço os aspectos ético-jurídicos nos debates dos tribunais.[12] Conhecemos construções jurisprudenciais que consideram um princípio ético jurídico.[13] Também sabemos que o ordenamento jurídico pode ser pensado como um sistema.[14] O que nos falta, por outro lado, é, possivelmente, um fundamento metodológico[15] e também dogmático claro para entender se e em que medida também é função da interpretação legal e da jurisprudência a proteção da função de um subsistema ou de uma organização como tal – como, por exemplo, uma sociedade –, e, em qualquer caso, como deve ocorrer. O que significa *garantir juridicamente a funcionalidade da sociedade*, quais instrumentos estão à disposição para tanto e como se deve proceder metodologicamente?

Não se pode olvidar que o subsistema é construído de forma a justificar as exigências de proteção do indivíduo, do credor etc. Não é hora ainda de discutirmos isto.[16] Tal proteção, todavia, não é realizada por meio de comandos de conteúdo diretos, mas indiretamente, por meio da função apropriada do subsistema *sociedade*.

O aspecto funcional não se confunde, assim, com a indagação sobre se a um sócio em específico é injustamente negada uma informação necessária e se o mesmo pode impugnar a decisão tomada na seqüência. Não é reconhecida a votação em todo caso, não somente por ser contrária aos bons costumes perante um sócio em específico, mas sim porque prejudica a funcionalidade da sociedade como organismo ou sistema. Ambas, a proteção do indivíduo e a proteção da funcionalidade do sistema, relacionam-se entre si, mas não são a mesma coisa.[17]

Gostaria de perseguir a importância do pensamento funcional em quatro etapas: na primeira gostaria de indagar se no caso do meu exemplo de raciocínio, a partir da função do sistema, se trata simplesmente de um caso específico ou, de fato, de uma área relevante (a seguir, II); na segunda gostaria de tentar explicitar esta análise funcional no sistema jurídico (III); na terceira gostaria de, ao final, avaliar se e quais regras podem ser formuladas para a aplicação do Direito e para a jurisprudência (a seguir, IV). Gostaria de encerrar, então, com uma breve incursão sobre se o pensamento funcional é algo específico do direito societário, ou se sua importância vai além (V).

12. Cf., paradigmático para o direito societário, Wiedemann, ZGR 1980, 147 ss.

13. Larenz/Canaris, *Methodenlehre der Rechtswissenschaft*, 3ª ed., 1995, pp. 240 ss.

14. Canaris, *Systemdenken und Systembegriff in der Jurisprudenz*, 2ª ed., 1983; Larenz/Canaris, *Methodenlehre* (nota 13, acima), pp. 263 ss.

15. Princípios, porém, em Larenz/Canaris, *Methodenlehre* (nota 13 acima), p. 310 (conceito jurídicos determinados pela função); sobre a importância teórico-jurídica do pensamento funcional, Krawietz, *Das positive Recht und seine Funktion*, Berlim, 1967.

16. Cf. abaixo III 2 c.

17. Sobre a diferenciação entre proteção individual e das funções em cláusulas de exclusão, Behr, ZGR, 1990, p. 375, 377; no contexto da proteção do investidor, por exemplo, também Kübler, *Gesellschaftsrecht*, 5ª ed., 1998, § 31 II 1 e 2.

II – Importância do pensamento funcional e sua incompreensão em casos específicos

1. Doutrina do núcleo temático

(a) *Conceito e importância geral*

Preleciona a teoria do núcleo temático que existem determinados direitos de sócio que não são dispositivos, mas que – isto, sim –, pertencendo a um núcleo da relação de participação (*Mitgliedschaft*), estão ligados a ela e também não podem ser restringidos para além de certos limites.

Todavia, não está claro, até hoje, quais são tais direitos. O argumento do núcleo temático é utilizado, na realidade, sempre de forma esporádica, mas o conteúdo completo da teoria do núcleo temático consiste substancialmente no reconhecimento da existência de casos nos quais a renúncia contratual de direitos de sócio não é permitida. Fundamenta-se em regra com o § 138 BGB, com a proibição de negócios contrários aos bons costumes,[18] e poupa-se, assim o real fundamento. Muitas vezes são tratadas questões da teoria do núcleo temático também sob outros aspectos. Não temos uma teoria do núcleo temático realmente consistente.

Evidencia-se isto já no fato de que sob o conceito da teoria do núcleo temático são tratados dois questionamentos muito diferentes na doutrina e jurisprudência.[19] Por um lado, a questão – que acabei de descrever como objeto da teoria do núcleo temático – sobre em que medida e por quê direitos de sócio não podem ser condicionados contratualmente.[20] Por outro lado, é tratado também, sob o conceito da teoria do núcleo temático, um outro questionamento, a saber: em que medida direitos de sócio podem ser tomados de um sócio sem seu consentimento.[21] Este último é uma questão da extensão do princípio da maioria, que gostaria de tratar posteriormente e que, em minha opinião, não dever ser revolvida com a questão do núcleo temático no sentido da incondicionalidade de direitos de sócio.

Para a questão do núcleo temático que nos interessa aqui, no sentido de um conteúdo mínimo incondicional de direitos de sócio, não há, como dito, uma teoria que seja útil. Isto ocorre essencialmente por ser o direito das sociedades de pessoas em grande extensão dispositivo, e pode-se questionar, por isso, de acordo com o princípio *volenti non fit inuria*, por que deveria haver, então, um núcleo temático indisponível de direitos de participação (*Mitgliedschaftsrechten*). Não se pode renunciar, como sócio, aos direitos de sócio, como renuncia o doador a toda contrapartida? Para quê a proteção de um núcleo temático?

(b) *Exemplos para os argumentos do núcleo temático*

(aa) Casos definidos em lei

Não se questiona a existência de um núcleo temático. Prescreve a própria lei no § 723, III, BGB, por exemplo, para as sociedades de pessoas, que o direito à rescisão (denúncia) extraordinária não pode ser excluído. Para os direitos de fiscalizar dos sócios na sociedade de pessoas prescreve-se, também, segundo o § 118 II HGB para a OHG e o § 166 III HGB, em forma mais amena, também para a sociedade em comandita, que sua exclusão não é, de qualquer forma, válida em caso de suspeita de condução fraudulenta dos negócios. Estes

18. Cf. somente Ulmer in *MünchKomm BGB*, 3ª ed., § 705 margem 101, com outras referências.

19. K. Schmidt, *Gesellschaftsrecht* (nota 4 acima), § 16 III 3 b, bb; Ulmer in *MünchKomm BGB* (nota 18 acima), § 705 margem 101, § 709 margem 83; Wiedemann, *Gesellschaftsrecht* (nota 4 acima), § 7 I 1 b.

20. Ulmer in *MünchKomm BGB* (nota 18 acima), § 705 margem 101.

21. K. Schmidt, *Gesellschaftsrecht* (nota 4 acima), § 16 III 3 b, bb; Ulmer in *MünchKomm BGB* (nota 18 acima), § 709 margem 83.

são casos, como dito, definidos em lei, que em geral não são relacionados com o pensamento do núcleo temático, não obstante pertencerem, naturalmente, ao mesmo.

(bb) Proibição de segregação

O BGH acrescentou, então, em uma antiga decisão do ano de 1956, que uma procuração de voto em caráter irrevogável em uma sociedade de pessoas não merece ser reconhecida em razão de configurar, na prática, uma segregação do direito de voto.[22] Tal proibição de segregação é fundamentada[23] com a natureza da identidade patrimonial da sociedade (*Gesamthandsgemeinschaft*), apesar de se poder, com o conceito de "natureza", concluir tudo e nada. Propõe-se na doutrina, por outro lado, compreender a proibição de segregação como expressão da "natureza dos direitos participativos individuais"[24] ou do § 717, 2, BGB,[25] não sendo dada, ao certo, uma fundamentação para o que é a natureza dos direitos participativos individuais ou por que o § 717, 2, BGB proíbe uma segregação de direitos de sócio.

(cc) Cláusulas de exclusão

Mais injustamente não relacionado com a teoria do núcleo temático é o exemplo já mencionado no início da "cláusula de exclusão". O direito de não ser excluído da sociedade de forma arbitrária pertence naturalmente ao núcleo temático da relação de participação na união associativa pessoal (*Personenverband*). Somente assim se explica por que o BGH não reconhece a cláusula de exclusão como contrária à natureza da sociedade.

(dd) Princípio da igualdade de tratamento *(Gleichbehandlungsgrundsatz)*

Também gostaria de apontar o princípio societário da igualdade de tratamento como pertencente ao núcleo temático dos direitos de participação.[26] Reconhece-se, na realidade, que o sócio possa renunciar, no caso específico, ao tratamento igualitário. Não pode renunciar, entretanto, ao princípio em geral.[27] Pertence também, pois, aos direitos irrenunciáveis de sócio.

(c) *Inexistência de uma teoria do núcleo temático*

Quando mencionei sobre o conceito da teoria do núcleo temático uma certa coleção de casos específicos que não permitem estabelecer uma idéia fechada e que são fundamentados de forma muito diferente (com o argumento da segregação, com o § 138 BGB, com o raciocínio da espada de Dâmocles e com a natureza da sociedade), então, fica claro que, na realidade, conhecemos a palavra-chave da teoria do núcleo temático, mas que a "teoria" do núcleo temático não avançou para uma verdadeira teoria. É, de fato, tocada[28] nos respectivos manuais de doutrina de direito societário, mas não é nem suficientemente fundamentada,[29] nem se encontram referências para

22. BGHZ 20, 363, 364 s.

23. BGHZ 3, 354, 357.

24. ULMER in *MünchKomm BGB* (nota 18 acima), § 717 margem 7.

25. G. Hueck, *Gesellschaftsrecht* (nota 4 acima), § 7 II 3; Kraft/Kreuz, *Gesellschaftsrecht*, 11ª ed., 1999, C II 3 a; Ulmer in *MünchKomm BGB* (nota 18 acima), § 717 margem 7, com outras referências. Sobre as diferentes fundamentações, Wiedemann, *Die Übertragung und Vererbung von Mitgliedschaftsrechten*, 1965, pp. 278 ss.

26. Também K. Schmidt, *Gesellschaftsrecht* (nota 4 acima), § 16 III b, dd, com remissão ali mesmo a § 16 II 4b ee.

27. Especialmente G. Hueck, *Der Grundsatz der gleichmäßigen Behandlung im Privatrecht*, 1958, p. 267.

28. Por exemplo em Grunewald, *Gesellschaftsrecht*, 3ª ed., 1999, I A 85; K. Schmidt, *Gesellschaftsrecht* (nota 4 acima), § 16 III 3 b aa; Ulmer in *MünchKomm BGB* (nota 18 acima), § 709 margem 77 ss.; Wiedemann, *Gesellschaftsrecht* (nota 4 acima), § 7 I 1 b.

29. Cf., *e.g.*, a observação de Ulmer in *MünchKomm BGB* (nota 18 acima), § 705 margem 101, sobre a importância do § 138 I BGB: "O conteúdo

a construção de um sistema que mereça o nome. Não há ainda uma teoria do núcleo temático em certa medida fechada que pudesse se basear em um pensamento linear e que fornecesse a partir daí conclusões e delimitações claras.[30]

Isto parece ser significativo para o meu tema, aqui. O pensamento funcional que se esconde por trás de toda a teoria do núcleo temático e que se evidencia de forma clara na decisão sobre a cláusula de exclusão mencionada no início (a saber, a cláusula deveria ser nula, pois do contrário um sócio não poderia mais exercer seus direitos de sócio adequadamente) este pensamento funcional não é suficientemente compreendido em sua real importância.

Então, por que não seria permitida, para lançarmos mão de um outro exemplo mencionado acima, a segregação de direitos de sócio? Com o conceito de proibição de segregação é indicado, pois sim, somente um resultado, mas nenhum fundamento. Somente pode ser que a segregação de direitos essenciais de sócio desestabilize tanto a sociedade, como associação de todos os sócios, que esta não seria mais funcional, como necessário.[31] Parece-me, pois, correta a assertiva de Karsten Schmidt, que, em referência a Flume, formula que o pensamento é que a união associativa (*Verband*) não deveria colocar em risco a "garantia de justeza" (*Richtigkeitsgewähr*) da formação de vontade relativa a tal união associativa e do controle.[32]

E por que não se pode incluir no contrato social que os sócios renunciam ao tratamento igualitário?[33] Também isto somente pode ser compreendido se uma renúncia geral ao tratamento igualitário aluísse a cooperação entre os sócios e, com isto, a funcionalidade e os mecanismos de garantia da sociedade.[34] O porquê quero investigar imediatamente na seqüência, com base no exemplo da decisão majoritária.

2. *Decisões da maioria*

(a) *O problema do critério de controle*

O direito das sociedades de capitais, ao contrário das sociedades de pessoas, parte do princípio da maioria para as decisões sociais. Para situações que pertencem em sentido mais amplo à administração, vale o princípio da maioria simples, enquanto para as situações que se referem a modificações dos estatutos ou a outras questões dos fundamentos da sociedade é exigida uma maioria qualificada.

O problema é, naturalmente, que o que a maioria decide nem sempre é correto, e que a decisão da maioria pode ser determinada unilateralmente por interesses da maioria. Com isto, coloca-se a questão do controle do poder da maioria.

Enquanto a Lei alemã das Sociedades Limitadas surpreendentemente não apresenta qualquer assertiva a respeito, a Lei alemã das Sociedades por Ações contém em seus §§ 243 AktG e ss. uma regulamentação sobre a impugnação de decisões da assembléia-geral que conhece a questão do abuso do poder da maioria, mas que estabelece condições muito rígidas para que uma decisão possa ser atacada. Conforme o § 243 I AktG, uma decisão da assembléia-geral pode ser primeiramente impugnada

mínimo de direitos de sócio que deve ser respeitado é muitas vezes descrito com o conceito do núcleo temático irrenunciável".

30. Não obstante algumas considerações, por exemplo, H. P. Westermann, *Vertragsfreiheit und Typengesetzlichkeit im Recht der Personengesellschaften*, 1970, pp. 176 s., 351 ss.; referências sempre em Wiedemann, *Gesellschaftsrecht* (nota 4 acima), § 7 I 1b, com referência ao "princípio da autodefesa".

31. Com tendência semelhante Th. Raiser, *Recht der Kapitalgesellschaften*, 2ª ed., 1992, § 12 margem 10; K. Schmidt, *Gesellschaftsrecht* (nota 4 acima), § 19 III 4 a.

32. K. Schmidt, *Gesellschaftsrecht* (nota 4 acima), § 19 III 4 a; Flume, *Allgemeiner Teil des Bürgerlichen Rechts*, vol. 1, 1, *Die Personengesellschaft*, 1997, § 14 IV e VII.

33. Para proibição, acima b dd com nota 27.

34. Também assim tendendo K. Schmidt, *Gesellschaftsrecht* (nota 4 acima), § 16 II 4 b aa.

por ofensa à lei ou aos estatutos. Conforme o § 243 II AktG, pode ainda uma decisão da assembléia-geral "também", como prescreve a lei, ser impugnada quando um acionista procura obter, com o exercício do direito de voto, para si ou para outrem, vantagem especial em prejuízo da sociedade ou dos demais acionistas, e a decisão está apta a servir a tal propósito. O abuso pela maioria, que me interessa, parece estar prescrito no § 243 II AktG como caso do acossamento de vantagens especiais. Não prevê a Lei alemã das Sociedades por Ações abaixo de tais limites, por outro lado, qualquer possibilidade de impugnar uma decisão da assembléia-geral. Constituem, de resto, razões para impugnação somente ofensas à lei ou aos estatutos.

Isto incitou o RG a equivocadamente lançar para o muito citado caso "Hibernia" ementa pela qual "as decisões da maioria tomadas sobre questões das sociedade com o número necessário de votos (...) [são] também aplicáveis à minoria ainda que pareçam equivocadas, economicamente desvantajosas ou prejudiciais aos interesses de proteção das minorias". Isto seria – assim continua o RG – uma inevitável conseqüência do princípio reconhecido legalmente de que a maioria dos acionistas decide sobre a administração da sociedade e sobre o que deve ser feito, ou não, no interesse da sociedade e de seus acionistas. Todos que adquiram ações deveriam se conformar com tal fato.[35]

Isto soa duro (e foi assim pensado), e citam-se com prazer, ainda hoje, tais frases do caso "Hibernia" como prova da visão puramente formal do RG, em nossa concepção hoje não mais sustentável, que o BGH, para utilizar as palavras do historiador do Direito Franz Wieacker, "reconverteu em uma ética material da responsabilidade social".[36]

35. RGZ 68, 235, 254 s.

36. Wieacker, *Das Sozialmodell der klassischen Privatrechtsgesetzbücher und die Entwicklung der modernen Gesellschaft*, 1952, p. 18.

É necessário indagar, porém, antes de se condenar definitivamente o caso "Hibernia" – como é comum hoje[37] –, o que se quer dizer, fundamentalmente, com o princípio da maioria. Como é que em uma sociedade – e penso, aqui, naturalmente, na sociedade no sentido do nosso direito societário, e me abstenho de um comentário da sociedade no sentido do direito de Estado – se pode colocar o destino da sociedade de capital nas mãos da maioria? Não há o risco de a minoria sempre ficar sem proteção? Não é necessário que decisões da maioria sejam submetidas a um controle judicial geral, indagando-se se a minoria não será prejudicada com tal decisão? Não é necessário que se afirme que as decisões da maioria – ao contrário do que o RG pensava – devem ser submetidas em geral a um controle judicial, de acordo com parâmetros da boa-fé e da eqüidade (*Treu und Glauben*),[38] e que não podem ser justificadas com a expressão "maioria é maioria"?

Com efeito, o atual desenvolvimento jurídico caminha nesta direção, na medida em que se incluiu a boa-fé como limite para a validade de decisões da maioria nos procedimentos de impugnação, paralelamente ao texto e sentido da regulamentação do direito acionário sobre a impugnação de decisões.[39] Muito simples do ponto de vista técnico-jurídico, na medida em que se diz que a violação da boa-fé seria uma violação da lei, e para violações da lei já pre-

37. Cf. Wiedemann, *Gesellschaftsrecht* (nota 4 acima), § 8 I 2 pr.; K. Schmidt, *Gesellschaftsrecht* (nota 4 acima), § 21 II 3 a, com mais referências.

38. Cf. para o direito das sociedades de pessoas Ulmer in *MünchKomm BGB* (nota 18 acima), § 709 margem 85: "O aumento do poder da maioria, associado com a limitação do princípio da especificidade, decorrente das correspondentes decisões da maioria, exige como compensação um fortalecimento de conteúdo da proteção das minorias, que deve ser alcançado por meio do *controle de conteúdo das decisões da maioria* que violem os chamados 'limites móveis' do princípio da maioria" (grifos no original).

39. Sobretudo Hüffer, AktG, 4ª ed., 1999, § 243 margem 5; Zöllner in *Kölner Komm AktG*, 1ª ed., 1985, § 243 margem 69.

vê o § 243 I AktG uma possibilidade de impugnação.[40] Conforme o § 243 I AktG, são impugnáveis as violações da lei e dos estatutos. Melhorou-se, desta forma (aparentemente elegante), a proteção das minorias no direito acionário, na medida necessária. Serviu a integração da boa-fé no § 243 I AktG exclusivamente para tornar, de forma aparentemente fiel à lei, mais rigorosos os limites ineficazes do § 243 II AktG, no sentido de uma melhoria da proteção das minorias.[41] E quem ousaria estar contra uma melhoria da proteção das minorias?

Entretanto, sob dois aspectos isso foi insuficiente. O primeiro pelo fato que a introdução da boa-fé como limite da tomada de decisão mal correspondia à dogmática do direito acionário. Isto é evidente e também não é questionado, em princípio, de forma séria,[42] pois a concepção pela qual a boa-fé pertence às regras legais, cuja não-observância permitiria a impugnação da decisão, conforme o § 243 I AktG, em razão de violação da lei e dos estatutos, não é, naturalmente, conciliável em seu fundamento com a dogmática utilizada como base pelo legislador da Lei alemã das Sociedades por Ações. Isto decorre, por um lado, do fato de que o § 243 I AktG permite inferir que decisões podem ser impugnadas em razão de violação da lei ou dos estatutos e que a lei, então, acentua, em certa medida, como especificidade, que pode ocorrer a impugnação *também* – e a palavra "também" está assim na lei – em razão do acossamento de vantagens especiais. Trata-se, portanto, claramente, de uma regulamentação de exceção, e não, por exemplo, de um simples esclarecimento. Exatamente por isso, não seria possível que a lei pensasse que a menção à lei e aos estatutos no § 243 I AktG incluiria de forma muito geral a falta da maioria cometida contra a minoria. Outrossim, o § 243 II AktG seria absolutamente inútil se o requisito de boa-fé já estivesse contido no § 243 I AktG.[43] Todos os casos de abuso pela maioria estariam contidos, assim, no § 243 I AktG. Por isso, o legislador partiu claramente de uma perspectiva dogmática outra que a da doutrina dominante, e fixou sua perspectiva dogmática com o § 243 II AktG.

Pode-se naturalmente indagar ao que se devem tais filigranas dogmáticas, já aparentemente ultrapassadas. A Lei alemã das Sociedades por Ações é de 1965, de 1937 o regulamento anterior que serviu de base para o § 243 II AktG, e neste ínterim pode, mesmo, ter evoluído a compreensão.[44]

Mas acrescenta-se o segundo aspecto: o que não se observa suficientemente com o atual entusiasmo com o controle de conteúdo material é que com isto se percorre um caminho que em outros lugares – a saber, no direito dos contratos – é visto sobretudo de forma crítica e muito diferenciada.[45] Chega-se, com a generalização do controle de decisões segundo os parâmetros da boa-fé, em um amplo controle material de decisões,[46] embora, de resto, nomeadamente no direito dos contratos, uma tal materialização ampla em forma de uma generalização do controle de conteúdo contratual seja, com justiça, vista de forma muito crítica e limitada de forma conseqüente a exceções e casos especiais, como na aplicação de condições gerais de negó-

40. Hüffer, AktG (nota 39 acima), § 243 margem 5.

41. Hüffer, AktG (nota 39 acima), § 243 margem 31; o mesmo in Gessler/Hefermehl, AktG, 1984, § 243 margem 89 s.; Zöllner in *Kölner Komm AktG* (nota 39 acima), § 243 margem 236.

42. Cf. Zöllner in *Kölner Komm AktG* (nota 39 acima), § 243 margem 206; Hüffer, AktG (nota 41 acima), § 243 margem 31.

43. Por exemplo Hüffer in Gessler/Hefermehl (nota 41 acima), AktG, § 243 margem 67: "(...) a norma parece ser completamente dispensável para o direito acionário".

44. Neste sentido, por exemplo, Zöllner in *Kölner Komm AktG* (nota 39 acima), § 243 margem 206.

45. Zöllner, AcP 176 (1976), p. 221, 246.

46. Cf., *e.g.*, Hüffer, AktG (nota 39 acima), § 243 margem 31, o qual fala de um controle material de decisões apoiado em relações de boa-fé de caráter participativo (*mitgliedschaftliche Treubindungen*).

cio.[47] Tal limitação do controle tem boas razões. E estas valem, em princípio, também para a questão do controle de decisões: a autonomia privada deve ser limitada, também na forma do controle de decisões, somente na medida de fato necessária. O controle material de decisões aumenta, ainda, a insegurança jurídica e contém, com isto, também o que o legislador da lei acionária já visualizara,[48] e o que ainda hoje é absolutamente atual:[49] um enorme potencial de extorsão contra a sociedade e a maioria acionária.

Permanece, por isso, a pergunta sobre se o desenvolvimento do controle material de decisões de forma tão geral foi acertado. Foi simplesmente falsa e há muito ultrapassada, como se pensa hoje, a decisão legislativa de limitar o controle material de conteúdo aos casos do § 243 II AktG?[50] Ou se trata, na realidade, tal como no controle de conteúdo de contratos, não de uma correção geral da lei, mas, sim, de correção parcial da falha de determinados pressupostos funcionais do princípio da maioria? O atual controle de decisões, o qual não é, de forma alguma, facilmente conciliável com a dogmática da Lei Acionária alemã, como foi exposto até aqui,[51] e que conduz[52] a um caos de diferentes parâmetros, de controle difícil de ser decifrado, é, realmente, uma conseqüência necessária do princípio da maioria?

(b) *Fundamentos do princípio da maioria*

Para responder a tal questão, porém, é necessário que primeiramente se reflita sobre o que foi, pois, pensado pela Lei Acionária para estruturar de forma tão frágil a possibilidade de atacar decisões sob o aspecto da proteção de minorias. Isto leva à inevitável pergunta: por que é, até mesmo, possível aceitar no direito das sociedades de capital o princípio da maioria? Não é evidente o risco de a maioria cuidar somente de seus interesses e, com isto, prejudicar os interesses da minoria?

(aa) Fundamentação inadequada do princípio da maioria

O princípio da maioria não pode, certamente, ser justificado com a idéia de que a decisão da maioria, por participarem muitas pessoas inteligentes, tem uma garantia especial de justeza. Contra tal idéia já foi apresentada, há muito, a frase *pars maior pars sanior*.

Pode o princípio da maioria ser ainda menos justificado com o fato de que, como não se pode ser justo com todos, assim, a maioria, pois maior número é atingido, deve poder decidir. Exatamente isto levaria, nomeadamente, ao fato de que a respectiva maioria poderia enriquecer-se de forma legítima à custa da respectiva minoria, na medida em que tomasse amplas decisões em seu benefício e em prejuízo da minoria. Em um tal sistema de possibilidade de autodeterminação da maioria, a proteção da minoria haveria, de fato, de ser garantida na forma de um controle judicial amplo das decisões da maioria, o que levaria a uma imensa onda de processos, que paralisaria tudo.

47. Para a questão da materialização e contra o crescimento do controle de conteúdo sobretudo Canaris, AcP 200 (2000), pp. 273 e ss., 327 ss.; também Zöllner, AcP 176 (1976), 221 ss.

48. Sobre este aspecto já a fundamentação da lei acionária de 1894, impressa in Schubert/Hommelhoff, "Hundert Jahre modernes Aktienrecht", *ZGR Sonderheft* 4, 1985, p. 404, 467.

49. Recentemente Baums, *Empfiehlt sich die Neuregelung des aktienrechtlichen Anfechtungs- und Organhaftungsrechts, insbesondere der Klagemöglichkeiten von Aktionären?*, parecer F para a 63ª Conferência Alemã de Juristas, 2000, p. 155.

50. Neste sentido, por exemplo, Hüffer, AktG (nota 39 acima), § 243 margem 31.

51. Cf. somente Hüffer, AktG (nota 39 acima), § 243 margem 32.

52. Cf. a respeito K. Schmidt, *Großkomm AktG*, 4ª ed., 1995, margem 46-49: controle de adequação, controle material, controle material de conteúdo, controle institucional de conteúdo, abuso de direito individual e institucional, boa-fé.

(bb) Convergência de interesses (*Interessengleichrichtung*) através da participação conjunta ("estar no mesmo barco")

O fato de se poder partir do princípio da maioria para decisões em sociedade de capital e isto não levar constantemente a uma série de abusos tem uma outra razão, bem simples: com sua participação, todos os acionistas e sócios da sociedades de capital "estão no mesmo barco". Se a maioria tomar uma decisão nociva à sociedade, então, prejudicará seus interesses não menos que os da minoria. Portanto, a maioria deve se esforçar, no seu próprio interesse, em tomar decisões justas e no interesse da sociedade, com o quê inevitavelmente atentará, ao mesmo tempo, para os interesses da minoria. Com certeza, sempre existem diferenças de opinião sobre o que se encontra no interesse da sociedade. A maioria pode errar. Todavia, por meio de seus interesses de participação conjunta com a minoria, está garantido que a maioria tem de se esforçar por decisões justas. Erros não podem ser excluídos, o que também não pode ajudar a jurisprudência, pois, em regra, ela também não sabe mais que os próprios sócios[53] o que atende aos interesses da sociedade. Por isso deve ser negado à jurisprudência um controle material geral de decisões da maioria, como também um controle geral da justiça material (*Sachgerechtigkeit*) dos contratos. Muito mais a própria consternação na autonomia privada é ainda a melhor garantia para a justiça material, não a tutela judicial.

Contanto que esta convergência de interesses seja suficiente, e esta é a regra, o risco de violação dos interesses das minorias torna-se relativamente baixo.[54] O processo de tomada de decisão em certa medida se auto-regula e não necessita de qualquer controle judicial mais rígido. Por isso, o Direito pode, de certa forma, limitar-se, no controle de decisões, ao "caso de exceção". E para isto está dirigido o § 243 II AktG, com seu controle de abuso de direito.

Portanto, totalmente correto o RG ao ressaltar, no já citado caso "Hibernia", que a maioria da propriedade de ações decide sobre a administração da sociedade e o que deve ser feito, ou não, no interesse da sociedade e dos seus acionistas. Todo aquele que adquire ações deveria se conformar com tal fato.[55]

(c) *Limites funcionais do princípio da maioria e suas compensações*

(aa) Considerações gerais

Tudo isto, porém, somente vale quando se parte do fato de que existe a convergência básica de interesses dada pelos interesses participativos. Esta convergência fundamental de interesses é, em certa medida, o princípio funcional do sistema de maioria. Se não existir, como no caso de decisões sobre o deslocamento interno na sociedade de direitos e obrigações ou quando interesses externos da maioria, que contrariam os interesses comuns, se sobrepõem à convergência de interesses dentro da sociedade, então, não se pode mais partir da regra segundo a qual os interesses da minoria são perseguidos juntamente com os interesses convergentes da maioria. Há, muito mais, o risco evidente de a maioria decidir às custas da minoria. Conseqüentemente, o Direito deve, aqui, apresentar uma outra solução, e não pode simplesmente

53. Diferente Leenen, 2. *Festschrift Larenz*, 1983, p. 385 com nota 50.

54. Para a convergência de interesses como fundamento do princípio da maioria já de forma incidental, Wiedemann, *Gesellschaftsrecht* (nota 4 acima), § 8 I 1; também Kropff in Lutter/Semler, *Rechtsgrundlagen freiheitlicher Unternehmenswirtschaft*, 1991, p. 71, 73 s.; Emmerich/Sonnenschein, *Konzernrecht*, 6ª ed., 1997, § 1 III 5 a. Sobre o efeito compensador de interesses da formação de maioria, ao qual é atribuída uma "garantia de justeza" (*Richtigkeitsgewähr*) semelhante como em um contrato negociado, Wiedemann, *Gesellschaftsrecht* (nota 4 acima), § 8 I 1.

55. RGZ 68, 235, 254 s.

remeter ao controle de abuso de direito conforme o § 243 II AktG.

(bb) Exemplos

Isto ocorre de muitas formas.

(1) Limitação de direitos de uma minoria de acionistas: decisão especial – Quando a convergência de interesses está ameaçada em razão do fato de a relação dos tipos ou classes de ações entre si dever ser modificada, como, por exemplo, os direitos dos preferencialistas devem ser cortados em favor dos detentores de ações ordinárias, então, haveria o risco evidente de a maioria dos acionistas ordinários "passar a perna" na minoria dos acionistas preferencialistas. Por isso, a Lei alemã das Sociedades por Ações exige, neste caso, que não só os acionistas ordinários tomem a decisão correspondente, mas também o consentimento dos preferencialistas atingidos na forma de uma assim chamada decisão especial com maioria qualificada. Somente quando os preferencialistas – que, em regra, se encontram na minoria – também dão seu consentimento em votação em separado e com maioria qualificada passa a existir a correspondente decisão que altera os estatutos.

Reconhece a lei, portanto, muito bem os limites funcionais do puro princípio da maioria. Para além de tais limites, todavia, não aplica simplesmente o controle material de decisões segundo os parâmetros da boa-fé, mas, sim, procura por soluções substitutivas adequadas, que possam existir sem apoio em um rígido controle judicial de decisões. Procura manter o mecanismo funcional ou, melhor, o mecanismo de auto-regulação, como resultante da fundamental convergência de interesses dos acionistas, por meio da correção da exigência de decisão especial.

Esta primazia aqui indicada da manutenção ou adaptação do mecanismo de auto-regulação perante o controle judicial de decisões segundo os parâmetros da boa-fé parece-me extraordinariamente importante, pois mostra que nesta área do pensamento funcional do princípio da maioria os tribunais devem procurar, primeiramente, soluções que mantenham o mecanismo de auto-regulação.

O caminho da decisão especial é, porém, adequado e acessível somente no caso apresentado, da modificação da relação dos grupos acionários entre si. Não funciona no segundo campo de problemas que mencionei,[56] a saber, a sobreposição de interesses participativos por meio de outros, nomeadamente, interesses externos, que são contrários no momento ou potencialmente. Portanto, a convergência de interesses entre os acionistas ou sócios como garantidora do funcionamento do modelo de maioria corre o risco de ser desmontada quando a maioria, paralelamente aos interesses participativos dentro da sociedade, que são em si convergentes, persegue interesses externos à sociedade que lhe são muito mais importantes financeiramente, e quando esses interesses externos, em caso de colisão, compensam muito pouco a vítima dos interesses participativos próprios. Então, a maioria irá se comportar em votações segundo seus interesses preponderantes, e isto às custas da minoria.

(2) Conflitos de interesse graves: exclusão do direito de voto – O caso mais evidente, mas de forma alguma o mais importante, de reação do Direito ao perigo do sobrepeso de interesses externos é a exclusão do direito de voto em conflitos de interesses. Regulado nos §§ 136 I AktG e 47 IV GmbHG, não atinge, porém, de forma alguma, todos os casos de conflito de interesses, mas tão-somente casos bem específicos nos quais se trata da decisão sobre desoneração da administração, exoneração de uma dívida ou pleito de uma pretensão do ou contra o respectivo sócio ou acionista. O atingido é totalmente privado, pelo

56. Acima, aa.

direito das sociedades de capital, de seu direito de voto, pois não se pode esperar que ele persiga aqui os interesses sociais na votação quando isto ocorre à custa de seus interesses externos. Portanto, a defesa contra desvantagens pessoais, que ele deve assumir em sua integralidade, corre em prejuízo de seus interesses sociais, nos quais ele somente participa parcialmente.

Entretanto, a exclusão do direito de voto é uma medida radical, pois traz como conseqüência a obrigação de um acionista ou sócio, mesmo majoritário, deixar a decisão da sociedade aos demais acionistas, possivelmente somente uma pequena minoria. Por isso, Zöllner mostrou muito cedo que não se pode encontrar na exclusão do direito de voto uma solução para os conflitos de interesse, nomeadamente não para os negócios das sociedades de capital, mas que a extensão do tipo legal (*Tatbestand*) da exclusão do direito de voto somente é possível para medidas que devem ser tomadas contras os acionistas ou sócios por uma razão relevante.[57]

Importante neste contexto é, porém, que a lei das sociedades por ações alemã não aplica também aqui o controle de decisões como remédio, mas sim uma regra que mantém a auto-regulação da sociedade.

(3) Situações de dependência e de grupo: indenização, compensação – Outra constelação na qual os interesses externos podem ameaçar os pressupostos funcionais do princípio da maioria constitui o caso típico da dependência de um sócio ou acionista majoritário que, paralelamente a seus interesses participativos na sociedade em questão, tem interesses empresarias potencialmente contrários. Portanto, existe o risco evidente de o acionista majoritário sacrificar seus interesses participativos na companhia em questão em favor dos seus interesses empresariais contrários, externos a esta sociedade.[58] O risco aumenta quando a dependência é suportada por uma administração única.[59] Como exemplo, quero mencionar, aqui, somente o caso do preço de compensação de grupo (*Konzernverrechnungspreis*), conhecido por todos.

Conhece também o problema a Lei das Sociedades por Ações alemã. Trata o caso como uma situação de grupo e disponibiliza, para tanto, regras próprias (§§ 291 ss., 311 AktG). Como foram criadas e se são suficientes para a questão da formação de grupo (proteção de formação de grupo)[60] não dever ser tratado aqui em detalhes, pois me interessa, neste ponto, somente o reconhecimento de que o Direito disponibiliza regras especiais para o caso no qual as condições de funcionamento do modelo da maioria não podem mais ser suficientemente asseguradas.

(cc) Controle de decisões como reação a perturbações dos pressupostos de funcionamento do princípio da maioria?

Uma outra possibilidade de reação contra perturbações funcionais do princípio da maioria, primeiramente reprimida nas considerações anteriores, é submeter as decisões da maioria a um controle rígido.[61] O BGH exigiu, para que determinadas questões decididas pela assembléia-geral da sociedade por ações pudessem ser válidas, uma razão objetiva no interesse da socie-

57. Zöllner, *Die Schranken mitgliedschaftlicher Stimmrechtsmacht bei den privatrechtlichen Personenverbänden*, 1963, p. 267; o mesmo in Baumbach/Hueck, *GmbHG*, 17ª ed., 2000, § 47 margem 51; cf. também Wiedemann, *Gesellschaftsrecht* (nota 4 acima), § 8 I 4b.

58. Cf. somente Kropff in Lutter/Semler, *Rechtsgrundlagen freiheitlicher Unternehmenswirtschaft* (nota 54 acima), 1991, p. 73. Para os problemas de direito societário da dependência também Emmerich/Sonnenschein, *Konzernrecht* (nota 54 acima), § 1 III 5b.

59. Sobretudo Wiedmann, *Gesellschaftsrecht* (nota 4 acima), § 6 IV 2 a.

60. Por exemplo, Wiedemann, *Gesellschaftsrecht* (nota 4 acima), § 8 III 3 a.

61. Assim já Leenen, *2. Festschrift Larenz* (nota 53 acima), p. 392.

dade. O BGH incluiu[62] inicialmente entre tais questões, sobretudo, a exclusão do direito de preferência dos acionistas sobre novas ações, e, então, também a permissão da diretoria para emitir novas ações com a exclusão do direito de preferência[63] e, ainda, também para a liberação de um sócio na qualidade de gerente de uma sociedade limitada da proibição de concorrência.[64] Entretanto, até hoje não foram explicados o fundamento e a base legal para tal decisão. Embora grande parte doutrina se inclinasse para a intensificação do controle,[65] ultimamente encontram-se novamente tons críticos.[66] O BGH, sob nova presidência da seção de direito societário, parece "retroceder" também, aos poucos.[67]

Os fundamentos[68] apontados pela jurisprudência para a intensificação do controle de decisões nunca foram, de fato, efetivamente convincentes, pois também valem para a maioria e, por isso, não explicam por que a maioria deveria assumir o risco das desvantagens potenciais associadas à exclusão do direito de preferência, quando tais desvantagens não podem ser compensadas pelo apoio dos interesses comuns da empresa. Os acionistas também estão fundamentalmente "no mesmo barco" nas decisões sobre a exclusão do direito de preferência. O objeto da decisão, exclusão do direito de preferência, portanto, nada diz sobre o funcionamento ou não-funcionamento do princípio da maioria. Sua função será, muito mais, somente prejudicada quando a maioria obtém vantagens às custas da minoria ou dos interesses da empresa, as quais excedem o peso das desvantagens associadas à decisão de exclusão do direito de preferência que também afetam a maioria com relação aos seus interesses participativos. Tal poderia ser o caso quando a exclusão do direito de preferência ocorre em favor da maioria ou de uma empresa por ela controlada, mas não quando a exclusão do direito de preferência serve, por exemplo, somente para a emissão de ações para os empregados.

Quando, portanto, não é a periculosidade do objeto que justifica o controle de decisões, então, em razão da análise funcional do princípio da maioria, deve-se, sobretudo, indagar se para os fatos apresentados ao Judiciário não se dá a típica proteção da convergência de interesses por meio da participação comum. Isto pode, mas não obrigatoriamente, necessariamente depender do objeto da decisão, mas também se basear em uma constelação de interesses passível de ser tipificada, a qual permite, em certa medida, que a garantida do princípio da maioria seja "destruída".

Também aqui se evidencia, em minha opinião, que se poderia ir tranqüilamente adiante com a forma funcional de raciocinar.[69]

3. Empréstimos de sócios substitutos do capital social

Permitam-me, ainda, testar o valor, ou não, do pensamento funcional em mais uma área do direito societário: na questão dos empréstimos de sócios substitutos do capital social.[70]

62. BGHZ 71, 40, 45 (Kali & Salz).

63. BGHZ 83, 319, 325 (Holzmann).

64. BGHZ 80, 69, 74 (Süßen); também BGHZ 89, 162, 166.

65. Lutter, ZGR 1979, 401, e ZGR 1981, 171; o mesmo, in *Kölner Komm AktG*, 2ª ed., 1995, § 186 margem 61; Wiedemann, ZGR 1980, 147, 156 ss.; o mesmo, *Gesellschaftsrecht* (nota 4 acima), § 8 III 2 b; o mesmo, *Großkomm AktG*, 4ª ed., 1994, § 186 margem 134 s.; Zöllner, *Schranken* (nota 57 acima), pp. 352 s.; Hüffer, AktG (nota 39 acima), § 186 margem 25.

66. Kübler, WM 1994, 1970; Mülbert, *Aktiengesellschaft, Unternehmensgruppe e Kapitalmarkt*, 2ª ed., 1996, pp. 310 ss.; sob a perspectiva do direito comunitário também Kindler, ZHR 158 (1994), p. 339, 358 ss.

67. BGHZ 125, 239; ZIP 1997, 1499 (Siemens/Nold).

68. Risco de diluição, mudança das quotas do direito de voto, perda de bloco de veto, cf. BGHZ 71, 44 ss.

69. Cf. abaixo IV 3.

70. Cf. já Fastrich, *FS Zöllner* 1998, pp. 143 ss.

(a) *O problema*

Trata-se da questão da impossibilidade de um sócio que realiza empréstimos a uma limitada que se encontra em crise poder exigir o pagamento até que a crise esteja superada. Não lhe é permitido, sobretudo quando a sociedade se torne insolvente, inscrever seu crédito com a mesma ordem de preferência de outros credores da sociedade.

Hoje,isto se encontra no regulamento do § 32a GmbHG, mas refere-se a uma jurisprudência anterior do BGH que durante anos foi desenvolvida e aprimorada.

Ponto de partida foi o conhecido caso "Lufttaxi".[71] Uma sociedade limitada operava vôos de linha, vôos promocionais e vôos medicinais de alta altitude. Foi constituída com o capital mínimo da época de DM 20.000. Como os negócios caminhavam claramente mal, o capital mínimo foi consumido logo nos três primeiros meses. Ela pôde continuar suas operações somente em razão do dinheiro que um sócio disponibilizava constantemente na forma de empréstimo. O sócio disponibilizou para a sociedade, até a abertura de falência da mesma, um total de DM 56.000. Todavia, uma parte deste valor, cerca de DM 25.000, foi paga de volta para o sócio. Tratava-se, então, da questão sobre se o sócio poderia exigir o restante do empréstimo como crédito falimentar ou se ele, ao contrário, deveria devolver ao síndico os DM 25.000 recebidos em pagamento do empréstimo, bem como os correspondentes juros pagos.

(b) *Inexistente contradição do suposto comportamento contraditório*

Não havia à época uma regulamentação especial na Lei alemã de Limitadas sobre empréstimos de sócios. Poder-se-ia, por isso, supor, inicialmente, que um sócio deveria ser tratado como qualquer outro mutuante também: na medida em que recebeu antes da decretação da falência os juros e o pagamento do empréstimo, teve sorte. Com relação ao restante de seu crédito decorrente do empréstimo, participaria do processo falimentar como um credor falimentar e receberia sua quota, que geralmente estaria próxima de zero.

O BGH decidiu diferente, e com isto iniciou uma jurisprudência que até hoje não está pacífica. Ponderou o BGH,[72] e mais tarde reiterou diversas vezes,[73] que um sócio que tenha disponibilizado dinheiro para a sociedade na forma de empréstimo para evitar a obrigação de pedir falência (*Konkursantragspflicht*) deve deixar com a sociedade até que o objetivo seja alcançado. Ele age de forma contraditória quando exige o pagamento do empréstimo antes da eliminação da crise.

O que é efetivamente contraditório quando se dá um empréstimo como sócio para a sociedade e se o exige de volta nunca ficou, todavia, claro para mim, pois é evidente que um sócio não está obrigado a financiar sua sociedade de determinada forma ou maneira. Isto também sempre foi acentuado pelo BGH. Quando se pode decidir livremente, como sócio, entre aumentar o capital da sociedade ou disponibilizar capital de terceiro para a mesma, por meio de empréstimo, e quando se opta, por razões fiscais, pelo empréstimo, por ser o empréstimo, como capital de terceiro, menos arriscado, então, não é, pois, contraditório que se exija o pagamento do empréstimo de volta ao reconhecer que a sociedade não pode mais ser mantida. Qualquer terceiro credor faria o mesmo, e com o reconhecimento principiológico da liberdade de financiamento do sócio lhe deveria ser permitido, conseqüentemente, comportar-se como um terceiro credor. Contraditório não é, portanto. É simples postergação de falência (*Konkursverschleppung*).

Não é, simplesmente, correta a fundamentação do BGH. Ela é, porém, até hoje,

71. BGHZ 31, 258 ss.

72. BGHZ 32, 272.

73. BGHZ 67, 174; 75, 336; 90, 385.

base da regulamentação estabelecida também em lei desde 1980 sobre a desclassificação do empréstimo do sócio na falência.

(c) *Revogação da auto-regulação como razão decisiva*

Gostaria de tentar encontrar um fundamento plausível para a jurisprudência do BGH e a atual regulamentação da lei, com ajuda do pensamento funcional. Para tanto, gostaria de investigar, primeiramente, o mecanismo funcional que serviu de base para o legislador da Lei das Limitadas, e, então, indagar, se for o caso, por que este mecanismo funcional foi perturbado e como o mesmo pode ser colocado novamente em funcionamento. Inicio minhas reflexões, assim, sobre a situação anterior à entrada em vigor da regulamentação do empréstimo de sócio conforme os §§ 32a e 32b GmbHG.

(aa) O pensamento funcional da regulamentação legal

Permitam-me, primeiramente, indagar por que é efetivamente possível constituir-se sociedade de capital sem responsabilidade creditícia (*Schuldhaftung*) dos sócios e sem que os credores sejam muito prejudicados. Seu fundamento reside claramente na idéia de que, por um lado, deve-se disponibilizar para as sociedades um capital próprio robusto, de forma a que suas atividades iniciais, que estão associadas a despesas e não geram logo de início as correspondentes receitas, não terminem em falência. Precisa a sociedade de certo suporte de capital próprio. Por outro lado, o procedimento falimentar e a obrigação de pedir falência levam ao fato de que sociedades que não têm mais chances de sobreviver, que estão excessivamente endividadas (*überschuldet*), sejam retiradas o mais rápido possível de circulação, de forma a restar para os credores, com isto, a maior quota possível.

(bb) Sinais de perturbação funcional

Este sistema que dá fundamento à lei nunca funcionou muito bem. O número de falências sempre foi, no caso das limitadas, terrivelmente alto. E mais terrível ainda é o fato de que as limitadas e a GmbH&Co.KG lideram em proporções assustadoras as estatísticas de falências sem ativos. Se procurarmos as causas, percebemos que são muitas e encontram-se em parte na falta geral de profissionalismo dos sócios e gerentes, em parte na crônica constituição com insuficiência de capital próprio, em parte na falta de controle externo dos resultados etc. O que chamava e ainda chama a atenção, além disso, é o fato de que, na maioria das falências de limitadas sem ativos, os empréstimos de sócios claramente prolongavam tanto a sobrevida, em parte por anos, da sociedade que já estava em situação falimentar, até que não houvesse mais nada lá, ocorresse a incapacidade de cumprir com pagamentos e o processo falimentar tivesse que ser rejeitado por não haver massa suficiente, pois os ativos não seriam suficientes nem mesmo para que pudessem ser cobertos os custos do processo.

(cc) Revogação do controle externo por terceiro mutuante

Está claro, assim também, que os empréstimos de sócios revogam de maneira especial o mecanismo idealizado pelo legislador do capital próprio e da obrigação de pedir a falência. E penso que deveria valer a pena investigar as razões disto, pois pode-se analisar onde estão as possibilidades de correção e cura. Por que os empréstimos de sócios revogam o mecanismo do capital próprio e da obrigação de pedir falência?

Primeiramente, isto não é claramente explicável. A destinação de empréstimos de sócios leva, na realidade, a uma melhoria da liquidez e posterga, com isto, o momento da incapacidade de pagamento. Todavia, em si, muda muito pouco a obrigação de pedir falência em razão de excessivo endividamento.[74] Quando uma limitada que fora mantida em vida por meio de empréstimos de sócios finalmente tem sua falência decretada perante um imensa montanha de dívidas, então, pode-se partir do pressuposto que ela estava excessivamente endividada há mais tempo, e o pedido de falência foi postergado.

Seria diferente somente se o sócio mutuante tivesse declarado uma renúncia de preferência para seu empréstimo no caso de falência. Então, esses empréstimos não deveriam mais ser considerados para a questão do pedido de falência em razão de excessivo endividamento.[75] Não seria também necessária uma regulamentação especial com relação a estes empréstimos, pois já não poderiam ser exigidos na falência, em razão de fundamento decorrente da autonomia privada. Toda essa construção do direito do capital substituto (*Kapitalersatzrecht*) seria, nesta medida, supérflua.

Possivelmente exista, todavia, uma outra razão para a falha do mecanismo de capital próprio e da obrigação de pedir falência. O sistema do financiamento empresarial não funciona em um espaço livre, mas está assentado no sistema da economia de mercado. Tal como no contrato, onde as falhas funcionais podem[76] ser explicadas muitas vezes somente perante o contexto do mercado, que os progenitores do BGB simplesmente utilizaram como fundamento sem refletir, a completa relação funcional entre capital próprio e obrigação de pedir falência resulta somente perante o contexto do controle externo exercido pelo mercado.

O problema fundamental do financiamento mediante empréstimo na crise é, de fato, o da revogação do controle externo:[77] o sistema do capital fixo com exclusão de uma responsabilidade mais extensa dos sócios baseia-se na expectativa, não escrita, de que as forças do mercado financeiro e das exigências administrativas irão propiciar, por si mesmas, que a sociedade seja munida com o capital próprio necessário para as operações da empresa ou, no caso de insuficiência de capital próprio por reversos da economia, seja levada à falência em tempo hábil a permitir que reste massa patrimonial suficiente para atender aos credores. Uma limitada que não pode mais cobrir sua necessidade de capital no mercado, porque o mutuante não lhe dá mais chance suficiente, em breve se tornará, caso os sócios não intercedam, ilíquida, e deverá apresentar, em prazo razoável, pedido de falência. Como, em regra, os mutuantes externos analisam e observam seu risco,[78] agem os mecanismos do mercado financeiro em si contra um eterno arrastar de uma sociedade não mais rentável. Os credores "fecham as torneiras" quando os sócios não melhoram, por meio de complementos de capital próprio, a situação financeira da sociedade. Propiciam ao mesmo tempo, com isto, que a sociedade sem sucesso não acumule eternamente mais dívidas, mas sim que seja forçada à liquidação.

Tal mecanismo da regulamentação é perturbado e, em parte, revogado quando a necessidade de capital próprio da socieda-

74. Neste ponto devem ser desconsideradas ainda as possíveis conseqüências excepcionais que derivam da desclassificação legal do empréstimo de sócio nos §§ 32a GmbHG, 39 InsO.

75. Cf. sobretudo K. Schmidt, *Gesellschaftsrecht* (nota 4 acima), § 37 IV 5 b; Schulze-Osterloh in Baumbach/Hueck, *GmbHG*, 17ª ed., 2000 (nota 57 acima), § 64 margem 18 ss.

76. Cf. Fastrich, *Richterliche Inhaltskontrolle im Privatrecht*, 1992, p. 86, 218. Sobre a importância da concorrência no contexto da problemática das condições gerais de negócio, Drexl, *Die wirtschaftliche Selbstbestimmung des Verbrauchers*, 1998, pp. 332 ss. A importância da concorrência para a garantia procedimental da justiça contratual acentua ainda Canaris, AcP 200 (2000), p. 273, 294.

77. Nos seguintes já referencialmente Lutter, "Rechtsverhältnisse zwischen den Gesellschaftern und der Gesellschaft", in *Problem de GmbH-Reform*, 1970, pp. 76 s.; Hueck/Lutter/Mertens/Rebbinder/Ulmer/Wiedemann/Zöllner, *Arbeitskreis GmbH-Reform, Thesen und Vorschläge zur GmbH-Reform*, vol. II, 1970, p. 18.

78. Cf. somente Drukarczyk, *Festschrift Moxter*, 1994, pp. 1.231, 1.239.

de é suprida por empréstimo dos sócios, pois aos sócios falta com freqüência, por um lado, a objetividade do credor externo perante as chances de sucesso da própria sociedade. O sócio perde, sobretudo, com um comportamento crítico ao risco, próprio dos demais credores, o valor de sua participação, e freqüentemente também sua base de existência. Em geral, ambas levam o sócio a se comportar de forma não exatamente idêntica ao credor externo, mas sim a apoiar a sociedade mesmo quando credores externos não estariam mais dispostos a fazê-lo e, com isto, forçariam a sociedade à liquidação.

Por isso, através do financiamento mediante empréstimo dos sócios não é, sem as regras da substituição do capital próprio, fortalecida a base de capital próprio dos sócios, nem colocado em funcionamento na crise o mecanismo de mercado do capital de terceiro. É muito mais garantida a continuidade de existência da sociedade com a exclusão da regulação de mercado. Isto ocorre, por fim, à custa dos outros credores, cujas chances de serem pagos pioram ainda mais por meio da condução financiada da sociedade, que não seria mais capaz de sobreviver segundo os parâmetros de mercado.

(dd) Restauração da relação funcional por meio do direito do capital substitutivo

Onde está a solução? E em que medida se permite que seja implementada no contexto dos limites da jurisprudência?

Seria evidente sua aplicação legal no direito falimentar. Como capital de terceiros, os empréstimos de sócios devem aparecer, pois, na conta de endividamento excessivo como passivo. Se não forem considerados, então, há uma renúncia declarada de preferência ou procrastinação de insolvência (*Insolvenzverschleppung*). No primeiro caso o sócio não pode mais exigir seu empréstimo; no último, responde o gerente responsável pelo pedido de falência.

Surpreendentemente, não percorreu a jurisprudência este caminho evidente. Possivelmente em razão da experiência negativa com a efetividade da responsabilidade por procrastinação de falência. Percorreu, muito mais, outro caminho.

O BGH apresentou em inúmeros casos o princípio de que o sócio deveria ter a possibilidade de escolha, na crise, entre permitir que a sociedade se arruíne, por não conceder ou retirar o capital de terceiros, e, com isto, seja forçada à liquidação, ou manter os recursos que entregou à sociedade para saneamento da crise até que a crise esteja pernamentemente superada.[79] Com isto, o BGH apóia-se, no caso, sobre a relação funcional entre capital próprio, controle externo do mercado de crédito e necessidade do pedido de falência. Exige, nomeadamente, que o sócio, quando quer manter o caráter de capital de terceiros de seu empréstimo de sócio, se comporte como um terceiro credor. Se não se comportar como um terceiro credor, que força a sociedade, na crise, à liquidação, então, no interesse dos credores, torna-se bem da massa falida, sem preferência, a quantia de sustentação (*nachrangigem Haftkapital*). Esta última deve assegurar que a sociedade limitada não possa ser operada desde o início da crise às custas dos credores, na medida em que acumula dívida em cima de dívida, mas sim que a continuidade da atividade empresarial após o início da crise corra por conta do sócio que dá suporte à sociedade.[80]

Isto mostra que, de fato, o BGH pensa conforme a relação funcional aqui tratada. É, assim, de relevância o momento da crise. O BGH determina o momento, conseqüentemente de forma funcional, como aquele da incredibilidade creditícia, quer dizer, o momento no qual terceiros não da-

79. BGHZ 109, 55, 57 s.; 90, 381, 389; 81, 252, 257; 76, 326, 329; 75, 334, 336 s.; 67, 171, 174 s.; Hachenburg/Ulmer, *GmbHG*, 8ª ed., 1992, §§ 32 a/b margem 8.

80. BGHZ 76, 326, 335; Hachenburg/Ulmer, *GmbHG* (nota 79 acima), §§ 32 a/b margem 8.

riam mais crédito algum para a sociedade sob condições normais.[81] Com isto, remete a critérios de mercado de crédito, em uma espécie de "análise do como se fosse", a saber, a determinação da situação da empresa através de mutuantes atuantes no mercado financeiro. Cabe ao sócio, para evitar a desclassificação de seu financiamento, comportar-se como um terceiro credor.[82] Quando se comporta assim, evita-se que o mecanismo do mercado de crédito de terceiros seja perturbado. Se, ao contrário, protege a sociedade na crise e, com isto, desarticula em parte o mecanismo do mercado de crédito de terceiros, então, isto somente lhe é permitido por meio de real aumento de capital ou, ao menos, pela assunção do risco do capital próprio, mediante desclassificação na falência. Ou a sociedade é liquidada tempestivamente, ou o apoio é dado como capital que responde perante os credores.

Isto foi bastante ousado como jurisprudência frente à falta inicial de referência na lei vigente. Pode-se realmente esperar de um sócio o comportamento de um terceiro credor? E tem chance suficiente de funcionar, por sua vez, o postulado, desenvolvido a partir disso, da responsabilidade de financiamento ou responsabilidade pelas conseqüências do financiamento, quer dizer, de colocar a combinação de capital próprio, controle de mercado e pedido de falência em funcionamento para os empréstimos de sócios? Tenho lá minhas dúvidas.[83] Não é, porém, este o meu questionamento, aqui. Importa para mim, aqui, somente mostrar que a visão funcional pode, efetivamente, remeter a referências na jurisprudência, que somente não são reconhecidas como tal e, por isso, estão encobertas por postulados ético-jurídicos da boa-fé e comportamento contraditório. Este recurso em certa medida à crítica individual esconde que não se trata, em absoluto, de uma crítica individual, de um comportamento contraditório dos sócios individualmente, os quais se comportam muito mais de forma inteiramente conseqüente. As exigências de comportamento desenvolvidas pela jurisprudência resultam, muito mais, exclusivamente do reconhecimento da disfunção e tentam desenvolver regras que lhe parecem necessárias para recolocar em operação a função perturbada do controle externo. Portanto, já se fala, hoje, de um sistema de proteção[84] do direito do capital substitutivo.

III – Sociedade como mecanismo funcional. Auto-regulação. A função freqüentemente ignorada

Uma vez vistos tais exemplos de pensamento funcional, coloca-se, naturalmente, a pergunta sobre a teoria que está por trás de tudo isto.

Se o raciocínio jurídico funcional deve dizer algo sobre a manutenção e defesa da funcionalidade das sociedades como subsistemas do nosso ordenamento jurídico, então, parece que meu questionamento pressupõe uma teoria institucional das formas societárias, pois somente quando se conhece uma função das formas societárias se pode proteger a função.

1. Delimitação com a teoria das instituições

Sobretudo nos anos 70 foram defendidas teorias para a função das diferentes formas societárias,[85] as quais eram critica-

81. BGHZ 76, 326, 330; 81, 255; 90, 390; 105, 184 e freq.

82. Rowedder, *GmbHG*, 3ª ed., 1997, § 32 a margem 43.

83. Para mais detalhes Fastrich, *FS Zöllner* 1998 (nota 70 acima), pp. 155 ss.

84. Assim, por exemplo, Lutter/Hommelhoff, *GmbHG*, 15ª ed., 2000, §§ 32 a/b margem 1.

85. Sobretudo Teichmann, *Gestaltungsfreiheit in Gesellschaftsverträgen*, 1970, pp. 17 ss.; já também Ludwig Raiser, "Rechtsschutz und Institutionenschutz im Privatrecht", in "*Summum ius summa iniu-*

das por sofrerem de uma falta constante de fundamentação. Seria praticamente impossível verificar quais os objetivos que o ordenamento jurídico atribui a um instituto de direito societário.[86] Tal crítica é, de certo, justificada,[87] mas atinge somente as teorias das instituições que procuraram submeter o direito societário diretamente aos objetivos jurídicos da ordem econômica e, assim, extrair os limites das instituições. Corre-se o risco, nesta medida, de concepções de ordem política, bem como objetivos sociais ou de política econômica serem, sem suficiente legitimação, transportados para o direito societário.[88]

2. Auto-regulação como elemento funcional

Entretanto, o fato é que, independentemente de todas as teorias, a funcionalidade das respectivas formas societárias é um *tópos*, a partir do qual não só a doutrina – amiga das teorias – mas também, como os exemplos anteriores mostraram, a jurisprudência – não muito amiga das teorias – podem extrair conseqüências. Com isto coloca-se a pergunta sobre qual concepção funcional fundamenta, em realidade, os argumentos do núcleo temático utilizados pela jurisprudência e o argumento segundo o qual a cooperação dos sócios na sociedade seria prejudicada.

ria", Ringvorlesung gehalten von Mitgliedern der Tübinger Juristenfakultät im Rahmen des Dies academicus, semestre de Inverno 1962/1963, Tübingen, 1963, pp. 145, 148 s.

86. Assim a crítica de wiedemann, *Gesellschaftsrecht* (nota 4 acima), § 1 IV 1 b aa; K. Schmidt, *Gesellschaftsrecht* (nota 4 acima), § 5 III 2 b; mais rígido Flume, *Personengesellschaft* (nota 32 acima), § 13 I e § 14 VIII; geral também Rüthers, *Institutionelles Rechtsdenken im Wandel der Verfassungsepochen*, 1970, pp. 49 s.

87. Profunda apresentação das preocupações em Wiedemann, *Gesellschaftsrecht* (nota 4 acima), § 1 IV 1 b, aa.

88. Cf. K. Schmidt, *Gesellschaftsrecht* (nota 4 acima), § 5 III 2 b.

(a) *O pensamento da auto-regulação*

Penso que um aspecto essencial é aquele da autodeterminação[89] e auto-regulação. As diversas formas societárias, a ampla liberdade de escolha de tipos e a liberdade de conformação (*Gestaltungsfreiheit*) servem à autonomia privada. Extraem suas tarefas de lá, e não de uma idéia qualquer da ordem econômica. As formas societárias devem possibilitar, com suas respectivas características, a colaboração dos sócios para a consecução de diferentes objetivos. Para isto disponibilizam as formas societárias estruturas adequadas que estão direcionadas para a possibilidade de os participantes tomarem sua organização em suas próprias mãos e não precisarem de direcionamento estatal. Trata-se, neste sentido, de organizações que foram criadas para que sua autodeterminação ocorra na colaboração dos participantes. Gostaria, neste sentido, de descrever as sociedades, em certa medida, como mecanismos autoreguladores, que podem, em essência, adequadamente cumprir com seu objetivo de autonomia privada sem ajuda estatal.

(b) *Responsabilidade funcional*

Pode-se, assim, sob esta perspectiva, compreender, em certa medida, as sociedades como mecanismos de autodeterminação ou auto-regulação cujo funcionamento adequado, naturalmente dentro dos parâmetros legais aplicáveis, é, em primeiro plano, de responsabilidade dos participantes. Isto não pode e não deve ser-lhes tomado pelo ordenamento jurídico. O ordenamento jurídico depende, muito mais, da autodeterminação dentro do subsistema – cito como exemplo, novamente, a sociedade por ações. Nenhum ordenamento jurídico pode substituir a autodeterminação autônoma de 5.000 sociedades por ações

89. O aspecto da autodeterminação está citado por exemplo in K. Schmidt, *Gesellschaftsrecht* (nota 4 acima), § 19 III 4 a.

ou mesmo 700.000 sociedades limitadas por meio de comandos heterônomos.

Permanece responsável, porém, o ordenamento jurídico pela funcionalidade básica do subsistema por ele disponibilizado. Lá onde o subsistema falha, em razão de um defeito no sistema, deve agir. É possível, em certa medida, compreender uma sociedade de pessoas ou de capital como um processo,[90] com certos papéis e competências predeterminados, para os quais o resultado do processo não está determinado, mas deve – isto, sim – ser encontrado e legitimado mediante o desenrolar regular do processo. O mesmo ocorre com a responsabilidade que o ordenamento jurídico tem para com o funcionamento das formas societárias por ele disponibilizadas, com relação à qual não se trata da justiça (material) do resultado individual, que é e deve ser de responsabilidade dos participantes, mas sim da justiça material da organização do processo. Esta não pode ser simplesmente refutada por resultados não adequados, pois o alcance dos resultados individuais no contexto do processo regular é de responsabilidade dos participantes, de parte de sua própria responsabilidade e do seu risco de errar. O processo em si, porém, deve ser adequadamente organizado.

(c) *Garantia de justeza*

Cabe, assim, ao ordenamento jurídico a tarefa de estruturar estas organizações, que cresceram preponderantemente de forma histórica e, em parte, também foram criadas pelo Estado,[91] de modo a que funcionem quanto mais possível dentro da auto-regulação,[92] sem, porém, colocar em grande risco terceiros, como, por exemplo, credores, ou levar, de resto, a abusos ou conseqüências equivocadas. Guarda em si a autonomia privada, quando são dados os seus pressupostos de funcionamento, uma garantia de justeza.[93] Muito se discutiu sobre este conceito da *garantia de justeza*.[94] Dizem alguns que a autonomia privada daria somente uma chance de justeza.[95] Não quero discutir a respeito. É suficiente para mim também que a autonomia privada, e assim também seu sistema parcial, tenha por obrigação garantir ao menos uma chance de justeza, não em cada caso, mas de forma típica. Se não, o ordenamento jurídico deve agir.

Talvez soe pretensioso, mas não é. O direito privado tem, como sabemos hoje,[96] nomeadamente, uma dupla função: a da garantia de autonomia no interesse dos sujeitos de direito privado participantes e a criação e estabilidade de um ordenamento

90. Em geral sobre a compreensão procedimental da justiça contratual na autonomia privada, Canaris, AcP 200 (2000), p. 273, 283 s.; Schapp, *Methodenlehre des Zivilrechts*, pp. 19 s.

91. GmbH, EWIV, PartG.

92. Sobre o pensamento da autodeterminação no Direito, por exemplo, Luhmann, *Das Recht der Gesellschaft*, 1993, p. 15, 187 ss., 552 ss.; o mesmo, *Rechtstheorie* 14 (1983), pp. 129 ss.; cf. ainda Teubner, *Recht als autopoietisches System*, 1989; o mesmo, ARSP 1982, 13 ss.; Tonner, *Krit. Justiz* 1985, 107 ss. Em princípio o pensamento da autodeterminação já fundamenta o reconhecimento da garantia procedimental da justiça contratual; cf. sobre o caráter procedimental da justiça contratual sobretudo Canaris, AcP 200 (2000), p. 273, 283 s.

93. Básico, Schmidt-Rimpler, AcP 147 (1941), pp. 132 ss. Sobre a importância da teoria da garantia de justeza para o direito privado também Fastrich, *Inhaltskontrolle* (nota 76 acima), pp. 51 ss.; concordando com limitações também Canaris, AcP 200 (2000), p. 273, 284; em princípio como aqui para as sociedades também K. Schmidt, *Gesellschaftsrecht* (nota 4 acima), § 16 I 2 e § III 1 a; outras referências em Fastrich, *Inhaltskontrolle* (nota 76 acima), p. 52 nota 187.

94. Cf. Fastrich, *Inhaltskontrolle* (nota 76 acima), pp. 51 ss.; recentemente também Canaris, *Festschrift Lerche*, 1993, p. 884.

95. Assim já Ludwig Raiser, FS DJT (1960), vol. I, pp. 101, 118 s.; também Hönn, *Kompensation gestörter Vertragsparität*, 1982, p. 94; Canaris, *Die Bedeutung der iustitia distributiva im deutschen Vertragsrecht*, 1997, p. 49; outras referências em Fastrich, *Inhaltskontrolle* (nota 76 acima), p. 52 nota 188.

96. Sobre este aspecto duplo já Ludwig Raiser, *Rechtsschutz und Institutionenschutz* (nota 85 acima), p. 145, 148 s.; ainda por exemplo Fastrich, *Inhaltskontrolle* (nota 76 acima), pp. 48 s.

de direito privado justo. O ordenamento de direito privado disponibiliza os parâmetros legais segundo os quais os sujeitos de direito privado podem regular suas relações jurídicas da forma mais independente possível. Como as regulam cabe, em princípio, à sua autonomia. Desta maneira, o ordenamento de direito privado constitui-se, em certa medida, por si mesmo. Isto é importante, pois o Estado não deve conduzir as transações privadas, nem poderia fazê-lo de forma completa. Entretanto, deve garantir que os parâmetros legais que disponibiliza possibilitem a autonomia e não propiciem conseqüências que não são compatíveis com o pensamento de justiça que também é imposto ao ordenamento de direito privado. Portanto, deve conformar, por exemplo, as formas societárias de tal forma que, por um lado, possam, em regra, se auto-administrar e, por outro lado, porém – como, por exemplo, na forma da proteção dos investidores em sociedades com apelo à poupança pública (*Publikumsgesellschaften*) –, ofereçam certa segurança contra abusos.

Está fora de discussão que o direito privado procura estabilizar unidades funcionais, como, por exemplo, as diversas sociedades. Com isto, o legislador, em diversas reformas do direito acionário, alterou a relação entre a diretoria (*Vorstand*), o conselho de supervisão (*Aufsichtsrat*) e a assembléia-geral, e modificou os pesos, por vezes com preponderância no sentido da diretoria,[97] então novamente mais para a direção do conselho[98] e, finalmente, também mediante a jurisprudência para casos especiais, no sentido da assembléia-geral.[99]

Trata-se do equilíbrio de forças entre os órgãos sociais, que não é arbitrário, mas serve a um propósito: harmonizar[100] a funcionalidade da sociedade por ações como responsável por uma empresa com a necessária proteção dos participantes, investidores e credores. Trata-se de disponibilizar um sistema funcional e direcionado para uma organização justa dos interesses dos participantes, com efeito, o sistema das sociedades por ações, e garantir sua funcionalidade também no futuro, através de correções e adaptações necessárias. O ordenamento jurídico melhorou,[101] assim, no passado, especialmente a proteção dos investidores nas sociedades por ações, e procurou coibir a constituição fraudulenta[102] de empresas. Isto mostra com muita clareza que ele exerce sua função, estruturar a organização da sociedade por ações com preceitos legais de forma a que a proteção de investidores seja otimizada, com a manutenção da auto-regulação. Não é, de forma alguma, abstinente a tarefa de garantir a funcionalidade das formas societárias perante exigências de proteção material. Todavia, concretiza tais exigências de proteção resultantes do postulado da garantia de justeza, em primeira linha, não por ações individuais, mas sim, na medida do possível, pela otimização da forma de organização.[103]

97. Sobre o fortalecimento da diretoria na AktG de 1937 sobretudo G. Hueck, *Gesellschaftsrecht* (nota 4 acima), § 20 II 5.

98. Sobre o aumento de controle sobre a diretoria pelo conselho na AktG de 1965, G. Hueck, *Gesellschaftsrecht* (nota 4 acima), § 20 II 6; cf. recentemente também a regra da lei de controle e transparência (*KonTraG*).

99. BGHZ 83, 122 (Holzmüller). Sobre o fortalecimento da assembléia-geral pela AktG de 1965, G. Hueck, *Gesellschaftsrecht* (nota 4 acima), § 20 II 6.

100. Sobre o equilíbrio de poder no direito acionário sob a perspectiva da reforma acionária de 1937: Hommelhoff, "Machtbalancen im Aktienrecht", in Schubert/Hommelhoff, *Die Aktienrechtsreform am Ende der Weimarer Republik*, 1986, pp. 71 ss.

101. Sobre isto, K. Schmidt, *Gesellschaftsrecht* (nota 4 acima), § 57 IV; Wiedemann, *Gesellschaftsrecht* (nota 4 acima), § 9 III 1.

102. Sobre a constituição fraudulenta no chamado período das constituições e seu combate na reforma seguinte do direito acionário, G. Hueck, *Gesellschaftsrecht* (nota 4 acima), § 20 II 3-6.

103. Sobre o pensamento da segurança da funcionalidade das uniões associativas (*Verbände*) perante a proteção de minorias derivada do instinto de proteção no caso em específico, também K. Schmidt, *Gesellschaftsrecht* (nota 4 acima), § 16 III 1 a.

3. Delimitação

Falou-se muito, então, sobre o raciocínio funcional relacionado à manutenção e estabilização de organizações de autoregulação. Tanto, que há de ser indagado o que é, portanto, o conceito oposto. O raciocínio jurídico funcional pensa a partir da função do sistema, o raciocínio jurídico-material a partir da proteção e comportamento individuais. Como acentuado no início, trata-se de aspectos diferentes que se relacionam entre si, mas não são idênticos. Penso que o aspecto da garantia da funcionalidade da organização e sua adaptação a outras circunstâncias é algo diferente da questão sobre a proteção do indivíduo no contexto de uma organização que, em si, funciona. E quero crer que se deve diferenciar estas duas questões de forma muito mais clara que antes.

(a) *Distingüibilidade teórica entre falha sistêmica e falha individual*

Um resultado inadequado em um caso específico pode ter, de fato, duas razões diferentes:

(aa) Falha do indivíduo em um sistema que, em si, funciona

Primeiramente, uma falha individual do participante do sistema que, em si, funciona. Quando uma pessoa engana outra, então, não há, basicamente, um problema de sistema, pois contra estelionato não existe uma panacéia, mas sim um comportamento falho no caso específico. Para isto existem as regras legais comuns, que pressupõem, ao certo, a prova das condições subjetivas. A impossibilidade da prova – e, com isto, a fronteira entre mau negócio e estelionato – é, até certo grau, risco do respectivo participante, que o ordenamento jurídico, em princípio, não lhe pode poupar (e não deve poupar). No direito sobre a compra e venda vale, pois, *caveat emptor*, e para o direito societário vale naturalmente também, em princípio, que todos são responsáveis pela defesa de sua posição jurídica. Somente quando se ultrapassa a fronteira dos bons costumes é que entra em ação o ordenamento jurídico. Em um sistema que, em si, funciona, o ordenamento jurídico pode e deve atribuir aos participantes do comércio jurídico uma ampla medida de responsabilidade e risco.

(bb) Falha do sistema

Por outro lado, o resultado inadequado também pode se basear em uma falha de sistema, que deve ser "reparada", pois é de responsabilidade do ordenamento jurídico que o sistema que disponibilizou funcione de forma regular, isto é, de forma adequada e com suficiente "garantia de justeza". Não se pode sobrecarregar um indivíduo por conseqüências de uma "falha de sistema" até o limite do § 138 BGB. Há de agir antes, pois, na realidade, ele responde em ampla medida por suas ações no contexto de um sistema que fora pensado para funcionar, não, porém, na mesma medida por resultados que se baseiam não em sua falha individual, mas sim em uma perturbação do sistema. O paradigma ainda é a exclusão da responsabilidade da parte contratual pelo conteúdo das condições gerais de negócio impostas pela outra parte do contrato.[104]

(cc) Exemplo para a diferenciação básica

Se me permitirem, gostaria de tornar esta diferenciação mais clara através de uma comparação um tanto trivial e inevitavelmente, portanto, um tanto também claudicante, que me parece, porém, especialmente ilustrativa. Quando um carro, no trânsito em uma avenida com muita visão, derrapa em uma curva longa, então, é lamentável, mas não é razão para se estabelecer um limite de velocidade geral ou, mesmo, para endi-

104. Cf. a respeito Fastrich, *Inhaltskontrolle* (nota 76 acima), pp. 86 s.

reitar a curva, mesmo quando prevemos que, com o tempo, se repetirá um acidente assim. Isto faz parte do risco dos que participam do trânsito, contra o qual não se pode defender sem que se prejudique demais o trânsito como um todo. Um caso específico como este não é motivo para uma correção do sistema.

Quando, todavia, se percebe que nesta curva se repetem, em pouco tempo, acidentes semelhantes, então, se indaga se há algo de errado com o sistema, se a inclinação da curva foi calculada de forma equivocada, e se esta falha de sistema, que se tornou evidente, deve ser amenizada mediante uma limitação de velocidade ou corrigida mediante obras de reestruturação.

Temos, assim, aqui, o acidente de trânsito no contexto de um sistema, em si, intacto, e o acidente de trânsito em conseqüência de uma função falha do sistema. E as respostas para um ou para outro fenômeno são essencialmente diferentes.

Retornando ao assunto: penso, assim, que também no Direito ambos os problemas, um "acidente" no contexto de um sistema que, em si, funciona e um "acidente" em conseqüência de uma falha de sistema, devem ser obrigatoriamente distinguidos, e que se deve distinguir entre um acidente ocasionado por condições precárias e um acidente em decorrência de uma "falha de sistema". Penso, assim, com o raciocínio jurídico funcional, em um questionamento dedicado ao funcionamento do sistema e que, com isto, possibilita distinguir "as condições precárias" no caso específico, que pertencem ao risco do participante, da correção de sistema necessária.

(b) *Risco de banimento da auto-regulação em caso de confusão entre comportamento falho e falha sistêmica*

Mostrou a "discussão da materialização" nos anos 70 a necessidade de tal distinção. Esta se opõe a uma visão puramente formal; contrato é contrato; não depende de questões de conteúdo até a fronteira do § 138 BGB. E para tanto conduz em especial a problemática das condições gerais de negócios e conclui, porém, de forma muito ampla, que o sistema formal estaria ultrapassado e precisaria de uma completa limitação de caráter ético-jurídico.[105] Não se notou ainda nisto, que se falou sobre diferentes questionamentos.

Nenhum dos dois estavam corretos em seu absolustimo, nem a visão exclusivamente formal, nem a exigência de materialização geral; ambos tinham, entretanto, um núcleo de verdade. Não percebia suficientemente o RG, com sua visão formal, que existem áreas nas quais os pressupostos de funcionamento para o modelo contratual do BGB não eram dados, e, por isso, nestas áreas – como, por exemplo, na utilização de condições gerais de negócios – era necessária uma materialização como é realizada hoje através do controle de conteúdo.[106] Os propugnadores da materialização geral não percebem que os elementos procedimentais da teoria dos contratos como também os elementos procedimentais das diversas formas de sociedades têm no caso comum sua própria garantia de justeza e que se perturba tal sistema de auto-regulação quando se impõe muito cedo, lá, onde, em princípio, os pressupostos de funcionamento estão presentes, o controle judicial,[107] pois, com isto, se retira dos participantes sua responsabilidade, e esta é constitutiva para o mecanismo imanente de auto-regulação do contrato como, também, das formas societárias.

105. Cf. a respeito, crítico, Fastrich, *Inhaltskontrolle* (nota 76 acima), p. 44, com outras referências; sobre a materialização da liberdade contratual e da justiça contratual ainda Canaris, AcP 200 (2000), pp. 273, 276 ss.

106. Em princípio já Ludwig Raiser, *Das Recht der allgemeinen Geschäftsbedingungen*, 1935.

107. Sobre ameaça da liberdade contratual e da justiça contratual mediante aumento excessivo do controle de conteúdo, Canaris, AcP 200 (2000), pp. 273, 327 ss.; contra o controle ético também Zöllner, AcP 176 (1976), pp. 221, 246.

Por isso, abrandou-se, entrementes, a discussão sobre a materialização e se reconheceu que a proteção e a restauração da garantia de justeza que emana do sistema representam uma alternativa (melhor) à materialização.[108]

(c) *Problema da distingüibilidade prática*

Não deixo de reconhecer, naturalmente, que não é sempre possível a imediata diferenciação entre comportamento falho do indivíduo e estabilização de sistema ou correção de sistema. As relações funcionais são complexas, e não é possível reconhecer logo de início se um "acidente" se baseia em uma falha individual ou em uma falha do sistema. O desenvolvimento da jurisprudência sobre as condições gerais de negócio mostrou como demora, por vezes, até que se reconheça o defeito de sistema como tal.[109] Nunca poderemos descrever todos os pressupostos de funcionamento em sua coordenação.[110] O que podemos tentar é simplesmente reconhecer casos específicos em que ocorre evidente disfunção. Mesmo assim, é difícil encontrar o remédio adequado. Procurei ilustrar isto com o exemplo do empréstimo de sócios que substitui o capital próprio.

Isto tudo – isto é, os problemas difíceis que estão associados com isto – não torna, porém, a análise funcional dispensável, o que foi demonstrado com os citados exemplos e também decorre da reflexão teórica. Deve-se, muito mais, continuar trabalhando com paciência nisto, bem como procurar reconhecer ao menos em linhas gerais os aspectos funcionais. O retorno aos simples argumentos da boa-fé não é um caminho.

IV – Conseqüências para a aplicação do Direito e para a evolução jurisprudencial

Permitam-me, por isso, contribuir ao menos com algumas considerações sobre o que se poderia concluir metodológica e dogmaticamente quando se leva a sério o aspecto funcional:

1. Conseqüências para a atribuição do risco e para os requisitos da intervenção

É evidente que a distinção entre falhas funcionais do sistema e comportamento falho no caso específico tem de gerar conseqüências para a atribuição do risco e seus limites. Enquanto – para ficar no quadro ilustrado – o motorista que sofreu acidente em uma curva construída sem defeitos assume este risco, pode valer outra coisa quando o acidente é devido a um defeito da pista. Se transportarmos para nosso questionamento, pode ser que a atribuição do risco para o indivíduo em um sistema que funciona é maior que em casos de uma perturbação funcional.

Portanto, o risco da celebração sob condições inadequadas em um contrato individual, em relação ao qual sempre se supôs em nosso Direito que as condições funcionais para sua celebração estão presentes, é atribuído em maior medida ao indivíduo que na celebração sob aplicação de condições gerais de negócio. E se questiona se isto não poderia ser aplicado a outros casos, como, por exemplo, ao princípio da maioria. Isto significaria que os sócios ou acionistas gozam, no contexto do princípio da maioria, de menor proteção material onde os pressupostos funcionais para a "garantida de justeza" de decisões da maioria estão presentes do que lá onde os pressupostos funcionais do princípio da maioria tipicamente não estão presentes ou estão

108. Cf. somente Teubner, ARSP 1982, 13 ss.

109. Para análise em detalhes da jurisprudência, Ludwig Raiser, *Allgemeine Geschäftsbedingungen* (nota 106).

110. Correspondente, em minha opinião tentativa não levada adiante, Eisenberg, "The limits of cognition and the limits of contract", *Stanford Law Review* 47, 2, janeiro/1995, pp. 211 ss.; M. Wolf, *Rechtsgeschäftliche Entscheidungsfreiheit und vertraglicher Interessenausgleich*, 1970.

ameaçados. Então, talvez tivesse razão o RG com sua declaração no caso "Hibernia" para a hipótese normal da presença dos pressupostos funcionais do princípio da maioria: maioria é maioria. Até a fronteira do § 243 II AktG. E a crítica deveria limitar-se aos casos nos quais os pressupostos funcionais do princípio da maioria tipicamente estão prejudicados.

2. *Sistema gradual da evolução jurisprudencial com prioridade da manutenção ou reconstrução da auto-regulação*

(a) *Diferentes meios para manutenção e reconstrução da auto-regulação*

Como segunda conseqüência que se pode extrair das considerações anteriores para a aplicação do Direito e para a evolução jurisprudencial sob aspectos funcionais, tem-se que o direito societário – e possivelmente não só o direito societário – não reage necessariamente e imediatamente a distúrbios funcionais com limites materiais, como o controle de conteúdo, mas procura, primeiramente, coibir os distúrbios funcionais e, quando isto não é possível, compensar o distúrbio e, onde isto também não tem chance de sucesso, encontrar uma outra solução auto-regulatória.[111]

(aa) Proteção das condições de funcionamento

Primeiramente, a proteção das condições de funcionamento se deu como objetivo dos argumentos do núcleo temático. Mostrou-se, neste contexto, que o princípio do tratamento igualitário não tem só um aspecto de justiça,[112] mas que também tem um significado funcional,[113] o que somente esclarece que os sócios não podem renunciar de forma geral no direito societário ao princípio de tratamento igualitário. Deve-se assegurar a auto-regulação contra a autodissolução. Tal como o mercado que cresce sob a competição inclina-se para a autodissolução quando não se o estabiliza juridicamente com a proibição de cartel etc., assim se inclinam também os sistemas de auto-regulação para a autodissolução quando não são impostos determinados limites.

(bb) Restauração das condições de funcionamento mediante evolução jurisprudencial

Onde a proteção das condições de funcionamento não é possível ou suficiente, pode-se considerar, em um passo seguinte, se as condições de funcionamento não podem ser restabelecidas pela jurisprudência. Pertence a esta área, por exemplo, a extensão de obrigações de informação e esclarecimento,[114] quando e na medida em que é apropriada para eliminar ou compensar distúrbios do exercício responsável de direitos e, com isto, recolocar os participantes do comércio jurídico novamente em posição de enfrentarem sob sua própria responsabilidade os riscos da autonomia privada. Também o direito de retratação,[115] como, por exemplo, na Lei de Crédito ao Consumidor (*VerbKrG*) ou na Lei das Vendas de Porta em Porta (*HaustürWG*), que, em regra, poderia ser introduzido certamente somente por dispositivo legal, gostaria de

111. Neste sentido já Fastrich, *Inhaltskontrolle* (nota 76 acima), p. 92; Canaris, AcP 200 (2000), pp. 273, 303.

112. Sobre isto sobretudo G. Hueck, *Gleichbehandlung* (nota 27 acima); Canaris, *iustitia distributiva* (nota 95 acima), pp. 35 ss.

113. Assim tendencialmente também K. Schmidt, *Gesellschaftsrecht* (nota 4 acima), § 16 II 4 b aa.

114. Cf. sobre a importância para o apoio da liberdade de decisão da outra parte Zöllner, *Festschrift Söllner* 2000, pp. 1.297,1.313; sobre a qualificação de prioridade de uma solução de informação perante uma de controle, também Canaris, AcP 200 (2000), pp. 273, 303 s.

115. Sobre isto e sua função, também Canaris, AcP 200 (2000), pp. 273, 344; Fuchs, AcP 196 (1996), pp. 313, 343; também Zöllner, *Festschrift Söllner* (nota 114 acima), p. 1.313.

apontar como pertencente a esta categoria do restabelecimento das condições de funcionamento da auto-regulação, aqui, no campo do direito geral dos contratos.

(cc) Introdução de mecanismos complementares de auto-regulação

Onde este também não apresenta chances de sucesso, parece procurar o Direito restabelecer a auto-regulação de outra maneira. Havia mencionado o exemplo da decisão de maioria e sua complementação mediante a regulamentação sobre decisões especiais de determinados grupos de acionistas, que são necessárias, pois nos referidos casos as condições de funcionamento não estão presentes para a pura decisão de maioria.

Também apontaria, com prazer, como pertencendo à categoria mencionada, da tentativa de compensar o distúrbio funcional por meio de uma outra solução de auto-regulação, as regras sobre empréstimos de sócios substitutivos do capital próprio. Poder-se-ia também apontar, no campo do direito do trabalho, o direito das convenções coletivas (*Tarifrecht*), o qual compensa um distúrbio funcional do contrato individual do trabalho com outros recursos, a saber, a transposição da auto-regulação para o nível coletivo.

Este modelo da transposição da autonomia para um nível superior tem, entretanto, por seu lado, pressupostos de funcionamento, cuja garantia depende de uma representação de interesses convincente de ambos os parceiros sociais e da *ultima ratio* do litígio coletivo do trabalho, e por isso o modelo também não foi utilizado pelo legislador para a área das condições gerais de negócio.[116]

Pode-se, por fim, também apontar como pertencendo à tentativa de compensar um distúrbio funcional com uma outra solução de auto-regulação a correlação com processos paralelos que não sofreram distúrbio, assim um modelo do "como se", que procura correlação com resultados autônomos encontrados em outro lugar. Mencionei o exemplo do empréstimo de sócio, para o qual a jurisprudência tenta impor ao sócio um comportamento "como se", pelo qual ele deve agir *como se fosse* um credor externo. Este modelo do "como se' não é, em princípio, novo. É conhecido por nós no direito econômico,[117] como, por exemplo, contra monopolistas e empresas que dominam mercados. E conhecemos, de lá, também suas fraquezas.[118]

(b) *Limitação de conteúdo da autonomia por meio do controle judicial*

Os desenvolvimentos legais descritos anteriormente serviram para a manutenção e o restabelecimento da auto-regulação e, com isto, da autonomia. São marcados por sua relação procedimental e por sua abstinência frente à avaliação dos resultados materiais do processo.

Deve-se distinguir disto a área de restrição da autonomia por meio da limitação do reconhecimento material dos resultados no caso específico. Paradigma é o limite material do § 138 BGB,[119] o qual, todavia, baseia-se nas premissas da garantia de justeza, em princípio dadas, e, por conseqüência, aplica-se somente muito tarde, em certa medida sobre casos evidentes, e, assim, reserva maior espaço para a autonomia procedimental.

116. Cf. considerações correspondentes em Wolf in Wolf/Horn/Lindcher, *AGBG*, 3ª ed., 1994, introdução margem 9.

117. Fikentscher, *Wirtschaftsrecht*, vol. II, 1983, § 22 IX 2 d, bb, com outras referências; Wiedemann, ZGR 1980, p. 147, 171.

118. Möschel in Immenga/Mestmäcker, *GWB*, 2ª ed., 1992, § 22 margem 152 ss.; cf. também Canaris, *iustitia distributiva* (nota 95 acima), p. 53; Wiedemann, ZGR 1980, p. 147, 172.

119. Não é necessário discorrer neste contexto sobre as peculiaridades da distinção do direito acionário entre nulidade (§ 241, IV) e anulabilidade (§ 243, I).

Compensações de garantias de justeza perturbadas ou faltantes contêm, ao contrário, o controle de adequação de cláusulas contratuais, como também o controle de decisões e demais controles de exercício. Têm, com isto, uma função complementar à auto-regulação. Todavia, foram muitas vezes preferidas às outras garantias da auto-regulação, em razão de sua grande elasticidade e relação com o caso concreto.[120] Não se reconheceu ali, todavia, que restrições gerais e formais, como contidas na teoria do núcleo temático, no requisito de decisão especial ou na exclusão do direito de voto, têm por objetivo a garantia da auto-regulação, enquanto o controle individual relacionado a resultados transfere o risco da responsabilidade pelo ato específico para o juiz. Isto não depõe, em princípio, contra o controle de decisões, mas, sim, contra sua antelação indiferenciada.

(c) *Falta de uma declaração metodológica e dogmática eloqüente sobre a prioridade da auto-regulação*

Os pressupostos e formas dogmáticos e metodológicos da garantia e restabelecimento de uma função de auto-regulação com distúrbio são, entretanto, ainda extraordinariamente obscuros.[121] É completamente possível, na realidade, classificar metodologicamente o questionamento funcional sob a categoria da teleologia, pois o raciocínio finalístico da função de auto-regulação é uma questão do *telos* da área regulada. Tal afirmação é, entretanto, muito geral. Não existem, em princípio, diretrizes sustentáveis para dizer se o Direito deve reagir ao problema da cláusula de exclusão com uma limitação da permissibilidade da cláusula ou com o exercício do controle, e por que uma, e não o outro. Não temos, por assim dizer, em princípio, qualquer "manual de reparação" para o restabelecimento da função de auto-regulação de subsistemas, e não temos até agora uma metodologia que nos diga em qual seqüência devemos proceder. Isto decorre, em parte, do fato de que o questionamento funcional, como tal, não é compreendido suficientemente.

Evoluções jurisprudenciais baseadas em um princípio ético-jurídico são, em realidade, conhecidas;[122] entretanto, uma evolução jurisprudencial baseada na manutenção ou restabelecimento da função de um sistema de auto-regulação não é reconhecida ainda, como tal, na metodologia do Direito.

Parece-me – ainda que, de forma surpreendente, seja raramente mencionada até agora – uma coisa seja evidente: a manutenção da funcionalidade de um sistema tem de existir como tarefa da jurisprudência, e tem de haver uma seqüência dos instrumentos de compensação. O controle de conteúdo somente tem vez quando não se pode garantir as condições de funcionamento de forma mais próxima à autonomia.[123] Com relação a isto, gostaria de pedir licença para retornar mais uma vez à inadmissível renúncia geral ao tratamento igualitário: evidentemente, o Direito não reage incontinenti a um distúrbio funcional causado pela renúncia geral ao tratamento igualitário com um controle de conteúdo mais rígido, o que seria até possível, para proteger o sócio, mas, sim, com a proibição de perturbar a função. Cláusulas contratuais que tiram de esquadro a garantia de justeza são rejeitadas como "contrárias aos bons costumes". Está aqui uma avaliação que me parece importante: o Direito procura primeiramente conservar a auto-regulação. Somente quando isto não funciona, reage com uma

120. Sobre a priorização de controle de exercício de direitos, K. Schmidt, *Gesellschaftsrecht* (nota 4 acima), § 50 III 4 a, com referência sobre doutrina e jurisprudência mais antigas.

121. Colocações esclarecedoras, porém, em Canaris, AcP 200 (2000), pp. 273 ss.

122. Larenz/Canaris, *Methodenlehre* (nota 13 acima), p. 240.

123. Assim em princípio Canaris, AcP 200 (2000), p. 273, 303; também já Fastrich, *Inhaltskontrolle* (nota 76 acima), p. 92.

compensação. Tem prioridade, assim, a garantia, e, com isto, possivelmente também o restabelecimento do autocontrole; e a compensação judicial torna-se somente um último recurso.

Pode-se, claro, desenvolver, a partir disto, uma seqüência da reparação, bem como de soluções substitutivas, que, simplificando de forma extrema, diz: reparação antecede substituição.

3. Conclusões para o controle de decisões no direito acionário

(a) *Necessidade de uma visão mais diferenciada*

Se procurarmos, com cautela, extrair conclusões do exposto anteriormente, então, mostra-se que para a indagação sobre se deveria haver no direito acionário, com base no desenvolvimento do controle de conteúdo no direito contratual, um reforçado controle material de decisões no interesse da proteção das minorias, a resposta deve ser obrigatoriamente mais diferenciada do que poderia indicar a atual pugna por um controle material de decisões estrito e direcionado para a boa-fé.

Com muita razão, indica nomeadamente Karsten Schmidt, em contexto semelhante, o fato de que o problema político-jurídico da proteção de minorias no direito da união associativa (*Verbandsrecht*) aflora um instinto de proteção que poderia, exatamente em razão da falta de unidade institucional da proteção de minorias no direito societário, se tornar independente e paralisar, imperceptivelmente, o poder de comando da maioria por várias fronteiras.[124] Isto deveria – assim continua Karsten Schmidt – ser impedido não só por amor à funcionalidade das uniões associativas, mas também porque uma proteção excessiva às minorias entregaria, ao final, o processo de formação de vontade e as ações de uma união associativa nas mãos dos tribunais, aos quais não restaria outra coisa senão a decisão conforme seu arbítrio.[125]

Isto significa que a evolução jurisprudencial do controle material de decisões somente pode ser justificada na medida que é necessária, e isto significa que primeiro deve ser analisado em que medida a garantia de justeza do princípio da maioria falha.

(b) *Garantia de justeza conforme a visão funcional da lei*

Resulta a garantia de justeza das decisões, segundo a concepção funcional da Lei Acionária alemã,[126] basicamente da convergência de interesses dos sócios ou acionistas, para os quais, em princípio, o bem da sociedade deve igualmente interessar.[127] Tão-somente quando tais premissas são cumpridas pode a lei impor aos sócios ou acionistas, basicamente até o limite do § 138 BGB, o risco de decisões falhas.[128]

Exatamente esta foi a intenção do § 243 II AktG. Haveria de ser enfrentada, assim, com o § 197 II AktG de 1937, o antecessor do § 243 II AktG de 1965, somente a dificuldade de que o acossamento de vantagens especiais não se reflete no conteúdo da decisão e, por isso, sua nulidade não pode ser fundamentada com fulcro no § 138 I BGB.[129] Não se busca, com isto, o distanciamento do controle, que é relativamente afastado, do § 138 BGB, mas,

124. K. Schmidt, *Gesellschaftsrecht* (nota 4 acima), § 16 III 1 a.

125. Idem, ibidem.

126. Sobre isto também Hüffer in Gessler/Hefermehl, AktG, 1984 (nota 41 acima), § 243 margem 65.

127. Sobre isto, acima II 2 b, bb.

128. Sobre isto, acima IV 1.

129. Cf. fundamentação oficial, *Reichsanzeiger* 1937, 28, 2. Beilage, p. 1; sobre o histórico do desenvolvimento também Hüffer in Gessler/Hefermehl, AktG, 1984 (nota 41 acima), § 243 margem 65; o mesmo, AktG (nota 39 acima), § 243 margem 30, com outras referências.

sim, sua adaptação às peculiaridades da sociedade por ações.

Tal garantia procedimental da justeza – e a limitação, com ela associada, da intervenção judicial – é totalmente desconhecida quando se lê que o pensamento da "garantia de justeza" corresponderia a um controle material do conteúdo da decisão e que justificaria, a partir disso, um controle de decisões amplo.[130]

O amplo controle material de decisões também não pode ser justificado com o pensamento dogmático de que o controle de decisões representaria um caso de controle de exercício de direitos no contexto de uma relação especial; que o exercício de direitos no contexto de tal relação especial se submeteria, em regra, aos limites do § 242 BGB; e que, por isso, os votos da maioria também devem ser apreciados conforme os parâmetros do § 242 BGB e da lealdade social (*gesellschaftliche Treupflicht*).[131]

Tal conclusão, desenvolvida a partir do pensamento da proteção individual da parte contratual, desconhece o segundo pensamento sistemático colocado aqui em destaque, o qual permite que o Direito primeiramente procure assegurar, também no contexto do exercício de direito, lá, onde é possível, a garantia de justeza mediante auto-regulação. Exatamente por isso a argumentação com a natureza do controle de exercício de direitos não percebe o aspecto funcional, que justifica, conforme o modelo concebido pela lei, que se troque, como regra, o limite de controle baseado em limite correspondente ao § 138 BGB pelo § 243 II AktG. Com isto deveriam ser atingidos, aqui como lá, com fulcro na identidade de interesses básica e na responsabilidade dos sócios ou acionistas, exclusivamente os "casos de exceção".

130. Assim, porém, K. Schmidt in *GroßKomm AktG* (nota 52 acima), § 243 margem 45.

131. Assim, tendencialmente, Zöllner in *Kölner Komm AktG* (nota 39 acima), § 243 margem 144; o mesmo, *Schranken* (nota 57 acima), p. 292, 335 ss.

(c) *Controle material de decisões como resposta a uma falha sistêmica*

Possivelmente se oporá ao que foi dito até agora que a concepção funcional da lei seria refutada por fatos jurídicos, que o sistema que a lei tem por fundamento não funcionaria sem o controle de decisões. Todavia, isto seria, primeiramente, uma afirmação que necessitaria da prova dos fatos jurídicos. Tal prova nunca foi produzida. O controle material de decisões desenvolveu-se muito mais em casos específicos de abuso de direito, onde não se distinguia, porém, entre um caso normal de decisão da maioria ou casos especiais. A realidade, que se constitui não só dos casos "doentios" que chegam à jurisprudência, mas também da grande maioria dos casos nos quais as decisões da maioria são tomadas de forma adequada, não refuta, em minha opinião, a concepção funcional da lei como tal. Se, assim, a garantia de justeza do princípio da maioria falhasse de forma geral, então, dever-se-ia esperar que praticamente toda decisão de maioria fosse atacada, pois a maioria utilizaria a chance para obter as vantagens disponíveis. É outra, porém, a realidade.

Em comparação com o número de assembléias-gerais realizadas anualmente, somente um número relativamente pequeno é impugnado, pois se pressupõe que, em regra geral, a garantia de justeza funciona muito melhor que os casos "doentios" tratados pela jurisprudência poderiam deixar transparecer.

Poder-se-ia, naturalmente, ponderar se isto é a conseqüência do reconhecimento do controle material de decisões, pois de sua existência poderia haver um efeito preventivo no comportamento da maioria. Poderia ser, todavia, o contrário, também. O controle de decisões é dispensável ao menos parcialmente, e talvez numa área relativamente grande, pois, como sempre, demonstram os casos, em regra, que os sócios ou acionistas estão "no mesmo barco" nas votações, e, por isso, a maioria, ao perseguir os interesses da empresa, persegue também os interesses da minoria. O último parece-me evidente, pois, por que a maioria, enquanto não tem interesses externos especiais, haveria de prejudicar seus próprios interesses participativos? Enquanto e na medida em que maioria e minoria estão "no mesmo barco", os pressupostos da garantia de justeza estão presentes.

Partindo-se destas premissas, que fundamentam a lei e são, como sempre, corretas, impõe-se, por isso, a questão do controle material de decisões dentro dos limites do § 243 II AktG somente quando e onde pressupostos de funcionamento da garantia de justeza dos princípio da maioria tipicamente falham.[132] O problema é que o sistema da auto-regulação, colocado como fundamento pela lei, não falha em geral, mas sim parcialmente, quando a convergência de interesses deixa de existir excepcionalmente ou é eliminada pelos interesses externos da maioria.[133]

Isto significa que, antes de uma generalização do controle de decisões, devem ser investigados primeiramente os pressupostos e limites da solução procedimental que fundamenta a lei, a saber, a convergência de interesses que fundamenta o princípio da maioria, e somente lá onde a garantia de justeza da solução procedimental tipicamente ("estruturalmente") falha, e não pode ser restabelecida de outra forma – como, por exemplo, através da obrigação de esclarecer – pode ser colocada a questão do controle material de decisões. Está por ser feita, ainda, uma melhor identificação dos grupos de casos relacionados a isto.

Todavia, mesmo assim o controle de decisões não precisa ser necessariamente a primeira ou única alternativa. Pelo contrário. Cabe avaliar qual a relação sob os aspectos funcionais entre outros mecanismos de compensação, como, por exemplo, soluções de compensação de desvantagens (§§ 243 II 2 e 311 AktG) ou indenização,[134] e o controle de decisões.[135]

Por tudo isto, o controle de decisões não é, de qualquer forma, a solução nem mais próxima, nem mais generalizante, mas deve ser considerado somente lá onde soluções auto-reguladoras próximas do sistema não são aplicáveis e não podem ser criadas ou melhoradas pela evolução jurisprudencial. Isto não pode ser desenvolvido com mais detalhes neste ponto.

V – Panorama

Com o rascunho anterior, que não pode aspirar a ser completo nem no direito societário,[136] deve-se ter explicitado a importância do pensamento funcional, como exemplo, na área do direito societário, pois lá a relação funcional me parece tornar-se especialmente evidente. Não se trata de sobrevalorizar, nisto, a relação funcional. A relação funcional é um, de muitos aspectos. Os outros mantêm, paralelamente, sua validade. Importa-me somente que o aspecto funcional também seja reconhecido como tal, e, assim, considerado.

132. Neste sentido o controle de decisões foi avaliado, muito mais, como caso do abuso de direito institucional, assim em Hüffer in Gessler/Hefermehl, AktG, 1984 (nota 41 acima), § 243 margem 50; desistiu, entretanto, in *Festschrift Steindorff*, 1990, p. 59, e AktG (nota 39 acima), § 243 margem 21. Recentemente aparece a visão institucional novamente em Mülbert, *Aktiengesellschaft* (nota 66 acima), pp. 229, 232 ss.

133. Sobre isto, acima II 2 c.

134. Sobre este, Mülbert, *Aktiengesellschaft* (nota 66 acima) pp. 338 ss., 347 ss.

135. Sobre a prioridade das pretensões de compensação e indenização perante o controle de decisões, Th. Raiser, *Kapitalgesellschaften* (nota 31 acima), § 16 margem 128.

136. Poderia ser tratada, ainda, a importância funcional do bloqueio de registro (*Registersperre*), como utilizada recentemente de forma crescente para a incorporação de determinações legais modificadas nos estatutos de sociedades existentes (§ 86 GmbHG), bem como a importância da boa-fé para a implementação de alterações de estatutos contra sócios que formam blocos.

Entretanto, a própria colocação do tema já indica meu convencimento de que o raciocínio jurídico funcional ultrapassa, e muito, o campo do direito societário. Isto já foi referenciado nas considerações anteriores, e, para encerrar, deve ser retomado, aqui, de forma breve.

1. Direito econômico

O raciocínio jurídico funcional tem, desde muito, peso no direito econômico. Fazem parte, assim, de seu tradicional objeto de análise a função do mercado e sua manutenção.[137]

2. Direito contratual geral

Um dos subsistemas procedimentais com caráter auto-regulatório[138] mais importantes é, como se sabe, também nossa teoria contratual. Para ela também deveria valer, em idêntica medida ao direito societário, que a manutenção da auto-regulação deve preceder a intervenção do juiz no caso específico em razão de deficiência de conteúdo.[139] Tal como no direito societário,[140] aqui, o controle judicial de conteúdo somente se justifica quando faltam soluções próximas à autonomia. É este o caso nas condições gerais de negócio.[141]

Exemplos de correções de sistema próximas à autonomia para a manutenção ou restabelecimento da função de auto-regulação já foram mencionados com o direito de retração conforme a Lei de Negócios de Porta em Porta (*HaustürWG*) e a Lei de Crédito ao Consumidor (*VerbrKrG*).[142] Elas não podem, entretanto, substituir o controle de conteúdo no caso das condições paralelas (*Nebenbedingungen*),[143] mas tornam dispensável que se lance mão de um controle judicial mais rígido sobre a adequação de acordos de pagamento, como começam a se desenvolver[144] no caso do controle de acordos paralelos de preço.

Também tem componentes funcionais no direito privado, por exemplo, a proteção da boa-fé (*Vertrauensschutz*), quando o Direito não protege somente a boa-fé atual, mas também deve determinar em que medida os participantes do comércio jurídico podem agir na presunção da existência da boa-fé. Esta – assim chamada – boa-fé tipificada[145] não é, sob o aspecto que aqui interessa, nada mais que a questão sobre quais relações de confiança são necessárias no comércio jurídico para que o sistema da conformação dos direitos pelos indivíduos de acordo com sua vontade[146] possa funcionar.

O risco da informação falha do comércio jurídico é imposto ao potencial causador da aparência jurídica não porque uma pessoa em concreto confiou, mas, sim, porque o funcionamento do comércio jurídico exige que se possa confiar nas respectivas informações, sem precisar indagar se estão corretas. É uma questão que, ao fim, somente pode ser respondida sob os aspectos da função do sistema do interagir nos ne-

137. Sobre a perspectiva funcional no direito concorrencial, Immenga/Mestmäcker, *GWB* (nota 118 acima), introdução margem 26 ss.

138. Sobre o caráter básico procedimental da liberdade e justiça contratuais no direito contratual, Canaris, *iustitia distributiva* (nota 95 acima), pp. 46 ss.; o mesmo, AcP 200 (2000), pp. 273, 283 ss.

139. Fastrich, *Inhaltskontrolle* (nota 76 acima), pp. 76 s.

140. Sobre o controle de conteúdo no direito societário, Fastrich, *Inhaltskontrolle* (nota 76 acima), pp. 124 ss.

141. Cf. sobre insuficiência de modelos procedimentais de informação em problemas das condições gerais de negócio, Canaris, AcP 200 (2000), pp. 273, 325.

142. Acima IV 2 a.

143. Canaris, AcP 200 (2000), pp. 273, 325.

144. Cf. BGHZ 133, 10 ss.; crítico, por exemplo, Canaris, AcP 200 (2000), pp. 273, 327 ss.

145. Sobre isto, Canaris, *Die Vertrauenshaftung im deutschen Privatrecht*, 2ª ed., 1971, pp. 503 s.

146. Assim a conhecida definição de autonomia privada por Flume, *Allgemeiner Teil des Bürgerlichen Rechts*, vol. II, "Das Rechtsgeschäft", 4ª ed., 1992, § 1 1.

gócios jurídicos (*rechtsgeschäftliches Miteinander*).

Está somente a um passo deste pensamento funcional, já mencionado, da proteção das condições de funcionamento do comércio jurídico, o questionamento sobre se uma parte das obrigações de comportamento, desenvolvidas com muito esforço a partir das respectivas relações entre as partes contratuais em concreto (como na extensão da responsabilidade pelo prospecto de emissão no direito das sociedades em comandita de apelo à poupança pública – *PublikumsKG* – a todos os iniciadores e fundadores,[147] ou a responsabilidade de pareceristas perante terceiros[148]), não é, em realidade, composta daquelas que resultam, independentemente do caso concreto, das condições de funcionamento do interagir nos negócios jurídicos, que, assim, semelhante à responsabilidade pela violação da boa-fé, como responsabilidade em razão da participação nos negócios jurídicos (*rechtsgeschäftlicher Verkehr*),[149] deve ser fundamentada, por evolução jurisprudencial, com a participação no comércio jurídico e com as necessidades do seu adequado funcionamento. Isto pode ser somente aludido, aqui.

3. Direito do trabalho

Exemplos de raciocínio jurídico funcional podem ser encontrados também no direito do trabalho. É, assim, há muito controverso como se pode fazer justiça no caso do problema da quitação de indenização que o trabalhador assina por ocasião do término de sua relação de trabalho, freqüentemente sob pressão dos acontecimentos, e, com isto, renuncia a pretensões salariais ainda pendentes ou a seus direitos decorrentes da Lei de Proteção contra Demissões (*Kündigungsschutzgesetz*). Os casos formam-se, em regra, de tal maneira, que não podem ser solucionados com o § 138 II BGV. Todavia, o empregado não está, com freqüência, totalmente ciente da extensão de sua ação e de alternativas possivelmente melhores. A jurisprudência procura ajudar mediante interpretação restritiva,[150] porém sem sucesso quando, por exemplo, a renúncia à proteção contra despedida está claramente formulada. Não seria, aqui também, melhor conceder ao empregado uma reserva geral de retratação limitada no tempo, quando ele manifestou seu consentimento sob pressão de tempo e possivelmente ainda na presença do empregador ou seu representante,[151] ao invés de restringir a autonomia do empregador mediante interpretação de controle, sem saber se o empregado não tinha, de fato, razões pessoais pelas quais ele consentiu após efetivamente refletir?

Peso especial tem o raciocínio funcional, porém, no direito coletivo do trabalho (*Arbeitskampfrecht*). A ementa do BAG, aqui destacada, é a da paridade de combate (*Kampfparität*).[152] Nenhuma das partes na contenda de direito coletivo do trabalho deve ter uma tal preponderância, desde o início, que lhe permita ditar as condições da convenção coletiva do trabalho. Coloca-se o combate coletivo do trabalho em uma relação funcional com a autonomia convencional, com o objetivo de manter tal combate como *ultima ratio* do processo de conciliação convencional.[153]

147. BGHZ 79, 337; 111, 314; WM 1992, 901; cf. também Canaris, AcP 200 (2000), p. 273, 318.

148. BGHZ 127, 378; NJW 97,1.253; 87,1.785; 84, 356 e freq.

149. Sobre responsabilidade por violação da boa-fé por força de participação em negócios jurídicos, Canaris, *Vertrauenshaftung* (nota 145 acima), pp. 442 ss.

150. Cf. BAG AP Nr. 5 zu § 4 KSchG 1969.

151. Nesta direção também Zöllner, *Festschrift Söllner* (nota 114), p. 1.315, em geral sobre contratos trabalhistas de suspensão.

152. BAG AP Nr. 1 e 64 zu Art. 9 GG Arbeitskampt e freq.; sobre o pensamento da paridade de combate na jurisprudência do BAG sobretudo Otto in *Münchner Handbuch zum Arbeitsrecht*, vol. III, 1993, § 275 margem 75 ss.

153. BAG AP Nr.43 e 82 zu Art. 9 GG Arbeitskampf; também BverfGE 84, 212.

Tal objetivo funcional reflete-se, então, também sobre as relações individuais do trabalho, na medida em que a jurisprudência se orienta para a questão sobre em quais condições o empregado perde sua pretensão salarial na disputa laboral (o chamado risco da disputa laboral), no pensamento funcional.[154]

154. BAG AP Nr.70 zu Art 9. GG Arbeitskampf.

RESPONSABILIZAÇÃO NO DIREITO SOCIETÁRIO DE TERCEIRO POR OBRIGAÇÃO DA SOCIEDADE

VINÍCIUS JOSE MARQUES GONTIJO

1. Introdução. 2. Tipo societário. 3. Responsabilização: 3.1 Exclusão da responsabilidade da sociedade. 4. Desconsideração da personalidade jurídica. 5. Abuso na aplicação da teoria da desconsideração da personalidade jurídica e da responsabilização. 6. Distinções entre a responsabilização e a desconsideração da personalidade jurídica.

1. Introdução

Conforme muito bem demonstrado por Osmar Brina Corrêa-Lima,[1] dois são os princípios capitais que orientam a vida das sociedades: (a) as pessoas jurídicas têm existência própria e distinta da dos seus membros e (b) o patrimônio da sociedade e o de seus membros não se confundem.

Do somatório desses dois princípios surte "o efeito benéfico de encorajar o aparecimento e estimular o desenvolvimento da empresa privada nacional".[2]

Assim, via de regra, o patrimônio da pessoa jurídica é que, exclusivamente, deve responder por suas obrigações. Há, no entanto, casos em que a lei excepciona isso, autorizando que, por ato de vontade dos próprios terceiros ou, então, por imposição legal, eles respondam com seu patrimônio por obrigação que seria exclusivamente da sociedade.

De fato, ao se examinar a responsabilização de terceiro por obrigações contraídas em nome da sociedade – pouco interessando se este terceiro seja sócio, administrador ou membro de conselho ou outro órgão social –, faz-se necessário compreender que ela poderá se dar, como decorrência da relação societária, de três maneiras diversas.

Primeiro, a responsabilização do terceiro pelas obrigações da pessoa jurídica poderá decorrer do tipo societário pelo qual se optou. Assim, os sócios podem, *voluntariamente*, optar por um tipo de sociedade em que todos eles respondam de maneira subsidiária, porém solidária e ilimitada, pelas obrigações da entidade; ou, ainda que nem todos os sócios da sociedade respondam pelas obrigações da pessoa jurídica, haverá um sócio ou um grupo deles que desta maneira responderá.

Segundo, a responsabilidade do terceiro decorrente de ações ou omissões ilícitas praticadas em órgão da sociedade. Trata-se de responsabilização civil por dano.

E, finalmente, em *terceiro*, no caso de desconsideração da personalidade jurídica,[3] com isso atingindo terceiros em relação à sociedade.

1. Osmar Brina Corrêa-Lima, *Responsabilidade Civil dos Administradores de Sociedade Anônima*, p. 140.
2. Idem, p. 141.

3. "A doutrina da desconsideração foi desenvolvida pelos Tribunais Norte-Americanos para im-

No caso de despersonificação, quando se anula a constituição da sociedade por ação judicial própria (art. 1.034, I, do CC e art. 206, II, "a", da Lei 6.404/1976),[4] não se trata propriamente de hipótese de terceiro responder por obrigação que seria da sociedade, uma vez que, anulada sua constituição, ela deixa de ter existência jurídica e, assim, naturalmente, não tem existência diversa da dos seus membros, assim como de seus administradores e outros membros – tratando-se, portanto, de responsabilidade direta dos próprios agentes.

2. *Tipo societário*

Sabidamente, a compreensão do termo "sociedade" enquadra-se em duplo vértice: a sociedade na acepção do instrumento de constituição, que pode ser verbal[5] ou não, e a sociedade como efeito jurídico do instrumento que a constituiu.[6]

pedir abuso por meio do uso da personalidade jurídica. É conhecida pelas designações no Direito Inglês e no Americano, como *disregard of legal entity, disregard of corporate entity, lifting the corporate veil, piercing the corporate veil, cracking open the corporate shell*; no Direito Italiano, *superamento della personalità giuridica*; no Direito Alemão, *Durchgriff der juristichen Person*; no Direito Argentino, *teoría de la penetración o desestimación de la personalidad*; no Direito Francês, *mise à l'écart de la personnalité morale*" (Alexandre Couto Silva, *Aplicação da Desconsideração da Personalidade Jurídica no Direito Brasileiro*, p. 26).

4. "Processo civil – Pessoa jurídica – Despersonificação – A despersonificação da pessoa jurídica é efeito da ação contra ela proposta; o credor não pode, previamente, despersonalizá-la, endereçando a ação contra os sócios – Recurso especial não conhecido" (STJ, 3ª T., REsp 282.266-RJ, rel. Min. Ari Pargendler, j. 18.4.2002, v.u., *DJU* 5.8.2002, p. 328).

5. Entendemos que a prescrição do art. 997 do CC, segundo a qual as sociedades devem ter contratos *escritos*, não se coaduna com o art. 5º, XVII, da CF, que assegurou a plenitude do direito de associação para fins lícitos, sem determinar o mecanismo de instrumentalização da sociedade, que, assim, poderá ser verbal. Neste caso, naturalmente, a sociedade apenas não será regular, mas ela terá existência.

6. Vinicius José Marques Gontijo, in Frederico Viana Rodrigues (coord.), *Direito de Empresa no Novo Código Civil*, p. 189.

Tendo isto como premissa, constatamos a tradicional classificação das sociedades quanto aos efeitos jurídico-patrimoniais de sua constituição sobre as pessoas dos sócios que se obrigaram na sua instrumentalização.[7]

Por esta classificação, as sociedades se dividem:

• aquelas em que todos os sócios respondem de maneira subsidiária, porém solidária e ilimitada, pelas obrigações sociais – sendo exemplos desta modalidade as sociedades em nome coletivo e as sociedades em comum;[8]

• aquelas em que há um sócio ou um grupo deles que responde subsidiária porém solidária e ilimitadamente pelas obrigações sociais, enquanto que há, concomitantemente, outro sócio ou grupo deles que responde de maneira limitada – sendo exemplos desta outra modalidade as sociedades em comandita simples e as sociedades em comandita por ações; e, finalmente,

• aquelas sociedades em que todos os sócios respondem de maneira limitada – tendo como exemplos a sociedade limitada e a sociedade anônima, por ações.

Com efeito, normalmente os operadores do Direito se limitam a referir, quando fazem essa classificação, "sociedades ilimitadas", "sociedades mistas" e "sociedades limitadas", ficando subentendida a ex-

7. Segundo entendemos, laboram em equívoco aqueles autores que pretendem classificar as sociedades sem se darem ao trabalho de distinguir se a classificação se dá em face da expressão "sociedade" como instrumento de constituição ou como seu efeito. Isso tem propiciado consideráveis desencontros doutrinários, perplexidade jurisprudencial e certas críticas descabidas a determinadas classificações, uma vez que não se define corretamente o objeto da classificação.

8. Observe-se que na sociedade em comum o administrador que contratar pela sociedade não faz jus ao benefício de ordem prescrito pelo art. 1.024 do CC, e, assim, responde solidariamente com a entidade pelas obrigações contraídas em nome dela. Logo, em relação a ele, e nos limites das obrigações que contrair em nome da sociedade, não haverá a subsidiariedade em relação à sociedade, que é a regra geral.

pressão: "em que os sócios respondem de maneira". Não seria, mesmo, viável, tecnicamente, classificar as sociedades quanto às suas responsabilidades patrimoniais, na medida em que todas as sociedades respondem ilimitadamente por suas obrigações, tanto que podem ter sua falência declarada e todos os seus bens e direitos arrecadados para honrar seus compromissos. São os sócios que respondem, com ou sem limitação, pelas obrigações sociais.

Não podemos deixar de destacar a curiosa situação jurídica em que se encontra a sociedade cujo tipo seja o "simples". A sociedade tipo "simples" é *sui generis*, na medida em que ela poderá ser ilimitada, mista ou limitada, conforme houver prescrito o instrumento de sua constituição social. Isso porque o inciso VIII do art. 997 do CC determina que o contrato social mencionará "se os sócios respondem, ou não, subsidiariamente, pelas obrigações sociais". Assim, ficará a cargo do instrumento de constituição da sociedade a fixação da responsabilidade dos sócios.

Naturalmente, sendo o contrato social omisso, prevalecerá a vontade legal, que não restou derrogada pela opção das partes (típico do direito privado); assim, todos os sócios responderão subsidiária porém solidária e ilimitadamente pelas obrigações da sociedade simples, na medida em que não teria sido afastada a prescrição dos arts. 1.023 e 1.024 do CC.

Dessa feita, tendo os sócios optado por um tipo societário que determina a responsabilidade subsidiária de todos eles ou de alguns deles, porém solidária e ilimitada, eles passam a responder pelas obrigações contraídas em nome da sociedade mesmo sendo terceiros em relação à entidade social.

3. Responsabilização

Além da hipótese de o terceiro responder pelas obrigações da sociedade por ato de vontade ao escolher o tipo societário, existe a possibilidade da segunda situação, que passamos a abordar, e que diz respeito à responsabilização civil do terceiro por ação ou omissão ilícitas praticadas enquanto membro componente de órgão social.

Naturalmente, sendo as sociedades entidades abstratas, na medida em que não têm existência física, elas necessitam de órgãos sociais a fim de direcionar sua conduta, contrair obrigações, exercer direitos, se organizar, fiscalizar etc. Para tanto, estes órgãos são compostos por pessoas, às vezes necessariamente naturais, às vezes facultativamente, uma vez que se admitem pessoas jurídicas, fundações ou, mesmo, entidades despersonificadas, tais como o espólio e a massa falida.

Cada órgão social desempenha uma função, e seus membros, nesta condição, são titulares das ações ou omissões na medida de suas competências funcionais. É claro que, no exercício regular da função, o membro que componha o órgão social não é pessoalmente responsável, o mesmo não se podendo dizer daquele que usurpa poder ou função de órgão social.[9]

De fato, em regra, os membros regulares dos órgãos sociais não são pessoalmente responsáveis por suas ações ou omissões; em exceção (= interpretação restritiva), eles serão pessoalmente responsabilizáveis se procederem de maneira ilícita e causarem dano. Neste caso, eles serão responsáveis não apenas em relação aos terceiros, mas também em relação à própria sociedade.

A responsabilização imputável ao membro de um órgão social varia de acordo com a especialização do órgão que ele esteja compondo. Contudo, as matrizes autorizadores da imputação da responsabilidade são semelhantes.

Com efeito, para que haja responsabilização do membro que componha um órgão social, a legislação admite que, veri-

9. Nesse sentido, consulte-se: Júlio César Lorens, *Responsabilidade do Sócio Não-Administrador na Sociedade Limitada*, 2004.

ficados a ação ou omissão ilícita, o dano, o nexo causal e, conforme o órgão, o dolo ou a culpa, surge o direito à reparação, a responsabilidade civil. Nesse sentido é a precisa lição que se extrai de Orlando Gomes:

"Se o dever de indenizar o prejuízo causado é a sanção imposta pela lei a quem comete *ato ilícito*, necessário se torna que o *dano* seja conseqüência da conduta de quem o produziu.

"Não se exige, porém, que o ato do responsável seja a causa exclusiva do *dano*. Basta que entre as suas causas responda pela que determinou o prejuízo imediato. Não é preciso, do mesmo modo, que o agente tenha previsto suas conseqüências.

"Indispensável é a *conexão causal*. Se o dano provém de outra circunstância, ainda que pela atitude culposa do agente tivesse de ocorrer, este não se torna responsável, uma vez que não há a relação de causa e efeito. Não basta, com efeito, que o dano pudesse sobrevir por efeito da conduta do agente, mas é preciso que se produza na realidade como conseqüência desta, e não de outro acidente."[10]

Caio Mário da Silva Pereira esclarece que para emergir a obrigação de indenizar é necessário o erro de conduta do agente (ou seja, atos ou omissões contrários ao Direito), a ofensa a um bem jurídico e, cumulativamente, torna-se "indispensável a sua interligação, de molde a assentar-se ter havido o dano 'porque' o agente procedeu contra o Direito".[11]

Como se trata de ressarcimento decorrente de dano, a responsabilização sempre tem caráter econômico direto, diversamente do que se dá com a desconsideração da personalidade jurídica, que nem sempre o tem, necessariamente.

Em suma: para se imputar a um membro de órgão social uma responsabilidade e exigir-lhe a reparação respectiva é necessária a *prova* dos elementos integrantes da responsabilização, quais sejam: dano, ação ou omissão voluntária (ou seja: dolo ou culpa, por qualquer de suas modalidades)[12] e nexo causal.

A ação ou omissão ilícitas autorizadoras da responsabilização de membro componente de órgão social constituem um gênero que se compõe de duas espécies: (a) o ilegal, ou seja, contrário à lei; e (b) o *ultra vires*, que pode decorrer do excesso de mandato ou do ato contrário ao instrumento de constituição.

O excesso de mandato decorre da prática do ilícito pelo não-atendimento dos requisitos prescritos pelo instrumento de constituição para a ação ou a omissão, ou mesmo por subtração do objetivo social empresarial, qual seja: o lucro. Por exemplo, digamos que o contrato social de uma sociedade limitada tenha estabelecido que para a cessão de estabelecimento empresarial seria necessária a intervenção de dois administradores. Se, no entanto, apenas um subscreve o instrumento de cessão, trata-se de extrapolação dos poderes que lhe foram outorgados, gerando sua responsabilização por excesso de mandato, na medida em que não tinha poder (= mandato) para, sozinho, praticar o negócio jurídico.

Já, no ato contrário ao instrumento de constituição não se há de falar em requisitos para a prática do ato ou mesmo sua omissão, na medida em que o instrumento simplesmente veda tanto uma quanto outra. Exemplo clássico seria a cláusula (ou mesmo artigo de estatuto social) que proibisse o administrador de, em nome da sociedade, prestar fiança ou aval. Se, a despeito disso, o administrador concedesse o favor, ele estaria praticando um ilícito, no entanto, da modalidade contrária ao instrumento de constituição, que vedava aquilo

10. Orlando Gomes, *Obrigações*, 12ª ed., p. 274.

11. Caio Mário da Silva Pereira, *Instituições de Direito Civil*, 10ª ed., vol. 2, p. 236.

12. Somente não seria exigível o elemento subjetivo (dolo ou culpa) nos casos de responsabilidade civil objetiva e no caso de garantia de fim, que não se aplicam aos casos de que ora tratamos.

que ele acabou por fazer, gerando a responsabilização do agente infrator. Neste caso não há como se falar em excesso de mandato, pois o administrador não tinha o poder, ou seja: o mandato; logo, trata-se de modalidade de ato contrário ao instrumento de constituição, como também o são os atos contrários ao objeto social (atividade desenvolvida para atingir o objetivo social que vem prescrita no instrumento de constituição da sociedade).

Como todo ato de responsabilidade, a responsabilização no direito societário também não extrapola do agente infrator por ação ou omissão ilícita. Claro que, tratando-se de um órgão colegiado, todos os membros presentes ao ato que não fizerem ressalva contra o ilícito e dele participarem responderão solidariamente, salvo exceções legais.

Examinando, agora, a responsabilização de acordo com a especialização de cada órgão social, tem-se que o primeiro de que se deve cuidar é do conclave social, que poderá se dar por assembléia-geral de sócios ou mesmo por reunião deles.

A assembléia ou reunião é o órgão de cúpula e deliberação máximo em uma sociedade. Diz-se "de cúpula" porque congrega a comunidade de proprietários da sociedade (sócios). Diz-se "de deliberação máximo" porque tem a função de, colegiadamente, "decidir, soberana e privativamente, sobre matérias de sua exclusiva competência, definidas em lei e no contrato social";[13] a deliberação válida do órgão representa uma declaração "unilateral e única de vontade, que a todos obriga".[14] Em que pese a *não poder deliberar* contrariamente ao que do instrumento de constituição conste, o conclave social tem o poder, inclusive, de alterar este instrumento.

Ora, sendo o conclave um órgão social deliberativo, a responsabilização de seus membros somente poderá decorrer de deliberação ilícita (art. 1.080 do CC), não havendo que se falar em gestão ou, mesmo, representação social, que são de competência dos administradores.

Os sócios, enquanto tais, somente compõem um único órgão social: o conclave social; e unicamente nesta condição poderão ser responsabilizados. Obviamente, se a mesma pessoa participa de mais de um órgão social, ela poderá ser responsabilizada nos limites de sua atuação em cada órgão.

Assim, os sócios que deliberarem expressamente de maneira ilícita são pessoalmente responsáveis pelos danos que causarem. Considerando que o Código Civil (art. 1.080) prescreveu a responsabilização apenas dos que *expressamente* deliberarem ilicitamente, constata-se que o elemento subjetivo é o *dolo*, mormente se se traçar um paralelo lógico-sistemático com o art. 1.016 do CC, que regula a responsabilização dos administradores e que previu o elemento subjetivo *culpa*, não tendo se dado o mesmo com o art. 1.080 do CC.

Como conseqüência do direito inarredável do sócio de fiscalizar a sociedade,[15] tem-se, como uma das maneiras de isso se efetivar, o conselho fiscal,[16] órgão destinado a examinar e dar parecer nas contas dos administradores, velando pela legalidade de seus atos e devendo, para tanto, examinar os negócios e operações sociais, denunciando erros, fraudes, crimes, assim como sugerindo providências pertinentes.

13. Jorge Lobo, *Sociedade Limitada*, vol. 1, p. 284.

14. Idem, p. 285.

15. Osmar Brina Corrêa-Lima, *Sociedade Anônima*, p. 385.

16. "O conselho fiscal, órgão subordinado e de assessoramento da assembléia de sócios, tem por primordial função o controle da legalidade dos atos de gestão e representação dos administradores da sociedade limitada" (Marino Pazzaglini Filho e Andréa Di Fuccio Catanese, *Direito de Empresa no Novo Código Civil*, p. 133). Obviamente, não apenas na sociedade limitada, mas também em qualquer tipo societário em que haja o órgão social ou, mesmo, tenha ele sido instituído pelo instrumento de constituição da sociedade.

Ao teor do que prescreve o art. 1.070 do CC, e à semelhança do que se dá nas companhias (art. 165 da Lei das S/A), a responsabilização dos conselheiros fiscais, havendo o órgão instalado, é igual à responsabilização imputável aos administradores. Diante disso, tudo o que dissermos acerca da responsabilização dos administradores se aproveitará para a dos membros do conselho fiscal. Conforme observa Modesto Carvalhosa, haverá casos em que os membros do conselho fiscal responderão solidariamente com os administradores; em outros, não. "A solidariedade dos conselheiros fiscais com os administradores constata-se objetivamente no caso de violação, pelos últimos, de disposição legal ou contratual, caso haja falha no controle de sua legalidade. Ao contrário, nos casos em que os atos abusivos (legitimidade) dos administradores tenham sido praticados aparentemente dentro dos limites legais ou contratuais (legalidade), deverá haver prova do conluio entre esses administradores e os conselheiros fiscais, a fim de que fique caracterizada a solidariedade entre estes e aqueles."[17]

O último órgão que nos resta examinar é aquele nomeado de "administradores", cuja responsabilização decorre do exercício da sua atividade na condição de mandatário.

"Administradores" é um órgão único de representação e gestão da sociedade contratual (art. 1.015, *caput*, do CC); ou, como esclarece Vera Helena de Mello Franco, "administrar, gerenciar, significa, em sentido lato (administração externa), representar a sociedade nas suas relações perante terceiros. Em sentido estrito (interno), a gestão é a da atividade, ou, melhor dizendo, significa prover ao funcionamento da atividade econômica".[18]

Em que pese a respeitáveis opiniões em contrário,[19] entendemos que não se pode confundir o órgão social com as pessoas que exercem sua atividade no órgão. Com efeito, existe o órgão social "administradores", com atributos e competência institucionais, mas também existem as pessoas que exercem sua função no mencionado órgão e que, coincidentemente, tomam o nome legal de "administradores", como poderiam ter sido nomeados de "diretores" ou mesmo algo semelhante.

As pessoas que atuam no órgão com ele não se confundem. Assim, elas exercem o poder na condição de mandatárias, conforme se extrai do Código Civil, que expressamente determina a aplicação à *atividade* (e não ao órgão) dos administradores, no que couber, das disposições concernentes ao mandato (art. 1.011, § 2º, do CC), assim como prescreveu que a administração atribuída no contrato social não se estende de pleno direito aos que posteriormente adquiram esta qualidade, uma vez que o mandato pressupõe fidúcia, que não tem como ser direcionada a figuras futuras e desconhecidas (art. 1.060, parágrafo único, do CC).

Constatado que a atividade dos administradores tem natureza jurídica de mandato, tem-se que o administrador não é pessoalmente responsável pelas obrigações que contrai em nome da sociedade, vinculando exclusivamente a pessoa jurídica (art. 47 do CC). No entanto, será pessoalmente responsável perante a sociedade e terceiros quando, no exercício da função, agir ou se

17. Modesto Carvalhosa, *Comentários ao Código Civil*, vol. 13, p. 169.

18. Vera Helena de Mello Franco, *Manual de Direito Comercial*, 2ª ed., vol. 1, p. 262.

19. "A administração é o órgão da sociedade incumbido de fazer presente a sua vontade no mundo exterior. É por meio desse órgão que a sociedade assume obrigações e exerce direitos. Não são, assim, os administradores simples mandatários da sociedade, embora o Código mande aplicar às suas atividades, no que couberem, as disposições concernentes ao mandato (§ 2º do art. 1.011). A administração é um órgão de representação legal, através do qual a sociedade manifesta a sua vontade" (Sérgio Campinho, *O Direito de Empresa à Luz do Novo Código Civil*, 2ª ed., p. 103).

omitir ilicitamente.[20] De fato, enquanto a responsabilização dos sócios vem regida pelo art. 1.080 do CC, a dos administradores está regulamentada no art. 1.016 do mesmo diploma legal.

Tendo havido ação ou omissão ilícita que cause dano, conjugada com o elemento subjetivo *culpa* – e, por óbvio, quem responde por *culpa* com muito mais razão responderá por *dolo* –, o administrador poderá ser pessoalmente responsabilizado.

Naturalmente, na forma do que se depreende do art. 1.016 do CC, tendo o ilícito sido praticado por dois ou mais administradores em conjunto, eles responderão solidariamente pelos danos que causarem.

Havendo outros órgãos sociais instituídos pelo instrumento de constituição da sociedade, a responsabilização deverá ser examinada de acordo com as atribuições estendidas aos seus membros, tais como deliberativa, consultiva etc., assim como se se encontram presentes os demais pressupostos de admissibilidade da responsabilização civil.

3.1 Exclusão da responsabilidade da sociedade

As hipóteses de responsabilização de administradores sempre previram a condenação solidária do agente infrator e da pessoa jurídica, uma vez que a sociedade teria tido culpa *in eligendo*, ao escolher mal seu administrador que pratica ilicitudes na gestão social, assim como com isso se tutelava a boa-fé daqueles que negociam com a sociedade e que, naturalmente, presumem que o administrador esteja praticando atos regulares de gestão. Obviamente, sendo a sociedade condenada, tinha ela o direito de regresso contra o administrador responsável pelo ilícito.

Nesse sentido, e já sob a égide do Código Civil vigente, Rui Belford Dias leciona:

"*Art. 47, [do CC]* que trata da responsabilidade da pessoa jurídica pelos atos dos administradores, praticados nos limites de seus poderes definidos no ato constitutivo. A sua correspondência não está no Código Civil anterior, mas na lei específica, ou seja, no art. 158 da Lei das S/A.

"O objetivo é claro: isentar de responsabilidade a pessoa jurídica pelos atos praticados *ultra vires*, ou seja, além dos limites da representação (ou presentação, segundo Pontes de Miranda).

"Essa disposição deve ser entendida com boa dose de racionalidade, pois o ato ilícito praticado por aquele administrador que se vale da negligência da pessoa jurídica certamente induz a responsabilidade desta, que terá, então, ação regressiva contra o seu administrador."[21]

Inovando o sistema positivo brasileiro, o Código Civil (art. 1.015, parágrafo único) prescreveu três situações em que a sociedade poderá opor a terceiros o excesso por parte de seus administradores a fim de excluir sua responsabilidade pela obri-

20. Isso, como se sabe, já se dava desde a antiga legislação societária, conforme se depreende da seguinte ementa:

"Execução por título extrajudicial – Cheque sem fundos – Sociedade por cotas de responsabilidade limitada – Penhora – Inexistência de bens – Ônus da prova – Sócio-gerente – Responsabilidade civil.

"Em se tratando de execução ajuizada contra sociedade por cotas de responsabilidade limitada, não provando o exeqüente a inexistência de bens da sociedade para responderem pela obrigação, bem como a não-integralização das cotas societárias e a responsabilidade gerencial pelo infortúnio econômico-financeiro da empresa, não respondem os bens dos sócios pelas dívidas daquela.

"A emissão de cheque sem suficiente provisão de fundos pelo sócio-gerente configura ato ilícito que acarreta apenas sua responsabilidade, consoante o disposto no art. 10 do Decreto n. 3.708/1919, não se estendendo ao sócio minoritário" (TAMG, 3ª T., AI 230.712-8, rel. Juiz Kildare Carvalho, j. 16.4.1997, v.u., *RJTAMG* 67/87).

21. Rui Belford Dias, "A responsabilidade dos administradores e as alterações promovidas no âmbito da responsabilidade civil no novo Código Civil, de uma forma geral", *RDM* 128/152.

gação. Os casos são: (a) se a limitação de poderes estiver inscrita ou averbada no Registro próprio da sociedade; (b) provando-se que era conhecida do terceiro; e (c) tratando-se de operação evidentemente estranha aos negócios da sociedade.

Ao se aplicar as hipóteses de exclusão de responsabilidade da sociedade por ato de seu administrador, deve-se ter redobrado cuidado.

A dinâmica empresarial, como bem observa Rubens Requião,[22] exige confiança mútua e recíproca entre seus agentes, devendo-se, naturalmente, presumir a boa-fé. E ninguém presume que o administrador de uma sociedade esteja praticando um ato ilícito ao contrair uma obrigação para ela; isso seria a subversão da lógica jurídica que orienta o ramo do direito empresarial.

A despeito disso, constatando-se o conluio do terceiro que contratou com a sociedade, por seu administrador, em subtração dos interesses sociais, o negócio jurídico é ineficaz em relação à sociedade, vinculando apenas a pessoa do administrador; da mesma maneira, há ineficácia se o negócio é *evidentemente* estranho aos negócios da sociedade.

A compreensão de "negócios da sociedade" é bem mais larga que a do "objeto social". Assim, não é o negócio jurídico evidentemente estranho ao objeto da sociedade (fixado no instrumento de constituição social) que é ineficaz, mas sim aquele que seja de seus negócios sociais, o que inclui não só o objeto, mas também outras atividades implícitas ao objeto. Por exemplo: se a sociedade for uma escola, a compra de ar-condicionado poderia ser considerada um negócio jurídico evidentemente estranho ao seu objeto social; no entanto, não o é aos seus negócios sociais, uma vez que poderá ser para climatizar as salas-de-aula e facilitar o aprendizado em dias de calor excessivo. Portanto, o negócio jurídico seria plenamente eficaz e vincularia a sociedade; ainda que, posteriormente, se constatasse que o administrador tenha dado fim diverso aos interesses da sociedade, o terceiro não poderia presumir destinação ilícita.

A intenção do legislador foi tornar ineficazes aqueles negócios jurídicos que salta aos olhos não dizerem respeito, direta ou indiretamente, à atividade desenvolvida pela sociedade.

4. Desconsideração da personalidade jurídica

O terceiro e último caso que examinaremos em que pessoa diversa da própria sociedade responderia por obrigação da pessoa jurídica é a desconsideração da personalidade jurídica.

A constituição de uma sociedade é um negócio jurídico como qualquer outro, que tem como efeito gerar uma pessoa "jurídica" que tem existência diversa da dos seus membros e que, nesta condição, pode ser utilizada de maneira viciada. Diante disso, visando à preservação do instituto da personalidade jurídica[23] e do próprio negócio jurídico, foi desenvolvida a teoria da *desconsideração da personalidade jurídica*, que, segundo entendemos, não deve estar adstrita ao direito privado, mas também urge ser estendida ao direito público.

Conforme demonstra Rubens Requião, o "mais curioso é que a *disregard doctrine* não visa a anular a personalidade jurídica, mas somente objetiva desconsiderar no caso concreto, dentro dos seus limites, a pessoa jurídica em relação às pessoas ou bens que atrás dela se escondem. É o caso de declaração de ineficácia especial da personalidade jurídica para determinados efeitos, prosseguindo todavia a mesma incólume para seus outros fins legítimos".[24]

22. Rubens Requião, *Curso de Direito Comercial*, 25ª ed., vol. 1, pp. 453-454.

23. Alexandre Couto Silva, in Frederico Viana Rodrigues (coord.), *Direito de Empresa no Novo Código Civil*, pp. 431-432.

24. Rubens Requião, "Abuso de direito e fraude através da personalidade jurídica", *RT* 410/14.

Naturalmente, nestes casos excepcionais, e mediante a prova da existência do vício, faculta-se ao juiz, provocado pela parte ou pelo Ministério Público, quando lhe competir intervir no processo (art. 50 do CC), desconsiderar a personalidade jurídica, decretando-se, nos limites do caso concreto – ou seja, nos limites de um processo específico –, a ineficácia da personalidade jurídica.

Assim, a lei veda ao juiz, como regra geral, a decretação da desconsideração da personalidade jurídica por ato de ofício. Ele somente poderá fazê-lo mediante provocação.

Desconsiderada a personalidade jurídica, com sua ineficácia em um caso *in concreto*, não se compreende a possibilidade de condenação da sociedade, mas apenas de terceiros, que serão os sócios e/ou outros membros de órgãos sociais, nunca a sociedade.

A condenação da sociedade solidariamente com os sócios e/ou outros membros de órgãos sociais representaria a inexistência da desconsideração da personalidade jurídica, que teria sido considerada, tanto assim que a sociedade foi condenada.

Para que seja decretada a desconsideração, conforme dissemos, é necessária a *prova* do vício. Dois são os vícios que mais comumente maculam uma pessoa jurídica, autorizando a decretação da ineficácia da personalidade jurídica no caso concreto: são eles a *fraude* e o *abuso de direito*.[25]

A *fraude* é o formalmente lícito e materialmente ilícito. Por outras palavras, na fraude se agarra ferrenhamente à forma para, através dela, subtrair aquilo que, materialmente, se pretendia proteger. Uma pessoa formalista jamais consegue enxergar a fraude, na medida em que ela prima pela forma, mitigando a materialidade da norma.

Como bem observou Manuel de Andrade, na fraude à lei encarregou-se de fazer referência aos negócios "pelos quais se consegue por via oblíqua o mesmo resultado que a lei quis impedir".[26] Emilio Betti é ainda mais enfático quando pondera que a *fraude à lei* "constitui uma reação com a qual o Direito combate um abuso da função instrumental do negócio, um desvio de sua destinação social, o que ocorre quando ele se transforma em instrumento indireto de uma finalidade ilícita, ou seja, anti-social".[27]

Por outro lado, o *abuso de direito* exige interpretação teleológica, ou seja, finalística, visando ao escopo da norma. "Abusar do direito" consiste em exercê-lo além daquilo que o legislador tinha a intenção de assegurar quando editou o regramento legal. O *abuso de direito* consiste no exercício irregular de um direito. "Abusa, pois, de seu direito o titular que dele se utiliza levando um malefício a outrem, inspirado na intenção de fazer mal, e sem proveito próprio."[28]

Mais recentemente a doutrina já vinha reclamando, pautada no Direito Norte-Americano, outra modalidade autorizadora da desconsideração da personalidade jurídica, a despeito de a jurisprudência brasileira se mostrar reticente. Trata-se da *confusão patrimonial*. Esta modalidade decorre objetivamente de o terceiro, sócio, administrador ou qualquer outro membro, tratar o patrimônio da pessoa jurídica como se fosse próprio, e vice-versa. Assim, diferentemente das hipóteses anteriores, em que se fazia necessário perquirir o elemento subjetivo para se autorizar a desconsideração, nesta última tem-se uma hipótese objetiva autorizadora da aplicação da *disregard doctrine*.

25. Rubens Requião, "Abuso de direito e fraude através da personalidade jurídica", cit., *RT* 410/12.

26. Manuel de Andrade, *Teoria Geral da Relação Jurídica*, vol. 2, p. 180.

27. Emilio Betti, *Teoria Generale del Negozio Giuridico*, p. 393.

28. Caio Mário da Silva Pereira, *Instituições de Direito Civil*, 12ª ed., vol. 1, p. 467.

"A confusão de ativos e passivos entre a sociedade e os sócios é fator relevante para a aplicação da teoria da desconsideração. A mistura de ativos permite chegar-se à conclusão de que os participantes da companhia (acionistas ou administradores) desconsideraram os credores da companhia, exercendo dominação sobre o ativo e o passivo da companhia. Os Tribunais Norte-Americanos citam a confusão das obrigações da controlada com as da controladora ou com outras controladas como fator para a aplicação da desconsideração da personalidade jurídica.

"Cabe salientar que, além da desconsideração da personalidade jurídica subjetiva, ou seja, casos em que os sócios, administradores ou diretores agem com abuso de direito ou fraude, a hipótese objetiva da confusão encontra-se disciplinada no novo Código Civil, apesar de não esgotar as hipóteses objetivas de aplicação da desconsideração."[29]

Verificada e comprovada alguma das hipóteses autorizadoras da desconsideração da personalidade jurídica, mediante provocação, faculta-se ao juiz aplicar a *disregard doctrine*, devendo atentar, ainda, para que sejam assegurados a ampla defesa e o contraditório aos afetados pela decisão, sob pena de nulidade processual, em decorrência do princípio insculpido no inciso LV do art. 5º da Carta de 1988.

5. *Abuso na aplicação da teoria da desconsideração da personalidade jurídica e da responsabilização*

A aplicação da desconsideração da personalidade jurídica necessita ser criteriosamente utilizada, sob pena de se vulnerar o instituto societário, cuja finalidade a *disregard doctrine* visa exatamente a proteger.

29. Alexandre Couto Silva, in Frederico Viana Rodrigues (coord.), *Direito de Empresa no Novo Código Civil*, p. 449.

A personalidade jurídica e a limitação da responsabilidade dos sócios permitem proteger o empreendedor de riscos no empreendimento societário não-aceitáveis, prefixando suas participação nos prejuízos da sociedade, sendo que, se isso não se desse, a maioria das pessoas não se disporia a atuar no mercado, trazendo, como conseqüência, aumento no desemprego e na criminalidade, mitigação no desenvolvimento do país, menor contribuição fiscal etc.

Ao se desconsiderar uma personalidade jurídica é necessária a verificação criteriosa dos pressupostos de sua admissibilidade, bem como prova robusta, não podendo se assentar, comodamente, em presunções não autorizadas em lei. Por isso mesmo, não faz sentido jurídico decretar-se a ineficácia da personalidade jurídica, desconsiderando a personalidade da sociedade, a fim de atingir, por exemplo, ex-sócios. Desconsiderada a personalidade jurídica de determinada entidade, "baixa-se o véu" da personalidade e detectam-se as pessoas que estão protegidas pela personalidade, e não aquelas pessoas que ali não mais se encontram. Pensar diverso só se compreende por pouca aptidão técnica. O mesmo raciocínio aplica-se à responsabilização.[30]

30. "Tributário – Execução fiscal – Responsabilidade tributária – Sociedade de responsabilidade limitada – Sócio-gerente – Transferência de cotas sem dissolução da sociedade – CTN, arts. 135 e 136.

"I – Não é responsável tributário pelas dívidas da sociedade o sócio-gerente que transferiu regularmente suas cotas a terceiros, continuando, com estes, a empresa.

"II – A responsabilidade tributária solidária prevista nos arts. 134 e 135, III, alcança o sócio-gerente que liquidou irregularmente a sociedade limitada. O sócio-gerente responde por ser gerente, não por ser sócio. Ele responde não pela circunstância de a sociedade estar em débito, mas por haver dissolvido irregularmente a pessoa jurídica" (STJ, 1ª T., REsp 85.115-PR, rel. Min. Humberto Gomes de Barros, j. 6.5.1996, v.u., *Repertório IOB de Jurisprudência* 16-1996/379, 2ª quinzena de agosto/1996, *RJIOB* 1/10.123).

"Tributário – Execução fiscal – Embargos – Art. 135, III, do CTN.

Nesse sentido, são precisas as conclusões de Ana Caroline Santos Ceoli quanto afirma que é:

"Imperioso que se aplique a teoria da desconsideração à luz dos princípios gerais de Hermenêutica, sempre se tendo em conta os pressupostos que lhe são inerentes e as peculiaridades dos casos levados a juízo. Analisada sob um enfoque fragmentário e sectário, não resta dúvida de que o seu uso abusivo e indiscriminado atende aos fins imediatistas, como imprimir celeridade e efetividade à prestação jurisdicional em prol daqueles que postulam a satisfação de seus direitos creditícios. Porém, sob o ponto de vista global e mais abrangente, é imperioso reconhecer que a aplicação descriteriosa da desconsideração da pessoa jurídica descura-se de valores supremos como a segurança e a justiça, para cuja proteção ela foi concebida.

"Indubitável, pois, que a teoria da desconsideração, se moderada e corretamente aplicada, servirá para o aprimoramento da pessoa jurídica, coibindo os abusos praticados pelos indivíduos que a constituem, encobertos pelo princípio da autonomia patrimonial e da separação de personalidades. Inversamente, porém, se transformada em miraculosa panacéia, essa teoria ensejará o desvirtuamento do ente personificado e comprometerá a função institucional que se lhe confere, gerando, por conseguinte, graves prejuízos de ordem econômica e social para todo o país."[31]

6. *Distinções entre a responsabilização e a desconsideração da personalidade jurídica*

A despeito da evidente distinção entre os institutos jurídicos – *responsabilização* e *desconsideração da personalidade jurídica* –, lamentavelmente, temos assistido a muita confusão entre eles.

Para que não pairem dúvidas catalisadoras da confusão, devemos estremar os institutos, uma vez que, agora, já tendo estudado a responsabilização e a desconsideração da personalidade jurídica, isso se torna bem mais fácil.

Na responsabilização o agente infrator da norma será responsável perante terceiros e a própria sociedade, que, se indenizar o dano sofrido pelo terceiro prejudicado, tem direito de regresso contra aquele que praticou o ilícito gerador do dano. Enquanto que na desconsideração da personalidade jurídica, por ser decretada a ineficácia da personalidade jurídica da sociedade no caso concreto, ela não tem como ser condenada, e, assim, não há que se falar em direito de regresso.

"1. Os bens do sócio de uma pessoa jurídica comercial não respondem, em caráter solidário, por dívidas fiscais assumidas pela sociedade.

"2. A responsabilidade tributária imposta por sócio-gerente administrador, diretor ou equivalente, só se caracteriza quando há dissolução irregular da sociedade ou se comprova infração à lei praticada pelo dirigente.

"3. Não é responsável por dívida tributária, no contexto do art. 135, III, do CTN, o sócio que se afasta regularmente da sociedade comercial, transferindo suas quotas a terceiro, sem ocorrer extinção ilegal da empresa.

"4. Empresa que continuou a atividade após a retirada do sócio. Dívida fiscal, embora contraída no período em que o sócio participava, de modo comum com os demais sócios, da administração da empresa, porém, só apurada e cobrada três anos depois do aditivo contratual que alterou a composição societária.

"5. Inexistência de responsabilidade tributária do ex-sócio.

"6. Recurso especial provido" (STJ, 1ª T., REsp 215.349-MG, rel. Min. José Delgado, j. 31.8.1999, v.u.).

"Sociedade regularmente desconstituída (responsabilidade do sócio).

"Conquanto a jurisprudência oriente que os 'sócios-gerentes' são responsáveis pela dívida tributária resultante dos atos praticados durante a sua gestão, afasta-se dessa compreensão quando o sócio, conforme regular alteração contratual, deixou a sociedade antes da inativação ou paralisação das atividades sociais. Somente pode restar responsabilidade em caso de falência" (STJ, 1ª T., REsp 74.877-RS, rel. Min. Milton Luiz Pereira, j. 4.12.1995, v.u., *DJU* 11.3.1996, p. 6.580).

31. Ana Caroline Santos Ceoli, *Abusos na Aplicação da Teoria da Desconsideração da Personalidade Jurídica*, p. 174.

De fato, temos observado que na jurisprudência muitas vezes, equivocadamente, se diz estar desconsiderando a personalidade jurídica de uma dada sociedade e se a condena *solidariamente* com seu administrador ou sócio. Na realidade, não houve a desconsideração alardeada, na medida em que, se efetivamente tivesse havido a desconsideração da personalidade, não haveria possibilidade de condenação da sociedade, pelo simples fato de que sua personalidade estaria sendo desconsiderada, ou seja, estaria sendo decretada sua ineficácia em um caso concreto.

Ainda estremando os institutos, a responsabilização, conforme dissemos, atinge apenas e tão-somente aquele ou aqueles agentes do ilícito passíveis de serem responsabilizados (a sanção não passa do agente infrator da norma); no entanto, a desconsideração da personalidade jurídica, por ser decorrente da decretação da ineficácia da personalidade, atinge a todos: tanto o sócio majoritário quanto o minoritário; tanto o que tem poder de gestão quanto aquele que não o tenha – em suma: todos que estavam protegidos pela personalidade da sociedade.

Da mesma maneira, enquanto a responsabilização tem sempre e necessariamente conteúdo econômico direto em todos os seus casos, uma vez que implica ressarcimento de dano, a desconsideração poderá, ou não, o ter; naturalmente, muitas vezes o tem.

Com efeito, poderá haver casos em que a personalidade jurídica seja desconsiderada sem que isso traga qualquer conteúdo econômico direto. Por exemplo, pode ser que tenha havido a cessão de um estabelecimento e o cedente tenha assegurado contratualmente ao cessionário que não faria concorrência com ele, por um prazo determinado e em determinada região do país. Contudo, posteriormente, e antes de expirado o prazo estipulado, o cedente constitui uma pessoa jurídica e começa a fazer concorrência, violando aquilo a que se comprometera. O cessionário poderá ir a juízo requerer ao juiz que desconsidere a personalidade jurídica da sociedade constituída pelo cedente, constate a violação contratual e impeça a atuação no mercado, tudo isso sem que tenha sido pedida qualquer indenização decorrente da atuação que violara o ajuste havido entre as partes.

Com isso, estudados e estremados os institutos autorizadores de terceiro responder por obrigação que seria da sociedade, ressalvado e destacado o problema do uso abusivo da teoria da desconsideração da personalidade jurídica, constatamos que esses institutos, que independem da vontade dos membros componentes de órgãos sociais, devem ser aplicados em prol da proteção do importantíssimo instituto da personalidade jurídica, que é de muita relevância para o desenvolvimento nacional.

Bibliografia

ANDRADE, Manuel de. *Teoria Geral da Relação Jurídica*. vol. 2.

BETTI, Emilio. *Teoria Generale del Negozio Giuridico*.

CAMPINHO, Sérgio. *O Direito de Empresa à Luz do Novo Código Civil*. 2ª ed. Rio de Janeiro, Renovar, 2003.

CARVALHOSA, Modesto. *Comentários ao Código Civil*. vol. 13. São Paulo, Saraiva, 2003.

CATANESE, Andréa Di Fuccio, e PAZZAGLINI FILHO, Marino. *Direito de Empresa no Novo Código Civil*. São Paulo, Atlas, 2003.

CEOLI, Ana Caroline Santos. *Abusos na Aplicação da Teoria da Desconsideração da Personalidade Jurídica*. Belo Horizonte, Del Rey, 2002.

CORRÊA-LIMA, Osmar Brina. *Responsabilidade Civil dos Administradores de Sociedade Anônima*. Rio de Janeiro, AIDE, 1989.

————. *Sociedade Anônima*. 2ª ed. Belo Horizonte, Del Rey, 2003.

DIAS, Rui Belford. "A responsabilidade dos administradores e as alterações promovidas no âmbito da responsabilidade civil no novo Código Civil, de uma forma geral". *RDM* 128/150. São Paulo, Malheiros Editores, outubro-dezembro/2002.

FRANCO, Vera Helena de Mello. *Manual de Direito Comercial*. 2ª ed., vol. 1. São Paulo, Ed. RT, 2004.

GOMES, Orlando. *Obrigações*. 12ª ed. Rio de Janeiro, Forense, 1999.

GONTIJO, Vinicius José Marques. In: RODRIGUES, Frederico Viana (coord.). *Direito de Empresa no Novo Código Civil*. Rio de Janeiro, Forense, 2004.

LOBO, Jorge. *Sociedade Limitada*. vol. 1. Rio de Janeiro, Forense, 2004.

LORENS, Júlio César. *Responsabilidade do Sócio Não-Administrador na Sociedade Limitada*. Belo Horizonte, Del Rey, 2004.

PAZZAGLINI FILHO, Marino, e CATANESE, Andréa Di Fuccio. *Direito de Empresa no Novo Código Civil*. São Paulo, Atlas, 2003.

PEREIRA, Caio Máriô da Silva. *Instituições de Direito Civil*. 10ª ed., vol. 2. Rio de Janeiro, Forense, 1990; 12ª ed., vol. 1. Rio de Janeiro, Forense, 1990.

REQUIÃO, Rubens. "Abuso de direito e fraude através da personalidade jurídica". *RT* 410/12. São Paulo, Ed. RT.

———. *Curso de Direito Comercial*. 25ª ed., vol. 1. São Paulo, Saraiva, 2003.

RODRIGUES, Frederico Viana (coord.). *Direito de Empresa no Novo Código Civil*. Rio de Janeiro, Forense, 2004.

SILVA, Alexandre Couto. *Aplicação da Desconsideração da Personalidade Jurídica no Direito Brasileiro*. São Paulo, LTr, 1999.

———. In: RODRIGUES, Frederico Viana (coord). *Direito de Empresa no Novo Código Civil*. Rio de Janeiro, Forense, 2004.

DA EXECUÇÃO CAMBIAL SEM CÁRTULA ORIGINAL NA HIPÓTESE DE PAGAMENTO PARCIAL DE TÍTULOS DE CRÉDITO

FABRÍCIO GONÇALVES DE SOUZA SABINA

1. Introdução: 1.1 Apresentação do tema – 1.2 Caso hipotético – 1.3 Quesitos. 2. Análise: 2.1 Hipóteses – 2.2 Implicações – 2.3 Solução. 3. Da conclusão.

1. Introdução

1.1 Apresentação do tema

Com a finalidade de financiamento, não raras vezes, negociações são celebradas entre instituições financeiras e/ou pessoas físicas ou jurídicas de direito privado, como sociedades empresárias rurais ou urbanas, cooperativas etc., cujo resultado pode ser a emissão de títulos de crédito e financiamento rural, industrial, comercial, imobiliário,[1] além de outros, conforme o caso concreto.

Insta salientar que não somente os valores são altíssimos, mas, que, também, muitas vezes, o pagamento é parcelado, de forma que a quitação se dá em várias parcelas diferidas no tempo, o que tem por corolário a ocorrência de pagamentos parciais durante meses ou anos,[2] seja por con-

1. Com o intuito de promover, amparar e financiar as atividades do homem no campo, na indústria, no comércio e no ramo imobiliário, o Governo regulamentou várias operações de títulos de crédito a ser concedido por instituições financeiras a pessoas físicas e jurídicas que se dediquem a esses setores. Pelo Decreto-lei 167/1967, o qual dispõe sobre títulos de crédito rural e dá outras providências, art. 9º, tem-se que, no tocante ao âmbito rural, existem as quatro espécies de cédula de crédito rural – cédula rural pignoratícia, cédula rural hipotecária, cédula rural pignoratícia e hipotecária e nota de crédito rural –, além da nota promissória rural e da duplicata rural. Há que se destacar a existência da cédula de produto rural, conforme a Lei 8.929/1994, e a cédula de produto rural financeira, nos termos da Lei 10.200/2001. Pelo Decreto-lei 413/1969, o qual dispõe sobre títulos de crédito industrial e dá outras providências, têm-se a cédula de crédito industrial e a nota de crédito industrial. Pela Lei 6.840/1980, que dispõe sobre títulos de crédito comercial e dá outras providências, têm-se a cédula de crédito comercial e a nota de crédito comercial. A letra de câmbio financeira e a nota promissória rural encontram sua origem legal na Lei 4.728/1965, art. 27 – disciplina o mercado de capitais e estabelece medidas para o seu desenvolvimento. Pela Lei 10.931/2004 são reguladas a letra de crédito imobiliário e a cédula de crédito imobiliário.

2. Os títulos que têm a peculiaridade de vencimentos parciais são o objeto desse estudo, uma vez que, necessariamente, haverá um longo período para a quitação do valor total, e, dependendo do caso concreto, a existência de coobrigado com o interesse do exercício do direito de regresso no lapso de tempo de cumprimento integral da obrigação, por ter procedido a pagamento parcial. Insta, neste momento, salientar que naqueles títulos nos quais não há expressa previsão de pagamento parcial, em virtude da inexistência de estipulações de parcelas, o pagamento parcial, se houver, é acidental e tem sua ocorrência no momento do vencimento da totalidade da obrigação. Sendo assim, uma vez que toda a obrigação es-

venção, seja por própria disposição legal.[3] Adendo a esse aspecto, como garantias e constantes na cártula, também, são constituídas hipotecas, penhores, além dos avais de praxe, o que, nesse caso, engendra a possibilidade de pagamento parcial por parte de vários coobrigados ou de apenas um.

Sendo assim, em face dos comandos do direito cambial, a situação gera dificuldades para a cobrança por parte daquele pagador parcial e destituído da cártula.

Nesse diapasão, para melhor compreensão do tema e da solução juridicamente adequada, o presente artigo apresenta um caso hipotético e paradigmático para as demais situações.

1.2 Caso hipotético

É emitido um título de crédito, seja rural, industrial, comercial ou imobiliário, sendo que, em face do valor, se estabelece o pagamento parcelado no total de 13 parcelas, de periodicidade anual.

Insta salientar, ainda, que o emitente, portanto, principal devedor, descumpre com o convencionado, dessa forma tornando-se inadimplente, fato que, em virtude de qualquer razão, obriga um dos coobrigados[4] a arcar com as parcelas previstas – portanto, a pagar os valores sucessivos e periódicos.

Sendo assim, a atitude desse coobrigado caracteriza-se como pagamento parcial, pelo menos até o adimplemento total da obrigação.

Em virtude dos inúmeros pagamentos parciais, o adimplente não fica de posse da cártula, em relação à qual, por sua vez, tem o credor o direito legítimo de retenção até o vencimento e recebimento da última parcela – portanto, até o vencimento e recebimento da integralidade da dívida.

1.3 Quesitos

Em face do caso acima exposto, cabem as seguintes indagações:

(a) Qual o melhor momento para cobrança por parte do pagador parcial do valor devido: durante o pagamento das parcelas ou após o vencimento da obrigação?

(b) Quais as implicações para o adimplente da parcialidade da obrigação, caso venha a cobrar judicialmente após o vencimento total da obrigação?

(c) Há substrato jurídico para cobrança judicial por parte do mesmo, na condição de pagador parcial, via ação executiva, das parcelas pagas antes do vencimento total da dívida, em face da ausência da cártula?

(d) Quais são as cautelas que o pagador parcial deve tomar ao adimplir cada uma das parcelas?

(e) Outros esclarecimentos.

2. Análise

2.1 Hipóteses

Em face do adimplemento das obrigações periódicas por parte do coobrigado,

tará vencida, não há dificuldades para o exercício do direito de ação, como ocorre na hipótese de haver pagamentos parcelados e longamente diferidos no tempo, conforme é extremamente comum quanto aos títulos de crédito rural, industrial, comercial e imobiliário.

3. Conforme comando do Decreto-lei 167/1967, art. 74, "dentro do prazo da nota promissória rural e da duplicata rural, poderão ser feitos pagamentos parciais".

4. Apresenta-se mais adequada a utilização do termo "coobrigado", por ter uma abrangência mais ampla das possíveis pessoas envolvidas no título – nesse sentido devendo-se entender qualquer pessoa que tenha agido com o intuito de pagamento parcial, seja o interveniente (Capítulo VIII do Anexo I baixado pelo Decreto 57.663/1966), o endossante, o avalista ou qualquer outro coobrigado (sacado, sacador etc.). Insta destacar que, conforme art. 59 da Lei Uniforme de Genebra, o interveniente deve arcar com a "totalidade da importância que teria que pagar aquele por honra de quem a intervenção se realizou". Destarte, no caso concreto, se houver pagamento por intervenção, deve-se entender o pagamento de todo o valor da parcela, e não de toda dívida, uma vez que essa ainda não está vencida.

dúvidas não são vislumbradas no tocante ao seu direito de ação direta em face do emitente no tocante ao valor desembolsado, nos termos dos arts. 304[5] e 346, III,[6] do CC de 2002; e, por se tratar de um título de crédito, em face dos princípios[7] e legislação pertinentes. Em suma, o caso apresenta clara e flagrante hipótese de subrogação de direitos.

Sendo assim, a doutrina contribui com o seguinte esclarecimento: "Dá para ver que a sub-rogação envolve substituição. Outra pessoa faz o pagamento, passando a ocupar o lugar daquela que recebeu, e transferindo-se a ela os direitos que este possuía. Define-se, pois, pagamento feito por terceira pessoa, a qual assume os direitos que tinha o credor".[8]

A título de curiosidade, insta denotar o fato de que, apenas por meio de uma análise perfunctória, o pagamento parcial afasta a noção de sub-rogação; uma vez que a doutrina muitas vezes elenca como requisito da caracterização da mesma o pagamento total.

Nesse sentido, a doutrina esclarece: "Quando apenas em parte ocorre a subrogação, por ter o terceiro solvido parcialmente a dívida, poderá surgir conflito de preferências, envolvendo a indagação a quem compete a garantia de se pagar pelos bens do devedor – se ao antigo credor, ou ao sub-rogado parcial. A resposta somente pode vir em favor daquele, pelo remanescente de seu crédito, pois que o subrogatário não tem um direito a ele oponível. Mas, satisfeito o antigo credor com o recebimento do saldo, o terceiro sub-rogado tem os privilégios relativos à dívida que solveu na concorrência com os demais credores, mesmo anteriores à sub-rogação, pelo fato de substituir o sub-rogatário (CC, art. 990[9])".[10]

Conforme exposto, o pagamento parcial não elide o instituto da sub-rogação.

No entanto, em face das peculiaridades, o caso proposto não apresenta fácil resolução quando subsumido às searas do direito processual civil cumulado com o direito cambiário, mais especificamente no tocante ao ajuizamento de ação executiva[11] sem cártula, conforme será evidenciado.

Nesse diapasão, duas são as hipóteses. Veja-se:

(a) Primeiramente, o pagador da parcialidade da obrigação tem a opção de pagar todas as parcelas e somente no final da operação, de posse da cártula – o que, por sua vez, o legitima inquestionavelmente a exercer executivamente o direito de regresso –, vir a ajuizar a competente ação executiva em face, por exemplo, do emitente.

(b) Em segundo lugar, o pagador da parcialidade da obrigação tem a opção de cobrar do emitente cada parcela ou grupo de parcelas durante o período até o cumprimento total da obrigação.

2.2 *Implicações*

Quanto à primeira hipótese apresentada, tecem-se os seguintes comentários.

A pretensão de cobrança pelo rito executivo, englobando o valor total pago con-

5. Nos termos da lei, "qualquer interessado na extinção da dívida pode pagá-la, usando, se o credor se opuser, dos meios conducentes à exoneração do devedor".

6. Nos termos da lei, "a sub-rogação opera-se, de pleno direito, em favor: (...) III – do terceiro interessado, que paga a dívida pela qual era ou podia ser obrigado, no todo ou em parte".

7. A doutrina é unânime quando preconiza que, "pagando o avalista, tem ele ação contra o avalizado, pois esse é obrigado anterior" (Fran Martins, *Títulos de Crédito*, 13ª ed., vol. 1, p. 167).

8. Arnaldo Rizzardo, *Parte Geral do Código Civil*, 3ª ed., p. 358.

9. Atual prescrição do art. 351 do CC de 2002.

10. Caio Mário da Silva Pereira, *Instituições de Direito Civil: Teoria Geral das Obrigações*, 19ª ed., vol. 1, p. 135.

11. "A sanção no plano patrimonial, que é o que interessa à execução forçada, traduz-se em medidas práticas que o próprio ordenamento jurídico traça para que o Estado possa invadir a esfera de autonomia do indivíduo e fazer cumprir efetivamente a regra de Direito" (Humberto Theodoro Jr., *Curso de Direito Processual Civil*, 32ª ed., vol. 7, p. 6).

solidado somente no transcurso do prazo de 13 anos, conforme o caso hipotético, nos termos do art. 585 do CPC e lastreada obrigatoriamente com a cártula, embora respeite o princípio da cartularidade,[12] em face da instrução da ação com o original do título, de pronto estaria prejudicada, e, portanto, seria desinteressante, em virtude dos efeitos da prescrição,[13] que, por sua vez, atingiriam algumas das parcelas, conforme inteligência e comando do art. 70 da Lei Uniforme de Genebra, baixada como Anexo I do Decreto 51.663/1966.[14]

Nesse sentido, o pagador parcial não teria seu direito de ação prescrito, o que não se confunde com a prescrição da pretensão em relação a algumas das parcelas, uma vez que a ação de execução poderia ser ajuizada. No entanto, o credor, ora pagador parcial, nunca estaria legitimado a cobrar a totalidade do valor, pois, tratando-se de parcelas periódicas e sucessivas, aquelas cujo vencimento e pagamento se deram em período superior a três anos[15] de seus respectivos vencimentos e pagamentos não seriam mais exigíveis.[16]

12. "(...) o título de crédito é documento. Isso significa que, para se ter um título de crédito, é indispensável que exista um documento, isto é, um escrito em algo material palpável, corpóreo" (Fran Martins, *Títulos de Crédito*, cit., 13ª ed., vol. 1, p. 5). "O documento é necessário para o exercício do direito de crédito. Sem a sua exibição material não pode o credor exigir ou exercitar qualquer direito fundado no título de crédito" (Rubens Requião, *Curso de Direito Comercial*, 21ª ed., vol. 2, p. 598). "Os títulos de crédito são documentos de legitimação para o exercício do direito; por conseguinte, a cópia comum (documento probatório) nunca substitui a cópia cambiária (documento legitimador)" (Werter R. Faria, *Ações Cambiárias*, p. 12). Nesse sentido, não basta a existência pura e simples do título, mas são necessárias sua posse e propriedade.

13. Entende-se essa como "a perda da pretensão de reparação do direito violado, em virtude da inércia do seu titular" (Pablo Stolze Gagliano e Rodolfo Panplona Filho, *Novo Curso de Direito Civil: Parte Geral*, 5ª ed., vol. 1, p. 217), no prazo previsto pela lei, ausente causa impeditiva, suspensiva ou interruptiva do transcurso do tempo.

14. Não se pode deixar de frisar que não são todos os instrumentos normativos dos títulos de crédito que trazem em seu bojo a previsão expressa dos prazos prescricionais. Em regra, é o que se constata com os títulos de crédito rural, industrial, comercial e imobiliário. Destarte, na ausência dessa previsão expressa, a Lei Uniforme de Genebra deve ser avocada como subsidiária. Sendo assim, nos termos dessa lei, "todas as ações contra o aceitante relativas a letras prescrevem em 3 (três) anos a contar do seu vencimento". Vale ressaltar que o aceitante na letra de câmbio é o obrigado principal, que, por sua vez, equivale ao emitente nos títulos ora analisados. Tal fato ocorre em face da adequação da lógica jurídica da cédula em questão à letra de câmbio, pois essa, que é uma ordem de pagamento dada, por escrito, a uma pessoa, para que pague a um beneficiário indicado, ou à sua ordem, uma determinada quantia em dinheiro, ao contrário daquela, que é promessa de pagamento, terá "três elementos pessoais, que no título têm funções diversas: o que dá a ordem, chamado sacador, o a quem a ordem é dada, que se chama de sacado, e aquele a favor de quem é emitida a ordem, denominado de tomador ou beneficiário" (Fran Martins, *Títulos de Crédito*, cit., 13ª ed., vol. 1, p. 27). Sendo assim, o prazo de três anos de prescrição da pretensão em face do aceitante na letra de câmbio é o prazo aplicado contra o emitente nos títulos ora analisados.

15. A regência supletiva da Lei Uniforme de Genebra sempre foi regra no Direito Brasileiro, em face da extensão e exaustão da matéria de direito cambiário em seu conteúdo, como será objeto de maior explanação mais à frente. Quanto à aplicação do art. 903 do CC de 2002 ("Salvo disposição diversa em lei especial, regem-se os títulos de crédito pelo disposto neste Código"), a doutrina apresenta o seguinte entendimento: "Nota-se afinal que o propósito, no Anteprojeto, não foi classificar todos os títulos de crédito existentes ou possíveis. Foi o de regular, tão sobriamente quanto possível, *títulos de crédito atípicos* (...)" (Mauro Brandão Lopes, *Observações sobre o Livro I, Título VIII ("Dos Títulos de Crédito"): Anteprojeto de Código Civil*, 2ª ed., pp. 91-92 – grifos acrescidos ao original). Nesse sentido, o Código Civil de 2002 tem como objeto de prescrição, quanto aos títulos de crédito, os títulos atípicos.

16. "Prescrição – Direito reconhecido por Constituição Estadual não pode ser retirado por lei complementar – Corolário da chamada hierarquia das normas jurídicas – Em conseqüência, o direito mantém-se intacto – Repercussão apenas quanto às prestações periódicas e sucessivas, alcançadas pelo qüinqüênio do art. 1º do Decreto n. 20.910/1932" (STJ, 2ª Turma, REsp 845-SP, rel. Min. Luiz Vicente Cernicchiaro, j. 22.11.1989, v.u., *DJU* 18.12.1989, p. 18.470).

"Ação rescisória – Prescrição – Fundo do direito – Prestações periódicas. Se o autor postula a constituição de direito, o prazo prescricional começa da omissão da contraparte. Todavia, quando re-

A necessidade de esperar o vencimento da operação encontra respaldo no fato da possibilidade de posse do título como instruidor da ação de execução, sem o qual a petição seria inepta,[17] em virtude do respeito ao princípio da cartularidade.

Embora já se tenha tocado nesse tema anteriormente, nesse momento se faz oportuno desenvolver essa matéria. Conforme afirmado, não basta a existência do título em algum lugar, mas é necessário que o título, ou algum título, instrua a inicial, pois "esse documento é necessário para o exercício dos direitos nele mencionados".[18]

Mas os dados expostos depõem em sentido contrário à tese de permitir que o adimplente parcial continue adimplindo a obrigação, ou seja, continue pagando cada uma das parcelas, e esperando o vencimento da operação para, ao final, deter a posse da cártula, com o fim de instruir a ação de execução, pelas razões já evidenciadas.

Nesse sentido, uma vez hostilizada a primeira hipótese, cumpre analisar as implicações da segunda, qual seja, a cobrança de cada parcela ou conjunto de parcelas antes do vencimento da operação não em sede de cobrança cognitiva – o que, indubitavelmente, sempre é possível –, mas em sede de cobrança executiva, pelas suas vantagens.

Optando por essa via, surgem as seguintes implicações:

(a) Havendo pagamento parcial, o credor sub-rogado não tem direito ao título.

(b) Na ausência do título, a ação cambial (executiva) está, *a priori*, obstada, em obediência ao princípio da cartularidade.

(c) Nesse sentido, como cobrar via execução, uma vez que não se tem o título de crédito líquido, certo e exigível para instruir a inicial, nos termos do comando do art. 586 do CPC?[19]

2.3 Solução

Primeiramente, insta destacar que toda a operação está inserida no contexto do direito cambiário, não podendo, destarte, a matéria ser analisada sem a devida reverência aos seus princípios e normas gerais. Destarte, deve ser encontrado nesse subramo jurídico o regramento de normas que venha ao encontro do direito do pagador parcial, ou seja, o credor[20] do valor consubstanciado em título de crédito parcialmente pago mas, no entanto, destituído da posse do mesmo.

Como toda execução pressupõe um título executivo, nos termos do art. 583 do CPC,[21] sem o qual não pode prosperar, resta a dúvida: qual título deve instruir a ação, no caso apresentado?

clama pagamento de obrigações sucessivas, conta-se o tempo, por inteiro, a partir do dia que deixou de ser honrada. No primeiro caso, é afetada a ação para reclamar o direito. No segundo, a repercussão é restrita às parcelas anteriores ao período da prescrição" (STJ, 1ª Seção, AR 191-DF, rel. Min. Luiz Vicente Cernicchiaro, j. 10.4.1990, v.u., *DJU* 30.4.1990, p. 3.519).

Insta salientar que essa jurisprudência se refere a dívida com natureza diversa da dívida cambial, razão pela qual o prazo prescricional é outro. Vale destacar o raciocínio no tocante à aplicação da lógica do instituto da prescrição quando se têm como foco parcelas sucessivas.

17. "Comercial e processual civil – Execução instruída com fotocópias de notas promissórias – Caução dos títulos originais junto à instituição bancária – Extinção – CPC, arts. 267, VI, 614, I, e 585, I. I – Inservíveis ao embasamento de execução meras fotocópias de notas promissórias cujos originais se acham caucionados junto a instituição bancária para garantia de empréstimo obtido pela credora-exeqüente. II – Recurso especial conhecido e provido" (STJ, 4ª Turma, REsp 88.879-ES, rel. Min. Aldir Passarinho Jr., j. 20.2.2001, v.u., *DJU* 12.11.2001, p. 155).

18. Fran Martins, *Títulos de Crédito*, cit., 13ª ed., vol. 1, p. 5.

19. Nos termos da lei, "a execução para cobrança de crédito fundar-se-á sempre em título líquido, certo e exigível".

20. Insta salientar que, em face das circunstâncias do caso, em relação à dívida passam a coexistir dois credores: o credor original e possuidor do título e o credor-pagador parcial, coobrigado ou interveniente na cadeia cambiária.

21. Nos termos da lei, "toda execução tem por base título executivo judicial ou extrajudicial".

Primeiramente, dentro da perspectiva das letras de câmbio – título básico da teoria do direito cambial –, tem-se que as mesmas são títulos executivos, nos termos do art. 585, I, do CPC.

Em segundo lugar, vale analisar o instituto do pagamento parcial, o qual tem seus limites traçados pela Lei Uniforme de Genebra – letra de câmbio e notas promissórias.

Segundo a doutrina, "a cópia prevista no art. 51, segundo Mario Baccigaluppi (ob. cit., p. 192), corresponde a 'uma cisão do título, materializada na anotação do pagamento parcial no original, que lhe reduz o valor, no mesmo montante, e na emissão de um novo título, sob a forma de cópia, idôneo para o exercício das ações de regresso pela diferença'".[22]

Nesse diapasão, a atenção deve voltar-se para o art. 51 da Lei Uniforme de Genebra, baixada como Anexo I do Decreto 57.663/1966,[23] o qual prescreve os direitos exigíveis por aquele que paga parcialmente valor consubstanciado em um título de crédito. São eles: (a) exigência para que conste menção do pagamento na letra; (b) exigência para entrega de quitação; (c) exigência de entrega de uma cópia autêntica da letra; e (d) exigência de entrega do protesto. Igualmente, o art. 39 do mesmo estatuto, além de prever expressamente a possibilidade de pagamento parcial, prescreve nesse mesmo sentido.[24] Tais exigências visam a permitir, conforme palavras da lei, o exercício de ulteriores direitos de ação.

Quanto a esse aspecto a doutrina faz os seguintes esclarecimentos:

"O pagamento parcial produz os seguintes efeitos: (a) libera o pagante quanto ao valor pago; (b) confere a quem efetua o pagamento o direito de exigir dupla quitação: uma no título, outra em documento separado (...)".[25]

"No caso do pagamento parcial, não se dá a tradição de letra de câmbio ao devedor, pois o credor ainda precisa tê-la em mãos para exercer os seus direitos relativos ao crédito-resíduo. Mas o credor está obrigado a firmar a quitação na própria letra, além de outra em separado que entregará ao devedor."[26]

A entrega de cópia autenticada da letra não tem outra função senão garantir os direitos e provar o ato daquele que pagou, caso contrário não haveria sentido na sua previsão legal. Mesmo porque não se pode olvidar que o principal direito ou interesse daquele que adimple com a obrigação pela qual não é o obrigado principal é certamente a recuperação, no futuro, do valor pago. Assim, como o original da letra de câmbio tem força executiva, sua cópia autenticada entregue àquele pagador parcial, nessa hipótese estritamente, deve ser considerada um dos documentos que formam o título executivo, uma vez que o novo credor está inabilitado a apresentar o original e sua pretensão pode estar em vias de prescrição. A esse raciocínio, cumpre destacar a possibilidade de haver dois ou mais pagamentos parciais procedidos por dois ou mais pagadores que completam a soma total. Nesse caso há apenas um título original e vários sub-rogados. Como, então, cada um deve agir nessas circunstâncias? Ou se admite a eficácia do dispositivo supracitado dentro

22. Mario Baccigaluppi, *Osservazione sulle Copie della Cambiale*, vol. 1, Banca e Borsa, 1953, p. 184, *apud* Werter R. Faria, *Ações Cambiárias*, cit., p. 19.

23. Nos termos da lei, "no caso de ação intentada depois de um aceite parcial, a pessoa que pagar a importância pela qual a letra não foi aceita pode exigir que esse pagamento seja mencionado na letra e que dele lhe seja dada quitação. O portador deve, além disso, entregar a essa pessoa uma cópia autêntica da letra e o protesto, de maneira a permitir o exercício de ulteriores direitos de ação".

24. Nos termos da lei, "no caso de pagamento parcial, o sacado pode exigir que deste pagamento se faça menção na letra e que dele lhe seja dada quitação".

25. Luiz Emygdio F. da Rosa Jr., *Títulos de Crédito*, p. 354.

26. J. X. Carvalho de Mendonça, *Tratado de Direito Comercial*, 1ª ed., vol. 3, t. 2, p. 477.

da perspectiva apresentada, ou dificilmente os credores poderão reaver as quantias desembolsadas, possibilitando, portanto, o locupletamento ou enriquecimento ilícito de alguns.[27]

Por fim, a jurisprudência abaixo é imprescindível para corroborar a tese de ação de execução, em casos excepcionais, sem o original do título executivo. Nos seus exatos termos, tem-se:

> Direitos comercial e processual civil – Execução – Duplicata de prestação de serviços – Exceção de pré-executividade – Descabimento na espécie – Recurso desacolhido.
>
> I – O sistema processual que rege a execução por quantia certa, salvo exceções, exige a segurança do juízo como pressuposto para o oferecimento dos embargos do devedor.
>
> II – Somente em casos excepcionais, sobre os quais a doutrina e a jurisprudência vêm se debruçando, se admite a dispensa desse pressuposto, pena de subversão do sistema, que disciplina os embargos do devedor e a própria execução.
>
> III – Em tese, a falta dos originais das duplicatas nos autos de execução não constitui vício passível de impugnação em exceção de pré-executividade, *tendo em vista que os mesmos podem ser dispensados na hipótese de retenção dos títulos, atendidos os demais requisitos previstos em lei.*[28]

Traçadas essas premissas, torna-se necessário trazê-las para as especificidades das sistemáticas legal e principiológica dos títulos de crédito rural, industrial, comercial e imobiliário, ou qualquer outro título de crédito, desde que haja previsão de pagamentos parcelados em período de tempo que possa macular a pretensão no tocante a algumas das parcelas, em virtude da prescrição.

Nesse ponto, vale lembrar que cada título ou tipo de título de crédito deve obedecer, primeiramente, ao seu regramento em especial. Somente após exauridos seus comandos é lícito trazer os comandos de outros estatutos jurídicos, mesmo que de outros títulos de crédito.

Nesse sentido, necessário se faz avocar dispositivo corrente nos atos normativos reguladores dos títulos de crédito em geral, o qual determina que, nas omissões, devem ser aplicadas as normas do direito cambial, com as ressalvas no mesmo expostas ou no que for cabível.[29] Nesse sentido a doutrina faz o seguinte esclarecimento: "No estudo dos títulos de crédito em geral a letra de câmbio merece atenção especial, porque é no estatuto legal da mesma que se encontram os princípios norteadores do instituto, aplicáveis, em regra geral (salvo as carac-

27. Nesse tocante, cumpre ressaltar que, de um modo geral, duas outras possibilidades poderiam ser vislumbradas: (1) primeiramente, o último sub-rogado, ao pagar o saldo restante – e, portanto, ao completar o valor total –, de posse da cártula, aciona seu devedor e, após o recebimento do crédito, entrega o título a um outro sub-rogado, que fará o mesmo – essa solução não se apresenta como a melhor, pois, em face da demorada marcha processual no Brasil, o último a exercer o direito de cobrança pode estar sujeito à espera de um longo prazo, isso se não houver a prescrição de sua pretensão nesse ínterim; (2) em segundo lugar, todos podem ajuizar em litisconsórcio a ação executiva, obviamente supondo que os vários pagamentos parciais ocorreram simultaneamente ou em prazos muito próximos – essa solução não se aplica ao caso hipotético, pois o mesmo apresenta a hipótese de pagamentos parciais em virtude de várias parcelas consecutivas e sucessivas no tempo.

28. STJ, 4ª Turma, REsp 40.078-RS, rel. Min. Sálvio de Figueiredo Teixeira, j. 10.12.1997, *DJU* 2.3.1998, p. 92, *JBCC* 182/104, *RDR* 12/293, *RJTAMG* 83/381 (grifos acrescidos ao original). Nesse tocante, é necessário destacar que o próprio direito cambiário, expressa ou tacitamente, prevê hipóteses pelas quais a execução poderá ser ajuizada sem o título original.

29. A título de exemplos têm-se o art. 60 do Decreto-lei 167/1967 e o art. 10, *caput*, da Lei 8.929/1994 (títulos de crédito rural), o art. 52 do Decreto-lei 413/1969 (títulos de crédito industrial) e o art. 5º da Lei 6.840/1980 (títulos de crédito comercial). Nesse sentido, é interessante frisar que por "direito cambial" deve-se entender o sub-ramo do direito comercial, e não as regras *stricto sensu* dos títulos de crédito do direito civil. Ainda vale ressaltar que, mesmo não havendo expressa permissão, outro não é o entendimento.

terísticas próprias de cada título) (...). Pode-se dizer que a lei cambiária encerra as regras fundamentais dos títulos de crédito; as leis reguladoras dos demais títulos aproveitam algumas dessas regas gerais, adaptando-as às peculiaridades de cada um".[30]

E, uma vez que o Código Civil de 2002[31] não é o estatuto apropriado e nem subsidiário dos títulos de créditos típicos e nominados, deve-se propugnar pela incidência das normas da Lei Uniforme de Genebra, baixada como Anexo I ao Decreto 57.663/1966.[32]

Contornadas quaisquer dúvidas quanto à regência supletiva do estatuto da letra de câmbio no tocante aos títulos de crédito, não se pode deixar de vislumbrar que o pagamento parcial referente a eles enseja os mesmos direitos: menção do fato no corpo do título, quitação em termo separado, extração de cópia[33] autenticada e entrega do instrumento do protesto.

30. Fran Martins, *Títulos de Crédito*, 11ª ed., vol. 2, p. 22.

31. Esse entendimento não colide com a tentativa de unificação do direito privado, o que em absoluto ocorreu. Nesse aspecto, e segundo a doutrina, "constituída pelos juristas Miguel Reale, José Carlos Moreira Alves, Agostinho de Arruda Alvim, Sylvio Marcondes, Ebert Vianna Chamoun, Clóvis do Couto e Silva e Torquato Castro, a Comissão Elaboradora e Revisora do Anteprojeto de Código Civil pretendia uma unificação de Códigos, com o direito civil absorvendo o direito comercial (...). A pretendida unificação foi um grande engano, entre muitos outros que aqueles juristas cometeram. Em verdade não houve absorção alguma do direito comercial pelo direito civil, como achavam que poderia ocorrer. Não houve unificação didática e nem científica. O direito comercial continua com seus princípios diferentes do direito civil (...). É claro que algumas regras e normas do direito comercial estão no Código Civil aprovado, como poderiam estar, também, as normas relativas ao direito penal, do direito administrativo, do direito processual e qualquer outro ramo" (Wille Duarte Costa, *Títulos de Crédito*, 2ª ed., p. 19).

32. Ainda quanto à aplicação subsidiária da Lei Uniforme de Genebra, insta salientar que, fracassada a tentativa de unificação do direito privado, o direito comercial e o direito civil continuam com seus próprios valores e princípios. Sendo assim, na existência de omissões em um determinado texto legislativo a ser aplicado, deve-se indagar a qual ramo jurídico o mesmo pertence e, antes de buscar a solução em outro ramo, é necessário verificar outras prescrições e princípios dentro do próprio ramo jurídico no qual se insere a questão. Traduzindo essas palavras para o caso, ao se constatar alguma omissão no diploma legal de qualquer um dos títulos que se inserem na esfera de conteúdo do direito comercial (empresarial), antes de procurar a resposta em qualquer outro ramo jurídico, como o direito civil, por exemplo, é dever do bom exegeta e aplicador do Direito averiguar todas as prescrições concernentes à matéria em foco no próprio direito – na hipótese, o comercial –, sendo que, no caso vertente, a boa doutrina é uníssona em apontar a Lei Uniforme de Genebra como o regramento geral para todos os títulos de crédito. De forma diversa a doutrina não entende, conforme o seguinte: "Como o direito comercial proveio do civil e este é o direito privado comum, acharam seria aquele o não-comum, e, portanto, de exceção. Parece melhor chamar-lhe direito especial, ou preferir outra denominação que não deixe margem a equívocos. O preceito excepcional interpreta-se estritamente; não admite os suplementos da analogia, nem a exegese extensiva. Nos casos não expressos aplica-se o direito comum. Assim, entretanto, não sucede com o direito comercial. *O hermeneuta considera-o como regra geral, dentro da esfera da sua competência; em segundo lugar, apela para os usos, costumes e praxes mercantis; só em último turno recorre ao civil, como simples subsidiário*; não como principal" (Carlos Maximiliano, *Hermenêutica e Aplicação do Direito*, 19ª ed., p. 258 – grifos acrescidos ao original).

33. Importante frisar que a cópia a que a convenção se refere nessa parte não se confunde com o instituto cambial da pluralidade de exemplares (duplicatas) e das cópias. A Lei Uniforme de Genebra delineia os princípios e normas desse instituto cambial, sendo que a doutrina define *cópias* como "reproduções exatas do original, incluindo endossos, avais e todas as menções contidas nas letras, feitas pelo portador. Nisso se diferenciam as cópias das duplicatas, pois, nestas, os participantes da letra são obrigados a repetir as suas assinaturas, enquanto nas cópias a reprodução das assinaturas é feita pelo próprio portador que confecciona a cópia (...) documento feito pelo portador e que deve reproduzir literalmente a cambial, observando os requisitos legais, podendo ser transferida como se original fosse" (Luiz Emygdio F. da Rosa Jr., *Títulos de Crédito*, p. 421). Vale ressaltar que a extração da cópia no presente caso, nos termos dos arts. 67 e 68 da Lei Uniforme de Genebra, não é interessante, pois a cópia confere prerrogativa a seu portador de exercer direito apenas frente ao endossante e ao avalista na própria cópia, sendo que nunca em face do obrigado principal, ou dos outros obrigados no original. Em regra, não há outros endossantes. Nos termos da lei, art. 68, alínea 2ª, "se se recusar a fazê-lo, o portador só pode exer-

Quanto ao protesto, vale ressaltar que pelos próprios comandos legais concernentes aos títulos de crédito rural, industrial e comercial o protesto é dispensado.[34] Sendo assim, a exigência da entrega do instrumento de protesto não prospera, na medida em que esse ato formal e solene, na definição do art. 1º da Lei 9.492/1997, não é obrigatório às espécies.

Nesse viés, um dos títulos a instruir a ação de execução não é outro senão a cópia autenticada da cártula.

A cópia, proveniente de força de lei – uma vez que prevista e originada de disposição legal, a ponto de sua entrega por parte do credor originário se demonstrar como um direito potestativo exercitável pelo pagador parcial *in casu* –, subsume-se à hipótese executiva, em face da peculiaridade da situação fática que o ordenamento visa a prescrever. Função nenhuma teria a inteligência do dispositivo da Lei Uniforme de Genebra se não fosse permitir a execução por parte do pagador parcial. Nesse sentido, a cópia deve ser compreendida não somente como a prova da quitação do valor, mas também como prova da existência do título e de seus termos, obedecendo ao princípio da literalidade.

Quanto ao fato de o pagamento parcial não excluir a liquidez, certeza e exigibilidade do título, a seguinte exposição doutrinária é de grande valia: "O Tribunal da Relação de Minas Gerais entendeu, por duas vezes, que o título cambiário pago em parte, sem se fixar o que foi pago, perde o direito ao remédio jurídico processual executivo (22.6.1924, 24.1.1931). Essa solução aberra dos princípios: o ônus da prova de ter pago, e de quanto foi pago, cabe ao obrigado que pagou, e não se pode prejudicar o possuidor do título, negando-se-lhe remédio jurídico processual específico. Ou os pagamentos parcelados constam do título, e de modo nenhum alteram a certeza e liquidez da dívida, ou dele não constam, e constituem objeto de exceção, na contestação, na ação de condenação, ou nos embargos do devedor, na ação executiva".[35]

E, *mutatis mutandis*, o raciocínio jurisprudencialmente esboçado, referente ao pagamento parcial verificado no título original, com todas as suas implicações, deve ser aplicado ao pagamento parcial verificado na cópia autenticada.

Ainda no tocante à especificidade do caso, em virtude dos títulos de crédito rural, industrial, comercial e imobiliário, a prescrição da necessidade de registro do título no cartório competente[36] é extremante

cer o seu direito de ação contra as pessoas que tenham endossado ou avalizado a cópia (...)". Quanto à pluralidade de exemplares (duplicatas), a doutrina esclarece que "consiste a duplicata (não confundir a duplicata da letra de câmbio com a duplicata mercantil, título causal oriundo de vendas a prazo, hoje regulado pela Lei 5.474, de 18.7.1968) na reprodução, o mais possível exata (porque pode haver ligeiras alterações do título original, que entretanto não prejudicam) da letra de câmbio, com caracterização de que não se trata do título original, e sim de uma duplicata mesmo" (Fran Martins, *Títulos de Crédito*, cit., 13ª ed., vol. 1, p. 254). Insta salientar que essa hipótese, embora fosse uma possível solução, nem sempre se apresenta interessante, pois é necessária a reprodução de todas as assinaturas, conforme o art. 64 da Lei Uniforme de Genebra – com o quê dificilmente os demais coobrigados anuiriam.

34. A título de exemplos têm-se o art. 60 do Decreto-lei 167/1967 e o art. 10, III, da Lei 8.929/1994 (títulos de crédito rural), o art. 52 do Decreto-lei 413/1969 (títulos de crédito industrial) e o art. 5º da Lei 6.840/1980 (títulos de crédito comercial). Certamente que mesmo naqueles títulos nos quais o protesto é previsto e obrigatório, se houver a previsão de pagamento parcelado e cada parcela for paga na sua integralidade, não há motivo para protesto, e, portanto, o direito de regresso pode ser exercido independentemente do mesmo. Nesse sentido, a melhor doutrina é aquela que propugna pela tese de que não é lícito apontar e lavrar protesto de título de crédito na hipótese de pagamento total da parcela – portanto, nesse caso, sendo o protesto e a entrega de seu instrumento dispensados. Igual raciocínio não se vislumbra se houver pagamento de parte da parcela, com concomitante previsão de necessidade de protesto para garantia do direito de regresso.

35. Pontes de Miranda, *Comentários ao Código de Processo Civil*, 2ª ed., t. 9, p. 208.

36. A título de exemplos têm-se o art. 30 do Decreto-lei 167/1967 e o art. 12 da Lei 8.929/1994 (títulos de crédito rural), o art. 30 do Decreto-lei 413/

salutar para o deslinde da questão. Como regra geral, tais títulos de crédito, para serem opostos contra terceiros, devem estar registrados no cartório de imóveis do domicílio do emitente ou da circunscrição do local de situação do imóvel, conforme o caso. Sendo assim, deve-se extrair a respectiva certidão com fins de juntar ao processo executivo.[37]

A propositura da ação de execução com base na certidão cartorária, além da cópia autenticada e do termo em separado da quitação, obedece à disposição do art. 585, II, do CPC,[38] uma vez que se estará instruindo a inicial com título público, embora referente ou originário de documento particular. A conclusão surge da interpretação cumulada desse dispositivo com o teor do art. 365 da codificação processual.[39] Portanto, a certidão cartorária reforça a existência do título de crédito apresentado na forma de cópia autenticada aos autos.

Nesse diapasão, a jurisprudência paulista sepulta qualquer dúvida a respeito da problemática ora analisada. Veja-se: "'No caso de devedores solidários, se um deles satisfaz integralmente o crédito, sub-roga-se ao credor originário – *Caso de cédula rural – Bastam a certidão do cartório imobiliário e a cópia do título para o início da execução, sendo desnecessário juntar o original para prosseguir o feito*' (1º TACivSP, *RT* 734/353)".[40]

1969 (títulos de crédito industrial) e o art. 5º da Lei 6.840/1980 (títulos de crédito comercial).

37. Certamente que, em relação àqueles títulos nos quais não há previsão de registro no cartório, não há possibilidade de extração de certidão, e, portanto, tal exigência não pode ser feita para legitimar a propositura de ação executiva.

38. Nos termos da lei: "São títulos executivos extrajudiciais: (...) II – a escritura pública ou outro documento público assinado pelo devedor (...)".

39. Nos termos da lei: "Fazem a mesma prova que os originais: (...) II – os traslados e as certidões extraídas por oficial público, de instrumentos ou documentos lançados em sua nota; (...)".

40. Luiz Emygdio F. da Rosa Jr., *Títulos de Crédito*, cit., p. 428 (grifos acrescidos ao original).

Sendo assim, percebe-se a inclinação jurisprudencial na direção de permissão da execução cambial sem o original do título, mas com sua cópia; e, na hipótese de o título estar sujeito a registro, também com uma certidão emitida pelo cartório competente para o ato registral, nos termos das leis cambiárias.

3. Da conclusão

Em face do exposto, seguem as seguintes respostas:

3.1 Qual o melhor momento para cobrança por parte do pagador parcial do valor devido: durante o pagamento das parcelas ou após o vencimento da obrigação?

O melhor momento para a cobrança dos valores parcialmente pagos é concomitantemente aos respectivos pagamentos, de forma a evitar a prescrição de cada parcela.

3.2 Quais as implicações para o adimplente da parcialidade da obrigação caso venha a cobrar judicialmente após o vencimento total da obrigação?

A principal implicação é a prescrição da pretensão de cobrança de parcelas pagas em período, em regra, anterior a três anos.

3.3 Há substrato jurídico para cobrança judicial por parte do mesmo, na condição de pagador parcial, via ação executiva, das parcelas pagas antes do vencimento total da dívida, em face da ausência da cártula?

Sim. As parcelas podem ser cobradas via execução, desde que a ação seja instruída com a cópia autenticada do título, o termo de quitação em separado e a certidão do registro do título, os quais, juntos, formam a documentação de natureza executiva da dívida, substituindo a cártula.

3.4 Quais são as cautelas que o pagador parcial deve tomar ao adimplir cada uma das parcelas?

Exigir a quitação no corpo do título, em instrumento separado, e cópia autenticada do mesmo.

3.5 Outros esclarecimentos.

A juntada da cópia autenticada da cártula, com o termo de quitação e a certidão do cartório, evidencia a certeza, liquidez e exigibilidade do título.

Bibliografia

CARVALHO DE MENDONÇA, J. X. *Tratado de Direito Comercial.* 1ª ed., vol. 3, t. 2. Campinas: Bookseller, 2003.

COSTA, Wille Duarte. *Títulos de Crédito.* 2ª ed. Belo Horizonte: Del Rey, 2005.

FARIA, Werter R. *Ações Cambiárias.* Porto Alegre: Sérgio Antônio Fabris Editor, 1987.

GAGLIANO, Pablo Stolze, e PANPLONA FILHO, Rodolfo. *Novo Curso de Direito Civil: Parte Geral.* 5ª ed., vol. 1. São Paulo: Saraiva, 2004.

LOPES, Mauro Brandão. *Observações sobre o Livro I, Título VIII ("Dos Títulos de Crédito"): Anteprojeto de Código Civil.* 2ª ed. Brasília: Ministério da Justiça, 1973.

MARTINS, Fran. *Títulos de Crédito.* 11ª ed., vol. 2, e 13ª ed., vol. 1. Rio de Janeiro: Forense, 2000.

MAXIMILIANO, Carlos. *Hermenêutica e Aplicação do Direito.* 19ª ed. Rio de Janeiro: Forense, 2001.

PANPLONA FILHO, Rodolfo, e GAGLIANO, Pablo Stolze. *Novo Curso de Direito Civil: Parte Geral.* 5ª ed., vol. 1. São Paulo: Saraiva, 2004.

PEREIRA, Cáio Mário da Silva. *Instituições de Direito Civil: Teoria Geral das Obrigações.* 19ª ed., vol. 1. Rio de Janeiro: Forense, 2000.

PEREIRA, Lutero de Paiva. *Comentários à Lei da Cédula de Produto Rural.* 2ª ed., vol. 1. Curitiba: Juruá, 2003.

PONTES DE MIRANDA, F. C. *Comentários ao Código de Processo Civil.* 2ª ed., t. 9. Rio de Janeiro: Forense, 2001.

REQUIÃO, Rubens. *Curso de Direito Comercial.* 21ª ed., vol. 2. São Paulo: Saraiva, 1998.

RIZZARDO, Arnaldo. *Parte Geral do Código Civil.* 3ª ed. Rio de Janeiro: Forense. 2005.

ROSA JR., Luiz Emygdio F. da. *Títulos de Crédito.* Rio de Janeiro/São Paulo: Renovar, 2000.

THEODORO JR., Humberto. *Curso de Direito Processual Civil.* 32ª ed., vol. 7. Rio de Janeiro: Forense, 2001.

LIQUIDAÇÃO, ENCERRAMENTO E EXTINÇÃO DAS OBRIGAÇÕES DO FALIDO

VERA HELENA DE MELLO FRANCO

I — A liquidação. II — Modalidades. III — Os meios. IV — O procedimento. V — O pagamento. VI — Encerramento da falência e extinção das obrigações. VII — Hipóteses de extinção.

I — A liquidação

A) Cuida-se de processo de natureza executória, cuja finalidade é a satisfação dos credores, procedimento que, por coletivo, está norteado, diferentemente do que ocorre com a execução singular (justiça comutativa), pelo princípio da justiça distributiva.

B) Na lei anterior tinha início por meio de avisos (arts. 114, 178 c/c 185 do Decreto-lei 7.661/1945), dentro do prazo fixado pelo juiz (art. 115, Decreto-lei 7.661/1945) logo após o inquérito judicial, caso o devedor não ingressasse com pedido de concordata suspensiva.

A nova lei não declara a forma de comunicação, limitando-se a esclarecer "(...) assim que arrecadados todos os bens, desde que devidamente avaliados (...)" (art. 110, § 1º, LRE).

Destarte, afasta-se o princípio da publicidade, trazendo para os credores a obrigação de acompanharem o andamento do processo em cartório.[1]

C) Por outro lado, anteriormente, era fase separada da verificação de crédito, dita fase de conhecimento (salvo a venda antecipada do antigo art. 73, Decreto-lei 7.661/1945), a qual exigia fosse o quadro de credores publicado com anterioridade ainda nesta fase.[2]

Atualmente a liquidação tem início independentemente da publicação do quadro dos credores (art. 140, § 2º, LRE), reservando-se o apurado com a venda de ativos, quaisquer ativos, para pagamento posterior. Ocorrendo a hipótese, o produto apurado vai para uma conta remunerada (art. 147, LRE) com o que se pretende garantir a preservação do poder de compra do valor arrecadado.

Não se confunda, todavia, pagamento com liquidação. A liquidação tem início antes com a sub-rogação legal dos credores da falência (art. 83, LRE) no produto resultante da alienação dos ativos (art. 141, LRE); o pagamento advém em momento posterior.

1. Rachel Sztajn, *Lei de Recuperação de Empresas e Falência*, São Paulo, Saraiva, 2005, pp. 371-427, a p. 373.

2. Se bem que, cumpre notar, não se cuidavam de fases absolutamente estanques, já que, a par de se admitir a venda antecipada dos bens na hipótese mencionada, a habilitação retardatária dos credores, admitia o conhecimento na fase de execução.

O pagamento dos créditos classificados no art. 83, LRE (concursais ou falenciais) dependerá da homologação do quadro de credores. Já as despesas são antecipadas (art. 150, LRE) e aqueles previstos no art. 151, LRE, serão pagos tão logo haja disponibilidade no caixa, seguindo-se lhes as restituições como ordena o art. 86, parágrafo único ("efetuadas após o pagamento previsto no art. 151 ..."). Os créditos extraconcursais (anteriormente encargos e dívidas da massa, previstos na norma do art. 124, Decreto-lei 7.661/1945) se lhes seguem.

D) Colateralmente, no decreto-lei revogado, o adquirente, arrematante ou sucessor dos bens do falido respondia pelos encargos tributários e trabalhistas, sendo, ademais, obrigado a manter os contratos de trabalho preexistentes, configurando-se sucessão do adquirente nas obrigações do falido.

A nova lei exclui a sucessão para efeitos tributários, trabalhistas e acidentários na alienação judicial resultante do procedimento falimentar (conforme o disposto no art. 141, II, LRE), salvo as situações que excepciona, previstas no § 1º deste artigo (sócio da falida ou de sociedade controlada pelo falido, parente, colateral ou afim e agente do falido[3]).

A atual redação afetou o disposto no art. 133, CTN, posto afastar a sucessão para efeitos tributários e, também, o disposto nos arts. 448 e 449, CLT, já que os empregados existentes serão contratados mediante novos contratos, não respondendo o adquirente pelas obrigações derivadas dos contratos anteriores.

Note-se, permanecer a possibilidade da venda *antecipada* de bens para arcar com as despesas com arrecadação, manutenção e guarda dos bens, conf. arts. 111 e 113 da LRE.

3. Aqui há a necessidade de provar o *animus lesivo*.

II — Modalidades

A LRE arrola no seu art. 140 as opções para a liquidação do ativo.

A ordem, todavia, não é aleatória e o desrespeito ao estabelecido deverá ser justificado, tendo em vista os interesses dos credores no resultado da liquidação, posto que a finalidade é maximizar o resultado financeiro obtido de molde a melhor atender aos interesses dos credores.

Isto não veda, todavia, a possibilidade da adoção simultânea de mais de uma forma de realização do ativo se assim for conveniente para os credores (art. 140, § 1º, LRE).

Examine-se uma por uma:

a) Alienação da empresa, com a venda das unidades englobadas

Aqui coloca-se um problema, a saber, a falta de técnica tendo em vista os conceitos de empresa, filial e estabelecimento.

A problemática, ao que parece, tem origem nas diversas acepções acolhidas nos consecutivos projetos dos anos 60[4] tendo em vista os diferentes critérios acatados. Assim, o perfil *funcional* de Asquini, foi o acolhido no projeto de Orlando Gomes, no seu art. 377; o *corporativo ou institucional*, aquele do projeto de Código do Trabalho, relatado pelo Prof. Evaristo de Moraes Filho (art. 425) e, por final, *o subjetivo*, visualizando a empresa como atividade exercida pelo empresário, foi o critério proposto por Sylvio Marcondes, acolhido originalmente em seu projeto no art. 1.106, que corresponde ao atual 966.[5]

4. Cf. Oscar Barreto Filho, *Teoria do Estabelecimento Comercial*, São Paulo, Max Limonad, 1969, pp. 26, 27.

5. Cf. Oscar Barreto Filho, ob. cit., pp. 27, 28, textualmente: "O projeto do código de obrigações, na parte terceira, elaborada pelo prof. Sylvio Marcondes, leva em conta que, em toda relação jurídica, não se pode prescindir do agente da atividade, ou seja, do sujeito de direito. Assim, cuida de fixar o perfil subjetivo da empresa, sob o prisma do próprio

Destarte, embora o conceito de empresa não seja unívoco, o acatado no CC de 2002, em seu art. 966 (Sylvio Marcondes), é o de atividade realizada pelo empresário, a qual, todavia, não é nem sujeito e nem objeto de direito. Mas na letra da LRE esta atividade surge objetivada, o que não significa confunda-se com o conceito de estabelecimento, como pretendem alguns.[6]

Entendimento em contrário, vale dizer, aceitar ali a empresa como estabelecimento, equivaleria admitir a possibilidade de um estabelecimento, composto de estabelecimentos, relegando o termo "estabelecimento", acatada em seqüência pela LRE, à conceito nenhum.

Como entender, então, a expressão empresa acatada no texto legal?

No dizer de Rachel Sztajn,[7] a expressão "alienação da empresa", corresponderia à alienação de todos os estabelecimentos como se formassem uma unidade indissolúvel.

Vale dizer, aliena-se toda a organização empresarial, intangíveis, contratos, manutenção da tecnologia, mão-de-obra qualificada etc. como um todo. Por tal razão, os bens e contratos essenciais necessários à continuação da atividade acompanham a alienação (art. 140, § 3º, LRE). A idéia é que é possível obter mais financeiramente pela alienação da organização como um todo, do que mediante a transferência das unidades isoladas, tendo em vista a economia na retomada da atividade.

Todavia, o fato de ser a organização empresária transferida, não significa a permanência da estrutura societária, posto cuidar-se de liquidação e não de transferência da pessoa jurídica. A assim ser, não se pode falar aqui em liquidação das participações sociais ou em transferência de controle.

O valor a mais do bloco de ações que representam o controle somente tem lugar na situação, arrolada no art. 50, III, LRE, quando escolhido como meio para a recuperação da empresa. Neste caso, sim, é de se admitir que, em se cuidando de companhia aberta, se aplique a disciplina da OPA, tal como previsto na norma dos arts. 254-A e ss. da Lei Acionária e Instrução CVM 361/2002.

Observa-se, ademais, que a transferência do contrato de locação, quando tutelado pelo direito à ação renovatória, tal como autorizam as normas dos arts. 51 e ss. da Lei 8.245/1991, não depende da autorização do locador. Neste sentido a norma do art. 51, § 1º, desta Lei do Inquilinato é expressa. E a orientação justifica-se, considerando que a propriedade comercial, vale dizer o direito à renovação da locação, é um dos elementos integrantes do estabelecimento empresarial, seguindo-lhe o destino quando do traspasse, transferência ou sucessão.

Outra, todavia é a situação, quando o contrato não se pode beneficiar da ação renovatória. Neste caso o consentimento do proprietário, tal como estabelecido na norma do art. 13 da Lei 8.245/1991, é de rigor.

Por final, no tópico, mal não faz lembrar que o disposto no § 3º deste artigo somente tem aplicação nas hipóteses de transferência da empresa.

b) Alienação da empresa com a venda de suas filiais isoladamente

A questão aqui é o que se deve entender mediante as expressões "filiais" e "unidades produtivas".

A levar em conta que a norma do art. 3º da LRE repete o disposto no art. 7º do antigo Decreto-lei 7.661/1945; é de se acatar a permanência do critério ali esposado por questão de lógica legislativa já que os

titular — o empresário — e das condições a que deve satisfazer para o exercício da atividade negocial, em consonância, aliás, com a sistemática do livro V, do Código Civil italiano de 1942 que parte da figura do empresário para estabelecer o conceito de empresa".

6. Assim Ricardo Bernardis, in *Comentários à Lei de Recuperação de Empresas e Falência*, São Paulo, Ed. RT, 2005, pp. 475-494, a p. 477.

7. Aut. e ob. cits., a p. 376.

conceitos recepcionados na lei não podem ter significados diferentes no mesmo diploma legal.

A assim ser, a norma tem em vista a filial de empresa que tenha sede fora do território nacional.

Permanece, destarte, a lição de Trajano de Miranda Valverde ao demonstrar não ter sido o princípio da universalidade ou da unidade da falência acatado no Direito Internacional Privado quando do tratamento da pluralidade de estabelecimentos.[8] Nestas circunstâncias invoca o disposto no art. 415 do Código de Direito Internacional Privado das repúblicas americanas, igualmente acatado em âmbito brasileiro.

Conforme o acatamento,[9] "a expressão 'casa filial' deve ser tomada em sentido amplo, como designando todo estabelecimento mais ou menos subordinado a outro situado fora do País e explorado por pessoa natural ou jurídica. Pouco importa que aqui comercia com a denominação de sucursal ou agência, pois em qualquer caso está sujeito à lei brasileira. O essencial é que a 'casa filial' constitua no Brasil um estabelecimento distinto e separado da casa matriz, isto é, tenha vida própria, muito embora esteja intimamente ligada à matriz por interesses econômicos".

Desfeito este mistério, passa-se à etapa seguinte.

c) Alienação da empresa com a venda das suas unidades produtivas isoladamente

Indaga-se neste ponto por que acatar a expressão "unidade produtiva" ao invés de "estabelecimento empresarial".

Lembramos que o estabelecimento na sua unidade (universalidade de fato) é um conceito dinâmico que não se confunde com a idéia de fundo de negócio, posto que somente se tem estabelecimento enquanto a atividade de seu titular estiver qualificada pelo aviamento. Isto é, quando o estabelecimento está apto a produzir lucros e a atrair clientela.

Portanto, todo o estabelecimento é uma unidade produtiva. Se não está em funcionamento, se não está qualificado pelo aviamento, nada mais é do que um conjunto de bens, a saber, um fundo de negócio. Jamais um fundo de comércio.

Como solucionar?

A idéia ao que parece é manter o direito ao ponto ou ao local de negócio, a par do aviamento e clientela, o que equivale dizer, direito à renovatória (arts. 51 e ss. da Lei 8.245/1991) quando se cuida de imóvel locado que preencha os requisitos estabelecidos nesta lei.

Todavia, atente-se ao alerta de Rachel Sztajn:[10] o desmembramento pode significar o rompimento da cadeia produtiva e repercutir negativamente na continuidade dos negócios.

Vale a solução, todavia, quando cada unidade possa operar individualmente.

d) Alienação em bloco dos bens que constituem o patrimônio do devedor

Aqui, cuida-se, s.m.j., de cessão do fundo de negócio, posto que a lei fala em "bens que integram cada um dos estabelecimentos".

Nesta circunstância não se pode falar em valor do local ou do ponto de negócio e, tampouco, em aviamento ou em transferência da clientela.

Mas, de qualquer modo, tendo em vista a alienação em bloco, preserva-se a unidade organizacional, resultante da finalidade inicialmente colimada (o critério que ordena aquela universalidade de fato formada pelos bens reunidos pelo empresário, tem critério teleológico) o que acresce, no dizer de Rachel Sztajn,[11] financeiramente

8. Aut. cit., *Comentários à Lei de Falências*, v. I, 4ª ed., Forense, 1999, a p. 137.

9. Idem, aut. e ob. cits., a p. 139.

10. Aut. e ob. cits., a p. 378.

11. Aut. e ob. cits., a p. 379.

o valor da transferência, preservando o critério de eficiência.

e) A última solução é a venda em separado (conforme a linguagem do decreto-lei anterior) dos bens que compõem os estabelecimentos. O critério é puramente econômico-financeiro e decorre da natureza da empresa exercida

Assim, em mega-atividades, perante o gigantismo ou o valor expressivo de cada um dos equipamentos utilizados, a impossibilidade da venda em bloco pode ser a realidade, ordenando a escolha da venda individual dos bens que compõem cada estabelecimento (ou unidade produtiva). Neste caso (e igualmente naqueles dos incisos II e III do art. 140, LRE), os contratos necessários ao exercício das atividades não entram em consideração e, tampouco, se pode falar em bens necessários ao exercício da atividade.

De qualquer forma a presença do MP, em qualquer uma dessas modalidades, é de rigor, sob pena de nulidade (art. 147, § 7º).

III — Os meios

a) A escolha é prerrogativa do Juiz, ouvido o administrador judicial e o comitê de credores (quando existente, posto ser facultativo). As modalidades são: leilão, vendas por propostas e pregão. Todas precedidas de publicação no *Diário Oficial* ou em qualquer outro jornal de grande circulação, a critério do administrador (art. 142, § 1º, LRE).

O leilão segue o procedimento previsto nos arts. 686-707, CPC, conforme a remessa do art. 142, § 3º, da LRE.

Note-se que o lanço[12] é declaração unilateral de vontade (oferta de contrato), sujeita a condição suspensiva de que não se lhe siga oferta maior.

In casu, cuida-se de leilão oral, feito na presença dos interessados, o que pode incentivar a competição elevando os lances, não obstante a possibilidade de conluio entre os participantes de molde a manter os valores mais baixos. A alienação será autorizada, ainda que por valor inferior ao da avaliação, salvo se se tratar de preço vil, conforme o entendimento que deflui da remessa do § 3º deste art. 142 ao CPC.

Quanto a se entender no que consiste preço vil (art. 692, CPC), entende-se aquele inferior a 60% do mercado do bem.[13]

Com relação à alienação por propostas, igualmente já prevista na lei anterior, estas são, igualmente, apresentadas fechadas, sem que cada um dos participantes tenha conhecimento da oferta do concorrente.

Verifique-se, outrossim, que a presença do Juiz só é impositiva no momento da abertura das propostas e não durante o desenrolar de todo procedimento.

A proposta, igualmente, é oferta de contrato, vinculativa que não admite retratação, ainda que os envelopes não tenham sido abertos.

A venda por pregão é, como declara a lei, modalidade híbrida das anteriores e novidade desta lei.

Num primeiro momento procede-se à alienação por propostas, selecionando-se as melhores dentre as de maior valor, que consistirá no teto mínimo a ser alcançado.

Em seguida, selecionam-se aquelas que não sejam inferiores a 90% da maior proposta.

O valor inicial do leilão corresponderá àquele da maior proposta.

Com tal procedimento, parte-se de um patamar mais elevado, possibilitando maior satisfação dos credores.

IV — O procedimento

Qualquer que seja a modalidade escolhida admite a impugnação dos credores,

12. Idem, a p. 390.

13. Ibidem, a p. 392.

do devedor e do MP. Destarte é procedimento contencioso.

Note-se que o prazo de 48 horas, previsto em lei (art. 143, LRE), se conta a partir do momento em que foi concluída a arrematação. E a presença do MP é de rigor sobre pena de nulidade (art. 142, § 7º, LRE).

Há a possibilidade, advindo pedido fundamentado do administrador, de que o juízo autorize outra forma de liquidação do ativo (art. 144, LRE), o que, na lei anterior, era privilégio somente da assembléia-geral dos credores (arts. 123 e 124 do Decreto-lei 7.661/1945).

A supremacia da assembléia, todavia está mantida, como denuncia o disposto na norma do art. 145, com a remessa que faz ao art. 46, ambos da LRE (2/3 dos votos presentes à reunião, desde que convocada e instalada nos termos do arts. 36 e ss., LRE), e organizados conforme as classes assinaladas no art. 41, LRE.

Problema particular, aqui, é o que se deve entender pela expressão, no § 1º, "total de seu crédito independentemente do valor".

A resposta, aqui, encontra-se no art. 45, § 2º, da LRE. Vale dizer que, *in casu*, a maioria é "por cabeça".

No caso da classe I trata-se de maioria dos credores e não dos créditos.

A norma do art. 46 da LRE, em seu entendimento conjugado com o que dispõe aquela do art. 42, *in fine*, todavia, afasta o critério "aprovação por classes mediante maioria simples", ordenando que os votos correspondam a 2/3 dos créditos *presentes* em assembléia, e não mais do passivo habilitado, como exigia o decreto-lei anterior.

Neste ponto Rachel Sztajn[14] critica a redação desta norma perante a locução *ou*, entre as palavras credores e empregados, posto que estes últimos são igualmente credores pelos valores que ultrapassarem suas preferências, indagando da possibilidade da existência de duas sociedades, uma de credores e outra de empregados.

Convém lembrar que a norma do art. 145, § 2º, LRE, admite possam os empregados utilizar os créditos derivados da legislação trabalhista para aquisição ou arrendamento da empresa. Destarte, a possibilidade aventada, de uma sociedade de empregados, pode ter lugar.

Questão que se coloca neste ponto é que, a rigor, *in casu*, cuidar-se-ia de compensação (tendo em vista o disposto no art. 141, II, LRE) e, ainda novamente Rachel Sztajn, assinala que, a assim ser, a decisão deveria ser unânime, posto que a idéia de maioria não se adequa àquela de compensação.[15]

Indaga-se, neste ponto, como ficam os dissidentes, considerando que os adquirentes do ativo, pretensos sucessores, não respondem pelos débitos antecedentes.

Na legislação anterior, conforme o art. 123, § 2º, Decreto-lei 7.661/1945, os dissidentes eram pagos pela maioria.

A orientação atual, todavia, veda esta possibilidade tendo em vista o disposto na norma do art. 141, II, da LRE, *o qual tem aplicação por expressa remessa do art. 145, § 1º*, LRE.

Vale dizer ou concorda, ou caso não participe da maioria, nada mais poderá pleitear.

De qualquer forma, inexistindo o consenso conforme a maioria preconizada, a solução está em seqüência no § 3º deste artigo, deferido ao magistrado, nas condições que assinala, decidir quanto à modalidade de venda dos ativos.

No mais, com o intuito de agilizar o procedimento, a massa falida fica dispensada de apresentar certidões negativas (art. 146, LRE), o que, ademais, se coaduna com a intenção de apresentar os bens agora adquiridos, livres dos débitos anteriores.

14. Aut. e ob. cits., a p. 397.

15. Aut. e ob. cits., a p. 400.

Os recursos obtidos não são imediatamente rateados entre os credores, conforme suas preferências, salvo aquelas despesas que a lei ordena, como faz na norma do art. 150, sejam pagas imediatamente, tão logo existam recursos em caixa e os créditos extraconcursais que lhes seguem (arts. 151, 86, § 1º, e 84, LRE), mas depositados em conta remunerada (art. 147, LRE).

É interessante mencionar aqui que, conforme determina o § 3º do art. 133, CTN (acrescentado pela LC 118/2005), os recursos deverão permanecer em conta de depósito, à disposição do juízo da falência pelo prazo de 1 (um) ano contado da data da alienação e somente poderão ser utilizados para o pagamento de créditos extraconcursais (inclusive as despesas do art. 150, LRE) ou daqueles que preferem ao crédito tributário (arts. 151, 86, § 1º, e 84).

Encerrada a liquidação, é claro, incumbirá ao administrador apresentar contas detalhadas da sua gestão, mês a mês, até o dia 10 do mês seguinte (art. 148 c/c. art. 22, III, alínea *p*, da LRE).

V — O pagamento

A norma do art. 149, LRE, traça o roteiro a ser seguido.

Antecedem a todos os pagamentos, aqueles previsto nas normas dos arts. 150 (despesas) e 151, LRE.

Os primeiros, porque tanto a administração da falência quanto a continuação dos negócios da falida produzem despesas que devem ser imediatamente solvidas, sob pena de não prosseguimento quer de uma quer de outra.

Por tal razão, permite a lei sejam estes pagamentos antecipados. Os segundos, se lhes seguem imediatamente, tendo em vista o caráter alimentar do salário.

As restituições a que faz menção *ab initio* a norma do art. 149 mencionado, somente advêm, tendo em vista o disposto na norma do art. 86, parágrafo único, da LRE, após o pagamento destes salários. Somente depois é que advirão os chamados créditos extraconcursais, na ordem estabelecida no art. 84, LRE (anteriormente — encargos e dívidas da massa do antigo art. 124 Decreto-lei 7.661/1945).

Note-se a diferença aqui quanto aos créditos trabalhistas. Estes, salários e indenizações, referem-se àqueles ocorridos após a decretação da falência. Diferem, portanto, das demais previstas nos arts. 151 e 83 da LRE.

Somente, após o pagamento destes créditos é que tem lugar o pagamento daqueles "da falência". Para a ocorrência destes, todavia, é impositivo tenha sido consolidado o quadro geral dos credores (art. 149, *caput*, LRE).

VI — Encerramento da falência e extinção das obrigações

A) *Encerramento e extinção* — São situações diferentes. No encerramento o falido pode permanecer obrigado. Na extinção não. Ademais disto, o encerramento (art. 156, LRE) é ato processual. A extinção das obrigações (art. 158, LRE) é regulada pelo Direito substantivo.

B) *Início da fase* — Esta etapa tem início com o relatório do administrador judicial, uma vez realizado todo ativo e apresentadas as devidas contas pelo administrador judicial, como dever que incumbe a todo administrador de bens alheios (art. 154, LRE).

As contas, apresentadas em forma mercantil, o são em autos apartados, com o fito de facilitar o seu exame, os quais, ao depois de aprovadas as contas devidas, são apensados aos autos de falência.

Uma vez aprovadas, o administrador apresentará o seu relatório na forma estatuída no art. 155, LRE, sendo importante ressalvar o fato de que neste relatório, o administrador demonstrará "justificadamente" as responsabilidades com que continuará o falido.

Vale dizer, o fato do encerramento não significa tenham sido todos os créditos satisfeitos. Apenas que inexistindo mais bens a serem liquidados, não se justifica o prosseguimento do feito.

Em conseqüência, estes credores insatisfeitos terão a oportunidade de, em momento futuro, pleitearem, se assim facultar a fortuna, o que ficou em aberto da responsável ou responsáveis.

No direito anterior, a norma do art. 133 do Decreto-lei 7.661/1945, declarava constituir título hábil para a execução pelo saldo, a certidão da qual constasse por quanto fora admitido o credor, quanto recebeu em rateio e qual o saldo em aberto.

A nova lei não contém prescrição semelhante, induzindo à crença de que, eventualmente, este credor nada mais receberia, ainda que permaneça a responsabilidade do devedor falido, ou dos sócios da sociedade falida, posto que esta não mais existe, quando incursos nas situações arroladas nas normas dos arts. 81 (sócios solidários) e 82 (extensão da responsabilidade aos controladores, administradores e sócios da sociedade), ambos da LRE.

Mas, o teor do disposto nas normas do art. 158, II e IV, LRE, que se segue, afasta este entendimento, já que não haveria razão para falar em prescrição se os créditos se extinguissem com o encerramento da falência.

Vale, portanto, como título para tanto, a sentença cujo teor, forçosamente, fará menção ao relatório do administrador judicial, reportando os créditos em aberto.

VII — Hipóteses de extinção

Neste ponto a nova lei repete, com poucas mudanças, o disposto na lei anterior (arts. 135 e 136, LRE).

A única grande diferença está prevista no art. 158, II, quando a par de aumentar o percentual anterior de 40% para 50%, utiliza como referencial somente os créditos quirografários.

Vale dizer, que até então, todos aqueles créditos que antecedem aos quirografários, conforme o elenco do art. 83, LRE, foram devidamente quitados. Com isto, encerram-se quaisquer pretensões dos créditos subordinados.

Problema particular, que agora se aventa, é o da inexistência de prazo para o encerramento da falência, anteriormente previsto no art. 132, § 1º, e que era de dois anos. Tal prazo era utilizado pela jurisprudência (Súmula 147) para, a partir do seu termo, ter início a prescrição dos crimes falimentares (e não do devido encerramento da falência). Ao que parece, com a omissão, a possibilidade não mais se coloca. Com isto, a eventual negligência do Judiciário recairá sobre o devedor, o qual terá de esperar o encerramento para que comece a fluir o prazo prescricional suspenso.

De qualquer forma, verificada a prescrição ou declarada extintas as obrigações, é facultado ao falido ou aos sócios atingidos pela falência possam requerer seja declarada por sentença a extinção destas obrigações (arts. 159 e 160, LRE).

A ação é declaratória de caráter contencioso, tendo em vista que os credores podem se opor (art. 159, § 2º), mas a sentença, a par de efeitos declaratórios, porta, igualmente, efeitos constitutivos posto restituir o falido ao *status quo* de empresário (art. 102, LRE), salvo a hipótese de crime falimentar, tendo em vista a situação descrita no art. 181, I, LRE.

DÉBITOS FISCAIS E A RECUPERAÇÃO JUDICIAL DE EMPRESAS

José Eli Salamacha

1. A nova Lei de Falências e a recuperação de empresa. 2. Importância dos princípios. 3. Recuperação judicial sem CND de tributos.

1. A nova Lei de Falências e a recuperação de empresa

A Lei 11.101, de 9.2.2005, regula a recuperação judicial, a extrajudicial e a falência do empresário e da sociedade empresária.

A parte relativa à recuperação judicial surgiu com a finalidade de auxiliar a recuperação dos empresários e empresas que passam por graves dificuldades econômicas e manteve parte da antiga legislação que regulava concordatas. Mesmo assim, trouxe importantes e significativas alterações nas relações entre credores e devedores, principalmente no sentido de viabilizar a recuperação da empresa.

Estudos demonstravam, na vigência do Decreto-lei 7.661/1945, que, das empresas que buscavam socorro na concordata judicial, somente 17% se recuperavam, enquanto as restantes 83% acabavam falindo. E – o que é pior – na maioria das vezes o valor arrecadado com a venda dos bens da falida não era suficiente sequer para pagar as dívidas trabalhistas e tributárias, e quem perdia com isso eram os demais credores, em especial a grande massa de credores quirografários.

As leis brasileiras que vieram para regulamentar a matéria sempre surgiram com o intuito de proteger ou os credores ou os devedores, sem que houvesse uma preocupação mais profunda para preservar a empresa, que é a responsável pelos empregos e quem recolhe tributos.

Com a nova lei isso mudou. Seguindo a tendência do Código Civil de 2002, a preocupação principal da nova lei é a preservação da empresa, fundamentada na sua função social. No entanto, mesmo assim, no tocante à recuperação judicial ainda permanece existente um grande obstáculo ao sucesso da recuperação das empresas, em face do contido no art. 57 na Lei 11.101/2005: "Art. 57. Após a juntada aos autos do plano aprovado pela assembléia-geral de credores ou decorrido o prazo previsto no art. 55 desta Lei sem objeção de credores, o devedor apresentará certidões negativas de débitos tributários nos termos dos arts. 151, 205, 206 da Lei 5.172, de 25 de outubro de 1966 – Código Tributário Nacional".

É que a maioria das empresas que passa por dificuldades econômicas – e, portanto, busca sua recuperação fundamentada na Lei 11.101/2005 – tem dívidas com a Fazenda, seja ela Municipal, Estadual ou Federal. Por isso, para o devedor é praticamente inviável cumprir o disposto no art. 57 da lei, apresentando as certidões negativas de débitos tributários.

Encontra-se em tramitação no Congresso Nacional projetos de lei visando a regulamentar a matéria, e em breve deve surgir legislação regulamentando o parcelamento de débitos fiscais em condições mais favoráveis que as atuais. No entanto, até que isso ocorra, caberá ao Poder Judiciário decidir se concede a recuperação judicial ao devedor se ele não cumprir o disposto no art. 57 da referida lei.

Esse ponto tem sido motivo de grande debate entre os especialistas na matéria. Em nosso entender, poderá o juiz deferir a recuperação judicial para o devedor que não apresentar as certidões negativas de débitos fiscais, fundamentado nos princípios constitucionais.

2. *Importância dos princípios*

O sistema jurídico brasileiro é fundamentado em princípios, que introduzem valores relevantes no próprio sistema, influindo vigorosamente sobre a orientação de setores da ordem jurídica. Em razão disso, muitas vezes são "superiores" às regras jurídicas, pois, estando no topo do ordenamento jurídico e servindo como norteadores da interpretação das leis, eles servem como forma de solucionar litígios quando não forem encontradas normas específicas para aplicação a determinado caso concreto ou mesmo em conjunto com essas normas, imprimindo-lhes determinado significado.[1]

Para Teresa Arruda Alvim Wambier os princípios "desempenham, portanto, além de outros papéis, o de regras interpretativas, já que, se o ordenamento positivo, de certo modo, se cria e se estrutura a partir de princípios, a estes deve o intérprete recorrer quando extrai o sentido da regra positiva, para, com isso, dar coesão, unidade e imprimir harmonia ao sistema". E, ainda: "Parece-nos que princípios jurídicos são regras jurídicas no sentido *lato*, podendo, ou não, como observamos antes, ser positivadas".[2]

No mesmo sentido, José Miguel Garcia Medina posiciona-se entre aqueles que entendem que os princípios são guias utilizados pelo operador do Direito para atuar, eis que servem não somente para auxiliar o intérprete na formulação da solução correta a ser aplicada ao caso concreto, como também para integrar lacunas.[3]

O princípio tem caráter de norma, e uma de suas características é seu dinamismo, pois atualmente o Direito encontra-se mais que nunca em constante evolução, e muitas vezes a lei é retrógrada para garantir o direito da parte, levando o juiz a buscar embasamento para sua decisão nos princípios, por serem normas jurídicas fundamentais do Direito.[4]

Em geral, um princípio não deve ser afastado para que outro seja aplicado, cabendo ao intérprete ou aplicador do Direito fazer esforço no sentido de harmonizá-los, reduzindo o alcance de cada qual. Assim, a aplicação de um princípio não ex-

1. Os princípios estão previstos em nosso ordenamento jurídico: (1) CF, art. 5º, § 2º: "Os direitos e garantias expressos nesta Constituição não excluem outros decorrentes do regime e dos princípios por ela adotados, (...)"; (2) CPC, art. 126: "O juiz não se exime de sentenciar ou despachar alegando lacuna ou obscuridade da lei. No julgamento da lide caber-lhe-á aplicar as normas legais; não as havendo, recorrerá à analogia, aos costumes e aos princípios gerais de Direito"; (3) LICC, art. 4º: "Quando a lei for omissa, o juiz decidirá o caso de acordo com a analogia, os costumes e os princípios gerais de Direito".

2. Teresa Arruda Alvim Wambier, *Controle das Decisões Judiciais por Meio de Recursos de Estrito Direito e de Ação Rescisória*, pp. 58 e 61.

3. José Miguel Garcia Medina, *Execução Civil – Princípios Fundamentais*, p. 26. Para Eduardo Arruda Alvim, "o núcleo do processo civil brasileiro encontra-se hoje disciplinado na Constituição Federal de 1988, muito extensamente, daí a importância de se estudar os princípios a partir do plano constitucional, pois eles são ao mesmo tempo norma e diretriz do sistema" (*Curso de Direito Processual Civil*, vol. 1, p. 105).

4. Para Luiz Rodrigues Wambier e Teresa Arruda Alvim Wambier há uma correspondência íntima entre princípios jurídicos e valores, daí dizer-se que os princípios incorporam valores (*Breves Comentários à 2ª Fase da Reforma do Código de Processo Civil*, p. 95).

clui necessariamente a possibilidade da aplicação de outro, existindo a hipótese de que se identifiquem dois ou mais princípios colidentes para um mesmo caso.

No entanto, dependendo das características do caso, fazendo-se uma valoração, um dos princípios pode prevalecer sobre o outro, o que não impedirá que num caso futuro o princípio preterido venha a ser o aplicado; ou seja, conforme o caso concreto, um valor jurídico pode se sobrepor a outro.[5]

Nessas situações é que se aplica o princípio da proporcionalidade,[6] que serve como verdadeiro ponto de equilíbrio na aplicação dos princípios, evitando que se valorize demasiadamente um princípio em detrimento de outro e permitindo que se possam preservar os direitos fundamentais[7] previstos na Constituição Federal.

3. Recuperação judicial sem CND de tributos

A utilização dos princípios como fundamento de decisões judiciais vem crescendo dia a dia. Neste sentido é que Nelson Nery Jr. afirma que os princípios "existem e devem ser preservados: sua incidência é que tem sofrido e deverá continuar sofrendo adaptações, dependendo do grau de desenvolvimento jurídico que os adote".[8]

E exatamente neste sentido, de utilizar princípios como fundamento de decisões judiciais, que o Juiz Luiz Henrique Miranda, da 1ª Vara Cível da comarca de Ponta Grossa/PR, proferiu uma das primeiras decisões no país – se não a primeira –, deferindo a recuperação judicial de uma madeireira,[9] sem que a mesma tivesse apresentado as certidões negativas de débitos tributários, conforme exigência contida no art. 57 da Lei 11.101/2005.

E a decisão, muito bem fundamentada, principalmente nos princípios constitucionais, merece ser aqui reproduzida em grande parte, pois pode servir com ponto

5. (1) Luiz Rodrigues Wambier, Flávio Renato Correia de Almeida e Eduardo Talamini explicam que "a aplicação dos princípios jurídicos – diferentemente do que se dá com outras normas jurídicas – sempre envolve prévio juízo de valor. Diante da situação para a qual se ponham dois princípios igualmente relevantes, caberá balancear os fatores concretamente envolvidos: aquele que prevalecer haverá de sacrificar o outro apenas na medida do estritamente necessário para a consecução das suas finalidades (princípio da proporcionalidade)" (*Curso Avançado de Processo Civil*, 4ª ed., vol. 2, p. 134). (2) Nesse mesmo sentido, Willis Santiago Guerra Filho afirma que cabe ao juiz atingir a finalidade maior dos valores que a comunidade abraçou ao elaborar a Carta Constitucional, e que, "casos esses valores venham a se chocar, numa situação concreta, então, necessariamente se haverá de privilegiar um deles, mas nunca absolutizando-o, devendo o outro, ou outros, desses valores ser minimamente respeitado", sendo esse o princípio da proporcionalidade, da doutrina publicista alemã, que "não pode ser ignorado em um verdadeiro Estado de Direito" ("Responsabilidade patrimonial e fraude à execução", *RePro* 65/179).

6. (1) Teresa Arruda Alvim Wambier nos lembra que a doutrina tem aludido com freqüência ao princípio da proporcionalidade como aquele que se "poderia chamar de princípio dos princípios, e que é, na verdade, uma regra para lidar com os demais princípios" (*Controle das Decisões Judiciais por Meio de Recursos de Estrito Direito e de Ação Rescisória*, p. 64). (2) Através de bem fundamentada sentença, e utilizando basicamente os princípios da *razoabilidade* e *proporcionalidade* como "balizadores do controle jurisdicional sobre a atuação discricionária estatal", o Juiz Magnus Venicius Rox, titular da 4ª Vara Cível da comarca de Ponta Grossa/PR, nos Autos 325/2000, julgou improcedente ação civil pública proposta pelo Ministério Público que tinha como objetivo obter condenação do prefeito por ato de improbidade administrativa. Sua sentença foi confirmada pelo TJPR através do Acórdão 24.934 (*DJPR* 13.12.2004).

7. É o que explica Marcelo Lima Guerra, ao afirmar que "foi, precisamente, no contexto da solução de conflitos entre direitos fundamentais onde mais se intensificou a elaboração doutrinária e jurisprudencial, especificamente no Direito Alemão, sobre a regra da proporcionalidade" (*Direitos Fundamentais e a Proteção do Credor na Execução Civil*, p. 90).

8. Nelson Nery Jr., *Princípios do Processo Civil na Constituição Federal*, p. 23.

9. Sentença proferida nos Autos 390/2005, de recuperação judicial proposta por W. P. I. C. Ltda., na 1ª Vara Cível da comarca de Ponta Grossa/PR, em 2.12.2005.

de partida para firmar entendimento jurisprudencial a respeito da necessidade, ou não, da apresentação obrigatória de certidões negativas de débitos tributários para se obter o deferimento de pedido de recuperação judicial, nos termos da Lei 11.101/2005.

Assim se pronunciou o Magistrado:

(...). Enfim, aprovado o plano de recuperação, pelos credores, resta verificar se a autora merece ver deferido seu pedido, uma vez que ela não cumpriu com a exigência ditada pelo art. 57 da lei que rege a matéria.

Reza, a propósito, esse dispositivo: "Art. 57. Após a juntada aos autos do plano aprovado pela assembléia-geral de credores ou decorrido o prazo previsto no art. 55 desta Lei sem objeção dos credores, o devedor apresentará certidões negativas de débitos tributários nos termos do arts. 151, 205, 206 da Lei n. 5.172, de 25 de outubro de 1966 – Código Tributário Nacional".

Trata-se de norma cogente: aprovado o plano, de forma tácita ou em assembléia, cabe ao devedor, para ver deferido o pedido de recuperação, apresentar prova de estar quite com o Fisco. E, como a autora não satisfaz essa exigência, a conseqüência lógica seria o indeferimento de seu pleito, com a conseqüente extinção do processo.

A solução, contudo, não pode ser tão simplista.

Como é sabido, o instituto da recuperação judicial foi inspirado no princípio constitucional da função social da empresa, que, por sua vez, se coliga com o princípio da dignidade da pessoa humana.

A empresa, na ordem constitucional vigente, tem – ou deve ter – uma função social, não podendo se prestar apenas à satisfação dos interesses do empresário. Acima destes estão os postulados básicos da sociedade pretendida pelo constituinte, onde a empresa se encaixa como veículo para a livre iniciativa e livre concorrência, para a produção de riquezas compartilháveis (mercê da tributação dos resultados positivos obtidos) e para, sobretudo, a dignificação do ser humano, através da geração de empregos que permitam às pessoas valorizar-se pelo trabalho e pela renda por meio dele obtida.

E uma empresa que cumpre com essa função não poderia ficar desprotegida no cenário econômico e sujeita, indefesa, à inconstância do mercado, notadamente nestes tempos de economia globalizada, sob pena de, em algum momento, o interesse de um ou de poucos credores sobrepor-se ao interesse maior da coletividade, como, aliás, vinha sistematicamente ocorrendo durante a vigência do Decreto-lei n. 7.661/1945, "que privilegiava sempre o interesse dos credores, de tal forma que um exame sistemático daqueles artigos demonstra a ausência de preocupação com a manutenção da empresa como unidade produtiva, criadora de empregos e produtos de bens e serviços; enfim, como atividade de profundo interesse social, cuja manutenção deve ser procurada sempre que possível" (Manoel Justino Bezerra Filho, in *Nova Lei de Recuperação e Falências*, Ed. RT, 3ª ed., p. 129).

Nessa ordem de idéias, o instituto da recuperação judicial se apresenta como um mecanismo voltado à preservação de uma empresa que atende a uma função social e que, por circunstâncias acidentais, entra em crise econômico-financeira, mas que, apesar disso, se mostra viável, dependendo apenas de ajustes em sua rotina administrativa e de algumas concessões por parte dos credores para se reerguer e voltar a operar de forma saudável para o mercado.

A avaliação da viabilidade da recuperação da empresa, outrossim, não cabe ao Estado (ao Poder Judiciário), senão excepcionalmente (Lei n. 11.101/2005, art. 58, § 1º). De ordinário, incumbe aos credores avaliar e aprovar, ou rejeitar, o conjunto de medidas propostas pela devedora para a superação da situação deficitária em que se encontra. Com isso, conciliam-se os interesses difusos da sociedade e os interesses coletivos dos credores, mesmo porque, sendo estes diretamente atingidos em seus direitos creditícios pela recuperação judicial, não se lhes poderia negar legitimidade para contestá-la e demonstrar que a concessão do favor legal, ao invés de benéfica, é apta a desestabilizar o mercado, inspirando desconfiança, restrição de crédito e quebradeira generalizada.

Portanto, são os credores, em última análise, que concedem ou negam a recuperação judicial, reservando-se ao Poder Judiciário somente o papel de cobrar o atendimento, pela devedora, das exigências de cunho objetivo feitas pela lei – isso quando razoáveis – e de chancelar a vontade dos mesmos credores.

E, se os credores aprovam o plano de recuperação, vale dizer, se eles dão à devedora o voto de confiança que lhes foi pedido, aceitam sacrificar-se em prol da preservação da empresa, soa desarrazoado, uma vez atingido o consenso, impedir que o objetivo mirado pelas partes seja alcançado, por conta da existência de pendências junto ao Fisco e à Previdência.

Conforme ressalta Manoel Justino Bezerra Filho (cit., p. 167), "a observação da realidade demonstra que qualquer pessoa, física ou jurídica, que adentrar um estado de crise econômico-flnanceira suspende, em primeiro lugar, o pagamento dos tributos em geral para, por último, suspender o pagamento dos fornecedores. Este procedimento é normal, pois a conseqüência da suspensão do pagamento de fornecedores é causa de inviabilização imediata da atividade empresarial, ou mesmo do normal funcionamento de uma simples família".

Com efeito, é intuitivo que uma empresa que chegue ao ponto de requerer recuperação judicial tenha acumulado, junto aos débitos particulares, elevado passivo tributário e previdenciário.

Considerando, por outro lado, o exíguo prazo que a ela é dado para regularizar sua situação perante o Fisco e a Previdência – 180 dias, em média, a contar do aforamento do pedido de recuperação –, fica claro que o cumprimento da exigência feita pelo art. 57 da Lei n. 11.101/2005 não será possível, salvo em situações extraordinárias, máxime porque os Governos, a despeito da recomendação implícita contida no art. 60 daquele diploma, não se mobilizaram para editar legislação especial permissiva do parcelamento, em condições mais favoráveis que as atuais, de débitos de empresas em regime de recuperação.

Na realidade, a subordinação do deferimento da recuperação judicial à apresentação de certidões negativas de débitos tributários colide com os princípios constitucionais antes mencionados, na medida em que inviabiliza a salvação da empresa; entendimento do qual não discrepa a doutrina, conforme evidencia a lição de Luiz Antônio Caldera Miretto (in *Comentários à Nova Lei de Falências e Recuperação de Empresas*, Rubens Approbato Machado, coordenador, Quartier Latin, 2005, p. 276).

Porém, em outro momento da recuperação judicial, e na forma do disposto no art. 57, está estabelecido que, após a juntada aos autos do plano aprovado pela assembléia-geral de credores, o devedor deverá apresentar certidões negativas de débitos tributários nos termos dos arts. 151, 205 e 206 do CTN.

Afigura-se totalmente contraditória a previsão do art. 57, diante da possibilidade de continuidade das atividades do devedor, e com a própria essência da recuperação judicial, pois a necessidade de apresentação das certidões de débitos tributários pode inviabilizar a recuperação judicial da empresa, e após todo o procedimento ocorrido até a aprovação do plano de recuperação pela assembléia-geral de credores poderá tornar sem efeito aquilo que já foi realizado no processamento da recuperação.

Cabe mencionar que a empresa que vier a necessitar da recuperação judicial para buscar a adequação de seu passivo à continuidade das atividades, através de uma forma possível de saldar sua inadimplência perante os credores, e considerando que na quase-totalidade das empresas no país, detentoras de volumoso passivo, um dos componentes que mais contribuem para tal situação é o débito tributário, não faz qualquer sentido exigir-se certidões negativas para a realização da recuperação judicial, pois certamente não será possível o cumprimento deste requisito para quem tem entre seus principais credores o Fisco.

Enfim, a exigência de apresentação de certidões negativas – que, na prática, equivale a impor ao empresário estar em dia com as obrigações fiscais e previdenciárias – inviabiliza a recuperação judicial. Fazendo-o, conflita com o princípio constitucional da função social da empresa e com os outros que a ele se ligam, entre os quais o da dignidade da pessoa humana.

E, na colisão de princípio e norma, prevalece aquele, devendo ser dispensada a autora, destarte, da apresentação das certidões.

Não fosse por isso, outro fator autorizaria relevar a imposição feita pelo art. 57 da Lei n. 11.101/2005.

A teor do art. 6º, § 7º, do referido diploma, "as execuções de natureza fiscal não são suspensas pelo deferimento da recuperação judicial, ressalvada a concessão de parcelamento nos termos do Código Tributário Nacional e da legislação ordinária específica". Isso quer dizer que o ingresso do devedor em regime de recuperação tributária não reflete na exigibilidade do crédito tributário.

Ora, se não há empecilho ao ajuizamento de execuções fiscais, ou ao prosseguimento de execuções já instauradas, é desarrazoado exigir do devedor a regularização de sua situação perante o Fisco para ver deferido o pedido de recuperação judicial, considerando que esta, concedida, nenhuma limitação acarretará ao direito das Fazendas Públicas.

Embora não esteja escrito na Constituição, o princípio da razoabilidade está implícito nela, e, quando ferido injustificadamente, autoriza relevar exigências desmedidas, que não tenham outra finalidade senão a de impedir a realização de direitos.

Finalmente, um último argumento milita em favor da inexigibilidade de apresentação de certidões negativas de débitos fiscais para o deferimento de pedido de recuperação judicial.

A justificativa implícita para a formulação dessa imposição ao devedor é clara: obrigá-lo a, sem maiores questionamentos, compor-se com o Fisco, renunciando ao direito de discutir judicialmente a existência da composição e valor de seus débitos.

Ocorre que a jurisprudência tem rechaçado sistematicamente o uso de tal expediente por parte dos Governos, por ver nele um mecanismo de negação ao contribuinte das garantias ao devido processo legal, ao contraditório e à ampla defesa.

Forte nesse argumento, os Tribunais têm proclamado a inadmissibilidade da apreensão de mercadorias como meio coercitivo para pagamento de tributos, havendo, até, uma Súmula do Pretório Excelso, de n. 323, nesse sentido. Com base nele, têm, também, negado vigência ao art. 19 da Lei n. 11.033/2004, que condiciona o levantamento de valores em depósito à prévia comprovação da inexistência de pendências fiscais.

Porque pertinente, merece ser transcrita a decisão proferida pelo eminente Des. federal Álvaro Eduardo Junqueira, do egrégio Tribunal Federal da 4ª Região, no julgamento do AI n. 2005.04.01.051508-0/PR (in *DJU* 18.11.2005, p. 836):

'Trata-se de agravo de instrumento interposto pela União Federal contra decisão que, reconhecendo incidentalmente inconstitucionalidade do art. 19 da Lei n. 11.033/2004, dispensou a parte exeqüente da apresentação da documentação indicada naquele dispositivo legal para levantamento de valores.

"A agravante sustenta, em apertada síntese, ser constitucional o art. 19 da Lei n. 11.033/2004.

"Relatei. Decisão.

"Razão não lhe assiste. O art. 19 da Lei n. 11.033/2004 assim dispõe: '(*omissis*)'.

"A despeito da discussão acerca da possibilidade de aplicação desse dispositivo legal às demandas ajuizadas anteriormente à sua vigência, cumpre ressaltar que a Fazenda Pública tem meios processuais próprios para a cobrança de débitos tributários (execução fiscal, medida cautelar fiscal), o que, claramente, tira qualquer legitimidade da determinação de apresentação das guerreadas certidões.

"Se há, portanto, essa saída processual, legalmente prevista, então, não há motivo para, por vias inversas, fazer com que o contribuinte seja obrigado a, primeiro, quitar toda e qualquer pendência, nos três âmbitos (federal, estadual e municipal), para somente depois de tudo regularizado poder levantar os valores a que faz jus, por decisão transitada em julgado.

"A União Federal tem, inclusive, preferência de crédito na execução fiscal, somente cedendo aos trabalhistas, em caso de falência da empresa, e pode, portanto, exercitar esse direito de preferência e efetuar a penhora no rosto dos autos, se assim for o caso.

"Nada justifica, portanto, essa inversão dos fatos e verdadeira ingerência no patrimônio do contribuinte.

"Aplica-se nessa hipótese, por analogia, o disposto na Súmula n. 323 do STF, *in verbis*: 'É inadmissível a apreensão de mercadorias como meio coercitivo para pagamento de tributos'.

"Mercadoria, aqui, assemelha-se a valores decorrentes de precatório judicial. O que se pretende com aquele dispositivo legal, em verdade, nada mais é, ainda que lá não esteja expresso, condicionar a liberação do montante pertencente ao contribuinte somente após sua completa regularização tributária, sem, inclusive, oportunizar a defesa nas ações judiciais à disposição do Fisco para cobrar seus créditos, compelindo o contribuinte ao pagamento de seus débitos, muitas das vezes pretensos, sem oportunizar o contraditório e a ampla defesa.

"Somente a lei do menor esforço justifica a edição de diplomas legais como o da espécie, sem olvidar a existência de sentença judicial com o atributo da coisa julgada formal e material, condenando o ente público ao pagamento de determinada quantia ao cidadão, normalmente vilipendiado em seus direitos, comando emergente cujo cumprimento tornou-se condicionado à apresentação das certidões de higidez fiscal dos três níveis de governo, por iniciativa dos Poderes Legislativo e Executivo, circunstância repudiada pelo ordenamento jurídico, afastado até a efetividade da plena jurisdição.

"(...)."

Sintetizando, a exigência de apresentação de certidões comprobatórias de inexistência de débitos junto ao Fisco e à Previdência, feita pelo art. 57 da Lei n. 11.101/2005, ofende o princípio constitucional da função social da empresa, malfere o princípio da razoabilidade e agride garantias constitucionais ao devido processo legal, ao contraditório e à ampla defesa dadas ao contribuinte.

Por tal razão, deve a autora ser dispensada do cumprimento dessa mesma exigência, e, porque preenchidos os demais requisitos legais, ao que se soma a aprovação unânime dos credores que compareceram à assembléia-geral ao plano de recuperação, deve ser deferido o pedido inicial.

(...) – *Luiz Henrique Miranda*, juiz de direito.

A acertada postura do Magistrado, decidindo com base em princípios, demonstra evolução e preocupação dos magistrados em fazer justiça.

Este também é o ensinamento de José Joaquim Gomes Canotilho ao afirmar que os juízes de um Estado de Direito Democrático devem estar preparados para decidir com fundamento nos princípios, mediante manifestação onde afirma que a "subordinação à lei e ao Direito por parte dos juízes reclama, de forma incontornável, a *principialização da jurisprudência*, ou seja, a mediação judicativo-decisória dos princípios jurídicos relevantes para a solução materialmente justa dos feitos submetidos à decisão jurisdicional".[10]

10. José Joaquim Gomes Canotilho, "A 'principialização' da jurisprudência através da Constitui-

Em razão disso, é importante o aprimoramento dos membros do Poder Judiciário no manejo dos princípios, pois a crescente massificação das relações jurídicas fez aumentar a busca da tutela jurisdicional junto ao Estado-juiz, enquanto o legislador não tem conseguido acompanhar a evolução das instituições jurídicas, como impõe a sociedade moderna, razão pela qual o legislador tem passado a elaborar normas mais genéricas, de forma a permitir que o órgão jurisdicional aplique a norma ao caso concreto.[11]

Bibliografia

ALMEIDA, Flávio Renato Correia de, TALAMINI, Eduardo, e WAMBIER, Luiz Rodrigues. *Curso Avançado de Processo Civil*. 4ª ed., vol. 2. São Paulo: Ed. RT, 2001.

ARRUDA ALVIM, Eduardo. *Curso de Direito Processo Civil*. vol. 1. São Paulo: Ed. RT, 1999.

CANOTILHO, José Joaquim Gomes. "A 'principialização' da jurisprudência através da Constituição". *RePro* 98. São Paulo: Ed. RT, 2000.

COELHO, Fábio Ulhoa. *Comentários à Nova Lei de Falências e de Recuperação de Empresas*. 2ª ed. São Paulo: Saraiva, 2005.

GUERRA, Marcelo Lima. *Direitos Fundamentais e a Proteção de Credor na Execução Civil*. São Paulo: Ed. RT, 2003.

GUERRA FILHO, Willis Santiago. "Responsabilidade patrimonial e fraude à execução". *RePro* 65. São Paulo: Ed. RT, 1992.

MEDEIROS, Maria Lúcia L. C. de. *A Revelia sob o Aspecto da Instrumentalidade*. São Paulo: Ed. RT, 2003.

MEDINA, José Miguel Garcia. *Execução Civil – Princípios Fundamentais*. São Paulo: Ed. RT, 2002.

NERY JR., Nelson. *Princípios do Processo Civil na Constituição Federal*. São Paulo: Ed. RT, 1992.

TALAMINI, Eduardo, ALMEIDA, Flávio Renato Correia de, e WAMBIER, Luiz Rodrigues. *Curso Avançado de Processo Civil*. 4ª ed., vol. 2. São Paulo: Ed. RT, 2001.

WAMBIER, Luiz Rodrigues, ALMEIDA, Flávio Renato Correia de, e TALAMINI, Eduardo. *Curso Avançado de Processo Civil*. 4ª ed., vol. 2. São Paulo: Ed. RT, 2001.

WAMBIER, Teresa Arruda Alvim. *Controle das Decisões Judiciais por Meio de Recursos de Estrito Direito e de Ação Rescisória*. São Paulo: Ed. RT, 2001.

————, e WAMBIER, Luiz Rodrigues. *Breves Comentários à 2ª Fase da Reforma do Código de Processo Civil*. São Paulo: Ed. RT, 2002.

ção", *RePro* 98/83. Concorda com isso o Juiz Magnus Venicius Rox, titular da 4ª Vara Cível da comarca de Ponta Grossa/PR, que, em sentença prolatada nos Autos 325/2000, sustenta: "Os princípios não mais têm função unicamente supletiva, nos casos de *lacuna da lei* (sem possuir caráter propriamente normativo), mas se apresentam como verdadeiras normas, numa reflexão profunda e aperfeiçoada do constitucionalismo contemporâneo, do qual os precursores são Dworkim, Alexy, Boulanger e Müller, entre outros".

11. Mária Lúcia L. C. de Medeiros afirma: "No decorrer do tempo, houve uma mudança de *status* quanto ao papel desempenhado pelos princípios: de uma função meramente subsidiária, passaram a ser entendidos como um dos elementos a serem considerados no processo de subsunção do fato à norma, elemento cuja importância, não raras vezes, sobrepõe-se ao próprio texto de lei" (*A Revelia sob o Aspecto da Instrumentalidade*, p. 18).

ALADI – CONTORNOS GERAIS DO SISTEMA DE INTEGRAÇÃO[1]

CLÁUDIO LUIZ GONÇALVES DE SOUZA

1. Introdução. 2. O regime jurídico da ALADI. 3. Os princípios, objetivos e funções da ALADI. 4. O Sistema de Apoio aos Países de Menor Desenvolvimento Relativo. 5. O sistema de convergência e cooperação com outros países e áreas de integração econômica da América Latina. 6. A revisão dos compromissos derivados do Programa de Liberação da ALALC. 7. Os tratamentos diferenciais. 8. A organização institucional da ALADI: 8.1 O Conselho de Ministros – 8.2 A Conferência de Avaliação e Convergência – 8.3 O Comitê de Representantes – 8.4 A Secretaria-Geral. 9. Do comportamento do comércio exterior. 10. Conclusões finais.

1. Introdução

O final do século XX foi marcado pela consolidação de alguns blocos econômicos em todo o Planeta, assim como pela organização e ajustes de alguns outros ainda em fase de implantação.

Na América do Sul surgiu o MERCOSUL, que objetiva estabelecer uma zona de livre comércio entre seus Estados-membros, assim como iniciaram as discussões que estabelecerá a velocidade e os passos a serem dados para o desmonte de subsídios, barreiras tarifárias e não-tarifárias, que gradualmente tornará porosas as fronteiras comerciais de 34 países, por meio do ALCA – Acordo de Livre Comércio das Américas.

Com efeito, a idéia de fortalecer por meio da formação de grupos econômicos não é recente, porquanto já no século X, no ano de 1158, foi criada a Liga Hanseática ou Hansa Teutônica, que representava a Federação de uma série de cidades do norte da Alemanha e de comunidades de alemães residentes nos países baixos, Inglaterra e Mar Báltico, com o objetivo de fomentar interesses comerciais mútuos.

Nesta esteira, muitos séculos mais tarde, foi criada, em 18.2.1960, a ALALC – Associação Latino-Americana de Livre Comércio, por meio do Tratado de Montevidéu, que visava à integração comercial dos países da América Latina. Contudo, referida movimento integracionista passou por um processo de reestruturação e reorganização, cedendo lugar à ALADI – Associação Latino-Americana de Integração, que, por seu turno, foi concebida por meio do Tratado de Montevidéu em 12.8.1980, passando a vigorar a partir de 1981.

Este novo organismo inter-regional foi subscrito por todos os países-membros da antecessora ALALC, refletindo, irremediavelmente, na substituição do regime jurídico anterior e iniciando uma nova fase no processo de integração latino-americana. Comparativamente, poder-se-ia afirmar que

1. Artigo registrado sob o n. 282.211 – Livro 509 – fl. 371 do Escritório de Direitos Autorais. Publicado nos *sites* jurídicos: *www.fiscosoft.com.br*, *www.expressodanoticia.com.br*, *www.tributario.com.br*, *www.sosa.com.br*.

a ALADI manteve a idéia de integração como instrumento mais eficaz para obter o desenvolvimento, em todos os sentidos, dentro da região, e buscando sempre a constituição de um mercado comum latino-americano.

Considerando, portanto, o aspecto de continuidade rumo ao mercado comum, destacaram-se dois aspectos de fundamental importância, ou seja, o primeiro no tocante à revisão das concessões outorgadas nos distintos mecanismos de redução gradativa das tarifas pactuadas no Tratado de 1960, com o fito de reincorporá-los no novo sistema institucional, e o segundo referente à adequação das normas da estrutura da ALALC ao sistema da ALADI.

Sem que houvesse prejuízo da idéia de continuidade, a ALADI introduziu importantes mudanças no que se refere ao objetivo perseguido pelo processo e, sobretudo, à eleição dos meios capazes de levar a cabo indigitado processo.

Vale lembrar que todo o antigo sistema da ALALC propendia para a liberação comercial de caráter multilateral, utilizando-se de mecanismos tendentes à criação de uma zona de livre comércio; foi substituído por um regime de preferências econômicas, por meio do qual se chega a uma série de mecanismos, como, por exemplo, a preferência tarifária regional, bem como os acordos de alcance regional ou parcial.

Se confrontássemos, na ocasião, ambos os sistemas, poderíamos concluir que a ALADI ofereceu maiores possibilidades aos países signatários de alcançar tão desejada integração econômica. Ademais, a ALADI excluiu do regime a exclusiva e fria base comercial que se vislumbrava na ALALC, e a substituiu pela coexistência de três funções básicas: (i) promoção e regulação do comércio recíproco; (ii) complementação econômica, e (iii) desenvolvimento das ações de cooperação econômica que levam à ampliação de mercados.

Por fim, embora a ALALC reconhecesse e regulasse, de forma expressa, a situação dos países catalogados como de menor desenvolvimento econômico relativo, a ALADI incorporou, como valor principal de sua ação, um sistema de apoio aos países signatários com o desenvolvimento econômico intermediário, o que permitiu um tratamento diferencial mais elástico.

Dessa forma, todas as modalidades que foram previstas na ALADI conjugaram-se na consagração de cinco princípios retores, por meio dos quais aderiram as partes subscritoras: (i) pluralismo; (ii) convergência; (iii) flexibilidade; (iv) tratamentos diferenciais; e (v) multiplicidade.

Nesse aspecto a ALADI se diferenciou da ALALC, porquanto esta última somente se regulava por dois princípios, funcionado como eixos da política unitária de liberação comercial, ou seja, a multilateralidade e a reciprocidade.

2. O regime jurídico da ALADI

Em atendimento à convocatória que foi realizada em conformidade com a Resolução 425 do Comitê Executivo Permanente, o Conselho de Ministros de Relações Exteriores da ALALC se reuniu nos dias 11 e 12.8.1980, na cidade de Montevidéu/Uruguai, para discutir os rumos do processo de integração econômica dos países da América Latina.

Presentes nessa reunião estavam todas as delegações compreendidas pela ALALC naquela ocasião, ou seja: Argentina, Bolívia, Brasil, Colômbia, Chile, Equador, México, Paraguai, Peru, Uruguai e Venezuela. Contou-se, ainda, com a participação da Costa Rica, Guatemala e Honduras, na condição de observadores.

Desse encontro resultou a elaboração de Montevidéu de 1980, refletindo na aprovação de nove resoluções do Conselho de Ministros que configurou o regime jurídico da ALADI.

Com efeito, como em toda ordem jurídica, existem disposições que possuem maior hierarquia que outras. Destarte, podemos considerar que essa maior hierarquia foi atribuída ao Tratado de 1980, constituindo as resoluções do Conselho de Ministros simples normas que regulamentaram e coordenaram as disposições do Tratado.

3. *Os princípios, objetivos e funções da ALADI*

O Tratado de Montevidéu de 1980, em seu primeiro capítulo, destinou-se às declarações programáticas por meio das quais as partes signatárias reiteraram sua vontade e vocação integracionista, subscrevendo o mesmo sob a égide dos cinco princípios já mencionados: pluralismo, convergência, flexibilidade, tratamentos diferenciais e multiplicidade.

Contudo, foram também adotados mecanismos destinados à promoção e regulação da prática do comércio recíproco, da complementação econômica e ao desenvolvimento das ações de cooperação econômica que coadjuvassem com a ampliação dos mercados.

Para tanto foram contemplados três instrumentos para alcançar esse propósito: a preferência tarifária regional, os acordos de alcance regional e os acordos de alcance parcial.

A preferência tarifária regional constituiu-se num mecanismo de caráter multilateral, consignado no art. 5º do Tratado de 1980, e que estabeleceu o que se regeria por uma preferência tarifária no que tange ao relacionamento com terceiros países. Referida proposta foi determinada com fulcro na Resolução 5 do Conselho de Ministros, cujas bases dispuseram, entre outras determinações, que as preferências abarcariam a totalidade do universo tarifário, não implicando a consolidação de gravames, e com um nível mínimo, cuja intensidade poderia crescer em conformidade com os acordos multilaterais que fossem pactuados, podendo ser de distintas classes, segundo o setor econômico a que se referisse.

Adotando essas preferências, objetivou-se lograr a redução gradativa das tarifas do sistema insculpido na ALADI, apresentando como conseqüência muitas diferenças com o sistema anterior da ALALC.

Ora, o sistema da ALALC era muito mais rígido, chegando ao ponto de prever apenas a redução gradativa da sobrecarga tarifária de produto por produto, considerando prazos anuais e adotando fórmulas predeterminadas por meio das quais surgia uma margem de preferência frente a terceiros países concernente a cada produto em particular, em regime comum para todas as partes signatárias, em decorrência da aplicação da cláusula da nação mais favorecida.

A Resolução 5 do Conselho de Ministros definiu, da mesma sorte, as bases das preferências tarifárias de forma efetiva frente ao nível que rege em relação a terceiros países. Destarte, ficou estabelecido que seria mínima em seu começo e abarcaria, na medida do possível, a totalidade do universo tarifário, inclusive poder-se-iam pactuar distintas reduções gradativas, de acordo com o setor econômico a que se referisse.

Ademais, permitiu-se a utilização de modalidades e condições especiais de aplicação em relação a setores específicos da economia. Lado outro, estabeleceu expressamente que se poderiam conceder listas de exceções às preferências tarifárias que tivessem vinculação com a existência de classificação econômica dos países de menor desenvolvimento econômico relativo, países de desenvolvimento econômico intermédio e os demais países.

Com efeito, a finalidade dessas exceções objetivava respeitar as distintas situações dos países signatários, levando-se em conta os diferentes graus de desenvolvimento econômico.

Ocorre que a ALADI (Tratado de 1980 – art. 6º)previu também os acordos de alcance regional, isto é, outro mecanismo para alcançar a integração regional, como modalidade em que celebram todos os países signatários.

O acordo de alcance regional possui um campo de ação muito amplo, porquanto não compreende somente os objetivos e alcances do Tratado, mas também se outorgar nos campos que previa a celebração de acordos parciais.

Sendo assim, referidos acordos podem alcançar temas estritamente comerciais, passando pela complementação econômica, promoção do comércio, agropecuária, cooperação científica, promoção do turismo, chegando até a questões de preservação do meio ambiente.

Em conformidade com a estrutura da ALADI, em uma primeira visão, parecer-nos-ia que os acordos de alcance regional constituem o melhor instrumento para a aplicação do princípio da convergência, que visa à regionalização dos acordos de alcance parcial, ainda que o efeito de universalidade se produza em longo prazo, conforme temos presenciado nos modelos atuais de blocos econômicos.

Por outro lado, os acordos de alcance parcial ainda têm sido um mecanismo no qual as partes procuram se estabelecer. De acordo com o art. 7º do Tratado de 1980, nos acordos de alcance parcial não participam todos os países-membros.

Embora sejam de alcance regional, aludidos acordos possuem uma vocação universalista, porquanto admitem que países não-signatários venham a participar do mesmo. Todavia, os benefícios não são gozados de forma automática, conforme ocorria no regime da ALALC por meio da aplicação da cláusula da nação mais favorecida, observando, na realidade, os diferentes níveis de desenvolvimento econômico de cada país.

Indigitado entendimento foi acordado em face das dificuldades que o sistema anterior apresentava. Na realidade, dentro do sistema da ALALC ficou comprovada a impossibilidade de tratamento igualitário a todos os países-membros, frente à aprovação de inúmeras resoluções que objetivavam adequar a disparidade econômica entre os países. A Resolução 99, por exemplo, estabelecia que nos acordos de complementação somente se beneficiariam os países outorgantes, os aderentes por meio de negociações e os de menor desenvolvimento econômico relativo, de forma automática, ainda que não tivessem participado das negociações.

Por outro lado, ainda exemplificando, as Resoluções 202 e 222 criaram acordos sub-regionais como benefícios exclusivos para os signatários dos mesmos e não extensivos aos países não-contratantes.

Se procedermos à leitura da Seção Terceira do Tratado de 1980, verificaremos que o sistema de acordos parciais constitui o instrumento mais flexível e apto a objetivar o resultado de integração, uma vez que não se apresenta como uma exceção ao princípio da multilateralidade, como ocorria na ALALC.

Os acordos parciais, por não serem exceções ao regime geral, obrigatoriamente possuem cláusulas que visam, em regime progressivo, a alcançar não somente os países-membros, com os quais necessariamente têm que estar abertos à adesão negociada, mas também com outros países latino-americanos.

Os referidos acordos têm que ter o exclusivo objetivo de criar condições necessárias para estreitar o processo de integração regional, por meio de sua progressiva multilateralização. Para tanto, os acordos podem ser de caráter comercial, agropecuário, de complementação econômica etc., ou adotar outras modalidades que interessem às partes contratantes, respeitando sempre as bases do Tratado.

Os acordos de alcance parcial cobrem os mesmos aspectos que os de alcance regional, com o intuito de sempre buscar a multilateralização dos acordos. Assim, para que não houvesse dúvidas a respeito do que foi realizada, a Resolução 2 do Conselho de Ministros definiu o que se entendeu por cada um dos acordos anteriormente mencionados.

Dessa forma, afirmou em seu art. 6º, por exemplo, que os acordos comerciais são aqueles que têm por finalidade exclusiva promover as atividades comerciais entre os países-membros. A característica sobressalente desses acordos, por seu turno, está definida na alínea "e" do indigitado art. 6º, quando aplica efeitos extensivos automáticos aos países de menor desenvolvimento econômico relativo, em relação às concessões que se outorgam independentemente de sua adesão ou negociação.

Não obstante, os acordos de complementação econômica têm, conforme o disposto no art. 7º da aludida resolução, como objetivo precípuo, sem exclusividade, dentre outros, a promoção do aproveitamento de fatores de produção e a estimulação da complementação econômica.

No que se refere aos acordos agropecuários, segundo o art. 8º, somente se referiram ao fomento e à regulação do comércio agropecuário interzonal, e foram os que mais apresentaram maiores variedades quanto aos seus efeitos operativos.

Com efeito, foram contemplados elementos de flexibilidade que tinham em conta características sócio-econômicas da produção dos países participantes, analisando produtos específicos e/ou grupos específicos de produtos, para que se pudesse basear em concessões sazonais, por meio de quotas ou mistas, ou produtos, firmados nos contratos entre organismos estatais e paraestatais.

Por derradeiro, ressalta-se que os acordos de promoção de comércio, consoante disposto no art. 9º da resolução, reforçaram a matéria não-tarifária para efeito de promoção das correntes de comércio inter-regional.

Pelo exposto, pode-se constatar que o desempenho da ALADI, em sua gênese, foi cifrado nos acordos de alcance parcial, pelo fato de serem mais fáceis de pactuar.

A própria Resolução 2 do Conselho de Ministros, por meio de seu art. 5º, uma série de normas básicas por meio dos quais deviam sujeitar-se os contratantes, assim como as normas de ordem processual para a boa celebração dos acordos.

Dessa forma, em primeiro lugar se estabelecia que a negociação destes acordos poderia realizar-se, concluir-se e formalizar-se a qualquer momento, requerendo-se apenas a prévia notificação ao Comitê de Representantes da ALADI, para o propósito de que o texto fosse conhecido pelos demais membros.

O que se pretendia com essa condição era que todos os países-membros tivessem igual possibilidade de se inteirar do conteúdo do acordo, porquanto poderia interessar-lhes participar do mesmo. Nesta esteira, passados 30 dias da data da notificação ao Comitê Executivo Permanente, poder-se-ia dar início às negociações entre as futuras partes contratantes. Referidas negociações dever-se-iam concluir, preferencialmente, na sede da Associação, tendo, para tanto, o apoio técnico da Secretaria, se fosse necessário.

Concluídas as negociações, os países que tivessem subscrito o convênio fariam chegar ao Comitê cópia autenticada do acordo, assim como um informe detalhado sobre o cumprimento das normas gerais estabelecidas no art. 4º da Resolução 2 do Conselho de Ministros.

Tal medida se fazia necessária para que todos os membros integrantes da ALADI pudessem comprovar se as partes que assinaram o acordo parcial cumpriram as normas gerais e processuais. Na hipótese de terem sido descumpridas as normas, poder-se-ia recorrer ao Comitê, que, por sua vez, tinha um prazo de 60 dias para pronunciar-se sobre a questão.

Dessa forma, os países signatários do acordo parcial, uma vez por ano, comunicavam ao Comitê os avanços realizados, de acordo com os compromissos que foram subscritos, assinalando, ainda, qualquer outra modificação que pressupunha uma alteração substancial no texto.

4. O Sistema de Apoio aos Países de Menor Desenvolvimento Relativo

Nesta esteira, a ALADI, por meio do Capítulo III do Tratado que a constituiu, regulou os procedimentos concernentes ao Sistema de Apoio aos Países de Menor Desenvolvimento Relativo, apresentando em seu articulado esta que era uma das mais importantes inovações em comparação com o que existia na esfera da ALALC.

No sistema anterior a indigitada situação era tratada pelo art. 32, que, por sua vez, dispunha unicamente sobre a adoção de medidas em favor dos países com menor desenvolvimento relativo, porém a aplicação das medidas ficava a critério dos demais integrantes da Associação.

Tirante o aspecto de que o Tratado de 1960, que constituiu a ALALC, tenha durado cerca de 20 anos, não implica afirmar, por meio de uma análise geral, que o sistema tenha funcionado plenamente. Na prática, as medidas em favor dos países com menor desenvolvimento econômico relativo funcionaram, unicamente, com base nas listas de vantagens não-extensivas, que, apesar de terem sido bastante numerosas, foram, de uma maneira geral, aproveitadas por meio de acordos já existentes e serviam, tão-somente, para fortalecer um intercâmbio já preexistente.

Por outro lado, os planos de intenção para a criação de novos mercados, bem como os projetos de assistência econômica, quase não funcionaram. Com efeito, a ALADI veio com uma nova proposta, apresentando um sistema assentado em dois princípios fundamentais, ou seja, a não-reciprocidade e a cooperação comunitária.

As medidas criadas pela ALADI objetivando um efetivo apoio aos países com menor desenvolvimento econômico relativo foram de distintas índoles, dentre as quais se destacaram a abertura de novos mercados bem como o ajuste de novos programas e outras modalidades específicas de cooperação. A idéia extraída foi a de que, por meio dos acordos regionais, todos os países contratantes pudessem ajudar ao menor desenvolvimento; ou, ainda, por meio dos acordos parciais, onde pelo menos alguns dos países-membros pudessem colaborar com aqueles mais necessitados.

Nessa diretriz, a ALADI, em seu Tratado de constituição, estabeleceu, no art. 18, como ponto cardinal, de relevante importância, que os países-membros aprovariam as listas negociadas de produtos preferentemente industriais. Por meio dessa disposição visava-se a evitar a prática seguida no sistema anterior por meio do qual as concessões que se outorgavam aos países com menor desenvolvimento estavam sempre vinculadas aos produtos primários, ou ainda aos produtos com escassa elaboração industrial.

Dessa forma, a ALADI, por meio das indigitadas listas, passou a ajustar sem reciprocidade, os produtos, com eliminação total dos gravames aduaneiros e demais restrições por parte de todos os países-membros da Associação.

A ALADI abarcou todas as partes integrantes da Associação, tendo como objetivo conceder ao país de menor desenvolvimento econômico um mercado mais amplo, porquanto no sistema da ALALC praticamente não havia um acordo dessa natureza que alcançasse a todos os países intervenientes.

Da mesma sorte, a ALADI representou um passo à frente no reconhecimento dos países mediterrâneos, na medida em que se deveria procurar estabelecer mecanismos eficazes de compensação para os efeitos negativos que incidiriam na prática do comércio inter-regional.

O sistema de apoio previu também o ajuste de programas especiais de cooperação, por meio dos quais os países pudessem celebrar acordos de alcance parcial com os de menor desenvolvimento econômico relativo, para inclusão dos mencionados programas.

Estes acordos parciais referiram-se a inumeráveis aspectos contemplados na Resolução 4 do Conselho de Ministros, onde ficou estabelecida a regulamentação das seguintes atividades:

(i) realização de estudos de mercados que implicassem a constituição de novas empresas ou a reorganização das existentes;

(ii) promoção de empresas multinacionais latino-americanas;

(iii) cooperação tecnológica e gerencial;

(iv) capacitação do pessoal técnico e empresarial;

(v) ações conjuntas em relação a projetos de interesse comum, com o fito de obter financiamento destinado à sua execução e efetuar negociações para aceder a determinados mercados de terceiros países.

A Resolução 4 do Conselho de Ministros previu também o estabelecimento de programas e ações de cooperação nas áreas de pré-inversão, financiamento e tecnologia, destinados a oferecer apoio aos países de menor desenvolvimento econômico relativo, e dentre os mesmos, em particular, aos países mediterrâneos (Paraguai e Bolívia).

Objetivava-se, com isso, facilitar o aproveitamento das reduções gradativas tarifárias, chegando-se, inclusive, por meio do Tratado de 1980, a dispor que os demais países-membros deveriam procurar outorgar, em seus territórios, zonas, depósitos ou portos francos, outros tipos de medidas administrativas que facilitassem o tráfico internacional.

Tendo como alvo constante a idéia de apoio aos países de menor desenvolvimento econômico relativo, assim como ao amparo do cumprimento dos princípios consagrados no Tratado, se dispôs sobre a criação, dentro da ALADI, de uma Unidade de Promoção Econômica, para proporcionar a estes países o apoio requerido para conseguir a participação plena dos mesmos no processo de integração.

5. *O sistema de convergência e cooperação com outros países e áreas de integração econômica da América Latina*

Com a ratificação do Tratado pelos países-membros e, conseqüentemente, sua entrada em vigor, foi aberta a adesão de outros países latino-americanos que assim tivessem interesse, passando, não obstante, sob a prévia aprovação do Conselho de Ministros das Relações Exteriores.

Também nesse aspecto a ALADI se diferenciou do Tratado de 1960, muito embora a iniciativa da Conferência de Presidentes de Punta del Este, o Encontro de Chanceleres em Assunção e as cláusulas da ALALC terem se referido à criação gradual e progressiva das condições que permitisse a constituição de um Mercado Comum Latino-Americano.

Com efeito, criou-se em 1967 a Comissão Coordenadora entre a ALALC e o Mercado Comum Centro-Americano, com o objetivo de iniciar um processo de convergência. Contudo, essa iniciativa nunca teve muito desenvolvimento, malgrado tenha sido a única que se realizou em 20 anos.

A título de exemplos, podemos citar como caso excepcional de país extrazonal a República Dominicana, que é membro, juntamente com outros 11 países do Acordo do México – Criador do Sistema de Pagamentos e Créditos Recíprocos da Associação, que manteve contatos com a ALALC, ainda que de forma muito limitada e dentro de campo bastante específico, assim como o Acordo de São Domingos.

Ainda assim, podemos mencionar alguns casos de convergência que foram realizadas, como, por exemplo, a firmada com a Câmara de Compensações Centro-Americana e com alguns membros da Comunidade do Caribe, como, ademais, uma certa modalidade de cooperação técnica com grupos de países em desenvolvimento, por meio do Comitê Coordenador de Acordos Multilaterais de Pagamento, criado pela Conferência das Nações Unidas sobre Comércio e Desenvolvimento – UNCTAD.

A ALADI, por seu turno, deu, em troca, especial atenção à vinculação externa e, desse modo, regulamentou, por meio dos seus Capítulos IV e V, a mencionada projeção extrazonal dos países. Dessa forma, a principal diferença entre ambos os grupos de normas é que, enquanto o Capítulo IV se referia às relações com países latino-americanos, o Capítulo V, por sua vez, regulava as relações e convergências com os países de fora da América Latina.

Destarte, a principal característica que ficou evidenciada é que os acordos de convergência e cooperação não somente poderiam ser realizados com os países-membros da ALADI, mas também com outros países da América Latina, com os quais se poderia, inclusive, chegar a convencionar o estabelecimento de preferências tarifárias latino-americanas.

Referidos acordos poderiam se revestir da modalidade de acordos parciais, sob as condições do art. 25 do Tratado, ou seja:

(i) as concessões que se outorgassem somente seriam extensivas, de forma automática, após países com menor desenvolvimento econômico relativo;

(ii) quando um país-membro incluísse produtos já negociados em acordos parciais com outros membros, as concessões que se outorgassem poderiam ser superiores às convencionadas com aqueles, em cujo caso se realizassem consultas aos países-membros afetados, com o fito de encontrar soluções mutuamente satisfatórias, salvo nas hipóteses dos acordos parciais em que pactuadas cláusulas de extensão automática ou de renúncia expressa às preferências incluídas nos acordos parciais, aos quais se referisse o artigo em comento;

(iii) esses acordos tinham que ser postos ao conhecimento do Comitê, para o fim de tomar conhecimento do seu alcance que os mesmos tinha, assim como facilitar o conhecimento do conteúdo por outros países, para que se efetivassem as adesões.

Através dessas bases se pretendia que qualquer país-membro ou grupo de países pudessem ajustar ações de cooperação, em algum segmento, com países da América Latina ou com as zonas de integração que já haviam sido criadas, como era o exemplo do Mercado Comum Centro-Americano ou a Comunidade do Caribe.

Esperava-se, com isso, que a ALADI tivesse uma projeção geográfica que a levasse, de forma lenta, mas inexoravelmente, à criação do Mercado Comum Latino-Americano.

Não obstante, consoante discorremos, não somente com os países da América Latina poderia existir convergência e cooperação, mas o próprio Tratado de 1980 previu a celebração de acordos com países de fora da região. Sendo assim, o art. 26 do Tratado dispôs que se realizariam as ações necessárias para estabelecer e desenvolver vínculos de solidariedade e cooperação com outras zonas, por meio da participação da Associação nos programas que se realizariam em nível internacional em matéria de cooperação horizontal, na execução dos princípios normativos e dos compromissos assumidos no contexto da Declaração e Plano de Ação para a Obtenção da Nova Ordem Econômica Internacional e da Carta dos Direitos e Deveres Econômicos dos Estados.

Um dos meios aventados, pelos quais se poderiam celebrar estas convergências, era utilizando-se de acordos parciais, mas que deveriam sujeitar-se às seguintes regras (algumas das quais apresentavam similitude com a dos acordos com países de região):

(i) as concessões não favoreceriam os demais países, salvo os de menor desenvolvimento;

(ii) quando se incluíssem produtos já negociados com outros países-membros, as concessões não poderiam ser superiores às convencionadas com outros membros; mas, se assim o fossem, se estenderiam automaticamente a esses países; e

(iii) deveriam declarar compatibilidade dos acordos parciais com os compromissos contraídos pelos países-membros.

6. A revisão dos compromissos derivados do Programa de Liberação da ALALC

Partindo-se do entendimento de que com o sistema da ALALC se haviam celebrado acordos objetivando a integração latino-americana, a ALADI surgiu com o propósito de preservar, dentro do que fosse possível, o regime existente.

Para tanto, a Resolução 1 do Conselho de Ministros dispôs sobre as renegociações das concessões outorgadas em listas nacionais, bem como nas listas de vantagens não-extensivas e em acordos de complementação.

No que se referia, por exemplo, às concessões outorgadas em listas nacionais, a resolução dispôs que a renegociação se efetuaria em duas instâncias: uma em forma bilateral ou plurilateral, cujos resultados se apreciariam, posteriormente, na segunda instância, em forma multilateral, com o objetivo de proteger os países-membros e permitir a extensão das concessões a todos os integrantes.

Destaca-se que já nas renegociações realizadas se começou a aplicar os tratamentos diferenciais contemplados no Tratado de 1980, bem como as disposições relativas à incorporação de concessões para produtos não incluídos nas listas nacionais então vigentes.

Os acordos poderiam ser celebrados com alcance regional ou simplesmente parcial. Neste último caso, unicamente beneficiariam as partes intervenientes; contudo, nas reuniões que se realizariam de três em três anos, para avaliação e convergência, conforme previsto no art. 30 do Tratado de 1980, os acordos poderiam se multilateralizar.

Indigitadas negociações poderiam celebrar-se em qualquer país. Porém, tendo em vista que na sede da ALADI funcionaria a Secretaria Técnica, e que esta poderia prestar seu apoio às partes contratantes, aspirava-se que as renegociações fossem celebradas na sede da Associação.

Foi previsto, expressamente, um regime especial para o Uruguai, por meio dos arts. 12 e 13 do Tratado, nos quais se estabeleceu que as concessões que beneficiavam aludido país, outorgadas como exceção dentro do regime de vantagens não-extensivas, se manteriam vigentes até a entrada em vigor dos instrumentos jurídicos que recolheriam os resultados das respectivas renegociações que se realizassem no Uruguai com os demais membros, salvo a existência de acordo entre as partes em outro sentido.

Dessa forma, embora o Uruguai seja considerado um país de desenvolvimento econômico intermédio, junto a Colômbia, Chile, Peru e Venezuela, dispunha-se, expressamente, que se deveria contemplar sua situação específica e lhe conferir um tratamento excepcional, mais favorável que o correspondente aos outros quatro países.

7. Os tratamentos diferenciais

O Tratado de 1980 estabeleceu tratamentos diferenciais tanto nos mecanismos de alcance regional como nos de alcance parcial, e isso foi feito com base na divisão dos países-membros em três categorias, as quais se tinham em conta os distintos graus de desenvolvimento econômico de cada um desses países.

Por ocasião da ALALC referido tratamento diferencial se referia, unicamente, aos países de menor desenvolvimento econômico relativo. Contudo, essa única categoria diferencial não era suficiente para refletir a realidade econômica latino-americana, e, portanto, não serviu de base para uma justa distribuição dos benefícios no processo de integração.

Sendo assim, no antigo sistema foi ditada a Resolução 71, que reconhecia a categoria dos "países de mercado insuficiente", cuja principal característica era uma relação mais estreita do mercado nacional para o desenvolvimento de determinadas atividades industriais. Dentro desse grupo foram incluídos países atualmente considerados de desenvolvimento intermédio.

Com efeito, no regime da ALADI foram reconhecidas três categorias, de acordo com suas diferentes características econômico-estruturais: países de menor desenvolvimento econômico relativo (Bolívia, Equador, Paraguai), países de desenvolvimento intermédio (Colômbia, Chile, Peru, Uruguai e Venezuela) e outros países-membros (Argentina, Brasil e México).

Considerando essa classificação, foram contempladas duas situações especiais: a do Uruguai, conforme mencionado anteriormente, ao qual se outorgou um tratamento excepcional, mais favorável que aos demais países de desenvolvimento intermédio, mas sem que isso implicasse a totalidade de benefícios que corresponderiam aos países de menor desenvolvimento econômico relativo; e a dos países mediterrâneos, que receberiam um tratamento preferencial entre os de sua categoria, para compensar os efeitos negativos de sua situação geográfica. Com efeito, a referida classificação dentro da ALADI não é imutável; antes, pelo contrário, existe a previsão expressa de revisões periódicas.

8. A organização institucional da ALADI

O Tratado de 1980 previu, em seu Capítulo VI, a organização institucional da ALADI, que foi marcada pela formação de três órgãos políticos e um de natureza técnica.

Dentro dos primeiros se mencionou o Conselho de Ministros das Relações Exteriores, que na terminologia do Tratado foi referido como "Conselho"; assim como a Conferência de Avaliação e Convergência, denominada "Conferência", e o Comitê de Representantes, o qual se denominou "Comitê".

O órgão técnico, por sua vez, foi representado pela Secretaria-Geral da Associação, sendo denominada de "Secretaria". Dentro dessa composição, assim foi estruturada a ALADI:

8.1 O Conselho de Ministros

O Conselho de Ministros é o órgão supremo da Associação, e ao mesmo compete a condução do organismo, que busca a integração regional. Dentre suas principais atribuições destacam-se: ditar normas gerais; adotar medidas corretivas; estabelecer diretrizes; fixar, revisar e atualizar as normas básicas que regulam os acordos de convergência e cooperação; aceitar a adesão de novos países; designar o secretário-geral – entre outros procedimentos.

Não obstante, todos os encargos supramencionados poderão ser delegados aos restantes órgãos políticos, com o objetivo de permitir o melhor desenvolvimento da Associação.

Diferentemente do que ocorria quando da ALADI, o Conselho de Ministros não determinou um prazo para realização de reuniões, porquanto, como se buscava dar ao organismo muita flexibilidade, a fixação de datas precisas para celebrar reuniões colidiria diretamente com o indigitado princípio de flexibilidade.

8.2 A Conferência de Avaliação e Convergência

A aludida Conferência é integrada pelos denominados plenipotenciários dos países-membros, reunindo-se a cada três anos, por meio de sessão ordinária ou por convocatória do Comitê, ou ainda quando este a convoque de forma extraordinária.

Durante o período de regime da ALALC as funções deste órgão estavam relacionadas com a realização das negociações previstas no programa de liberação de intercâmbio, ou seja, referiam-se às listas nacionais e às listas comuns.

Com efeito, na ALADI as atribuições conferidas referem-se ao exame do processo de integração e aconselhamento às medidas corretivas do Comitê; promoção de ações de maior alcance em matéria de integração econômica; assim como a avaliação dos resultados dos sistemas de apoio aos países de menor desenvolvimento econômico relativo.

8.3 O Comitê de Representantes

No que concerne ao Comitê de Representantes, este preservou a mesma estrutura do sistema anterior, ou seja, um órgão permanente. Dentre suas principais funções, podem ser destacadas: a promoção e celebração de acordos de alcance regional; adoção de medidas necessárias para a execução e regulamentação do Tratado; aprovação dos programas anuais de trabalho da Associação; bem como a aprovação de seus pressupostos – podendo para isso, fixar as contribuições dos países-membros, além de representar a Associação frente a terceiros países.

Aludido Comitê é integrado por um representante permanente de cada país, com direito a um voto, podendo reunir-se e tomar resoluções com um *quorum* de dois terços de seus membros.

8.4 A Secretaria-Geral

Com a constituição da ALADI, a Secretaria-Geral passou a ter caráter de órgão técnico, circunstância que não ocorria no sistema anterior. Por este aspecto, e considerando, ainda, as atribuições que lhe foram conferidas, a Secretaria passou a ser um órgão de grande importância para impulsionar o desenvolvimento e a integração latino-americana, implicando assunto prioritário a designação do secretário-geral, que exerce papel fundamental.

As funções da Secretaria estão relacionadas com a formulação de propostas aos órgãos da Associação, a administração do patrimônio da ALADI, a proporção de criação de órgãos auxiliares, a realização de avaliações periódicas, a organização de uma Unidade de Promoção Econômica, até mesmo a preparação e apresentação ao Comitê dos projetos e programas anuais, como também a contratação e dispensa do pessoal técnico e administrativo.

Torna-se importante destacar que tanto o secretário-geral como o pessoal técnico administrativo da Associação não poderão receber ordens nem indicações de qualquer país, uma vez que sua atuação funcional independe do país a que pertence.

9. Do comportamento do comércio exterior

No ano de 2001 o comércio exterior global dos países-membros da ALADI caracterizou-se pela ocorrência de uma contração tanto de suas exportações (-3,8%) como de suas importações (-2,4%).

O fenômeno de redução das vendas globais da região vinculou-se, fundamentalmente, ao cenário econômico internacional adverso durante todo o ano de 2001. Nesse sentido, em menor ritmo de crescimento da economia mundial, e em particular dos Estados Unidos, determinou-se uma menor demanda externa dos produtos exportados pela região, considerando a seguinte redução dos preços das mercadorias: petróleo, -14%; café, -28%; cobre, -7%; níquel, -29%; zinco, -19%; e estanho, -16%.

Contudo, na contramão, alguns produtos, como banana (43%), trigo (1%) e carne (9%), experimentaram uma melhora em seus preços. Por outro lado, a contração das importações globais da região justificou-se pelo menor ritmo de crescimento registrado por suas economias.

Com efeito, o crescimento do PIB dos países da ALADI passou de 4,1% no ano de 2000 a somente 0,3% no ano de 2001. Neste contexto econômico mundial adverso, o comércio intra-regional também se contraiu, porém em menor escala que nos fluxos globais. Dessa forma, depois de expandir cerca de 23% no ano de 2000, as operações de vendas recíprocas entre os países-membros da ALADI experimentaram uma leve contração (-3%), originada, fundamentalmente, pela desaceleração registrada no nível de atividade econômica praticado na região.

Não obstante, dentre os principais circuitos de comércio destacam-se, por um lado, aqueles que envolverem em relações comerciais com o México e, por outro lado, o comportamento divergente dos blocos sub-regionais. Convém destacar que o circuito México/MERCOSUL foi um dos mais dinâmicos da região.

No ano de 2001 as operações de exportações recíprocas entre o México e o MERCOSUL tiveram um crescimento da ordem de 11%, em contraposição com o que ocorreu com o Chile e MERCOSUL, ou seja, crescimento de 0,5%, praticamente nulo. Contudo, cabe destacar, ainda, que as próprias relações comerciais entre os países-membros do MERCOSUL registraram uma queda significativa no ano de 2001, em torno de -14%.

Na realidade, no ano de 2001 evidenciou-se um significativo crescimento nas operações de exportações recíprocas entre os países andinos em relação ao ano anterior, ou seja, cerca de 8,8%, mormente nas operações realizada entre a Colômbia e a Venezuela. Na via contrária, considerando a importância dos fluxos comerciais intra-MERCOSUL, torna-se importante destacar a queda experimentada nas operações comerciais realizadas entre os países-membros (-2.500 milhões de Dólares, em valores absolutos), o que explica a contração ocorrida no intercâmbio comercial do conjunto dos países da ALADI (-1.285 milhões de Dólares).

Os reflexos foram verificados em decorrência da diminuição dos fluxos bilaterais principais, como, por exemplo, as exportações realizadas pelo Brasil para a Argentina, que experimentaram uma caída de 20% em relação ao ano anterior. Dessa maneira, o comportamento do intercâmbio comercial dos países andinos e do MERCOSUL, assim como entre os mesmos, relacionou-se com o ritmo das atividades registradas entre ambos os blocos durante o ano de 2001.

Em um contexto no qual o crescimento do produto da região foi praticamente nulo (0,3%), o ritmo das atividades na sub-região andina foi superior (1,6%). O ritmo repercutiu no dinamismo registrado pelos fluxos comerciais no seio do bloco dos países andinos, assim como nas importações procedentes do MERCOSUL. O MERCOSUL, ao contrário, permaneceu praticamente estancado (-0,1%).

Nesse sentido, as significativas caídas do ritmo de atividades econômicas na Argentina e Uruguai incidiram no descenso das compras intra-MERCOSUL, e até mesmo no bloco dos países andinos. No que diz respeito ao comércio com o restante do mundo, as exportações dos países da ALADI experimentaram um leve retrocesso em 2001 (-4%), imediatamente após o forte crescimento registrado no ano anterior (20,8%).

Este resultado global dissimula comportamentos diferentes entre os países. Por um lado, México, Venezuela, Colômbia e Equador, cujo principal mercado de destino são os Estados Unidos, sofreram o impacto do resfriamento da economia norte-americana, experimentando uma redução em suas vendas extra-regionais. Cabe registrar, ainda, que, da mesma forma, as exportações desses países foram afetadas pela redução do preço do petróleo.

Por outro lado, países como Chile e Uruguai, para os quais os Estados Unidos representam o segundo mercado de destino fora da região, evidenciaram também contrações de suas vendas extra-regionais. No caso particular do Chile, o mesmo obedeceu, fundamentalmente, à deterioração dos preços internacionais de alguns dos seus principais produtos de exportação (cobre, celulose, salmão e fruta fresca). Por sua vez, no Uruguai, a redução de suas exportações extra-regionais originou-se, essencialmente, como resultado da queda das vendas de carne em decorrência da febre aftosa.

Argentina, Brasil e Paraguai expandiram suas exportações para o resto do mundo, em contraponto a diminuição experimentada pelas suas operações dentro do bloco sub-regional. O Brasil aumentou suas vendas destinadas aos Estados Unidos e À Ásia (China, Taiwan, Hong Kong), e da mesma forma a Argentina expandiu suas operações para o mercado asiático. Enquanto isso, o Paraguai expandiu suas operações de exportação por meio do aumento do volume de soja e algodão, bem como por meio de uma recomposição de seus mercados de destino (Japão, Índia e Suíça).

No que tange às importações extra-regionais da ALADI, após o importante dinamismo registrado em 2000 (13,7%), as mesmas experimentaram um retrocesso no ano de 2001 (-2,4%), derivado da perda de dinamismo da economia regional. Nesse sentido, se destacaram por sua incidência total da região a redução das compras argentinas e mexicanas, ao mesmo tempo em que aumentaram as brasileiras, colombianas e equatorianas.

Com base na mencionada evolução do intercâmbio comercial com o resto do mundo, corresponde destacar o caso do Brasil. Com efeito, o Brasil foi o único país que experimentou um aumento simultâneo de suas exportações e importações extra-regionais (9% e 3,1%, respectivamente).

Como resultado do comportamento das exportações fora da região (para os países do restante do mundo) e das importações procedentes da mesma origem, em 2001 a região registrou um superávit comercial menor que no ano anterior, passando de 9.176 milhões de Dólares a 4.486 milhões de Dólares no referido período.

10. Conclusões finais

Com o Tratado de Montevidéu de 1980, o sistema de preferências tarifárias regionais resulta em um elemento de suma importância para o desenvolvimento futuro do comércio inter-regional, uma vez que, sem dúvida, proporciona ao processo um instrumento comum e avanço que tem como características e vantagens de regular, segundo as conveniências e possibilidades dos países-membros.

Também é importante ter em conta as possibilidades de vinculação que se dá aos membros da ALADI, quer seja de forma bilateral ou de forma multilateral.

Neste sentido, os acordos parciais adquirem suma gravitação, pois é de se presumir que a esse nível alguns países estejam em condições de se outorgar, reciprocamente, tratamentos mais favoráveis ou cooperar entre si de uma forma mais definida que em nível regional. Por isso, se tivermos em conta o princípio da convergência, que fora estabelecido expressamente no Tratado de 1980, podemos concluir que a ALADI está dotada de um importante fator dinâmico.

Com efeito, conforme pudemos analisar no comportamento do comércio exterior global e suas implicações na ALADI, entendemos que muito ainda se tem que trabalhar para que ocorra um processo efetivo de integração.

Contudo, a ALADI atende de forma bastante pragmática aos anseios do processo de integração latino-americana, uma vez que atende preferentemente à heterogeneidade dos países que integram a região, canalizando, ademais disso, institucionalmente esse anseio integracionista dos países-membros; porém, dentro de um marco muito flexível.

Por meio dessas reflexões, podemos concluir que a ALADI possui todas as condições para evoluir, buscando horizontes superiores de integração econômica, e chegar, ao final e com segurança, ao *Mercado Comum Latino-Americano*, síntese da integração econômica regional, como passo prévio e necessário à criação de uma integração política.

Bibliografia

KUNZLER, Jacob Paulo. *Mercosul e o Comércio Exterior*. São Paulo, Aduaneiras, 1999.

TRAIBEL, José Pedro Montero. "A Associação Latino-Americana de Integração (ALADI)". *RDTributário*. São Paulo, Ed. RT, 1980.

Atualidades

A FUNÇÃO ECONÔMICA DAS PARCERIAS PÚBLICO-PRIVADAS (PPPs)

MARCOS BARBOSA PINTO

1. Introdução. 2. Investimentos em infra-estrutura. 3. Eficiência econômica. 4. Conclusão.

1. Introdução

O Congresso Nacional aprovou a Lei 11.079, de 30.12.2004, que institui normas gerais para contratação de parcerias público-privadas. As PPPs – como se convencionou chamar essas parcerias – nada mais são que contratos de prestação de serviços de longo prazo, normalmente precedidos da realização de uma obra pública.

Conforme dispõe o art. 2º da lei, as PPPs podem ser divididas em duas categorias.

Integram a primeira categoria as *concessões patrocinadas*, assim entendidas as concessões de serviço público em que o Estado paga ao particular uma remuneração adicional à tarifa cobrada dos usuários do serviço. Por exemplo, o Estado concede uma rodovia para exploração pela iniciativa privada, garantindo ao concessionário uma receita mínima complementar ao pedágio.

Na segunda categoria de PPPs figuram as *concessões administrativas*, que são contratos de prestação de serviço tradicionais, cuja remuneração é paga exclusivamente pelo Estado, sem cobrança de tarifa da população. É o caso dos presídios construídos e administrados por particulares.

Como boa parte dos institutos jurídicos, as PPPs não podem ser propriamente analisadas sem um entendimento prévio de sua função econômica. Aliás, uma das principais dificuldades encontradas pelo Governo Federal nos debates da lei foi justamente a falta de compreensão da sociedade sobre os reais benefícios das PPPs para o país. O propósito deste artigo é esclarecer quais são, exatamente, esses benefícios.

As PPPs desempenham, basicamente, duas funções. De um lado, elas servem para canalizar recursos privados para investimentos em infra-estrutura que são essenciais para o desenvolvimento econômico do país. De outro, elas aumentam a eficiência do Estado na prestação de serviços, permitindo um melhor emprego dos recursos públicos. Essas funções são analisadas separadamente nos dois itens seguintes.

2. Investimentos em infra-estrutura

Pode-se afirmar com bastante segurança que os investimentos em infra-estrutura são essenciais para o desenvolvimento econômico. Diversos estudos demonstram que eles aumentam a produtividade da economia, reduzindo custos e estimulando a produção.[1]

1. Cf., *v.g.*, David Aschauer, "Is public expenditure productive", *Journal of Monetary Economics* 23/177-200, 1989.

Não por acaso, os investimentos em infra-estrutura mantiveram-se elevados no Brasil em períodos de rápido crescimento econômico. Durante a década de 1970, por exemplo, eles se mantiveram sempre acima de 5% do Produto Interno Bruto/PIB, tendo chegado a 14% no início da década de 80.[2] Nesse período o Brasil apresentava taxas de crescimento sempre superiores a 4% ao ano.[3]

A partir de meados da década de 80, contudo, os investimentos em infra-estrutura caíram rapidamente, chegando a menos de 2% do PIB na virada do século.[4] Quando os investimentos em infra-estrutura não acompanham o ritmo de crescimento da produção, formam-se os chamados "gargalos" estruturais, cujos efeitos são extremamente deletérios para a economia do país. Foi o que se viu no setor elétrico brasileiro em 2000, com o "apagão" e a conseqüente redução das expectativas de crescimento. É o que ocorre hoje no setor de transportes. Nossas estradas, ferrovias e portos não conseguem atender à demanda, o que atrapalha o escoamento da produção e encarece os produtos nacionais.[5]

Infelizmente, a situação financeira do Estado Brasileiro é precária, o que restringe sua capacidade de investimento. Para que se tenha uma idéia, em 2003 as despesas correntes da União superaram a receita corrente líquida em 28 bilhões de Reais.[6] O ideal seria reduzir as despesas correntes para aumentar os investimentos; mas essa não é uma tarefa fácil, por uma série de razões sociais, políticas e até mesmo jurídicas.

Por outro lado, despesas elevadas não seriam um problema se o Estado pudesse aumentar suas receitas para investir em infra-estrutura. Entretanto, aumentar receitas é praticamente inviável na atual conjuntura. A carga tributária brasileira já subiu de 24,1% do PIB em 1991 para 35,86% em 2002.[7] Embora alguns economistas sustentem, com propriedade, que a carga tributária brasileira não é absurda se comparada com padrões internacionais,[8] tornou-se politicamente inviável aumentar tributos sem uma reforma fiscal que torne a carga tributária mais justa, socialmente.

A única alternativa que nos sobra é o endividamento, que também tem alcance limitado. Por uma série de fatores, dentre os quais os gastos da União com pagamento de juros,[9] a dívida pública brasileira já ultrapassou 50% do PIB.[10] No final de 2002 chegou-se a acreditar que o Brasil não conseguiria honrar seus compromissos, como ocorreu com a Argentina. Neste contexto, resta pouco espaço para contrair mais dívidas, ainda que sua finalidade seja aumentar os investimentos.[11]

2. Cf. Bolívar Pego Filho, José Oswaldo Cândido Jr. e Francisco Pereira, "Investimento e financiamento da infra-estrutura no Brasil: 1990/2002", IPEA, *Textos para Discussão* 680/13, 1999.

3. Na década de 70 a taxa mais baixa de crescimento foi de 4,93%, em 1977. A mais alta, 13,97%, em 1973 (fonte: IPEA).

4. Cf. Bolívar Pego Filho, José Oswaldo Cândido Jr. e Francisco Pereira, "Investimento e financiamento da infra-estrutura no Brasil: 1990/2002", cit., IPEA, *Textos para Discussão* 680/13.

5. Estima-se que o país perca cerca de 4 bilhões de Dólares por ano devido às deficiências em sua infra-estrutura logística (cf. Omar Silva Jr., "Infra-estrutura logística é emergência em 2005", *Valor Econômico* 18.1.2005).

6. Fonte: Secretaria do Tesouro Nacional.

7. Fonte: Secretaria da Receita Federal.

8. Cf. Paulo Nogueira Batista Jr., "Fiscalização tributária no Brasil: uma perspectiva macroeconômica", in *A Economia Como Ela É*, 3ª ed., São Paulo, Boitempo, 2002, p. 212.

9. Em 2003 o total de juros nominais apropriados pelo setor público atingiu 145 bilhões de Reais, o equivalente a 9,58% do PIB (fonte: *Boletim Anual do Banco Central*, 2003).

10. A dívida do setor público brasileiro equivalia a exatamente 30% em janeiro/1995. Em outubro/2004 ela atingiu 53,7% do PIB (fonte: Banco Central).

11. É bem verdade que uma redução da taxa de juros pelo Banco Central poderia reduzir – e muito – as despesas correntes do setor público com o financiamento da dívida pública, abrindo espaço para mais investimentos. Por exemplo, caso as despesas com juros fossem reduzidas em 10%, o setor público economizaria aproximadamente 14 bilhões de

Isso explica por que, desde o início dos anos 1990, o Estado vem recorrendo ao setor privado para investir em infra-estrutura. As privatizações e concessões de serviço público ocorridas nos últimos anos foram em grande parte motivadas pela falta de recursos do Estado para investimento. Num cenário de restrição fiscal, optou-se por transferir para a iniciativa privada a responsabilidade pela prestação de certos serviços, como telecomunicações e energia elétrica, substituindo, assim, recursos públicos escassos por investimentos particulares.

Ocorre que privatizações e concessões só são possíveis quando a atividade delegada à iniciativa privada é auto-sustentável economicamente. É o que se dá no setor de telecomunicações, por exemplo, no qual as empresas conseguem auferir receita suficiente para amortizar seus investimentos, cobrir custos operacionais e obter uma taxa de retorno razoável. O mesmo ocorre no setor elétrico, que foi privatizado com relativo sucesso.

Entretanto, existem muitos projetos de interesse público que não são auto-sustentáveis. É o caso das rodovias com pouco tráfego, cuja receita de pedágio é insuficiente para cobrir os custos de operação e manutenção. É também o caso dos serviços de coleta de lixo, nos quais é difícil cobrar tarifas da população, pois não se pode impedir os inadimplentes de se beneficiarem do serviço.

Embora não sejam rentáveis para os particulares, projetos desse tipo interessam ao Estado, porque seu retorno econômico e social excede a receita que as empresas privadas podem extrair deles diretamente. Ou seja, esses projetos apresentam grandes externalidades positivas.[12] Uma estrada de tráfego pouco intenso facilita o desenvolvimento de regiões isoladas, ainda que esse valor intangível não possa ser apropriado por ninguém. De forma semelhante, um serviço de coleta de lixo eficiente é essencial para a saúde de toda a população, não somente para seus usuários diretos.

É neste contexto que surgem as PPPs. Sua primeira função é atrair investimentos privados para projetos que não são auto-sustentáveis, mas que apresentam grandes externalidades positivas.

Nas PPPs o Estado contrata uma empresa particular para realizar obra pública e depois prestar um serviço com base nessa obra. Em contrapartida, o Estado paga ao particular uma remuneração que complementa ou substitui a receita que o particular pode obter cobrando tarifa dos usuários, pois esta é insuficiente para cobrir os custos do projeto. Portanto, as PPPs canalizam investimentos privados para o setor de infra-estrutura mediante o compromisso de pagamentos continuados do governo.

Antes de prosseguir, contudo, vale a pena analisar uma questão relevante suscitada pela experiência internacional. Analisando programas de PPPs como o da Inglaterra, por exemplo, percebe-se que as PPPs têm um custo financeiro maior para o Estado que os investimentos públicos tradicionais, pois o custo de capital do setor privado é maior que o do setor público.

Para compreender melhor essa questão, é preciso esclarecer uma característica essencial das PPPs: a amortização diferida dos investimentos. Em uma PPP, o parceiro privado não recebe adiantamento algum do Estado para custear as obras necessárias ao início da prestação dos serviços. Pelo contrário, ele só recebe os pagamentos do Estado na medida em que os serviços forem sendo prestados. Ou seja: o particular realiza investimentos de interesse público

Reais por ano. Essa economia, sozinha, equivaleria ao dobro dos investimentos realizados pelo Governo Federal em 2003, que não chegaram a 7 bilhões de Reais, conforme dados da Secretaria do Tesouro Nacional.

12. Uma externalidade positiva verifica-se sempre que o benefício social marginal da produção ou do consumo de um bem exceder o benefício privado marginal, ou seja, sempre que a produção ou consumo de um bem gerarem benefícios que são subvalorizados pelo mercado.

cuja amortização ocorrerá paulatinamente ao longo do contrato. Portanto, é o particular, e não o Estado, quem financia a PPP.[13]

Ocorre que o Estado poderia se financiar a taxas bem menores emitindo títulos no mercado, já que seu risco de crédito é inferior ao do setor privado. Essa diferença de risco reflete-se nas taxas de juros. Fazendo uma comparação bastante simplista, enquanto o Estado emitia títulos à taxa de 17,75% em dezembro/2004, o setor privado financiava-se junto aos bancos à taxa média de 30,9%.[14] Trata-se do famoso "*spread* financeiro". Obviamente, esse *spread* é repassado para o Estado nas PPPs, o que as torna um instrumento mais caro de financiamento.[15]

13. É preciso deixar claro, porém, que o financiamento particular não implica necessariamente endividamento público. Esta última variável – o endividamento público – depende do grau de transferência de risco do projeto. Se uma parcela significativa dos riscos do projeto for transferida para o parceiro privado, como o risco de construção e o risco de disponibilidade do serviço, as PPPs não devem ter impacto no nível de endividamento do Estado (cf. Eurostat, "Treatment of public private partnerships", *News Release* 18, 2004, e International Monetary Fund/Fiscal Affairs Department, *Public-Private Partnerships*, 2004).

14. Fonte: Banco Central. Obviamente, as taxas de curto prazo não são as mais adequadas para projetos de infra-estrutura de longo prazo como as PPPs. Todavia, como não existem estatísticas confiáveis para financiamentos de longo prazo, no Brasil, no setor de infra-estrutura, optou-se por usar as taxas de curto prazo como base de comparação. Na verdade, uma comparação correta entre o custo de financiamento do setor privado e do setor público exigiria que se comparasse a taxa SELIC ao custo médio de financiamento de projetos de PPPs, tomando em conta não só o custo da dívida (*debt*) do projeto, mas também o custo do capital (*equity*) do parceiro privado.

15. Todavia, é preciso ressaltar que, devido às altas taxas de juros praticadas no Brasil, algumas empresas brasileiras conseguem financiamentos de longo prazo no exterior a taxas muito próximas das aplicáveis ao Tesouro. Além disso, Estados e Municípios têm, hoje, uma capacidade de endividamento mais limitada que a União, e, se fossem se financiar no mercado, o fariam a taxas de juros talvez tão altas quanto a iniciativa privada.

É, por isso, importante o papel de instituições financeiras estatais, como o Banco Nacional de Desenvolvimento Econômico e Social/BNDES, no financiamento às PPPs. Concedendo empréstimos a taxas equivalentes ou mais baixas que as aplicáveis aos títulos emitidos pelo Tesouro Nacional,[16] tais instituições podem reduzir, se não eliminar, o custo financeiro adicional que o Estado deveria suportar por conta do financiamento privado dos projetos.

3. *Eficiência econômica*

As considerações acima nos levam à segunda função das PPPs: aumentar a eficiência do Estado na prestação de serviços públicos. As PPPs aumentam a eficiência do Estado ao transferir para o setor privado tarefas e riscos que este pode executar ou gerenciar a um custo mais baixo. Para garantir que isso ocorra, as PPPs são dotadas de uma estrutura contratual própria que incentiva a redução de custos a longo prazo, sem perda de qualidade na prestação do serviço.

Como deixa claro o art. 2º da Lei 11.079/2004, as PPPs são contratos de prestação de serviço, e não contratos de obra pública. Embora envolvam quase sempre a execução de uma obra antes da prestação dos serviços, as PPPs não vinculam a remuneração do parceiro privado à realização da obra, e sim aos serviços prestados com base na obra. Numa PPP o Estado não remunera o contratado pela construção da ponte ou do presídio, mas pela operação e manutenção da ponte ou do presídio por um certo período.[17]

16. O BNDES empresta, por exemplo, à Taxa de Juros de Longo-Prazo/TJLP, que em março/2005 estava fixada em 9,75% a.a., mais um *spread* de 1 a 4,5%. Portanto, os financiamentos do Banco são mais baratos que a taxa aplicável aos títulos do Tesouro, que estava fixada, à mesma época, em 19,25% a.a.

17. Obviamente, esse período deve ser suficiente para que o parceiro privado amortize os investimentos feitos na execução da obra. É isso o que dispõe o art. 5º, I, da Lei 11.079/2004.

Essa estrutura contratual cria incentivos econômicos para que o particular reduza seus custos. Se o particular consegue realizar a obra a um custo mais baixo, seu lucro aumenta, já que o custo total do projeto diminui, enquanto sua remuneração pela prestação dos serviços permanece a mesma. Isto significa que o parceiro privado tentará, sempre que possível, reduzir os custos da obra, para aumentar seu lucro na PPP.

Se a outorga do contrato for precedida de uma licitação realmente competitiva e transparente, o Estado também será beneficiado por essa redução de custos. Com efeito, a competição propiciada pelo processo licitatório fará com que os concorrentes mais eficientes reduzam ao mínimo o valor de suas propostas, repartindo, assim, com o Estado os ganhos que esperam obter com a redução de custos.

Todavia, pode-se argumentar que isto já ocorre – ou, pelo menos, deveria ocorrer – nas formas tradicionais de contratação de obra pública. Nelas os particulares têm incentivos suficientes para executar a obra a um custo mais baixo e, assim, aumentar seu lucro. Afinal, a remuneração que a construtora recebe do Estado é fixa, mas seus custos podem ser reduzidos na execução da obra.

Além do mais, as licitações de obras públicas deveriam, em tese, assegurar que o Estado se beneficiasse das expectativas de redução de custos do contratado. Num ambiente de competição efetiva, as construtoras fariam a proposta mais baixa possível, tendo em vista os custos que terão para executar a obra.

Essas constatações são verdadeiras, mas as PPPs vão além das formas tradicionais de contratação pública em dois aspectos. Em primeiro lugar, as PPPs permitem que o Estado delegue ao particular não só a execução das obras, mas também a elaboração do projeto das mesmas.[18] Isso faz com que os ganhos de eficiência nas PPPs sejam maiores que nas obras públicas, pois grandes economias podem ser obtidas na formulação dos projetos.

Em segundo lugar, a PPP impede que a qualidade da obra seja comprometida, como ocorre freqüentemente na contratação tradicional, pois ela transfere ao parceiro privado não só os potenciais ganhos com a construção, mas também os riscos correlatos. O contrato de PPP não especifica como a obra deve ser executada; limita-se a estabelecer metas de disponibilidade e qualidade para o serviço. Se essas metas não forem atingidas porque as obras são inadequadas, a contraprestação devida ao parceiro privado pode ser reduzida.

Esta é outro aspecto importante das PPPs. O art. 6º, parágrafo único, da Lei 11.079/2004 permite a introdução de mecanismos de remuneração variável no contrato de PPP. Isso significa que a remuneração do parceiro privado está diretamente relacionada à qualidade dos serviços prestados: se os serviços atenderem às especificações do Estado, o parceiro privado receberá uma remuneração maior; se, ao contrário, o contratado falhar na execução do serviço, sua remuneração será reduzida.

De forma similar, o art. 7º da lei estabelece que o parceiro privado não pode receber qualquer contraprestação do Estado enquanto o serviço não estiver disponível. Essa determinação legal cria um incentivo econômico para que as obras sejam terminadas no prazo, pois se o parceiro privado atrasar a construção ele arcará com os custos correspondentes.

O mesmo raciocínio aplica-se aos custos de manutenção e operação dos serviços. De um lado, o parceiro privado tem interesse em reduzir esses custos, para aumentar seus lucros. De outro, ele também tem interesse em preservar a qualidade dos serviços, pois, se esta for prejudicada, ele

18. O Presidente da República vetou o dispositivo do art. 11 da Lei 11.079/2004, que exigia projeto básico para contratação de PPP. Prevalece, então, a referência geral da Lei das PPPs à Lei 8.987, de 23.2.1995, que permite a contratação de concessões com meros elementos do projeto básico.

compromete sua remuneração. Mais uma vez, os incentivos econômicos apontam para redução de custos sem comprometimento de qualidade.

Um exemplo pode tornar mais claro o mecanismo das PPPs. Suponhamos que o Estado faça uma PPP para construção e operação de uma rodovia mediante pagamento de uma remuneração mensal por 20 anos. O contrato estabelece metas de qualidade e segurança para o funcionamento da rodovia, mas não determina qual o material e a técnica a serem utilizados na construção. Fica a cargo do particular executar a obra da forma que entender mais eficiente. O parceiro privado procurará, obviamente, formular um projeto, realizar a obra e executar os serviços ao custo mais baixo possível. Porém, atentará sempre para as metas de qualidade e segurança previstas no contrato, pois, se estas não forem atingidas, sua remuneração será comprometida.

Portanto, não é a mera delegação de atividades ao setor privado que gera a eficiência econômica nas PPPs. Esta decorre, na verdade, da transferência dos riscos e benefícios relacionados ao serviço.

Não é à toa que diversos artigos da Lei 11.079/2004 tratam de *distribuição de riscos*. Além dos já mencionados acima, vale ressaltar o art. 4º, VI, que considera a repartição objetiva de riscos uma diretriz fundamental das PPPs. No mesmo sentido, o art. 5º, III, contempla a repartição de riscos como cláusula obrigatória dos contratos de PPP.

O princípio que deve presidir a distribuição de riscos é, sem dúvida alguma, a *eficiência econômica*.[19] "Riscos" são custos, e certamente serão levados em consideração pelo particular na sua proposta de remuneração. Se o Estado transfere ao particular riscos que poderia absorver melhor que o contratado, ele está, na verdade, pagando caro por um serviço de que não necessita. Por outro lado, ao transferir ao setor privado riscos que este pode gerenciar melhor, o Estado reduz seus custos e promove a eficiência econômica.

Não é sempre óbvio, todavia, quem pode suportar determinados riscos a um custo mais baixo. É claro que o particular deve suportar o risco de construção da obra e disponibilidade do serviço, pois ele exerce controle direto sobre esses fatores. Por outro lado, o risco de alterações unilaterais do contrato por interesse público não deve ser transferido ao particular, pois o Estado pode gerenciá-lo muito melhor. Entre esses dois extremos, porém, existe uma série de riscos que precisam ser repartidos caso a caso, como o risco de demanda pelo serviço e riscos relacionados a casos fortuitos e força maior.

Ao decidir sobre a melhor forma de alocar os riscos, diversos fatores devem ser ponderados pelo Estado.[20] O primeiro, é claro, é o grau de controle sobre o risco. Quem controla o risco pode suportá-lo de maneira mais eficiente. O segundo é a capacidade de avaliar e quantificar os riscos: quem puder avaliar os riscos melhor é, também, o melhor candidato para evitar as perdas correspondentes.

Se esses dois fatores não decidirem a questão, é preciso recorrer a outros dois, que apontam em sentidos opostos. De um lado, temos a capacidade do Estado de diluir quaisquer riscos entre suas diversas atividades, promovendo, assim, uma espécie de auto-seguro. Isso indica que o Estado pode suportar riscos que estejam fora do controle das partes melhor que o setor pri-

19. Em um mundo ideal, em que os custos de transação fossem nulos, seria absolutamente indiferente quem suportaria qualquer dos riscos relacionados a um contrato de PPP, pois seria sempre possível às partes atingir um resultado eficiente mediante transações no mercado (cf. Ronald Coase, "The problem of social cost", *The Firm, the Market and the Law*, Chicago, 1988, p. 95). Todavia, na prática, os custos de transação são significativos mesmo no caso de relações contratuais, o que torna a alocação de riscos extremamente relevante.

20. A análise que se segue, sobre alocação de riscos, é baseada no livro clássico de Guido Calabresi, *The Costs of Accidents: a Legal and Economic Analysis*, New Haven, 1970.

vado. Por outro lado, o Estado pode normalmente transferir todos os seus custos para a população, mediante tributação, o que remove os incentivos econômicos que levam ao bom gerenciamento dos riscos. É bastante provável que o segundo fator se sobreponha ao primeiro, fazendo do parceiro privado um melhor candidato para suportar riscos que o Estado.

Seja qual for a melhor distribuição de riscos, ela deve estar claramente prevista no contrato. Nesse aspecto a Lei 11.079/2004 foi bastante flexível e inovadora. Tradicionalmente, no direito administrativo brasileiro, a alocação de riscos não é feita por contrato, e sim por lei ou *ex post* pelo Poder Judiciário através da aplicação do princípio do equilíbrio econômico-financeiro do contrato. Segundo a interpretação predominante do art. 55, II, "d", da Lei 8.666, de 21.6.1993, o risco de caso fortuito e álea econômica extraordinária, por exemplo, deve ser sempre absorvido pelo Poder Público. Já, nas PPPs, por força do art. 5º, III, mesmo esses riscos podem ser transferidos ao parceiro privado ou divididos entre as partes. A lei abre espaço para que, em cada caso, a alocação mais eficiente de riscos seja fixada no contrato.

Não há nisso – é preciso ressaltar – qualquer violação ao princípio da manutenção do equilíbrio econômico-financeiro do contrato. O art. 37, XXI, da CF prevê que as "condições efetivas da proposta" dos licitantes devem ser mantidas, preservando, assim, o equilíbrio original do contrato. Quando o próprio contrato prevê *ex ante* que certos riscos serão arcados pelo parceiro privado, os licitantes têm a oportunidade de precificar esses riscos em sua proposta. Portanto, ainda que o administrador público erre a mão e transfira mais riscos do que seria recomendável na PPP, o particular não sofre qualquer prejuízo, pois o risco ineficientemente transferido já foi levado em conta na formulação da proposta.

Como se vê, toda a estrutura da Lei 11.079/2004 está voltada para permitir a redução de custos do Estado sem perda de qualidade na prestação dos serviços. Embora seja muito cedo para julgar, a experiência internacional parece confirmar a tese de que as PPPs geram significativos ganhos de eficiência. Um estudo muito citado estimou em 17% o ganho médio de eficiência em contratos de PPP celebrados no Reino Unido – o que é, sem dúvida, um ganho substancial.[21]

Não obstante, é preciso ter cautela com essas expectativas de eficiência. O próprio estudo citado acima ressalta que a avaliação do ganho de eficiência a ser obtido com as PPPs depende em grande medida do valor que se atribui aos riscos transferidos ao parceiro privado. Cerca de 60% dos ganhos de eficiência previstos para os projetos advêm de transferência de riscos para o setor privado. Contudo, é sabido que a avaliações de riscos são bastante subjetivas, sujeitas a erros e manipulações.

Além disso, as estimativas de eficiência do estudo citado acima desconsideram parcialmente dois custos importantes em contratos de PPP: custos de transação e custos de agência. Os primeiros são os custos incorridos na preparação e licitação de cada projeto.[22] Como os projetos de PPP são extremamente complexos, seus custos de transação tendem a ser bastante elevados.

Também são freqüentemente desconsiderados os custos de agência, que são ainda mais expressivos e difíceis de quantificar.[23] Os custos de agência surgem sem-

21. Cf. Arthur Andersen and Enterprise LSE, *Value for Money Drivers in the Private Finance Initiative*, 2004. Este estudo foi comissionado pela *Treasury Taskforce* do Governo do Reino Unido.

22. "Custos de transação" são "search and information costs, bargaining and decision costs, policing and enforcement costs" (cf. Carl Dahlman, "The problem of externality", *The Journal of Law and Economics* 22/148, abril/1979. Nessa definição, os custos de transação englobam os custos de agência, mencionados a seguir.

23. Sobre *custos de agência*, cf. Michael Jensen e William Meckling, "Theory of the firm: managerial behaviour, agency costs and ownership structure", *Journal of Financial Economics* 3-4/305, outubro/1976.

pre que uma das partes em uma relação contratual delega à outra algum poder de decisão ou fica em posição de relativa sujeição, o que é inevitável em contratos de longa duração como as PPPs. Nesses casos, existe sempre o risco de que o contratado abusará da autonomia a ele concedida, para obter benefícios em detrimento do contratante.

Nas PPPs os custos de agência são justamente as despesas em que o Estado incorre para fiscalizar as atividades do parceiro privado, os custos em que o parceiro privado tem que incorrer para se adequar às exigências de fiscalização do Estado e, por fim, a perda residual sofrida pela população e pelo Estado por atos oportunistas do parceiro privado.

Ressalte-se que os contratos de concessão em geral – e os de PPPs em particular – apresentam uma característica específica que propicia ainda mais o comportamento irregular do contratado. Quando o parceiro privado descumpre o contrato sistematicamente, o Estado se vê diante de um dilema difícil de resolver: fazer vistas grossas ou aplicar penalidades mais duras, como a caducidade da concessão – o que pode levar à deterioração ou interrupção dos serviços. Os concessionários estão cientes desse dilema e, não raro, tiram proveito da situação.[24]

Somem-se a essas ressalvas de caráter geral uma outra que é particular à realidade brasileira: infelizmente, nossas práticas de contratação são extremamente ineficientes. Para nossa vergonha, são comuns os conluios entre licitantes visando a aumentar os preços cobrados da Administração Pública. Daí o receio de que boa parte dos ganhos de eficiência obtidos na execução das PPPs não seja repassada para o Estado, mas apropriada pelos parceiros privados mediante remunerações exorbitantes.

Todos esses fatores devem ser levados em consideração pelo administrador público antes de decidir-se por uma PPP. Devido aos elevados custos de transação e agência que envolvem, as PPPs não são necessariamente a melhor solução para todos os projetos de infra-estrutura.[25] Muitos deles devem ser executados como obra pública na modalidade tradicional de contratação.

Por outro lado, não se pode deixar as ressalvas acima obscurecerem completamente as vantagens das PPPs. Estima-se que uma obra pública custe, hoje, no Brasil, três vezes mais que uma obra semelhante na iniciativa privada. Se o Estado for capaz de promover licitações transparentes e competitivas – e o Brasil tem feito grandes avanços nesse sentido nos últimos anos –, os ganhos de eficiência obtidos com as PPPs podem superar largamente os custos adicionais incorridos nessa modalidade de contratação.

4. Conclusão

A análise acima sugere que as PPPs podem exercer importantes funções na economia brasileira: atrair investimentos privados para o setor de infra-estrutura e aumentar a eficiência do Estado.

Como se viu acima, as PPPs atraem investimentos privados para projetos de infra-estrutura que não são viáveis economicamente. Todavia, isso é feito a um custo adicional para o Estado, pois as taxas de

24. Este é o clássico problema do poder de mercado *ex post* ou *lock-in*. Quando uma relação econômica de longo prazo é iniciada, as partes passam a ter que incorrer em custos para abandoná-la. Deste modo, abre-se espaço para comportamentos oportunistas que não podem ser devidamente penalizados. Este assunto foi profundamente estudado por Oliver Williamson, *The Economic Institutions of Capitalism*, Nova York, Free Press, 1986, Capítulo 2.

25. O legislador brasileiro foi prudente ao estabelecer um valor mínimo para os contratos de PPPs. Este valor mínimo é 20 milhões de Reais, conforme o art. 2º, § 4º, I, da Lei 11.079/2004. Contratos de PPPs cujo valor seja inferior a 20 milhões de Reais seriam provavelmente ineficientes, devido aos elevados custos de transação e agência que ensejam.

financiamento do setor privado são mais altas que as do setor público. Logo, o BNDES e demais bancos de fomento estatal têm um importante papel a desempenhar no financiamento das PPPs, visando a reduzir o custo financeiro desses projetos.

Com relação aos ganhos de eficiência, a experiência internacional sugere que as PPPs resultam em serviços de melhor qualidade a um custo mais baixo. Isso decorre da estrutura de incentivos econômicos e transferência de riscos embutida nos contratos de PPPs.

Não obstante, não se pode simplesmente presumir que as PPPs serão sempre mais eficientes que a prestação direta dos serviços pelo Estado. É preciso analisar as características de cada projeto e verificar, em cada caso, se os ganhos de eficiência esperados superam os custos de transação e agência decorrentes das PPPs. Além disso, é preciso assegurar que os ganhos obtidos sejam realmente aproveitados pelo Estado, através de licitações competitivas e transparentes.

Não há dúvida, porém, de que as PPPs são um instrumento extremamente útil para o administrador público, sobretudo em tempos de grandes restrições fiscais. Se planejadas corretamente, elas trarão grandes benefícios para o Estado e para população brasileira, contribuindo para eliminar o déficit de infra-estrutura que entrava o crescimento econômico do país.

Atualidades

A *ICANN* E A REGULAMENTAÇÃO DOS NOMES DE DOMÍNIO*

LUCIANA BATISTA ESTEVES

INTRODUÇÃO. PARTE I — A CRIAÇÃO DA INTERNET E A ICANN: 1. Histórico; 2. A Internet e o sistema de nomes de domínio; 3. O sistema de nomes de domínio e a ICANN; 4. O sistema de nomes de domínio no Brasil. PARTE II — A REGULAÇÃO DOS NOMES DE DOMÍNIO: 5. Os nomes de domínio: 5.1 Os domínios de topo genérico; 5.2 Os domínios de topo nacionais; 5.3 Características essenciais e importância; 6. Conflitos relativos aos nomes de domínio: 6.1 Política uniforme de resolução de litígios: 6.1.1 Disputas entre detentores de marcas; 6.1.2 Disputas entre detentores de marcas e terceiros não detentores; 6.2 Conflitos envolvendo nomes de pessoas singulares: 6.2.1 Os nomes de domínio de topo genérico ".name". Conclusão. Bibliografia.

Siglas utilizadas com maior freqüência

ccTLD — *Country Code Top Level Domain*
DARPA — *Defense Advanced Projects Research Agency*
ERDRP — *Eligibility Requirements Dispute Resolution Policy*
gTLD — *Generic Top Level Domain*
IANA — *Internet Assigned Numbers Authority*
ICANN — *Internet Corporation for Assigned Names and Numbers*
IP — *Internet Protocol*
MoU — *Memorandum of Understanding*
OMPI — Organização Mundial da Propriedade Intelectual
UDRP — Política Uniforme de Resolução de Litígios

INTRODUÇÃO

No presente estudo pretendemos decifrar um ponto que consideramos essencial para a análise do direito e da sociedade da informação: *o sistema de nomes de domínio.*

Ao analisar a origem e estrutura dos nomes de domínio, seremos capazes de compreender grande parte do fenômeno da Internet e das matrizes que formam essa nova concepção social, na medida em que, nas palavras da Profa. Maria Eduarda Gonçalves, *o surgimento da sociedade da informação relaciona-se decisivamente com o desenvolvimento do computador.*[1]

* Relatório apresentado à disciplina "Direito da Sociedade de Informação", no Curso de Mestrado, na área de Direito Intelectual, sob regência do Sr. Prof. Dr. Luís de Menezes Leitão e Professor Doutor Dário Moura Vicente (Faculdade de Direito, Lisboa).

1. Cf. *Direito da Informação — Novos Direitos e Formas de Regulação na Sociedade da Informação*, p. 28.

Sob um enfoque *global*, buscaremos esclarecer a intrincada composição e formação da rede mundial de computadores através do sistema de nomes de domínio, delimitando a atuação do ICANN — *Internet Corporation for Assigned Names and Numbers* e a legitimidade de suas regras perante a comunidade internacional.

Veremos também o funcionamento do sistema de nomes de domínio, suas particularidades e importância. Adicionalmente, analisaremos as disputas envolvendo a aplicação das regras editadas pela ICANN e solucionadas por meio de seus órgãos credenciados.

Deste modo, no presente estudo, em primeiro plano, vamos delimitar a parte estrutural do sistema de nomes de domínio, bem como a sua relação com a própria Internet. De outro lado, nos deteremos ao registro desses nomes de domínio pelos utilizadores da Internet e da aplicação das regras que visam solucionar os conflitos daí resultantes.

Parte I — A Criação da Internet e a ICANN

1. Histórico

A Internet tem sua origem por volta de 1960, quando os grandes centros militares norte-americanos tinham seus computadores interligados por um sistema chamado ARPANET (*Advanced Research Projects Agency*), desenvolvido pela Agência de Pesquisa e Projetos Avançados do Departamento de Defesa dos Estados Unidos, cuja sigla em inglês é DARPA, em conjunto com a *University of California at Los Angeles* (UCLA), sob comando do Dr. Jon Postel, responsável pela manutenção e desenvolvimento da rede.

Aproximadamente 10 anos após o ARPANET, quando outras agências do governo americano, universidades e centros de pesquisa também estavam conectados, criou-se um novo sistema de comunicação de computadores chamado *Transmission Control Protocol/Internet Protocol* (TCP/IP), no qual cada computador conectado recebe uma identificação numérica separada por pontos, que permite sua localização pelos demais.

Esse novo sistema também foi mantido e desenvolvido pelo Dr. Jon Postel, nessa altura estabelecido na *University of Southern California* (USC). Desse núcleo nasceu a IANA, ou *Internet Assigned Numbers Authority*, a primeira "organização" da Internet, responsável pela gerência e manutenção da rede, cuja existência era muito mais uma conseqüência da criação da Internet do que um órgão formalmente constituído.

Não obstante ser eficaz para computadores, o sistema IP não é amigável para os utilizadores. Daí porque, por volta de 1980, criou-se o Sistema de Nomes de Domínio, no qual os endereços numéricos dos computadores são decodificados para um endereço alfanumérico, como usamos hoje.

Em 1992, o Congresso norte-americano permitiu que a rede fosse também usada para fins não militares e em 1993 surge a chamada www — *world-wide web*, que utiliza hipertextos na navegação.

Com o crescimento do número de computadores conectados, e tendo a Internet alcançado um número muito grande de utilizadores, o presidente norte-americano Bill Clinton determinou que o Departamento de Comércio norte-americano privatizasse a gerência de todo o sistema, em um documento denominado *A Framework for Global Electronic Commerce*,[2] em 1997.

Em obediência à ordem presidencial, o mencionado Departamento firmou um acordo chamado *Memorandum of Understanding* (MoU), segundo o qual o sistema de nomes de domínio e o IP seriam gerenciados por uma organização sem fins lucrativos denominada *Internet Corporation*

2. Disponível em www.ecommerce.gov/framewrk.htm.

for Assigned Names and Numbers (doravante ICANN).

Em 1999, transcorrido o período de transição necessário para sua composição, a ICANN e a *University of Southern California* assinaram um acordo efetivando a transferência das funções, e esclarecendo que a Universidade tinha operado a IANA como um projeto de pesquisa sobre o uso de tecnologia concedida pela agência americana DARPA (*Defense Advanced Projects Research Agency*).

Assim, temos as raízes históricas da formação do sistema de nomes de domínio, e de certa forma com Internet tal qual utilizamos hoje, como passamos a verificar.[3]

2. *A Internet e o sistema de nomes de domínio*

A Internet pode ser definida como a "rede das redes". Isto significa que estamos tratando de um conjunto de computadores interligados em uma rede mundial, em contraponto às redes locais, normalmente denominadas *intranets*.

É no âmbito desta rede de computadores conectados pelo mundo que se trava a troca de informações no seu sentido mais amplo. E, por isso, ela é também conhecida como ciberespaço.

Conforme Pierry Levy, *o ciberespaço*, o que ele também chama de *rede*, *é o novo meio de comunicação que surge da interconexão mundial de computadores. O termo especifica não apenas a infra-estrutura material da comunicação digital, mas também o universo oceânico de informações que ela abriga, assim como os seres humanos que navegam e alimentam esse universo.*[4]

Em outras palavras, *o ciberespaço, de que a Internet é a principal expressão, constitui o novo meio de comunicação que emerge da interconexão mundial dos computadores.*[5]

Ocorre que essa comunicação entre os computadores conectados à Internet só é possível na medida em que cada um deles é plenamente identificado.[6]

Atualmente, conforme referenciado acima, o elemento que faz essa identificação é o IP (*Internet Protocol*), que nada mais é que um conjunto de números separados por pontos.

Como esse caráter numérico do IP não facilita o seu emprego pelas pessoas, dada a dificuldade de memorização, foi criado o chamado sistema de nomes de domínio,[7] que transforma caracteres alfanuméricos, especialmente palavras, em números correspondentes ao IP dos computadores. O sistema de nomes de domínio se sobrepõe ao IP.[8]

Deste modo, em termos estruturais, temos que a Internet, tal como utilizamos hoje, só existe porque os computadores localizados nas diversas partes do mundo conseguem *se encontrar*, seja pelo nome de domínio, seja pelo próprio IP.[9]

O nome Internet vem de *internetworking* (ligação entre redes). Embora seja geralmente pensada como sendo *uma* rede, a Internet na verdade é o conjunto de todas as redes e *gateways* que usam protocolos TCP/IP. Note-se que a Internet é o conjunto de meios físicos (linhas digitais de alta

3. Sobre o tema, v. AA.VV, "Developments — The Law of Cyberspace", pp. 1.657 e ss.

4. Cf. *Cibercultura*, p. 17.

5. Cf. Maria Eduarda Gonçalves, ob. cit., p. 137.

6. Cf. Jacquès Labrunie, "Conflitos entre nomes de domínio e outros sinais distintivos", in *Direito & Internet*, p. 241.

7. Cf. Fernando Jucá Vieira de Campos, "Nomes de domínio: conflitos com marcas, nomes comerciais e outros direitos", p. 106.

8. Cf. Graham J. H. Smith, *Internet Law and Regulation*, pp. 78 e ss.; Pedro Alberto de Miguel Asensio, *Derecho Privado de Internet*, pp. 43 e ss.

9. Sem mencionar os *root servers*, que por seu caráter técnico não abordaremos no presente estudo. Ressaltamos apenas, face às conclusões futuras, que também são gerenciados pela ICANN.

capacidade, computadores, roteadores, etc.) e programas (protocolo TCP/IP) usados para o transporte da informação.[10]

Daí podemos concluir que aquele que gerencia estes sistemas, controla, em termos estruturais, a Internet. Por exemplo, se *A* é responsável pela atribuição dos IPs e dos nomes de domínio aos utilizadores, *A* pode determinar quais os computadores podem integrar a rede; por exemplo, se não disponibilizar à *B* um IP ou nome de domínio, *B* poderá até acessar a rede, mas não conseguirá ter um *site*.

Na realidade, costuma-se afirmar que a Internet *não tem dono* e, nas palavras do Prof. Coutinho de Abreu, *foram precisamente a ausência de proprietário da rede e a sua natureza descentralizada que contribuíram para o renascer do sonho de uma comunidade harmoniosa à escala planetária.*[11]

Mas a verdade é que essa harmonia não teve longa duração: percebeu-se logo uma vasta gama de conflitos envolvendo a grande rede, tais como violações à privacidade, aos direitos intelectuais, derivados do comércio *on-line*, etc. Hoje, a liberdade, auto-regulação ou heterorregulação é tema bastante discutido[12] no meio acadêmico.

Isto porque a Internet tem um *proprietário*. Ou melhor, a parte estrutural da Internet, sua gerência e delimitações, tem comando, tem *dono*: *os Estados Unidos da América*. Vejamos.

10. Cf. Carlos Irineu da Costa, glossário da trad. de *Cibercultura*, ob. cit., p. 251.

11. Cf. *Direito Comercial*, v. I, p. 493.

12. V., p.ex., Maria Eduarda Gonçalves, *Direito da Informação*; Jónatas E. M. Machado, "Liberdade de expressão — Dimensões constitucionais da esfera pública no sistema social", pp. 1.126 e ss.; David Johnson e David Post, *Law and Borders — The Rise of Law in Cyberspace*; José Domingo Gómez Castallo, *La Autorregulación e Internet*, pp. 449 e ss.; James Boyle, *A Nondelegation Doctrine for the Digital Age?*; Joel R. Reidenberg, *Governing Networks and Rule-Making in Cyberspace*; Lawrence Lessig, *What Cyberlaw Might Teach*, pp. 535 e ss., AA.VV, "Developments — The Law of Cyberspace", pp. 1.680 e ss.

3. O sistema de nomes de domínio e a ICANN

Conforme visto acima, o sistema de nomes de domínio e o IP são as formas pelas quais os computadores se localizam na Internet; eles são sua parte estrutural. Tanto um quanto o outro são coordenados por um conjunto de entidades, todas sob a tutela da ICANN, que, por sua vez, está sob o comando dos Estados Unidos da América.

A ICANN é uma empresa sem fins lucrativos constituída segundo a legislação norte-americana, e é hoje responsável, entre outras funções,[13] pela implementação e gerência dos endereços IP e do sistema de nomes de domínio, inclusive no que tange a delegação de funções aos Registros e Agentes de Registros, *Providers*, adoção de políticas para composição de litígios, registro e manutenção dos nomes de domínio.

Conforme referido anteriormente, ela recebeu essas funções da IANA, em obediência à uma ordem presidencial americana que determinava a "privatização" dessas funções. O acordo MoU assinado entre o Departamento de Comércio Americano e a entidade em 1998 vem sendo renovado desde então, sendo certo que esta "privatização" de fato não ocorreu.[14]

13. Observe-se o que a ICANN informa: "The Internet Corporation for Assigned Names and Numbers (ICANN) is an internationally organized, non-profit corporation that has responsibility for Internet Protocol (IP) address space allocation, protocol identifier assignment, generic (gTLD) and country code (ccTLD) Top-Level Domain name system management, and root server system management functions" (disponível em www.icann. org, *ICANN Information*).

14. Não obstante a data estabelecida como limite para a privatização, determinada pelo governo americano, ter sido 30.9.2000. Observe-se o que o Departamento do Comércio Americano declarou: "Under the Green Paper proposal, the U.S. Government would continue to participate in policy oversight until such time as the new corporation was established and stable, phasing out as soon as possible, but in no event later than *September 30, 2000*. The Green Paper suggested that the new corporation be incorporated in the United States in order to pro-

Ressalte-se, desde logo, que neste memorando ficou estabelecido, entre outros dispositivos, que o governo americano supervisionaria as atividades da ICANN e poderia rescindir o acordo mediante aviso prévio de cento e vinte dias, retomando as funções delegadas.

Adicionalmente, segundo consta na última Emenda desse acordo, assinada em 17 de setembro de 2003, o governo americano salienta novamente que apóia a privatização da gerência técnica da Internet e do sistema de nomes de domínio, mas que esta ainda não está efetivada, sendo certo que a ICANN deverá enviar ao Departamento de Comércio Americano relatórios semestrais sobre as atividades desenvolvidas.[15]

Além disso, em uma ação ajuizada nos Estados Unidos em face da ICANN, o juiz, após ouvidas as partes, negou o pedido da empresa autora, esclarecendo que a entidade não tem poder para implementar novos domínios de topo, já que sua função é meramente a de fazer recomendações ao Departamento de Comércio Americano, este sim, competente para tanto.[16]

Não há dúvidas, portanto, que todo o sistema de nomes de domínio, e por conseqüência a parte estrutural da Internet, está vinculada ao governo americano. Daí também pode se explicar o fato de que, enquanto cada país é obrigado a usar um domínio de topo nacional para os seus domínios, os Estados Unidos não: aos americanos é facultado o uso da sigla .us no final dos nomes registrados. Assim, os domínios genéricos, cujo escopo veremos a seguir, são muito mais *americanos* que globais.

Uma questão levantada a partir dessa constatação é que se o governo americano, através do seu Departamento de Comércio, determinar que um país não terá, por exemplo, um domínio de topo nacional, a quem este país poderá recorrer?[17]

Não há dúvidas que esta hipótese parece distante da realidade, especialmente em face ao mais que anunciado caráter global da Internet. Também é certo que os internautas desse país poderiam registrar seus nomes de domínio em domínios de topo genéricos e que a falta de acesso ao mundo virtual não é, a primeira vista, tão assustador e violento como a guerra, mas é tão sério e perigoso, a longo prazo, quanto esta.

Aliás, a Comissão Européia enviou ao Parlamento Europeu um documento sobre o assunto, intitulado *Organização e Gestão da Internet. Questões de Política Internacional e Européia 1998-2000 (documento COM (2000) 202 final*, de 11 de abril de 2000.[18]

mote stability and facilitate the continued reliance on technical expertise residing in the United States, including IANA staff at USC/ISI" (grifamos). White Paper., disponível em http://www.icann.org/general/white-paper-05jun98.htm.

15. Observe-se, por exemplo, as seguintes passagens da Emenda 6 do MoU: "WHEREAS, the U.S. Government supports the policy of privatizing the technical management of the Internet and its underlying domain name system (DNS) now performed by or on behalf of the U.S. Government or by third parties under arrangements or agreements with the U.S. Government; (...) 15. Provide a status report to the Department on its progress towards the completion of its tasks under this Agreement, including implementation of ICANN's strategic plan, on or before five (5) business days following the end of each six-month period that this Agreement is in effect".

16. Cf. decidido por Donald J. Stohr no caso *Economic Solutions, Inc. vs. Internet Corporation for Assigned Names and Numbers*: "Contrary to plaintiff's initial understanding, ICANN represents that it has no authority to implement new TLDs, and that instead, it merely makes recommendations to the Commerce Department, which retains the ultimate authority to make such decisions. (...)" (disponível em http://www.icann.org/tlds/correspondence/esi-v-icann-13nov00.htm).

17. Cf. ressaltado por Paulo Mota Pinto ("Sobre alguns problemas jurídicos da Internet", p. 363): "Assim, questões como a de saber quem deve ser responsável pela gestão e atribuição de *domain names*, nos domínios de nível superior e genéricos, e de como introduzir mais concorrência na gestão do sistema *DNS*, não só valem muitos milhões, como têm de ser rapidamente resolvidas".

18. Disponível em: http://www.europa.eu.int/smartapi/cgi/sga_doc?smartapi!celexplus!prod!DocNumber&lg=pt&type_doc=COMfinal&an_doc=2000&nu_doc=202.

Nesse documento, a Comissão Européia aponta que a responsabilidade internacional exigida pelo tema vai além de uma simples presença e vigilância do processo de privatização da ICANN, mas carecem de atenção específica, nomeadamente no que tange a neutralidade da ICANN e os poderes que o governo americano ainda detém sobre ela, bem como a autoridade da ICANN para o credenciamento dos Registros e Agentes de Registro.

Chegamos então a um problema fundamental: como se admitir a imposição de regras sobre a estrutura da Internet emitidas pela ICANN, sob a regência norte-americana, aos demais países? Na nossa concepção, em uma visão global, há uma absoluta ausência de legitimidade da ICANN para tanto.[19]

E mais: ainda que se alcance a independência da ICANN, ou seja, uma desvinculação total do governo americano, essa independência não traz uma solução para a questão da legitimidade: se a ICANN não é fruto de Acordo ou Tratado Internacional, como se justificar a imposição de regras e a delegação de funções impostas por ela?

Se a corporação não tem essa competência, qual a eficácia das regras criadas por ela diante dos Estados soberanos? Note-se, por exemplo, que o próprio nome de domínio da ICANN tem como topo *.org*, e não *.int*, reservado para as organizações internacionais existentes por acordos intergovernamentais.

Fato é que hoje os Estados têm admitido a interferência em sua soberania, seja pela aceitação dos órgãos credenciados pela ICANN ou pela IANA para o gerenciamento dos domínios nacionais, seja pela ausência de questionamento sobre a pretensa natureza *privada* dos nomes de domínio e da Internet.

Veja-se: se a Internet fosse composta apenas por órgãos nacionais, ausentes os domínios *globais*, por exemplo, cada país teria como regular, de acordo com a legislação nacional, as formas que esses nomes de domínio seriam alocados dentro do seu território, os direitos conferidos, a estrutura da informação disponibilizada, tudo de acordo com a sua realidade interna.

Isto não impediria que a grande rede existisse, já que a informação poderia ser acessada por todos. Apenas se evitaria a imposição de um sistema que pode ser bom apenas para quem o implanta.[20]

Ocorre, entretanto, que o governo americano estabeleceu que "nem os governos nacionais atuando como soberanos nem as organizações intergovernamentais atuando como representantes dos governos devem participar da gestão de nomes e de endereços na Internet".[21]

A conseqüência deste posicionamento já pode ser verificada: a rede mundial é hoje muito mais um mercado a ser desenvolvido, explorado e protegido em função das grandes empresas, do que em função da liberdade de expressão e troca de informação.[22]

19. No mesmo sentido, v. Michael Froomkin, "Habermas@discourse.net: toward a critical Theory of Cyberspace", pp. 838 e ss. e Jonathan Weinberg, *ICANN and the Problem of Legitimacy*, 2000 (disponível em http://www.law.wayne.edu/weinberg/legitimacy.pdf).

20. Sob o nosso entendimento, encaixa-se neste aspecto a seguinte lição de José de Oliveira Ascensão, in *Estudos sobre Direito da Internet e da Sociedade da Informação*, p. 86: "No meio de tão grande expansão da informação, o direito à informação é paradoxalmente ameaçado. Estreitam-se as possibilidades de informação plural quando os mesmos acontecimentos monopolizam todas as vias".

21. Cf. Departamento do Comércio Americano, *White Paper*, ob. cit.: "While international organizations may provide specific expertise or act as advisors to the new corporation, the U.S. continues to believe, as do most commenters, that neither national governments acting as sovereigns nor intergovernmental organizations acting as representatives of governments should participate in management of Internet names and addresses. Of course, national governments now have, and will continue to have, authority to manage or establish policy for their own ccTLDs".

22. Cf. Coutinho de Abreu: "O uso crescente da Internet para fins comerciais, com recurso a téc-

Ainda que tudo se tenha originado nos Estados Unidos da América, a criatura ficou maior do que seu criador e é preciso ampliar a gerência do bem, para mantê-lo global e coletivo. É preciso repensar o sistema.[23]

4. O sistema de nomes de domínio no Brasil

Dado ao nascimento *acidental* da Internet, e da sua regulamentação nos moldes acima demonstrados, temos que o sistema de nomes de domínio no Brasil ainda não está adaptado à legislação nacional.[24]

A principal norma que disciplina o sistema de nomes de domínio no Brasil é o Decreto n. 4.829, de 3 de setembro de 2003 — é através desta norma que se tenta legitimar as funções do Comitê Gestor da Internet no Brasil.

Note-se que o art. 1º do citado decreto dispõe que "fica criado o Comitê Gestor da Internet no Brasil" — que, na realidade, já existia sob a mesma denominação. Até a elaboração do Decreto retro mencionado, o Comitê Gestor era regulado pela Portaria Interministerial 147/1995 do Ministério das Comunicações e do Ministério de Ciência e Tecnologia, o que fazia com que também no Brasil o órgão competente fosse ilegítimo para regular a Internet.

De qualquer forma, com a entrada em vigor do decreto, houve a tentativa de validar as Resoluções 1 e 2 do citado Comitê Gestor: a primeira estabelece as regras para o registro de nomes de domínio, enquanto a segunda delega à FAPESP (Fundação de Amparo à Pesquisa do Estado de São Paulo) a competência para realizar as atividades relativas ao registro de nomes de domínio, função esta que, na prática, a entidade já vinha exercendo por força da delegação instituída pela IANA.

De qualquer modo, é fácil perceber como a criação da Internet e o domínio da mesma pelos Estados Unidos da América interferiram na ordem interna brasileira, criando um órgão anômalo entre as organizações nacionais.

Adicionalmente, seguindo a tendência americana, nos termos da Resolução n. 1 do Comitê Gestor, também se adotou no Brasil o princípio de registro de nomes de domínio segundo o *first come, first served*, bem como a exclusão de responsabilidade da entidade por registro de nome de domínio indevido.[25]

Os tribunais brasileiros também já tiveram a oportunidade de se manifestarem sobre diversas disputas envolvendo nomes de domínio, existindo assim um grande acervo jurisprudencial sobre o tema. Na maior parte das vezes, resolve-se a questão no âmbito da direito marcário.

No direito brasileiro, as marcas estão reguladas na Lei da Propriedade Industrial, estando restritas à *sinais distintivos visualmente perceptíveis, não compreendidos nas proibições legais*, tais como o pseudônimo ou apelido notoriamente conhecidos, o nome artístico, etc.[26]

Também se protegem as marcas de alto renome, que, *mutatis mutandis*, correspondem às marcas de prestígio previstas na

nicas de difusão contrárias à lógica da participação individual livre e aberta, contraria, porém, o seu espírito original. Um sinal desta evolução é a importância que tem sido atribuída, no domínio dos usos culturais da Internet, ao problema da protecção da propriedade industrial" (ob. cit., p. 494).

23. V., p.ex., sobre o tema: John G. Palfrey Jr., *The End of Experiment: how ICANN's Foray into Global Internet Democracy Failed* (disponível em http://cyber.law.havard.edu/home/2004-02).

24. Cf. Joaquim Falcão, "A internalização das normas de nomes de domínio", p. 21: "É fácil perceber que a tarefa do subsistema de registro, e seu maior desafio, é internalizar no Brasil as normas norte-americanas globalizadas de regulação da Internet da Internet de maneira compatível com o sistema jurídico brasileiro. Viabilizar a convivência pacífica entre os dois senhores. Forjar uma internalização compatível".

25. V. Marcelo Martins de Andrade Goyanes, "Tutela jurídica em face do cibergrileiro", p. 147.

26. Conforme Lei n. 9.279/1996, art. 124, inc. XVI.

legislação portuguesa, e as marcas notoriamente conhecidas, correspondentes às marcas notórias do Código da Propriedade Industrial de Portugal.

Assim, casos envolvendo domínios como www.ayrtonsenna.com.br,[27] www.rider.com.br[28] e www.cafepacheco.com.br[29] foram apreciados. Em todos eles, ou houve a transferência do domínio para o titular da marca, ou os mesmos foram cancelados, confirmando-se a tendência norte-americana de vinculação da marca ao nome de domínio, apesar de se esclarecer, na maioria dos arestos, que a marca não se confunde com o nome de domínio.[30]

Isto porque os nomes de domínio são endereços virtuais, que podem assumir o caráter de sinal distintivo do comércio, caso seja utilizado de forma a violar um direito de exclusivo anteriormente existente.

Ainda assim, não significa que todo e qualquer registro de nome de domínio igual a uma marca já registrada enseje o cancelamento deste nome de domínio, nomeadamente se a marca em questão não for de alto renome ou notoriamente conhecida, como às supra citadas.

Observe-se, por exemplo, a decisão da 10ª Câmara Cível do Tribunal de Alçada do Paraná em relação ao domínio www.areautil.com.br, marca registrada da empresa Área Útil Imóveis Ltda. e registrada como nome de domínio por outra empresa.[31]

O tribunal decidiu, por unanimidade, que o registro do nome de domínio pela empresa ré não violou o direito à marca da autora. Para o relator do processo, Juiz Carlos Mansur Arida, "a marca que se sujeita à proteção legal conferida pelo registro à parte autora constitui-se não só do termo área útil isoladamente — o que como demonstrado seria legalmente obstado — mas sim a marca mista formada pelo termo 'área útil', em letras desenhadas no estilo registrado, devidamente acompanhado do desenho de um indicador de vento em forma de galo".

Os julgadores da 10ª Câmara concordaram que não houve comprovação nos autos de que as empresas competiam entre si, "pois nem a autora intentou adentrar na mídia informática da Internet — seja no escopo de por meio desta realizar a negociação de imóveis por este meio, seja no desejo de utilizar o dito veículo como mídia na sua atividade comercial — nem a ré promove a negociação direta de imóveis".

Além de afastar a prevalência indiscriminada das marcas sobre os nomes de domínio, o relator concluiu que "nada impede que a autora, em sendo de sua vontade, construa também um *site* na Internet, mantendo inclusive o nome e a marca a que fez se registrar, desde que respeite as condições supra aduzidas e, por conseguinte, o domínio já registrado pelo apelado".

Assim, observa-se que a associação marcas — nomes de domínio, ocorre, sobretudo, quando se tratar de marcas de alto renome ou notoriamente conhecidas. Já em relação às marcas *normais*, os tribunais entendem prevalecer uma diferenciação entre as duas categorias, e o princípio *first come, first served*, tende a ser aplicado e mantido.

PARTE II — A REGULAMENTAÇÃO DOS NOMES DE DOMÍNIO

5. Os nomes de domínio

Dada a realidade que nos é apresentada, passamos a analisar os nomes de domínio em si mesmo considerados, sua estru-

27. Cf. 2ª C.Cív., TJPR, acórdão 17.308, Rel. Desembargador Sidney Moura, j. 29.3.2000, v.u.

28. Cf. 14ª C.Cív., TJRS, ag. inst. 599132826, Rel. Desembargador Aymoré Roque Pottes de Mello, j. 6.5.1999.

29. Cf. 14ª C.Cív., TJRS, ag. Inst. 70001434240, Rel. Desembargador Aymoré Roque Potter de Mello, j. 14.9.2000.

30. V. as decisões evidenciadas por Omar Kaminski, "Conflitos sobre nomes de domínio: a experiência com o Judiciário brasileiro", pp. 253 e ss.

31. Cf. 10ª C.Cív., TJPR, acórdão 3.746, Rel. Juiz Carlos Mansur Arida, j. 18.12.2003, v.u.

tura e particularidades, levando em consideração as regras ora impostas pela ICANN.

Podemos definir o nome de domínio como um endereço virtual, que em determinadas situações podem corresponder ou violar um direito de propriedade industrial, como as marcas.

Os nomes de domínio são registrados em um número limitado de Domínio de Topo (*Top Level Domains*), divididos entre códigos dos países (ou ccTLD, *Country Code Top Level Domain*), e códigos genéricos (ou gTLD, *Generic Top Level Domain*). Esses domínios de topo, por sua vez, são divididos níveis.

Cada um desses domínios genéricos é gerenciado por um Registro, que por sua vez presta serviço aos Agentes de Registros, e não aos utilizadores finais. Tanto os Registros como os Agentes de Registro são organizações credenciadas pela ICANN.

Os Registros são entidades responsáveis pela manutenção de arquivos e informações relativas aos nomes de domínio. Já os Agentes de Registros fazem efetivamente o registro desses nomes de domínio para os utilizadores da Internet, e depois mandam essas informações ao Registro responsável por aquele domínio de topo genérico.

É possível que um Registro funcione também como Agente de Registro, mas essa separação é cada vez mais acentuada, principalmente após a criação dos novos domínios de topo, a seguir delineados.

5.1 Os domínios de topo genérico

Os domínios de topo genéricos atuais são: .aero, .biz, .com, .coop, .edu, .gov, .info, .int, .mil, .museum, .name, .net, .org, e .pro. Cada um deles foi concebido para determinados fins, sendo que podemos classificá-los como reservados e livres.

São reservados os domínios utilizados somente para comunidades previamente determinadas. É o caso do .aero (reservado para os agentes relacionados aos transportes aéreos, e operado pela *Société Internationale de Télécommunications Aéronautiques* (SITA); o .coop (reservado para associações cooperativas e operado pela *Dot Cooperation LLC*; e o .museum (reservado para museus e operado pela *Museum Domain Management Association*). Para o registro sob estes domínios será necessária a apresentação das respectivas identificações.

Também chamamos reservados os domínios .gov (utilizado exclusivamente para o governo norte-americano e operado pelo *Government Domain Registration and Services*, o .edu (instituições de ensino reconhecidas pela Departamento de Educação Americano, operado pela Educause) e o .mil (utilizado exclusivamente pelos setores militares americanos, operado pelo *US DoD Network Information Center*).

Já o domínio .int é reservado somente para organizações internacionais existentes por acordos intergovernamentais, e é operada pela IANA.

Chamamos livres os domínios de topo, que não obstante terem funções delimitadas, não exigem comprovante dessas limitações. É o caso do .biz (utilizado para o comércio e operado pela *NeuLevel, Inc.*), o .name (para pessoas singulares e operado pela *Global Name Registry*) e o .pro (restrito à entidades profissionais e operado pela *RegistryPro*).

São também domínios de topo genéricos livres o .com e o .net, operados pela *VeriSign Global Registry Services*, o .info, operado pela *Afilias Limited* e o .org, operado pela *Public Interest Registry*.

Todos os detentores desses domínios são automaticamente vinculados a uma política de solução de litígios chamada *Uniform Domain Name Dispute Resolution Policy* (UDRP),[32] editada pelo ICANN, que será analisada adiante.

32. Disponível em http://www.icann.org/udrp/udrp-policy-24oct99.htm.

5.2 Os domínios de topo nacionais

Além dos domínios de topo genéricos acima referenciados, existem também os domínios de topo nacionais, válidos para os países, como o .pt (válido para Portugal), .br (para o Brasil), e o .es (para Espanha), sendo que cada país tem uma entidade responsável pelo gerenciamento desses domínios.

Essas entidades nacionais podem, por sua vez, determinar as regras relativas ao registro de nomes de domínio sob o topo que gerenciam, bem como determinar as subdivisões desses domínios.

Por exemplo, em Portugal, o órgão responsável por essas funções é a Fundação para a Computação Científica Nacional (FCCN), que determinou que a subdivisão, ou segundo nível, .com.pt é de uso livre. Já no Brasil, a entidade responsável é a Fundação de Amparo à Pesquisa do Estado de São Paulo (FAPESP), que desenvolve suas atividades nesse âmbito sob a denominação Registro .br. Note-se que o segundo nível .com.br é utilizado somente para pessoas coletivas!

Não obstante a importância dos domínios de topo nacionais, dada as particularidades de gerência e aplicação do direito em cada um deles, bem como as limitações de ordem prática, no presente estudo nos deteremos a uma análise mais profunda dos domínios de topo genérico, nomeadamente dos classificados como livres.

5.3 Características essenciais e importância

Conforme destacado pela doutrina atual, os nomes de domínio são *sinais distintivos atípicos*. Isto significa que além de serem um endereço virtual do *site*, acabam por adquirir função semelhante à da marca e dos outros signos distintivos existentes no mundo "real".[33]

Podemos destacar duas características essenciais dos nomes de domínio: seu caráter global e sua singularidade.

Por ser global, um nome de domínio, ainda que registrado sob um domínio de topo nacional, pode ser acessado por qualquer outro computador conectado à rede, em qualquer outro país.[34]

Outra característica essencial dos nomes de domínio, decorrente de sua própria estrutura, é que um nome de domínio é único. Não podem existir, dentro de um mesmo topo, dois nomes idênticos.

Adicionalmente, sua importância econômica tem sido alta: existem nomes de domínio hoje que valem muitas cifras em qualquer moeda no mundo; o domínio business.com, por exemplo, foi vendido por US$ 7,5 milhões, altavista.com e wine.com por US$ 3,3 milhões e o loans.com foi adquirido por US$ 3 milhões.[35]

Além disso, existem *sites* especializados na venda de nomes de domínio,[36] como o www.greatdomains.com. Neste *site*, domínios como o são vendidos por quantias que variam entre US$ 500 mil (1st.com, cyberspace.com) e US$ 5 mil (evolutional.com).

Os nomes de domínio representam, portanto, duas características que até hoje são inconciliáveis: é a primeira vez que uma palavra, em um determinado espaço global, *o espaço virtual*, pode ser utilizada apenas por uma pessoa, aquela que a registrou como nome de domínio.

A titularidade dos nomes de domínio é atribuída pelo registro, respeitando-se estritamente a ordem temporal de chegada desses pedidos de registro, de acordo com

33. Cf. Stefano Nespor e Ada Lucia de Cesaris, *Internet e la Legge*, p. 151; Emilio Tosi, *I Problemi Giuridici di Internet*, pp. 228 e ss.

34. Sobre a competência judiciária internacional e o direito aplicável: Dário Moura Vicente, "Problemática internacional dos nomes de domínio".

35. Cf. Associação dos Detentores de Domínio, disponível em http://www.addo.org/precosdominos.htm.

36. V., tb., p.ex.: www.sedo.us, www. domainbarn.com, www.name5.net, www.ebay.com e http://auctions.shopping.yahoo.com.

o princípio *first come, first served*, ou seja, aquele que primeiro apresentar o pedido é titular do respectivo nome de domínio.

Nos domínios de topo reservado e em alguns domínios nacionais, como Portugal, em que certa documentação é exigida na instrução do pedido, pode-se dizer que não há grandes conflitos sobre a titularidade dos nomes de domínio registrados. Se mais de uma pessoa preencher as exigências necessárias para o registro, aquela que primeiro o requereu será o titular.

Entretanto, como veremos a seguir, nos domínios em que tal documentação não é exigida, os conflitos são comuns.

6. Conflitos relativos aos nomes de domínio

O registro de um nome de domínio pode ofender direitos de terceiros, especialmente dos terceiros que detém sobre os caracteres registrados alguma forma de monopólio. Para solucionar esses conflitos, a ICANN elaborou a Política Uniforme de Resolução de Litígios, doravante UDRP,[37] incorporada pelos registros de topo genérico, e automaticamente aceita por quem registrar um nome de domínio sob estes topos.

A aplicação dessas regras nos casos concretos é feita dentro de um sistema próprio, sendo certo que é a ICANN a entidade responsável pelo credenciamento dos centros responsáveis por esta aplicação. Conforme já anunciado anteriormente, a legitimidade da ICANN para elaboração de regras e credenciamento de entidades, bem como a vinculação obrigatória dos titulares dos nomes de domínio à UDRP é controversa, mas é essa a realidade, e é dentro desta lógica que tratamos o tema no presente estudo.

É evidente que a existência dessas regras não impede que aquele que se sentir lesado por um registro de nome de domínio recorra ao Judiciário para solucionar o conflito.[38] Entretanto, face à praticidade e a relativa rapidez resultante da sua aplicação, a grande maioria dos litígios emergentes neste campo são solucionados desse modo, emergindo um "novo direito" neste âmbito.

Veja-se, por exemplo, os casos de três empresas portuguesas que tiveram suas marcas registradas como nomes de domínios alheios: a Lusomundo,[39] a Portugal Telecom[40] e a Viniportugal.[41]

As duas primeiras recorreram a um dos órgãos credenciados pela ICANN e tiveram os respectivos nomes de domínio transferidos em menos de três meses. Já a Viniportugal recorreu ao Judiciário português em 2000 e até hoje aguarda uma decisão sobre a titularidade do domínio viniportugal.com.

Por outro lado, das organizações credenciadas[42] para a aplicação dessas regras, a OMPI, Organização Internacional da Propriedade Intelectual, foi procurada para solucionar 5.695 casos envolvendo nomes de domínio de topo genérico, saltando de apenas um caso em 1999 para 755 em 2004, totalizando 6.337 conflitos apreciados.[43]

37. Disponível em http://www.icann.org/dndr/udrp/policy.htm.

38. Para uma visão das decisões judiciais sobre o tema em diversos países, v. Diane Cabell, "Disputas sobre nomes de domínio — Perspectiva internacional", pp. 179 e ss.; na Espanha, Angel García Vidal, "La tutela de los signos distintivos frente a los nombres de dominio (un análisis de las Resoluciones Judiciales Españolas)", pp. 121 e ss.

39. Decisão disponível em http://arbiter.wipo.int/domains/decisions/html/2000/d2000-0523.html.

40. Decisões disponíveis em http://arbiter.wipo.int/domains/decisions/html/2000/d2000-1662.html e http://arbiter.wipo.int/domains/decisions/html/2000/d2000-1661.html.

41. Cf. acórdão do STJ, Secção Cível, de 21.1.2003, pp. 34-I e ss.

42. Outras entidades credenciadas são: (i) Asian Domain Name Dispute Resolution Centre, (ii) CPR Institute for Dispute Resolution, (iii) The National Arbitration Forum.

43. Cf. http://arbiter.wipo.int/domains/statistics/cumulative/results.html.

Além da UDRP, os novos domínios também estão sujeitos às regras administrativas próprias. Assim, por exemplo, para o domínio .biz existe uma política exclusiva de solução de litígios denominada *Restrictions Dispute Resolution Policy* (RDRP),[44] para o .coop as regras são chamadas *dotCoop's Charter Eligibility Dispute Resolution Policy* (CEDRP),[45] e para o .name podem ser aplicadas as regras chamadas *Eligibility Requirements Dispute Resolution Policy* (ERDRP).[46]

Levando-se em consideração a importância da UDRP, aplicável à grande maioria dos domínios genéricos (vide n. 5, supra) e especialmente ao cobiçado *.com*, passamos a verificar como se aplicam essas regras e de que forma os conflitos têm sido decididos.

Além desta, optamos por analisar o registro e os litígios relativos ao domínio de topo genérico *.name*. Isto porque este topo genérico foi criado visando o registro de nomes por pessoas singulares, sem cunho comercial. A abordagem destes dois topos foi escolhida, portanto, visando uma compreensão global do problema, tanto no que tange às pessoas coletivas (jurídicas) quanto singulares.

6.1 Política uniforme de resolução de litígios

Para que a UDRP[47] seja aplicável, aquele que reclama a titularidade de um nome de domínio registrado deve primeiro escolher um dos centros credenciados pelo ICANN, tal como a OMPI.

Em seguida, o reclamante deve demonstrar três requisitos: (i) que o nome de domínio reclamado é igual ou de tal modo semelhante que seja susceptível de causar confusão com uma marca sobre a qual o reclamante tenha direitos;[48] (ii) que o titular do nome de domínio não tem em relação à esse domínio quaisquer direitos ou interesse legítimos e (iii) que o nome de domínio foi registrado e é usado com má-fé.

A UDRP[49] também dispõe algumas orientações sobre que o constitui prova de registro feito com má-fé, tais como a existência de circunstâncias que apontem que o titular adquiriu o nome de domínio com o intuito de vender, alugar ou de qualquer outra forma transferir o mesmo para o autor, titular da marca, bem como impedir que este tenha um domínio que corresponda a esta marca ou que foi registrado com o propósito de obtenção de ganho comercial, devido à possível confusão para os utilizadores.[50]

A solução sobre o caso poderá ser tomada por um painel composto por uma ou três pessoas, que analisando os documentos e declarações enviados tanto pelo titular do domínio quanto pelo reclamante, decidirá se o nome de domínio deve ser cancelado, transferido para o reclamante ou mantido. Não cabe neste âmbito, portanto, quaisquer pedidos de indenização ou perdas e danos.

44. Regras disponíveis em http://www.neulevel.biz/ardp/index.html.

45. Regras disponíveis em http://www.coop/dispute.asp.

46. Disponível em http://www.icann.org/tlds/agreements/name/registry-agmt-appm-8aug03.htm.

47. Mencione-se também que cada um dos órgãos credenciados pela ICANN para a aplicação da UDRP pode estabelecer regras próprias, complementares àquela, e geralmente cuidam de questões administrativas. Na OMPI, as regras suplementares estão disponíveis em http://arbiter.wipo.int/domains/rules/supplemental/index.html#1.

48. Cf. Dário Moura Vicente, ob. cit., p. 88.

49. V., sobre a aplicação destas regras, Pedro Alberto de Miguel Asensio, *Derecho Privado de Internet*, pp. 117 e ss.; Luis Fernando Franceschini, "Solução de conflitos de registro de nome de domínio na Internet", pp. 329 e ss.; Alberto Magnani, "Nomi di dominio, regole di assegnazione e principi per la risoluzione dei conflitti", pp. 100 e ss.

50. V. as considerações de Piermaria Saccani sobre o critério de confundabilidade em "Note in tema di confondibilità fra *domain names*", pp. 434 e ss.

Para os titulares de marcas, as legislações nacionais ou tratados internacionais conferiram determinados direitos que permitem um uso exclusivo da palavra, nas circunstâncias ali apontadas. Assim, é natural que quem detém um direito sobre uma palavra no mundo real, também queira essa exclusividade no mundo virtual.

A UDRP vem precisamente proteger interesses daqueles que tem sob determinada palavra um direito de exclusivo.[51]

Isso resulta em duas situações distintas: de um lado, dois detentores de uma marca disputam o mesmo endereço virtual, de outro um detentor de uma marca disputa com terceiro não detentor de qualquer direito industrial o nome de domínio igual ou semelhante ao seu sinal.

6.1.1 Disputas entre detentores de marcas

Conforme estabelecido na UDRP, um nome de domínio só será transferido se seu titular não demonstrar um legítimo interesse sobre ele: como o detentor de uma marca tem um interesse legítimo de fácil comprovação, é respeitado o princípio do *first come, first served.*

Embora raro, esse tipo de disputa já foi alvo de decisão na OMPI, sendo certo que o nome foi mantido por aquele que primeiro registrou. Assim, podemos citar o caso em torno do domínio constantin.com.[52] Por incrível que pareça, as partes eram duas empresas coligadas, e conforme assentou o árbitro na sua decisão favorável ao reclamado, a UDRP deve ser usada em primeiro lugar para resolver casos envolvendo uso indevido de nomes de domínio, e não disputas comerciais entre parceiros.

Outro caso trazido sob esta rubrica diz respeito ao domínio nishan.com,[53] no qual era reclamante a Nishan Systems Inc., sediada nos Estados Unidos da América e reclamada outra empresa chamada Nishan Ltd., sediada na Inglaterra. Ambas eram titulares de marcas registradas em seus respectivos países, e a reclamada manteve seu nome de domínio.

Isto posto, temos que os casos em que as partes possuem uma mesma marca não apresentam maiores dificuldades, na medida em que é aplicado o princípio do *first come, first served*, razão pela qual passamos aos conflitos envolvendo detentores de nomes de domínio iguais ou semelhantes à marcas e outros que não tenham esse tipo de direito.

6.1.2 Disputas entre detentores de marcas e terceiros não detentores

Levando-se em consideração que os nomes de domínio são, de modo geral, compostos por palavras utilizadas na vida social, diversas pessoas registram nomes de domínios que correspondem às marcas de empresas mundialmente conhecidas, em muitos casos com o único propósito de obter vantagens econômicas na transferência desses domínios aos titulares das marcas. A isto se deu o nome de *cybersquatting*.

O *cybersquatting* tem sido ferozmente combatido pela ICANN, e repelido em instrumentos normativos: nos Estados Unidos, por exemplo, o *Anticybersquatting Consumer Protection Act*, alterou a Lei de Marcas daquele país, e determinou que o titular de uma marca tem direito a processar quem de má-fé registrar um nome de domínio, visando obter proveito econômico, bem como processar aquele que registrar um nome de domínio idêntico ou semelhante à uma marca preexistente, especialmente se esta marca for de prestígio.

Mas é certo que a UDRP resolve este tipo de situação de forma a acalmar as empresas interessadas. Recentemente, podemos citar a disputa envolvendo o domínio

51. V. sobre o tema *EFF Comments on WIPO'S DNS Intellectual Property Proposal*, 1998, disponível em http://www.eff.org/infra/DNS_control/19981106_eff_dns_comments.html.

52. Cf. WIPO Case n. D2003-0233.

53. Cf. WIPO Case n. D2003-0204.

marlboro.com,[54] que foi devidamente transferido para a Philip Morris, e o domínio moulinrouge.com,[55] transferido para Moulin Rouge S/A, detentora da marca.

Para além do *cybersquatting*, outro problema enfrentado atualmente pelos árbitros da OMPI diz respeito ao *typosquatting*. O *typosquatting* se caracteriza pelo registro de um nome de domínio similar ao de uma marca registrada, para o qual o utilizador da Internet é levado ao digitar erroneamente o nome de domínio desejado.

Segundo se apurou nas decisões proferidas pelos árbitros da OMPI, são exemplos dessa prática domínios como www redeglobo.com,[56] wwwadobe.com,[57] deloite.com[58] (a famosa marca é escrita com dois "ts"), vovlo.com[59] (reclamado pela Volvo), e pfizre.com[60] (reclamado pela Pfizer Inc.).

Neste ponto, é imprescindível ressaltar que se forma no âmbito dessas decisões algo como os julgados dos tribunais. Explica-se. Nas decisões emitidas pela OMPI é comum encontrar referências a outras decisões semelhantes, e se afirmar que aquilo anteriormente definido serve de guia na solução dos novos conflitos.

Assim, por exemplo, o painel que julgou a disputa relativa ao domínio www adobe.com, afirma que a adição de três letras "w" sem o ponto não impede que o utilizador associe o nome de domínio à marca e que o reclamado praticou *typosquatting*, caracterizando a má-fé, tal como reconhecido em muitas decisões da sob a tutela da UDRP.[61]

Outra tendência que pode ser verificada nas decisões da OMPI é a concentração de nomes de domínios cuja titularidade é dos detentores de marcas registradas, nomeadamente marcas de prestígio.

A PepsiCo, por exemplo, para além dos domínios pepsi.com e pepsi.net, também é titular dos domínios pepsi.org, pepsi.biz e pepsi.info;[62] bem como dietpepsi.com, pepsione.com, pepsiblue.com e pepsitwist.com. Na realidade, apenas na OMPI, a Pepsi instaurou 19 casos, que resultaram na transferência de mais de 60 nomes de domínio diferentes.[63]

Ressaltamos apenas que, na nossa concepção, dificilmente, e a não ser que o *site* fosse caracterizado com elementos muito semelhantes aos utilizados pela empresa, alguém acreditaria que o domínio pepsicolalovesjesus.com ou pepsicolaspeakstojesus.com tivesse qualquer relação com a PepsiCo propriamente dita, afastando o risco de confusão exigido para a aplicação da UDRP.

Não obstante, na maioria das disputas relativas aos nomes de domínio que surgem neste âmbito, é muito provável que o titular da marca ganhe o caso. Conforme apontado no amplo estudo de Michael Geist sobre as decisões sob a tutela da UDRP,[64] as estatísticas mostram que o sistema apresen-

54. Cf. WIPO Case n. D2003-0004.
55. Cf. WIPO Case n. D2003-0731.
56. Cf. WIPO Case n. D2003-1013.
57. Cf. WIPO Case n. D2003-0879.
58. Cf. WIPO Case n. D2003-0619.
59. Cf. WIPO Case n. D2003-0648.
60. Cf. WIPO Case n. D2001-0791.
61. Cf. A seguinte passagem: "In the opinion of the Panel relying on panel decisions properly cited by Complainant, the addition of the three letters 'w' without a dot to the distinctive part of the trademark ADOBE does not deter the reader from the fact that the Trademark ADOBE has been taken and associated with the prefix 'www' and the suffix '.com' which results in the Domain Name in Dispute. (...) The Respondent was thus imitating Complainant's Trademark ADOBE when registering the Domain Name in Dispute. Respondent has adopted a practice of 'typosquatting' which has been recognized in many URDP decisions as bad faith use of a domain name". WIPO Case n. D2003-0879.

62. Cf. pesquisa realizada nas respectivas bases WHOIS.

63. Cf. http://arbiter.wipo.int/cgi-bin/domains/search/DomainSearch?lang=eng&domain=pepsi.

64. Cf. Michael Geist, *Fundamentally Fair.com? An update on Bias Allegations and the ICANN UDRP*. Sobre a imparcialidade e a incoerência na aplicação das regras, v. tb., do mesmo autor, *Fair.com? An Examination of the Allegations of Systemic Unfairness in the Icann UDRP*.

ta sérios sinais de comprometimento em favor dos detentores de marcas.

Assim, ainda que o reclamado consiga demonstrar que o nome de domínio foi registrado de boa-fé, conforme disposto na UDRP, é muito provável que o perca, especialmente em se tratando de um *site* de cunho comercial.

Uma conseqüência dessa proteção abrangente conferida sob a tutela da UDRP pode ser verificada nos casos em que o domínio tem apenas o propósito de sátira ou é decorrente da liberdade de expressão das pessoas. São, por exemplo, os nomes de domínio que conjugam uma marca a uma expressão pejorativa, como *sucks*.

Dos 25 casos analisados,[65] em 18 foi determinada a transferência dos respectivos nomes de domínio para os titulares das marcas, enquanto apenas 5 rejeitaram os pedidos desses titulares de marcas (2 desses casos não foram terminados antes que se proferisse uma decisão).

Nos casos em que houve a transferência do domínio, as decisões se basearem em dois argumentos principais. De um lado, decidiu-se que a agregação de outras palavras na composição do nome de domínio não afasta a semelhança com a marca, trazendo risco de confusão aos utilizadores da Internet, especialmente para aqueles não familiarizados com a língua inglesa. Mas se o utilizador não for familiarizado com a língua inglesa, não compreenderá nem se utilizará do *site* em questão.

De outro lado, foi reconhecido que o nome de domínio onde se agrega uma palavra como *sucks* não é semelhante à marca e tampouco levaria os utilizadores à confusão, mas isso importaria em um desvio da atenção dos utilizadores da Internet, que visitariam estes *sites* apenas para satisfazer sua curiosidade.

Já aqueles cujo registro foi mantido, tais como fullsailsucks.com[66] (Full Sail é marca registrada de uma escola americana) e asdasucks.net[67] (asda é marca registrada de uma rede de supermercados britânica), foi decidido que os requisitos necessários para a aplicação da UDRP não estavam presentes.

No primeiro caso, ficou estabelecido que se tratava de um *site* não-comercial, e que não havia elementos suficientes para caracterizar a má-fé do titular do nome de domínio, sendo que nos termos da UDRP o nome de domínio deveria permanecer com o seu titular.

Já no segundo caso, em que não houve nem resposta do titular do nome de domínio, ficou assentado que o nome de domínio não poderia ser confundido com a marca registrada, descaracterizando, portanto, o primeiro requisito necessário para a aplicação da UDRP.

No nosso entendimento, nos domínios em que se agregam palavras como *sucks* ou quaisquer outras, de modo que a marca esteja integrada no nome de domínio como uma referência, não deveriam ser transferidos, sob pena de inibir a liberdade de comunicação das pessoas.[68]

E conforme aponta o prof. Oliveira Ascensão, "a referência em si, é sempre livre. (...) Referir uma fonte é um elemento básico do diálogo social. A liberdade geral de referência abrange, não apenas as relativas a sítios alheios, ou parte deste, mas também designações de qualquer ordem, na observância das restrições legais e de boa-fé".[69]

Assim, salvo alguns poucos casos como os acima citados, *é possível perceber que vai se delineando a proteção das empresas como um todo, em detrimento das pessoas e sua liberdade de referência.*

65. Cf. http://arbiter.wipo.int/cgi-bin/domains/search/DomainSearch?lang=eng&domain=suck.

66. Cf. WIPO Case n. D2003-0502.

67. Cf. WIPO Case n. D2002-0857.

68. Sobre o tema, v., p.ex., Lilian Edwards e Charlotte Waelde, *Law and the Internet*, pp. 149 e ss.

69. Cf. "A liberdade de referências em linhas e os seus limites", p. 6.

6.2 *Conflitos envolvendo nomes de pessoas singulares*

Além dos conflitos envolvendo nomes de domínio e marcas, há uma vasta gama de disputas suscitadas com o registro de um nome de domínio igual ou semelhante ao nome de pessoas singulares, especialmente em se tratando de nomes de pessoas públicas.

Uma grande parte desses conflitos é solucionada no âmbito da UDRP, nos moldes acima referenciados, pois estas pessoas públicas, em especial artistas, geralmente registram como marca também o seu nome. E ainda que não tenham um registro propriamente dito, baseiam eventuais disputas envolvendo seu nome na existência de *marcas de fato*, reconhecidas em legislações como a americana e alemã, para as quais não se exige um registro prévio.

Assim, por exemplo, já foram decididas disputas relativas aos domínios como sandyandjunior.com[70] (Sandy e Júnior são famosos cantores brasileiros), juliaroberts.com[71] (atriz) e madonna.com[72] (cantora).

Nesses casos, verificou-se que os antigos detentores não tinham legítimos interesses que justificassem seu registro, sendo certo que ficou constatado um uso comercial desses domínios, com referência às pessoas envolvidas.[73]

Por outro lado, numa decisão excepcional, na disputa sobre o domínio sting.com,[74] o famoso cantor não conseguiu fazer com que o domínio fosse transferido. Isto porque ficou demonstrado que o *site* em questão não fazia qualquer relação com o artista, e, trazendo definições provenientes de dicionários, o painel decidiu que a palavra em litígio é comum na língua inglesa e pode ter um número elevado de definições. No caso, apesar do detentor do domínio não ser titular de marca registrada *sting*, ele manteve o seu registro.

Mas qual a proteção oferecida para os nomes de pessoas singulares que não se qualificam como marca? E mais, há um direito de personalidade violado quando outrem que não a pessoa singular registra um nome de nome de domínio igual ao seu?

Por exemplo, a existência do domínio luciana.com, que corresponde a um *site* de uma brasileira, com fotos e textos sobre ela, fere o direito de personalidade — o direito ao nome — das demais pessoas chamadas *Luciana*?

Neste caso, a resposta não oferece maiores complicações. Analisando sob o prisma do direito aplicável, temos que a natureza do direito de todas as *Lucianas* em relação à Luciana detentora do nome de domínio em apreço é o mesmo, e ainda que se desejasse o domínio, seria aplicável a máxima: o direito não socorre os que dormem.

Não obstante, *luciana* também foi registrado em outros topos genéricos, como .org e .info. Nestes casos, entretanto, o domínio não foi registrado por outras *lucianas*, conforme pesquisa na base WHOIS desses domínios, ou tampouco tem alguma ligação com pessoas singulares ou coletivas que porventura poderiam ter este nome. Na realidade, ao acessar o luciana.org, por exemplo, sabemos desde logo que o domínio está à venda!

E isso fere o direito ao nome? Entendemos que a resposta é negativa. Seguindo o que dissemos em relação às palavras usadas como marca, ninguém pode reivindicar o monopólio das palavras, e *luciana*, ainda que seja empregado como nome, é um vocábulo usado na comunicação das pessoas, e identifica pessoas diferentes.

70. Cf. WIPO Case n. D2003-0146.
71. Cf. WIPO Case n. D2000-0210.
72. Cf. WIPO Case n. D2000-0847.
73. Observe-se, entretanto, que o uso de nomes de indivíduos registrados como nome de domínio e usados para discussão sobre este mesmo individuo pode ser protegido, desde que o conteúdo não seja ofensivo à pessoa em questão. Neste sentido, Robert Penchina e Michelle B., "The Domain Name Game: your name.com is already registered, but not to you!!! What can you do?", p. 17.
74. Cf. WIPO Case n. D2000-0596

Por outro lado, na nossa concepção, o registro de um domínio que contenha o nome completo de uma pessoa singular, ou pelo menos parte dele, mas desde que seja possível individualizar a pessoa em apreço, por outrem que não detenha sobre este nome qualquer direito, pode ferir um direito de personalidade.

Entretanto, face às diferentes concepções sobre a natureza e abrangência do direito ao nome e dos direitos da personalidade, eventual conflito envolvendo nomes nos moldes acima deverá ser resolvido de acordo com as normas internas de cada país, independentemente do topo (genérico ou nacional) que este nome esteja registrado, conforme disposto no art. 1º da Convenção de Munique de 1980.[75]

Neste ponto, convém ressaltar que foi criado um domínio específico para as *pessoas singulares*: o domínio genérico .name tem como escopo permitir que os indivíduos possam criar uma identidade global, apresentando uma sistemática diferente dos outros, que passamos a analisar.

6.2.1 Os nomes de domínio de topo genérico ".name"

No domínio de topo .name devem ser registrados os nomes das pessoas singulares, compreendidos nessa concepção tanto o nome legal como aquele pelo qual uma pessoa é normalmente conhecida, tais como apelidos e pseudônimos, bem como nome de personagens, desde que sobre este nome o registrante tenha algum direito marcário.

Os nomes serão registrados com os seguintes formatos: sobrenome.name, nome.sobrenome.name ou sobrenome. nome.name, sendo válida a inserção de elementos diferenciadores, como números. Não há verificação prévia sobre se o registrante cumpre um desses três requisitos, sendo o domínio concedido de acordo com o princípio *first come, first served.*

Para além disso, aos titulares de nomes de domínio sob este topo é facultado um *registro defensivo*, que impede o registro da mesma palavra no *mesmo nível.* Por exemplo, o titular do domínio luciana.esteves.name pode fazer um registro defensivo impedindo que terceiros registrem um nome de domínio que contenha qualquercaracter.esteves.name ou luciana.qualquercaracter.name.

Um registro defensivo previne somente o registro de outro nome *idêntico*, no mesmo nível. Variações desse nome não serão bloqueadas. Assim, no exemplo acima, o registro defensivo não impede a existência de um domínio qualquercaracter.esteves**1**.name ou luciana**1.**qualquercaracter.name.

Os detentores desses domínios, além de estarem automaticamente vinculados à UDRP, nos casos em que ela se aplica (domínio idêntico ou semelhante a uma marca, ausência de interesse legítimo e má-fé) também poderão ser acionados por uma outra política de resolução de litígios editada pela ICANN, denominada *Eligibility Requirements Dispute Resolution Policy*, mais conhecida como ERDRP.

Note-se que um litígio sob o abrigo de uma dessas políticas não preclui a possibilidade de se discutir a mesma questão nos termos da outra, desde que presentes os requisitos para tanto.

Uma disputa baseada na ERDRP pode ser iniciada por qualquer pessoa que afirme que o detentor daquele registro não cumpre os requisitos exigidos para o registro neste topo, conforme explanado acima. Note-se que podem ser alvo de disputa sob a ERDRP um registro defensivo, e não apenas o nome de domínio propriamente dito.

Nessa disputa, o requerente poderá pedir a transferência, o cancelamento ou um registro defensivo desse domínio. Não ca-

75. Cf. Convenção de Munique, art. 1º, n. 1: "O nome próprio e apelidos de cada pessoa são determinados pela lei do Estado de que ela é nacional. Unicamente para este efeito, as situações de que dependem o nome próprio e os apelidos são apreciados de acordo com a lei desse Estado".

bem aqui outros pedidos além destes, tais como indenização ou perdas e danos.

Por enquanto, foram apresentados na OMPI apenas três disputas envolvendo a ERDRP, envolvendo os domínios mini.name,[76] harrods.name[77] e salvador.dali.name.[78] Em todos eles o registro foi cancelado e restou evidente que os registrantes não cumpriam quaisquer dos requisitos exigidos para o registro.

Já no National Arbitration Forum, outro órgão credenciado pela ICANN para a solução de litígios envolvendo domínios .name, foram decididos 4 litígios, que envolviam os seguintes domínios aim5.instantmessenger.name e instant.messenger.name,[79] donald.trump.name,[80] jerry.garcia.name[81] e michael.douglas.name.[82]

Em todos eles, verificou um registro abusivo, no qual os detentores dos registros nem mesmo apresentaram respostas ou tinham qualquer indicação de que preenchessem os requisitos exigidos.

Resta agora esperar por questões legítimas envolvendo esses domínios, como aquelas envolvendo os nomes com os quais uma pessoa é normalmente conhecida, tais como apelidos e pseudônimos, e cuja existência é possível no domínio .name.

Mas apontamos também que a ausência de disputas nesse âmbito pode ter outras razões que não a ausência pura e simples de interesses em conflito. Note-se que ainda que determinado nome registrado seja aparentemente ilegítimo, dificilmente pessoas singulares vão disputar ou questionar esse registro. Por uma razão básica, segundo a nossa concepção: a econômica.

Para que seja instaurada uma disputa na OMPI, por exemplo, o preço mínimo é US$ 1.500,00,[83] enquanto uma disputa no National Arbitration Forum tem como valor mínimo US$ 1.150,00.[84]

Se a Internet é global, e o conflito pode surgir em praticamente todas as partes do mundo, como se conceber que este preço possa ser pago por uma pessoa física em países onde os salários pagos mensalmente não chegam perto desse valor?

Ainda que na ERDRP esteja previsto que o vencido deverá restituir as despesas decorrentes do procedimento ao vencedor não se percebe como isso possa acontecer.

Em primeiro lugar, há uma dificuldade para se localizar fisicamente as pessoas. Em segundo, ainda que esta pessoa seja localizada, como seria feita esta cobrança, se a ERDRP não é lei ou instrumento capaz de criar obrigações, e muito menos títulos executivos, por exemplo, conforme explicado acima?

Na verdade, conforme já se referenciou, verifica-se que a Internet, hoje, assume muito mais elemento de segregação econômica do que um mecanismo de comunicação global.[85]

Conclusão

Pela análise da estrutura da Internet, concluímos que sua existência está intimamente ligada com o sistema de nomes de domínio e o IP (*Internet Protocol*), cuja gerência é feita pela ICANN (*Internet Corporation for Assigned Names and Numbers*), entidade vinculada ao governo americano.

Demonstramos que a ICANN impõe as regras de funcionamento da Internet aos países soberanos, que se limitam a regular o que lhes foi previamente estabelecido, tal

76. Cf. WIPO Case n. DNAME2004-0001.
77. Cf. WIPO Case n. DNAME2004-0002.
78. Cf. WIPO Case n. DNAME2002-00001.
79. Cf. NAF Decision n. 108.377.
80. Cf. NAF Decision n. 106.102.
81. Cf. NAF Decision n. 114.756.
82. Cf. NAF Decision n. 132.438.
83. Cf. http://arbiter.wipo.int/domains/gtld/name/erdrp/fees.html.
84. Cf. http://www.arbforum.com/domains/ERDRP/fees.asp.
85. V. Anupam Chander, "Domínio no espaço cibernético", pp. 46 e ss.

como os registros de topo nacional e as divisões do sistema de nomes de domínio.

Levantamos a questão da legitimidade da ICANN como órgão regulamentador internacional, questão esta que não estaria resolvida ainda que a entidade se desvinculasse do governo norte-americano, já que a entidade passaria a ser apenas uma empresa, sem quaisquer acordos ou tratados internacionais que legitimassem seu poder de imposição de regras na estruturação da Internet.

Os valores econômicos que os nomes de domínio atingem hoje, além da existência de regras como a UDRP, através das quais o principal bem tutelado é a marca, são indicadores de que, acima da busca da comunicação sem fronteiras, o ciberespaço busca defender interesses corporativos, essencialmente econômicos.

Citando as sábias palavras de Boaventura de Sousa Campos: "estamos a assistir à emergência de novos particularismos estruturalmente semelhantes aos estatutos pessoais e corporativos da sociedade antiga e medieval descritos por Weber. Tal como os antigos grupos de *status*, as empresas multinacionais e as associações económicas internacionais têm direito próprio que regula os seus negócios onde quer que eles tenham lugar e quaisquer que sejam as leis nacionais que aí vigoram. As novas formas de particularismo, corporativismo e personalismo caracterizam-se ainda pelo facto de que este direito mundial ser talhado segundo interesses das empresas ou bancos mais poderosos",[86] concluímos que mudaram-se os tempos, mas não a ordem mundial. Ainda somos regidos por interesses econômicos de poucos muito privilegiados, em detrimento da maioria para a qual a participação autônoma e equalitária no processo de comunicação global ainda é um sonho remoto. Feudos, engenhos e monopólios; senhores feudais, senhores de engenho e megaempresários...

86. Cf. Boaventura de Souza Campos, *A Crítica da Razão Indolente*, p. 216.

Mesmo correndo o risco de sermos repetitivos, achamos por bem relembrar para concluir: cada vez mais torna-se evidente a prevalência dos interesses de grandes empresas e seu poder global em detrimento de interesses individuais, haja vista o monopólio de determinadas palavras pelos detentores de marcas correspondentes e a supressão da liberdade de referência pelas pessoas.

A existência da UDRP (*Uniform Domain Name Dispute Policy*), bem como o encaminhamento e a solução dos conflitos pelas entidades credenciadas pela ICANN deixam claro que a liberdade de referência é muitas vezes negada em favor de interesses comerciais privados, mesmo nos casos em que se evidenciou, pelo próprio conteúdo do *site* ou pela agregação de outras palavras à marca, não se tratar de violação de marca, ao menos no seu âmbito regular de aplicação.

Mesmo em se tratando de nomes de pessoas singulares, as regras da ICANN só se aplicam em relação àqueles cuja notoriedade e poder econômico dispensam maiores comentários.

Os valores cobrados pelos serviços da ERDRP (*Eligibility Requirements Dispute Resolution Policy*), são muito elevados para que se possa considerar que estas regras tenham sido elaboradas para servir os cidadãos comuns, de todas as partes do globo.

Assim, para que, na era da Sociedade da Informação, a *World Wide Web realize*, de fato, troca de informações no sentido mais amplo desta concepção, o ciberespaço precisará promover, mais do que interconexões mundiais de computadores, interconexões mundiais de seres humanos comprometidos com a igualdade e com a justiça social.

Para que a comunicação se efetive soberana, fazendo uso devido à avalanche de informação proporcionada pela Internet, políticas globalizadas, equalitárias, inclusivas e socialmente justas precisam ser postas em prática.

Nas palavras de Erick Iriarte Ahon, "se tiene que encontrar un mecanismo por lo cual los individuos sientan el Internet como suyo, como parte de su comunidad, y, por otro lado, se debe buscar una participación social en el Internet".[87]

Lisboa, 2004.

Bibliografia

AA.VV. "Developments — The Law of Cyberspace", in *Harvard Law Review*, v. 112, n. 7, mai. 1999.

ABREU, Jorge Manuel Coutinho de. *Curso de Direito Comercial*. v. I, 2ª ed., Coimbra, Almedina, 2000.

AHON, Erick Iriarte. "Nombres de dominio en el Internet", in *Propriedade Intelectual & Internet — Uma Perspectiva Integrada à Sociedade da Informação*. Curitiba, Juruá, 2002.

ASCENSÃO, José de Oliveira. "A liberdade de referência em linhas e os seus limites", *Revista da Faculdade de Direito da Universidade de Lisboa*, v. XLII, n. 1, Coimbra, Coimbra, 2001.

______. "Direito cibernético: a situação em Portugal", in *Direito e Justiça*, v. XV, t. 2, 2001.

______. *Direito Comercial*. v. II, *Direito Industrial*. Lisboa, AAFDL, 1988.

______. *Estudos sobre Direito da Internet e da Sociedade da Informação*. Coimbra, Almedina, 2001.

______. "Sociedade da informação e o mundo globalizado", in *Propriedade Intelectual & Internet — Uma Perspectiva Integrada à Sociedade da Informação*. Curitiba, Juruá, 2002.

ASENSIO, Pedro Alberto de Miguel. *Derecho Privado de Internet*. Civitas, 2002.

BOYLE, James. *A Non Delegation Doctrine for the Digital Age?*. Disponível em http://www.law.duke.edu/shell/cite.pl?50+Duke+L.+J.+5.

BALLARINO, Tito. *Internet nel Mondo della Legge*. Casa Editrice Dott. Antonio Milani, 1998.

CABELL, Diane. "Disputas sobre nomes de domínio — Perspectiva internacional", in *Conflitos sobre Nomes de Domínio e outras Questões Jurídicas da Internet*. São Paulo, Ed. RT/FGV, 2003.

CAMPOS, Fernando Jucá Vieira de. "Nomes de domínio: conflitos com marcas, nomes comerciais e outros direitos", in ROCHA FILHO, Valdir de Oliveira (coord.), *O Direito e a Internet*. Rio de Janeiro, Forense Universitária, 2002.

CHANDER, Anupam. "Domínio no espaço cibernético", in *Conflitos sobre Nomes de Domínio e outras Questões Jurídicas da Internet*. São Paulo, Ed. RT/FGV, 2003.

CORNISH, W. R. *Intellectual Property: Patents, Copyright, Trade Marks and Allied Rights*. 3ª ed., Londres, Sweet & Maxwell, 1996.

EDWARDS, Lilian; WAELDE, Charlotte. *Law and the Internet — A Framework for Electronic Commerce*. Portland, Hart, 2000.

FALCÃO, Joaquim. "Globalização e Judiciário: a internalização das normas de nomes de domínio", in *Conflitos sobre Nomes de Domínio e outras Questões Jurídicas da Internet*. São Paulo, Ed. RT/FGV, 2003.

FRANCESCHINI, Luis Fernando. "Solução de conflitos de registro de nome de domínio na Internet", in *Propriedade Intelectual & Internet — Uma Perspectiva Integrada à Sociedade da Informação*. Curitiba, Juruá, 2002.

FROOMKIN, Michael A. "Habermas@discourse.net: toward a critical Theory of Cyberspace", in *Harvard Law Review*, v. 116, n. 3, jan. 2003.

GEIST, Michael. *Fair.com? An examination of the Allegations of Systemic Unfairness in the ICANN UDRP*, 2001. Disponível em http://aix1.uottawa.ca/~geist/geistudrp.pdf.

______. *Fundamentally fair.com? An update on Bias Allegations and the ICANN UDRP*, 2002. Disponível em http://aix1.uottawa.ca/~geist/fairupdate.pdf.

87. Cf. "Nombres de dominio en el Internet", p. 165.

GONÇALVES, Maria Eduarda. *Direito da Informação. Novos Direitos e Formas de Regulação na Sociedade da Informação*. Coimbra, Almedina, 2003.

GOYANES, Marcelo Martins de Andrade. "Tutela jurídica em face do cibergrileiro", in ROCHA FILHO, Valdir de Oliveira (coord.), *O Direito e a Internet*. Rio de Janeiro, Forense Universitária, 2002.

JOHNSON, David; POST, David. *Law and Borders — The Rise of Law in Cyberspace*, 1996. Disponível em www.cli.org.

KAMINSKI, Omar. "Conflitos sobre nomes de domínio: a experiência com o Judiciário brasileiro", in *Conflitos sobre Nomes de Domínio e outras Questões Jurídicas da Internet*. São Paulo, Ed. RT/FGV, 2003

LABRUNIE, Jacques. "Conflitos entre nomes de domínio e outros sinais distintivos", in DE LUCCA, Newton e SIMÃO FILHO, Adalberto (coords.), *Direito & Internet — Aspectos Jurídicos Revelantes*. 1ª ed., São Paulo, Edipro, 2000.

LESSIG, Lawrence. "The Law of the Horse: What Cyberlaw Might Teach", in *Harvard Law Review*, v. 113, n. 2, dez. 1999.

LEVY, Pierre. *Cibercultura*. Trad. Carlos Irineu da Costa. 2ª ed., 3ª reimp., São Paulo, Editora 34, 2003.

LUNO, Pérez A. *Manual de Informática y Derecho*. Barcelona, 1996.

MACHADO, Jónatas E. M. "Liberdade de expressão — Dimensões constitucionais da esfera pública no sistema social", in *Boletim da Faculdade de Direito da Universidade de Coimbra — Stvdia Iuridica* 65, 2002.

MAGNANI, Alberto. "Nomi di dominio, regole di assegnazione e principi per la risoluzione dei conflitti", in *Revista di Diritto Industriale*, Parte III, anno LI, 2002.

NESPOR, Stefano; CESARIS, Ada Lucia. *Internet e la Legge*. 4ª ed., Milão, Ulrico Hoepli, 2001.

OLIVEIRA, Mauricio Lopes de. "Seis propostas para o ciberespaço", in ROCHA FILHO, Valdir de Oliveira (coord.), *O Direito e a Internet*. Rio de Janeiro, Forense Universitária, 2002.

PENCHINA, Robert; LEE, Michelle B. "The Domain Name Game: your name.com is already registered, but not to you. What can you do?", in *IP Worldwide*, set. 1999.

PINTO, Paulo Mota. "Sobre alguns problemas jurídicos da Internet", in *As Telecomunicações e o Direito na Sociedade da Informação*. Actos do Colóquio organizado pelo IJC em 23 e 24.4.1998. Coimbra, Universidade de Coimbra, 1999.

PALFREY Jr., John G. *The End of the Experiment: how ICANN's Foray Into Global Internet Democracy Failed*, 2004. Disponível em http://www.cyber.law.harvard.edu/home/2004-02.

REIDENBERG, Joel R. *Governing Networks and Rule-Making in Cyberspace*, 1997. Disponível em http://web.archive.org/web/19971119123936/http://www.law.emory.edu/ELJ/volumes/sum96/reiden.html.

ROCHA, Manuel Lopes; MACEDO, Mário. *Direito no Ciberspaço*. Lisboa, Cosmos, 1996.

SACCANI, Piermaria. "Note in Tema di Confondibilità fra *domain names*", in *Rivista di Diritto Industrial*, Parte II, 1998.

SANTOS, Boaventura de Sousa. *A Crítica da Razão Indolente*. v. I, 3ª ed., São Paulo, Cortez, 2001.

SARAGIOTTO, Thiago Pédico. *A Tormentosa Relação entre Marcas e Domínios de Internet*. Disponível em www.advogado.com.br.

SMITH, Graham J. H. *Internet Law and Regulation*. 3ª ed., Londres, Sweet & Maxwell, 2002.

TOSI, Emilio. *I Problemi Giuridici di Internet. Dall'E-commerce all'E-business*. 2ª ed., Milão, Giuffrè, 2001.

VICENTE, Dário Moura. "Problemática internacional dos nomes de domínio", *Revista da Faculdade de Direito da Universidade de Lisboa*, v. LXIII, Coimbra, Coimbra, 2002.

VIDAL, Angel García. "La tutela de los signos distintivos frente a los nombres de dominio (un análisis de las Resoluciones Judiciales Españolas)", in *Comercio Elec-*

trónico en Internet, dirigido por José Antonio Gómez Segade. Madri, Marcial Pons, Ediciones Jurídicas y Sociales, 2001.

ZANETTI, Robson. *Uso Indevido de Palavras na Web pode Atingir a Concorrência.* Disponível em www.advogado.com.br.

WEINBERG, Jonathan. *ICANN and the Problem of Legitimacy*, 2000. Disponível em http://www.law.wayne.edu/weinberg/legitimacy.PDF.

Sites e outros documentos consultados[88]

Associação dos Detentores de Domínios: www.addo.org

Domain Barn: www.domainbarn.com

Dot Cooperation LLC: http://www.cooperative.org/

Duke Law: www.law.duke.edu

Ebay: www.ebay.com

Educause: http://www.educause.edu/edudomain/

Eletronic Frontier Foundation: www.eff.org

Fundação para a Computação Científica Nacional: http://www.fccn.pt

______. Regras a vigorar a partir de 1 de junho de 2003. Disponível em www.dns.pt

Global Name Registry: http://www.gnr.name

Government Domain Registration and Services: http://www.nic.gov/

Harvard Law School: www.law.harvard.edu

IANA — *Internet Assigned Numbers Authority*: www.iana.org

ICANN — *Internet Corporation for Assigned Names and Numbers*: www.icann.org

______. *Eligibility Requirements Dispute Resolution Policy.* Disponível em http://www.icann.org/tlds/agreements/name/registry-agmt-appm-8aug03.htm.

______. *Fact Sheet.* Disponível em http://www.icann.org/general/fact-sheet.html

______. MoU — *Memorandum of Understanding between the U.S. Department of Commerce and Internet Corporation for Assigned Names and Numbers*, e emendas subseqüentes. Disponível em http://www.icann.org/general/icann-mou-25nov98.htm

______. *NSI Concurrent Agreement (17 May 2001).* Disponível em http://www.icann.org/registrars/nsi-concurrent-agreement-17may01.htm

______. *Registrar Accreditation Agreement — Approved November 4, 1999 — Posted November 9*, 1999. Disponível em http://www.icann.org/registrars/ra-agreement-10nov99.htm

______. *Registrar Accreditation Agreement (17 May 2001) (Additional Appendices Posted on 25 November 2002, 23 January 2003, and 3 April 2003).* Disponível em http://www.icann.org/registrars/ra-agreement-17may01.htm

______. *Rules for Uniform Domain Name Dispute Policy*, 1999. Disponível em www.icann.org/dndr/udrp/uniform-rules.htm

______. *TLD Sponsorship Agreement.* Disponível em http://www.icann.org/tlds/agreements/sponsored/sponsorship-agmt-16oct01.htm

______. *Uniform Domain Name Dispute Policy*, 1999. Disponível em www. icann.org/dndr/udrp/policy.htm

______. *Unsponsored TLD Agreement.* Disponível em http://www.icann.org/tlds/agreements/unsponsored/registry-agmt-01aug01.htm

______. *USC/ICANN Transition Agreement.* Disponível em http://www.icann.org/general/usc-icann-transition-agreement.htm

______. *White Paper.* Disponível em http://www.icann.org/general/white-paper-05jun98.htm

Internet Engineering Task Force: www.ietf.org

Museum Domain Management Association: http://about.museum/

Name5: www.name5.net

National Arbitration Forum: http://www.arbforum.com

NeuLevel, Inc.: http://www.neulevel.biz/

Organização Mundial da Propriedade Intelectual: http://www.wipo.int

88. Todos os *sites* e pesquisas na Internet foram realizados em fevereiro de 2004 e atualizados em setembro de 2004.

_____. *The Recognition of Rights and the Use of Names in the Internet Domain Name System*, 2001. Disponível em http://wipo2.wipo.int

_____. *The Management of Internet Names and Addresses: Intellectual Property Issues. Final Report of the WIPO Internet Domain Name Process*, 1999. Disponível em http://wipo2.wipo.int

_____. *WIPO Continues Efforts to Stamp Out Cybersquatting*. Disponível em http://www.wipo.int/edocs/prdocs/en/2004/wipo_upd_2004_217.html

Public Interest Registry: http://www.pir.org e documentos em http://www.pir.org/register/dispute

RegistryPro: http://www.nic.pro

SEDO: www.sedo.us

Société Internationale de Télécommunications Aéronautiques (SITA): http://www. nic. aero e documentos de http://www.nic.aero/legalinfoandpolicies.php

US DoD Network Information Center: http://www.nic.mil/

YAHOO: http://auctions.shopping.yahoo.com

OPERAÇÕES DE CRÉDITO E A DISCIPLINA DO MERCADO FINANCEIRO

RENATO M. BURANELLO

1. O mercado financeiro. Noção conceitual. 2. Agiotagem ou usura nos contratos. 3. Simulação e nulidade do negócio jurídico. 4. Aspectos penais: legislação vigente sobre crimes contra a economia popular e da lei do "colarinho branco". 5. Conclusão.

1. O mercado financeiro. Noção conceitual

O mercado financeiro é o mercado da intermediação bancária ou intermediação financeira. Caracteriza-se pela interposição da entidade financeira entre aqueles que têm recursos disponíveis e aqueles que necessitam de crédito. A instituição financeira aparece como captadora de dinheiro junto ao público, para posterior cessão desses valores àqueles que precisam de financiamento.

As instituições financeiras cumprem justamente a função econômica de viabilizar esse trânsito (mobilização) entre poupança popular e financiamento. É no mercado financeiro que se desenvolve a atividade bancária por excelência, consistente na *intermediariedade na circulação do dinheiro*.

Em suma, podemos definir o *mercado financeiro* como o conjunto de operações realizadas entre as instituições financeiras, bancos e demais entidades financeiras e o público em geral, consistentes, dentre outras atividades acessórias, na captação de recursos financeiros junto à economia popular, para posterior concessão de crédito a terceiros. Este mercado é norteado por princípios protecionistas da economia popular e da estabilidade da comunidade financeira e sob regime do *direito do mercado financeiro*.[1]

As regras que disciplinam o mercado financeiro brasileiro estão dispostas de forma hierarquizada e tendo como norma superior fundamental a Constituição Republicana de 1988, seguido por: emendas constitucionais, leis complementares, leis ordinárias e medidas provisórias (decretos-leis), resoluções do Conselho Monetário Nacional, circulares do Banco Central do Brasil, pareceres, notas explicativas, portarias e atos declaratórios da Comissão de Valores Mobiliários.

Como conjunto de instrumentos que recebe e remunera a poupança e também no atendimento das regras de política monetária e cambial, o sistema financeiro estará adstrito a uma regulação e fiscalização específica da atividade.

Dentro do regime jurídico da livre iniciativa, aos agentes do mercado caberá a

1. Roberto Quiroga Mosquera, *Tributação no Mercado Financeiro e de Capitais*, p. 25.

execução das atividades do sistema. Assim, há de haver segurança e solidez no mercado financeiro e de capitais, promovendo práticas transparentes, eficiência do setor, proteção aos depositantes e investidores, na manutenção da estabilidade econômica do sistema financeiro.

A liberdade de iniciativa pressupõe também a existência de uma liberdade de contratar. Vale dizer que o compromisso formado entre agentes econômicos normalmente é realizado por contratos. São seus elementos a faculdade de contratar ou a escolha com qual fazê-lo e que negócio estipular e qual seu conteúdo; por fim, com o poder de mobilizar o aparelho estatal na solução judicial dos conflitos. Deste modo, caracterizam o regime da livre iniciativa:

- liberdade de empreendimento e gestão;
- livre concorrência;
- autonomia da vontade;
- apropriação do lucro;
- propriedade privada.

A atividade financeira está inserida em sua integralidade na livre iniciativa, no livre acesso ao mercado financeiro e de capitais. Coloca-se totalmente fora do regime de monopólio e não se confunde com a concessão de serviço público. A função econômica da captação da poupança pública no livre acesso ao mercado não significa concessão de serviço público.

Destaca-se dentre os segmentos da livre iniciativa nas características de acesso exclusivo à poupança popular, atendimento a regras de política monetária e cambial, permissão para iniciar e manter operação e fiscalização da atividade.

Assim é que, *em nome da defesa da poupança pública, na afetação da propriedade privada que a norma regula, há a inserção de requisitos próprios da atividade financeira e de crédito, numa regulação específica. Há um maior grau de intervenção em relação às demais atividades econômicas, em função do acesso à poupança pública e da criação da moeda.*

A Lei 4.595/1964 veio dispor sobre a política e as instituições monetárias, bancárias e de crédito, criando o Conselho Monetário Nacional e estruturando e regulando o Sistema Financeiro Nacional, constituído pelos seguintes órgãos: (i) Conselho Monetário Nacional; (ii) Banco Central da República do país; (iii) Banco do Brasil; (iv) Banco Nacional do Desenvolvimento Econômico; e (v) instituições financeiras públicas e privadas. Deste modo, estava se configurando como é hoje o Sistema Financeiro Nacional.[2]

A função de controle atribuída pelo Conselho Monetário Nacional ao Banco Central da República do Brasil sobre o Sistema Financeiro Nacional, e especificamente sobre as instituições financeiras, exigia uma caracterização do que se entenderia legalmente por "instituições financeiras", consideradas as pessoas jurídicas, públicas ou privadas, que tenham como atividade principal ou acessória a coleta, intermediação ou aplicação de recursos financeiros próprios ou de terceiros, em moeda nacional ou estrangeira, e a custódia de valor de propriedade de terceiros. São equiparadas às instituições financeiras as pessoas físicas que exerçam qualquer dessas atividades de forma permanente ou eventual.

Por excelência, o Banco Central do Brasil é a entidade encarregada de tutelar a atividade financeira, fiscalizando-a, ditando regras de controle e administração e até liquidando-a, quando as condições assim exigirem.

Como órgão fiscalizador do sistema financeiro, deve zelar pela estabilidade das

2. A Lei 4.595/1964 teve seu fundamento na Constituição Federal de 1946. Sobrevieram as Constituições de 1966 e 1969, que renovaram seu fundamento de validade. Com a Constituição Federal de 1988, que regulou em artigo específico o Sistema Financeiro Nacional, a Lei 4.595 foi recepcionada e ganhou caráter de lei complementar, uma vez que o conteúdo normativo destas regras trata de matéria de competência da lei complementar. Assim, as alterações à Lei 4.595 devem ser feitas por lei complementar.

instituições financeiras. É o garantidor do sistema enquanto autoridade monetária que assegura a liquidez do sistema. Tutela a atividade financeira, fiscalizando-a, ditando regras de controle e administração e até mesmo liquidando instituições, quando as condições assim exigirem.

Competem ao BACEN a expressa autorização para constituição e o funcionamento de qualquer instituição financeira bem como os atos de transferência de sede, instalação, transferência ou encerramento de atividades de dependências, inclusive no exterior; alteração do valor do capital social; transformação do tipo jurídico, fusão, incorporação e cisão; investidura de administradores, responsáveis ou prepostos, conselheiros, fiscais e membros de quaisquer outros órgãos estatutários; alienação do controle societário; participação estrangeira no capital social e sua liquidação ou dissolução.

Dente os poderes de fiscalização do BACEN, como órgão de fiscalização do sistema bancário, na quebra de sigilo bancário, estão relacionados as informações oriundas das instituições financeiras ou das pessoas físicas ou jurídicas, *inclusive as que atuem como instituição financeira* a cerca das operações. De ativo, de passivo e de quaisquer outros dados que possam auxiliá-lo no exercício de suas atribuições.

2. Agiotagem ou usura nos contratos

Fundamento contratual das operações de crédito na forma de empréstimo, o mútuo vem conceituado no art. 586 do CC: "é o empréstimo de coisas fungíveis. O mutuário é obrigado a restituir ao mutuante o que dele recebeu em coisa do mesmo gênero, qualidade e quantidade".

O mútuo civil opõe-se ao mútuo bancário, que, dados o caráter empresarial e a qualificação do mutuante como instituição financeira, tem caráter mercantil. Esta distinção tem grande relevância, à medida que determina o regime jurídico dos juros nos contratos.

O CC anterior determinava, em seu art. 1.062, que os juros devidos por força de lei, quando não convencionados, seriam de 6% ao ano, inexistindo tal limitação nos casos em que as partes mencionassem no contrato a taxa de juros a ser utilizada. Por sua vez, o art. 1º do Decreto 22.626, de 7.4.1933 (Lei de Usura), dispunha que era vedada a cobrança de juros superiores ao dobro da taxa legal, deste modo, 12% ao ano. Essa sistemática foi alterada pelo Código Civil de 2002, que disciplinou a matéria em seu art. 406: "Art. 406. Quando os juros moratórios não forem convencionados, ou o forem sem taxa estipulada, ou quando provierem de determinação da lei, serão fixados segundo a taxa que estiver em vigor para a mora do pagamento de impostos devidos à Fazenda Nacional".

Em razão de o art. 406 do CC de 2002 prever sua regulamentação por norma relativa ao "pagamento de impostos devidos à Fazenda Nacional" leva-nos a analisar o disposto no Código Tributário Nacional. Nesse sentido, o § 1º do art. 161 do citado diploma estabelece que o crédito não pago no vencimento será acrescido de juros de mora, calculados à taxa de 1% ao mês, nos casos em que a lei não dispuser de modo diverso. Diante disso, a questão restou aparentemente solucionada no sentido de que a taxa de juros deveria ser aplicada à razão de 12% ao ano.

Posteriormente, com a edição do art. 13 da Lei 9.065, de 20.6.1995, e reedições do dispositivo que culminou no art. 30 da Medida Provisória 2.176-79, de 23.8.2001 (posteriormente convertida na Lei 10.522, de 19.7.2002), a taxa de juros moratórios dos tributos devidos à Fazenda Nacional passou a ser equivalente à taxa referencial do Sistema Especial de Liquidação e Custódia – SELIC para títulos federais, acumulada mensalmente.

Muito se discutiu a respeito da aplicabilidade, ou não, da taxa SELIC como índice de apuração dos juros legais, uma vez que, além de impedir o prévio conhecimento dos juros, posto que é publicada mensalmente, *esta taxa abrange não só os juros propriamente ditos, como também a correção monetária do período.*

Entretanto, por ser a aplicação da taxa SELIC expressamente prevista na legislação federal para o pagamento de impostos federais em atraso, podemos entender que esta taxa deverá ser considerada pelas empresas como limitadora dos juros contratuais, atendendo-se, desta forma, ao disposto no art. 406 do CC de 2002.

Interessante salientar, ainda, que o art. 591 do CC de 2002 permite, agora, a capitalização anual dos juros, no caso de mútuos.

No caso das instituições financeiras, entendidas como aquelas que integram o Sistema Financeiro Nacional, sua principal operação ativa, o mútuo ou empréstimo bancário, não está sujeita à Lei de Usura e é regida por regras próprias, estabelecidas pelo Conselho Monetário Nacional. Consoante a Súmula 596 do STF, de 15.12.1976, as disposições da Lei da Usura não se aplicam às taxas de juros e aos outros encargos cobrados nas operações realizadas por instituições públicas ou privadas que integrem o Sistema Financeiro Nacional.

Posteriormente, aos dispor sobre o Sistema Financeiro Nacional, o § 3º do art. 192 da CF de 1988 [*hoje revogado pela EC 40/2003*] determinou que as taxas de juros reais, nelas incluídas comissões e quaisquer outras remunerações direta ou indiretamente referidas à concessão de crédito, não poderiam ser superiores a 12% ao ano. Segundo esse mesmo dispositivo constitucional, a cobrança acima desse limite seria conceituada como crime de usura, punido em todas as suas modalidades, nos termos em que a lei determinasse.

A aplicabilidade desse dispositivo constitucional causou controvérsia, posto que o *caput* do mesmo art. 192 da CF previa que o Sistema Financeiro Nacional seria regulado por lei complementar, a qual nunca foi trazida ao ordenamento jurídico brasileiro. Não existia, portanto, definição legal de "taxa de juros real". Há quem entendia que, pelo fato de o mencionado § 3º do art. 192 da CF ter um caráter de norma autônoma, este não se subordinaria ao *caput* do artigo, de forma que os seus dispositivos deveriam ser aplicados de forma imediata.

Em sentido contrário, entretanto, manifestou-se a doutrina de forma majoritária, à qual nos filiamos. Nesse sentido: (i) com base na Súmula 596 do STF, não se aplicariam os dispositivos da Lei de Usura às operações realizadas por instituições integrantes do Sistema Financeiro Nacional; (ii) e, por conta da não-edição da lei complementar prevista no próprio *caput* do art. 192 da CF, não se aplicariam às referidas operações o disposto no § 3º.

De todo modo, veio a Súmula 648 do STF: "A norma do § 3º do art. 192 da CF, revogada pela Emenda Constitucional n. 40/2003, que limitava a taxa de juros reais em 12%, tinha sua aplicabilidade condicionada a lei complementar".

Através da Medida Provisória 2.172-32, de 23.8.2001, foi veiculada uma série de providências contra a chamada usura nos contratos, tornando nulas as estipulações com encargos abusivos.

O art. 1º define quais as estipulações usurárias: "São nulas de pleno direito as estipulações usurárias, assim consideradas as que estabeleçam: I – nos contratos civis de mútuo, taxas de juros superiores às legalmente permitidas, caso em que deverá o juiz, se requerido, ajustá-las à medida legal, ou, na hipótese de já terem sido cumpridas, ordenar a restituição, em dobro, da quantia paga em excesso, com juros legais a contar da data do pagamento indevido; II – nos negócios jurídicos não disciplinados pela legislação comercial e de defesa do consumidor, lucros ou vantagens patrimoniais excessivos, estipulados em situação de vulnerabilidade da parte, caso em que deverá o juiz, se requerido, restabelecer o equilíbrio da relação contratual, ajustandoos ao valor corrente, ou, na hipótese de cumprimento da obrigação, ordenar a restituição, em dobro, da quantia recebida em excesso, com juros legais a contar da data do pagamento indevido".

Depreende-se que são duas as espécies de estipulações proibidas e nulas, consoante o tipo de contrato:[3]

(i) *Nos contratos civis de mútuo, são usurárias as taxas de juros superiores àquelas legalmente permitidas, ou seja, as taxas que extrapolam o disposto nos arts. 591 e 406 do CC (arts. 1.262 e 1.062 do Código revogado, em combinação com o art. 1º do Decreto 22.626/1933). Admitindo-se a fixação de juros no mútuo, sua convenção limitar-se-á à taxa exigida nos impostos devidos à Fazenda Nacional, que é de 1% ao mês, conforme o art. 161, § 1º, do CTN.*

(ii) *Nos negócios jurídicos não disciplinados pela legislação comercial e de defesa do consumidor, consideram-se usurários os lucros e vantagens patrimoniais excessivos, sempre quando uma das partes tem posição inferior à outra.* Embora aparentemente vaga a previsão, tem enorme aplicação nas múltiplas relações e atividades de natureza econômica, que não se enquadram numa relação tipicamente comercial e não se encontram abrangidas pelo Código de Defesa do Consumidor. Apontam-se como exemplos os contratos de prestação de serviços, de *factoring* ou de compra e venda de títulos de crédito, de promessa de compra e venda de títulos de crédito, de promessa de compra e venda, e inclusive os de locação, podendo incluir-se todas aquelas relações não claramente tipificadas como de consumo que gravitavam numa zona de controvérsia sobre a aplicação, ou não, do Código de Defesa do Consumidor.

Em cada uma dessas espécies, duas as medidas saneadoras permitidas: o ajuste, pelo juiz, das estipulações à medida legal, extirpando os excessos ou restabelecendo o equilíbrio da relação, com o ajuste ao valor corrente; e, se já efetuado o pagamento do valor abusivo, ou se cumpridas as exigências iníquas, a determinação da restituição, em dobro, da quantia recebida em excesso, com juros legais a contar da data do pagamento indevido. Neste último caso, seja na ação de revisão ou na ação de repetição, necessário que se definam, como condição prévia, na própria ação, os juros cabíveis ou os lucros e vantagens admissíveis.

O parágrafo único delineia o critério para aferir o lucro ou vantagem excessivos: "Para a configuração do lucro ou vantagem excessivos, considerar-se-ão a vontade das partes, as circunstâncias da celebração do contrato, o seu conteúdo e natureza, a origem das correspondentes obrigações, as práticas de mercado e as taxas de juros legalmente permitidas". Notam-se alguns pressupostos excessivamente teóricos, dificultando a aferição para uma decisão objetiva.

De qualquer forma, considera-se a vontade das partes em vista do grau de liberdade existente no momento da obrigação, naturalmente debilitada se se encontravam em momento de grave dificuldade econômica, de premente necessidade, ou na iminência de perda do bem em face do inadimplemento. Relevantes as circunstâncias verificadas quando da celebração do contrato, como a crise econômica dominante, a recessão no mercado de trabalho, o desemprego da pessoa.

Não podem ser olvidados o conteúdo e a natureza do negócio, especialmente se envolvem bens imóveis de onde se retirava o sustento e onde estava situada a própria residência. Há destaque para a origem das correspondentes obrigações desde que atinjam bens essenciais para a subsistência, como quantias retiradas da remuneração ou vencimentos advindos da relação empregatícia. No exame para a validade do negócio, merecem destaque as práticas de mercado, que ditarão o equilíbrio a ser resta-

3. Arnaldo Rizzardo, *Contratos de Crédito Bancário*, p. 366.

belecido. De igual modo, no pertinente à taxa de juros, adota-se aquela legalmente permitida.

O art. 2º da mesma medida provisória ataca diretamente uma modalidade muito comumente usada para dar uma aparente legalidade a negócios vedados ou escusos: o mascaramento da agiotagem. Reza o dispositivo: "São igualmente nulas de pleno direito as disposições contratuais que, com o pretexto de conferir ou transmitir direitos, são celebradas para garantir, direta ou indiretamente, contratos civis de mútuo com estipulações usurárias". Ou seja, efetua-se, dentre outros esquemas ou engendrações, um contrato de compra e venda de um imóvel, ou de qualquer outro bem, com cláusula de retrovenda, prevista para um prazo que corresponde ao do mútuo.

Quanto ao ônus da prova da regularidade do negócio, transfere-se ao credor ou beneficiário a sua demonstração, conforme o art. 3º: "Nas ações que visem à declaração de nulidade de estipulações com amparo no disposto nesta Medida Provisória, incumbirá ao credor ou beneficiário do negócio o ônus de provar a regularidade jurídica das correspondentes obrigações, sempre que demonstrada, pelo prejudicado, ou pelas circunstâncias do caso, a verossimilhança da alegação".

Foi adotado o princípio do art. 6º, VIII, do Código de Defesa do Consumidor, onde se estabelece a inversão do ônus da prova, incumbindo-a sempre ao fornecedor.

Por último, em consonância com o art. 8º, é revogado o § 3º do art. 4º da Lei 1.521, de 26.12.1951. Este parágrafo previa: "A estipulação de juros ou lucros usurários será nula, devendo o juiz ajustá-los à medida legal, ou, caso já tenha sido cumprida, ordenar a restituição da quantia paga em excesso, com os juros legais a contar da data do pagamento indevido". As previsões inseridas no preceito já se encontram contempladas no art. 1º, I e II, da medida provisória.

3. Simulação e nulidade do negócio jurídico

No âmbito Código Civil, há defeito do negócio jurídico quando este padece de deficiência nos seus elementos constitutivos. Incluem-se aqui os vícios de consentimento e os vícios sociais.

Nos primeiros o ato é considerado defeituoso porque a vontade do agente não se formou corretamente. Nos chamados vícios sociais, na fraude contra credores e assim como na simulação, a declaração de vontade não se afasta do propósito que efetivamente o agente teve ao praticá-lo, inexiste disparidade entre a vontade e o negócio realizado, mas a sanção que na espécie se aplica não é em proveito de um dos contratantes, mas para seus reflexos no meio social.

Consiste a simulação em celebrar-se um ato que tem aparência normal mas que, na verdade, não visa ao efeito que juridicamente devia produzir.[4] Há um vício grave no ato, positivado na desconformidade entre a declaração de vontade e a ordem legal.

A simulação pode ser absoluta ou relativa. Será *absoluta* quando o negócio traz declaração ou condição não verdadeira, realizando-se, para não ter eficácia alguma, declaração de vontade que não produz seu resultado.

A simulação se diz *relativa*, também chamada *dissimulação*, quando um negócio jurídico tem por objeto encobrir outro de natureza diversa (por exemplo, a compra e venda para dissimular uma doação ou mútuo). É relativa porque à declaração de vontade deve seguir-se um resultado efetivamente querido pelo agente, porém diferente do que é o resultado normal do negócio jurídico.

Compra e venda – Ação de anulação – Cláusula de retrovenda – Alienação de imóvel efetuada para garantia de em-

4. Caio Mário da Silva Pereira, *Instituições de Direito Civil*, vol. 1, p. 535.

préstimo – Anormalidade do acordo constatada pela função de garantia real, não disciplinada por lei – Negócio efetuado em prestações sem incidência de correção monetária em época de galopante inflação –Desproporção de valores evidente e caracterizadora de usura – Partes que objetivaram o pacto comissório, mascarando negócio proibido pelo art. 765 do CC – Fraude à lei comprovada – Nulidade da avença e correspondente registro de escrituras – Decisão mantida. (TJRS)

Na sistemática do Código Civil de 2002 somente é nulo o negócio jurídico sendo absoluta a simulação. Se for relativa, subsiste o negócio que se dissimulou, salvo se este padecer de outro defeito, na forma ou na própria substância (art. 167).

Também se faz uma classificação em simulação *inocente* e *maliciosa*. A primeira não leva à nulidade do ato. A segunda, por trazer violação à disposição de lei, traz como conseqüência a nulidade do ato.

Na simulação maliciosa, as pessoas que participam do negócio estão movidas pelo propósito de violar a lei; não podem argüir o vício, ou alegá-lo em litígio de uma contra a outra. Se o negócio é simuladamente realizado, a ambas as partes ele é conveniente, a nenhuma delas é lícito invocá-lo contra a eficácia da declaração da vontade. Mesmo se caracterizado um negócio unilateral, por exemplo, o mútuo mercantil, foi o próprio agente quem procedeu contra o Direito, e não tem qualidade para pleitear sua ineficácia.

Contudo, *qualquer legítimo interessado, autoridades públicas ou membro do representante do Ministério Público poderão postular a nulidade do negócio simulado (art. 168 do CC).* Deste modo, os próprios agentes estão afastados de buscar a nulidade do ato, serão compelidos a sofrer o resultado do ato praticado. Mas, se o efeito do negócio é prejudicial, podem as pessoas ou entidades lesadas promover a declaração judicial de invalidade. Lembramos, aqui, que o bem tutelado é a ordem pública, enquanto afeta o adequado funcionamento do sistema financeiro.

Em relação à prova da simulação, nem sempre se poderá fazer prova diretamente; ao contrário, freqüentemente tem o juiz de se valer de indícios e presunções para chegar à convicção de sua existência.

Alienação fiduciária – Simulação bilateral – existência do bem dado em garantia –Negócio que encobriu contrato de mútuo puro e simples – Nulidade – Inteligência e aplicação do art. 104 CC *[do antigo Código Civil].* (STJ)

4. Aspectos penais: legislação vigente sobre crimes contra a economia popular e da lei do "colarinho branco"

Uma vez revisitados os aspectos civis relacionados às operações de crédito e à cobrança de juros, passamos à análise dos diplomas penais que tratam das hipóteses de defesa e sanção na prática abusiva doa operações em exame.

Continuam em vigor as disposições da Lei 1.521, de 26.12.1951, com exceção do parágrafo revogado pela Medida Provisória 2.172/2001, conforme citado anteriormente.

Deste modo, constitui crime contra economia popular a usura pecuniária ou real, assim considerada a cobrança de juros, comissões ou descontos percentuais, sobre dívidas em dinheiro, superiores à taxa legal permitida. Nas mesmas penas incorrerão os procuradores, mandatários ou mediadores que intervierem na operação usuária, cientes de sua natureza ilícita (art. 4º da lei). *São circunstâncias agravantes do crime de usura se a operação der causa a grave dano individual ou dissimular a natureza do contrato.*

Crime contra a economia popular – Usura – Caracterização – Cobrança extorsiva de juros – Irrelevância da não obtenção do indevido lucro – Delito de mera conduta que independe do resultado – Inteligência do art. 4º, "a", da Lei n. 1.521/1951. (TACrimSP)

Crime contra a economia popular – Usura – Caracterização – Cobrança de juros em taxa superior à estabelecida pelo Decreto n. 22.626/1933 por agente que não se enquadra nas hipóteses da Súmula n. 596 do STF – Inteligência do art. 4º, "a", da Lei n. 1.521/1951. (STJ)

Competência – Usura ou "agiotagem" – Art. 4º da Lei n. 1.521/1951 – Empréstimo de dinheiro por escritório particular, mediante cobrança de juros extorsivos – Processo e julgamento afetos à Justiça Estadual – Inteligência da Súmula n. 498 do STF. (STJ)

Ainda, no cenário econômico atual, para prevenção e punição sistemática dos crimes contra o Sistema Financeiro Nacional, veio à tona a Lei 7.492, de 16.6.1986, vulgarmente conhecida como dos "crimes do colarinho branco". O legislador entendeu por bem conceituar, para os fins de aplicação do diploma em questão, a instituição financeira.

A lei discrimina entre as instituições financeiras, os estabelecimentos bancários oficiais ou privados, as sociedades de crédito, financiamento ou investimento, as caixas econômicas, as cooperativas de crédito ou a seção de crédito das cooperativas que a tenham, incluindo também na subordinação à Lei 4.595, no que for aplicável, as bolsas de valores, as companhias de seguro e de capitalização, as sociedades que efetuem distribuição de prêmios em imóveis, mercadorias ou dinheiro, mediante sorteio, título de sua emissão ou por qualquer forma, e as pessoas físicas ou jurídicas que exerçam por conta própria, ou por terceiros, atividade relacionada com a compra e venda de ações ou quaisquer outros títulos, realizando nos mercados financeiros operações ou serviços de natureza dos executados pelas instituições financeiras.

Da análise do art. 1º da Lei 7.492/1986 verifica-se, desde logo, a amplitude do conceito de *instituição financeira* adotado, muito mais abrangente que o rol de entes que compõem o Sistema Financeiro Nacional, retromencionado. Aliás, o conceito de *instituição financeira* consignado no art. 1º em questão é diverso daquele adotado na Lei 4.595/1964.

A doutrina considerou o conceito estampado no art. 1º do texto legal em foco excessivamente amplo, não somente pela definição contida no *caput* do artigo, mas sobretudo pela ampliação trazida pelas equiparações constantes dos incisos I e II do parágrafo único.

Assim, considera-se *instituição financeira* a pessoa jurídica de direito público ou privado que tenha como atividade principal ou acessória, cumulativamente ou não, a captação, intermediação ou aplicação de recursos financeiros de terceiros, em moeda nacional ou estrangeira. Essas são as atividades tradicionalmente desempenhadas pelas instituições financeiras.

Também se considera *instituição financeira* a pessoa jurídica que se dedique à custódia, emissão, distribuição, negociação, intermediação ou administração de valores mobiliários. Tais atividades são desenvolvidas pelas instituições que captam recursos financeiros de terceiros no mercado financeiro, particularmente no mercado de capitais.

Equiparam-se à instituição financeira a pessoa jurídica que capte ou administre seguros, câmbio, consórcio, capitalização ou qualquer tipo de poupança ou recursos de terceiros e a pessoa natural que exerça quaisquer das atividades anteriormente mencionadas, mesmo que praticadas de forma eventual.

Constata-se, de fato, a amplitude do conceito adotado no referido art. 1º. Entretanto, transparece a preocupação do legislador em tutelar todas as atividades que envolvam recursos financeiros de terceiros e a credibilidade do sistema financeiro em geral. Em última instância: a proteção do patrimônio e da ordem pública.

Pela multiplicidade de condutas que devem ser coibidas, em relação ao Sistema Financeiro Nacional, a amplitude do conceito formulado no art. 1º, em questão, justifica-se. *Porém, em matéria penal a abrangência do conceito não pode dar margem à incerteza e à insegurança jurídica, vio-*

lando-se o basilar princípio do direito penal, que é o postulado da legalidade.[5]

Foi exatamente o que sucedeu na redação do art. 1º, em tela: a amplitude do conceito deu lugar à indeterminação. Veja-se a dificuldade de interpretação do inciso II do parágrafo único, que cuida da equiparação da pessoa natural que exerça quaisquer das atividades declinadas no *caput* e no inciso I do mesmo parágrafo, ainda que de forma eventual.

> Penal – Crime contra o Sistema Financeiro Nacional – Pessoa física – Exercente de atividade de consórcio – Conduta típica – Apropriação de valores de terceiro – Inexistência de provas para a condenação – Recurso parcialmente provido.
>
> 1. Réu que exercia informalmente atividade de consórcio, como pessoa física, para complementar rendas de seu pequeno negócio, sem autorização do Banco Central – Conduta que caracteriza o delito previsto no art. 16, c/c o art. 1º, I e II, da Lei n. 7.492/1986, ainda que a atividade seja exercida de forma eventual – Trata-se de crime de perigo abstrato, cuja ameaça de lesão se dirige não só contra o Sistema Financeiro Nacional, mas contra os consumidores, a poupança popular e a fé pública.
>
> 2. Inexistência de provas suficientes para a condenação por apropriação e desvio de valores captados de "participantes", que configuraria o delito do art. 5º da Lei n. 7.492/1986 – Aplicação do princípio *in dubio pro reo.*
>
> 3. Recurso parcialmente provido. (TRF-3ª Região, 1ª Turma, Ac. 96.03.095220-6, rel. Juiz Sinval Antunes, j. 18.11.1997, *DJU* 23.12.1997, p. 112.246)

Na composição do Sistema Financeiro Nacional, e entre as suas atribuições, compete privativamente ao BACEN conceder autorização às instituições financeiras a fim de que possam funcionar no país, instalar ou transferir suas sedes ou dependências, inclusive no exterior, ser transformadas, fundidas, incorporadas ou encampadas e ter prorrogados os prazos para funcionamento (art. 10, X, da Lei 4.595/1964). Deste modo, também devemos fazer rápida menção ao disposto no art. 16 da referida lei:[6] "Fazer operar, sem a devida autorização, ou com autorização obtida mediante declaração *(vetado)* falsa, instituição financeira, inclusive de distribuição de valores mobiliários ou de câmbio: Pena – reclusão, de 1 (um) a 4 (quatro) anos, e multa".

Toda pessoa natural que fizer operar a instituição financeira sem estar munido de autorização, ou sendo esta falsa, é autor do crime. Serão sujeitos ativos também, como autores intelectuais e mediatos, os que servirem de interpostas pessoas para fazer funcionar a instituição.

Devemos ressaltar, também, que o crime é doloso. Consiste o dolo na vontade livre e consciente de fazer operar instituição financeira não autorizada, ou com autorização viciada pela falsidade. A intermediação ou aplicação de dinheiro como mercadoria exige um mínimo de reiteração. O tipo penal pressupõe uma repetição da conduta, uma certa freqüência no comércio. Assim, o crime não se consuma com uma só operação, isolada. Mas, afastada a hipótese da Lei 7.492, não se presume a não incidência também dos demais dispositivos estudados. Se não, vejamos.

> Empréstimo pessoal em dinheiro – Usura – Justiça Estadual.
>
> O simples empréstimo de dinheiro a terceiros mediante a cobrança de juros

5. Paulo José da Costa Jr. e outros, *Crimes do Colarinho Branco*, p. 65.

6. O dispositivo achava-se previsto no art. 44, § 7º, da Lei 4.595/1964, com redação um tanto imperfeita: "Quaisquer pessoas físicas ou jurídicas que atuem como instituição financeira, sem estar devidamente autorizadas pelo Banco Central da República do Brasil, ficam sujeitas à multa referida neste artigo e detenção de 1 (um) a 2 (dois) anos, ficando a esta sujeitos, quando pessoa jurídica, seus diretores e administradores".

extravagantes não configura delito previsto no art. 16 da Lei n. 7.492/1986, pois ali se trata de instituição financeira.

O fato de um escritório particular fazer empréstimo com juros extorsivos caracteriza a usura, ou "agiotagem", descrita no art. 4º da Lei de Economia Popular. (STJ, CComp 960050207-2-SP, rel Min. Cid Scartezzini, j. 13.11.1996, v.u., *DJU* 3.2.1997, p. 665)

5. Conclusão

Sintetizando as idéias aqui expostas, apontamos que é no mercado financeiro que se desenvolve a atividade bancária por excelência, consistente na intermediariedade na circulação do dinheiro.

Mediante comandos protetores do referido fluxo de capitais, os agentes participantes do Sistema Financeiro Nacional poderão servir aos interesses da coletividade. Este fluxo da poupança nacional tem, hoje, apoio num sistema normativo complexo e focado à proteção do fluxo interno da poupança nacional, com forte atuação do Estado.

Assim, também compõem as regras de estabilidade e proteção do sistema a autorização para funcionamento das entidades financeiras e os processos administrativos e judiciais para apuração de práticas irregulares.

Este complexo de normas, hoje, desaprova a prática de operações de crédito com caráter mercantil fora das atividades entabuladas pelas entidades autorizadas pelo próprio Sistema Financeiro Nacional.

A tutela de proteção atua no âmbito civil e penal. No primeiro, a descaracterização das operações de crédito fora do Sistema Financeiro Nacional tem específica regulação e forte apoio jurisprudencial. As hipóteses de afastamento fático dos sujeitos ou a pequena reiteração não são suficientes para afastar a aplicação das normas citadas. Também a criação de sistemas de garantias específicos, como a alienação fiduciária, demanda o cumprimento de outra série de requisitos para sua segura implementação.

No aspecto penal, sabe-se o quanto é difícil a caracterização dos delitos. Somente agora o Ministério Público vem tomando a iniciativa de processar criminalmente os autores dos chamados crimes do "colarinho branco", e, ainda assim, as notórias imperfeições da Lei 7.492/1986 não impõem sua aplicação efetiva. Mesmo a hipótese do crime contra a economia popular deverá estar amplamente apoiada por provas de difícil constituição. Mas o que está evidenciado são os novos rumos do direito penal bancário.

Deste modo, estão aqui apontadas as disposições que atuam na regulação e proteção do mercado de crédito e as sanções às práticas consideradas ilícitas, entendendo que não cabe neste parecer determinar qual é a chance de sua ocorrência, mas apontar todos os riscos, delineando a decisão de atuação, ou não, de dentro desta atividade.

GERENCIAMENTO DE RISCO OPERACIONAL (Resolução CMN 3.380, de 29.2.2006)

HAROLDO MALHEIROS DUCLERC VERÇOSA

e

JOÃO ALBERTO MAGRO

1. Aspectos do risco operacional e do seu gerenciamento. 2. O risco legal. 3. O processo de implantação do sistema de gerenciamento de risco operacional: a) Criação de uma unidade específica nas instituições financeiras; b) Segregação da unidade executora do gerenciamento de risco operacional das demais unidades internas e externas de fiscalização e/auditoria da instituição financeira; c) A extensão do sistema às empresas não financeiras do grupo.

1. Aspectos do risco operacional e do seu gerenciamento

Com o objetivo de diminuir o risco de quebras e de casos de inadimplência que possam afetar significativamente os resultados das instituições financeiras e de outras empresas que dependam de autorização do Banco Central do Brasil para funcionamento, a Resolução CMN 3.380/2006 determinou a obrigatoriedade da implementação de *estrutura de gerenciamento de risco operacional.*

O tema interessa à comunidade financeira, às autoridades supervisoras, aos acionistas da instituição, aos seus clientes e aos investidores em geral. Pode ser feita uma comparação com as recentes mudanças na legislação societária após os episódios "Enron" e "Worldcom", os quais proporcionaram a promulgação da Lei Sarbanes-Oxley nos Estados Unidos da América e mudanças em diversos outros ordenamentos jurídicos. Esta lei cuida, simplificadamente, das questões ligadas à *transparência* (*full disclosure*) e à *prestação de contas* (*answerability*), enquanto o sistema de gerenciamento de risco operacional diz respeito à *prevenção.*

São já bastante conhecidos e tutelados riscos mais tradicionais das instituições financeiras (de crédito, de mercado e de liquidez). Estes riscos podem ser antecipados e neutralizados com decisões de negócio (manejo de *score* e de *spread*, táticas de segmentação das atividades da instituição, mudança de modelos de captação, etc.).

A estrutura de que se trata deve ser compatível com a natureza e a complexidade dos produtos, serviços, atividades, processos e sistemas da instituição. A sua implementação depende da colaboração de profissionais de áreas diversas, entre as quais a jurídica. Inexistindo entidades profissionais que isoladamente reúnam todas as condições necessárias para tal finalidade, parcerias de qualidade deverão ser organizadas para o fim em vista.

A Resolução 3.380/2006 do Conselho Monetário Nacional conceitua o *risco operacional* como: "a possibilidade da ocorrência de perdas resultantes de falha, deficiência ou inadequação de processos internos, pessoas e sistemas, ou de eventos externos".

O *risco legal* está incluído entre os riscos operacionais, definidos pela mesma norma nos seguintes termos: "A definição de que trata o *caput* inclui o risco legal associado à inadequação ou deficiência em contratos firmados pela instituição, bem como as sanções em razão de descumprimento de dispositivos legais e a indenizações por danos a terceiros decorrentes das atividades desenvolvidas pela instituição".

O risco operacional é inerente à atividade bancária, em razão de sua própria natureza, pela complexidade das operações e da forte e cada vez maior dependência da tecnologia. Por melhores que venham a ser os sistemas de controle de risco operacional, não é possível acreditar-se no *risco zero*. A tarefa do sistema de gerenciamento em foco será a de minimizar tal risco ao máximo que seja possível, fazendo com que passem a existir perdas mínimas e perfeitamente administráveis (sob uma visão econômica micro) e reduzir sensivelmente o risco sistêmico enfrentado pela Autoridade Monetária, a partir de uma apreciação macroeconômica, a qual ensejará melhores condições da concessão de operações de crédito a custo reduzido, facilitando o desenvolvimento das atividades geradoras de riqueza efetiva, em cada país.

Até recentemente este risco vinha sendo enfrentado com rotinas de *back-office*, suportadas por intensa *manualização*, fatores que oneravam excessivamente a instituição e que não davam garantia no sentido de que os procedimentos assentados eram devidamente assimilados e praticados no âmbito interno. Para verificação de sua eficácia, era necessário se implementar um custoso e nem sempre eficiente sistema de fiscalização interna.

A análise das operações das instituições financeiras era feita pela auditoria interna e/ou externa, mas sempre *a posteriori*, quando sérios problemas de risco operacional já haviam deflagrado grandes e irrecuperáveis perdas. A filosofia utilizada (de índole fatalista) diante de tais circunstâncias baseava-se em dissolver os custos envolvidos nos orçamentos departamentais.

Já de algum tempo a esta parte as instituições financeiras encontram-se atuando em um novo ambiente operacional, afetado:

(i) pela intensa globalização financeira;

(ii) pela desregulamentação, que é proposta dentro de um esquema de segurança, ou seja, de liberdade com responsabilidade;

(iii) pela existência de produtos financeiros diferenciados (gerando-se o custo da monitoração de sua lucratividade e segurança);

(iv) pela existência de *spreads* restritos (ou seja, menor margem entre o custo da remuneração ao investidor e o da cobrança do devedor);

(v) pelas novas exigências da clientela, em termos de qualidade de atendimento e proteção outorgada pelo Código de Defesa do Consumidor, recentemente estabelecida em decisão polêmica pelo STF.

Todo esse quadro exige uma nova visão e novas atitudes por parte das instituições financeiras, que enfrentam, ainda:

(i) concorrência acirrada no plano internacional, embora no mercado nacional ainda haja um certo caminho a percorrer;

(ii) existência de produtos semelhantes, o que torna as instituições *iguais* ou *fungíveis* umas às outras, ou seja, para o cliente tanto faz atuar com uma ou com outra;

(iii) a existência de canais de distribuição não exclusivos (meios alternativos da realização de operações de crédito, de pagamento de contas, de transferências financeiras, etc.);

(iv) transferência ao cliente de parte dos controles (operações via Internet, fator que dá ao cliente a possibilidade de comparação entre os serviços prestados e o acesso ao crédito);

(v) complexidade tecnológica, a qual gera investimentos pesados permanentes.

O quadro acima exposto torna exigíveis controles mais *finos*, conseqüentemente, com custos mais elevados.

No tocante ao *risco operacional* especificamente, existem no mercado diversos instrumentos para a medição dos *riscos financeiros*, podendo ser aplicadas metodologias diversas. O próprio Banco Central do Brasil tem vários métodos para tal finalidade, aplicados simultaneamente.

Observe-se que os riscos operacionais apresentam características próprias para cada instituição financeira, na dependência do seu: (i) porte; (ii) segmento(s) do(s) mercado(s) em que atua(m); (iii) políticas de mercado; (iv) nível tecnológico; etc.

É intuitivo que não exista um único e exclusivo *instrumento universal* para a mensuração do risco operacional. Para a escolha daquele que venha a ser mais eficaz em atenção a determinada instituição financeira, será preciso fazer-se um mapeamento completo de todos os seus processos, atividades e sistemas, com avaliação criteriosa. O custo da adoção do sistema mais eficaz será apresentado ao acionista, o qual, enfim, será quem suportará o seu preço e, no futuro, recuperará o que gastou com maior lucratividade.

Do ponto de vista do Banco Central do Brasil, este deverá sugerir alguns *modelos-padrão*, os quais darão maior ou menor cobertura ao risco operacional, dentro de um nível aceitável. Mas, para os efeitos da segurança do sistema, a adoção de um dos modelos sugeridos ou de outro próprio de cada instituição financeira em particular será testado e o *feeling* da Autoridade Monetária a respeito da eficácia do sistema a levará, eventualmente, a *calibrar* a opção efetuada pela obrigação imposta à instituição financeira em causa de aportar capital adicional ou de fazer determinadas provisões no seu balanço. Estas imposições tirarão certo *fôlego* das instituições, diminuindo a sua capacidade operacional e afetando para pior o seu nível de presença no mercado.

O foco estabelecido pelo Banco Central do Brasil no padrão inicial de controle, objeto de normativos baixados paralelamente à Resolução 3.380/2006, está voltado para o controle do *risco sistêmico*, na busca do impedimento da contaminação do mercado pela quebra eventual de alguma instituição financeira. Sob este ponto de vista nunca se pode julgar que o sistema se encontre trafegando em *um mar de rosas*, pois a história financeira comparada mostra que quebras surgiram inesperadamente, provocando abalos no sistema financeiro nacional e internacional.

A busca de um sistema de gerenciamento eficaz de risco operacional deve ter em conta certas características, algumas a merecerem um reforço, outras ainda não consideradas:

(i) a atividade operacional das instituições financeiras está fortemente baseada em tecnologia da informação. Neste caso, enquanto o custo da tecnologia tem caído sensivelmente, o custo da informação cresce de forma desmedida;

(ii) as instituições financeiras passaram da fase de intermediadores para a de gestores de risco.

A chamada *intermediação financeira* que por séculos caracterizou a aproximação econômica dos agentes deficitários (os que precisam de dinheiro) e os agentes superavitários (aqueles que os têm para emprestar) deixou de ser um item de peso preponderante na atividade financeira. Elas partiram diretamente para a gestão de risco, fator que aumenta sensivelmente a possibilidade de quebra.

Deste pondo de vista, a visão da Autoridade Supervisora coloca-se no sentido de que quebras trazem enormes custos sociais, os quais devem ser suportados pelos *players* do mercado e não pela comunidade de investidores/depositantes e, muito menos, pela sociedade em geral, o que foi a visão de uma época já ultrapassada.[1] As regras de Basiléia são os novos *"benchmarks"*[2] *do mercado.*

Desta forma, o novo foco da saúde financeira das instituições do mercado passou a ser o de antecipar o risco e capitalizar os agentes do mercado (não necessariamente nesta ordem).

Existe ainda a necessidade de se estabelecer um padrão genérico e de uma mudança de visão das instituições financeiras, as quais, como dito, operam largamente em um mercado globalizado. Isto porque os bancos de países emergentes (eufemismo que esconde, na verdade, países subdesenvolvidos) têm uma visão negocial diferente daquela dos bancos do *primeiro mundo*. No primeiro caso, o Estado ajuda nas quebras. No segundo, o Estado diz aos bancos e seus clientes a frase famosa da formiga para a cigarra: "Vocês cantaram, agora dancem!". Quando muito se criam sistemas de proteção à poupança popular, como é o caso, no Brasil, do Fundo Garantidor de Créditos.

Não se pode esquecer que a gestão de riscos significará o aumento dos custos. Mas a gestão dos custos implica no aumento da competitividade, o que leva à melhoria da taxa de retorno.

Evidentemente, então, o acionista tenderá a abrir os seus braços para a implantação de sistemas de gerenciamento de risco operacional com a maior de sua boa vontade. A não ser que tenha índole financeira suicida.

2. *O risco legal*

A contribuição jurídica diz respeito, por exemplo, à verificação:

(i) do risco legal associado à inadequação ou à deficiência em contratos firmados pela instituição (sistemas de garantias, cláusulas penais, verificação da jurisprudência, etc.);

(ii) das sanções a serem determinadas em razão do descumprimento de dispositivos legais (*v.g.*, multas administrativas);

(iii) da indenização por perdas e danos a terceiros, decorrentes das atividades desenvolvidas pela instituição;

(iv) da possibilidade de demandas trabalhistas em vista de práticas contrárias à legislação própria, inclusive a falta de segurança do local de trabalho;

(v) das práticas inadequadas relativas a clientes, produtos e serviços, especialmente tendo em vista a aplicação do Código de Defesa do Consumidor, na esteira da recente decisão neste sentido adotada pelo STF;

(vi) da garantia dos ativos físicos próprios ou em uso pela instituição (contratação dos seguros adequados);

(vii) da insegurança quanto ao Judiciário; etc.

1. Houve época, ao tempo da Constituição Federal anterior, na qual o Banco Central comprava a totalidade dos créditos de instituições financeiras quebradas, com recursos da Reserva Monetária formada por parte da contribuição do Imposto sobre Operações Financeiras. Esta opção gerava um *moral hazard* insuportável para a sociedade porque os banqueiros nem os investidores necessitavam preocupar-se com a qualidade das entidades do mercado.

2. *Benchmark* significa marca de bancada. Refere-se ao melhor desempenho que se poderia esperar de algum mecanismo, após corretamente montado, testado e ajustado. A expressão é tomada como marca de excelência que se pode alcançar para o tal mecanismo, usando-se a tecnologia disponível. P.ex., em 1986, o *benchmark* na área dos microcomputadores era o PC-XT com 8MHZ, memória de 640KB, disco de 10mb, *flopy-disk* de 128kb e sistema operacional DOS 3.1. Dois anos depois, todas essas marcas de desempenho estavam amplamente superadas, no mínimo multiplicadas por dois. Hoje, o processador *benchmark* roda com velocidade 500 vezes maior, a capacidade de armazenamento foi multiplicada por vinte mil; disquetes não existem mais, assim como os monitores "verdes" e os sistemas operacionais não interativos. Em suma, *benchmarks* são um flagrante momentâneo da tecnologia humana, *flashes* passageiros, cujo destino inexorável é serem superados na virada do próximo mês.

Abordemos cada um destes riscos brevemente.

Uma grande preocupação das instituições financeiras deve estar relacionada com a elaboração de contratos que possam assegurar sejam atingidos os objetivos pretendidos com a máxima eficácia e o mínimo de riscos. No entanto, o zelo pela segurança da instituição poderá vir a se tornar tão exacerbado que acarretará a infringência de dispositivos legais e/ou regulamentares em detrimento do cliente.

Lembre-se, a este respeito, que o atual Código Civil mudou substancialmente os parâmetros das relações contratuais, submetendo-as ao atendimento da função social, da boa-fé objetiva e da probidade. Além destes se coloca o princípio da onerosidade excessiva.

Sempre foi comum e nunca deixou de ser abusiva a cláusula de vencimento antecipado dos contratos diante de pedido de concordata do devedor, entre outras causas, considerando-se que o instituto representava um *favor legal*, que buscava beneficiar o *comerciante honesto e de boa-fé, porém infeliz em seus negócios*. Ora, prejudicar tal devedor por um pedido de concordata representava quebra direta da lei cogente.

A situação agora se desloca para o pedido de recuperação judicial. Embora não mais se possa dizer que se trata de um *favor legal*, deve-se entender que prevalece o art. 47 da Lei de Recuperação de Empresas e de Falências, baseada no princípio superior e de natureza pública, justamente, o da manutenção da empresa como organismo produtivo, não se devendo privilegiar o interesse de um credor individual ou de um grupo de credores favorecendo o pedido de sua quebra.

Outro campo de problemas tem sido o da freqüentíssima aplicação de penalidades às instituições financeiras pela quebra da lei e do regulamento. Isto se deve muitas vezes à montagem pelas instituições financeiras, das chamadas *operações estruturadas*, as quais procuram atingir por vias indiretas objetivos ilegais, com a quebra não somente da legislação bancária, mas também pela prática de ilícitos tributários e cambiais. Os *produtos* desta espécie são muito comuns e *vendidos* pelos seus criadores à administração superior das instituições financeiras baseadas em um otimismo inadequado quanto à inação da Autoridade Monetária a respeito de vir a descobri-los e, portanto, punir os seus autores.

Trata-se de risco institucional, derivado de falhas jurídicas sistemáticas no cumprimento das disposições legais e regulamentares relacionadas às atividades e ao funcionamento das instituições financeiras. Este problema decorre de processos internos inadequados, resultantes da ignorância ou da má interpretação do direito aplicável. A par disto, nota-se o desconhecimento da jurisprudência administrativa e legal no campo do direito bancário. A primeira tem sido formulada pelas decisões do Conselho de Recursos do Sistema Financeiro Nacional. A segunda é formada pelo repertório de jurisprudência tradicional, a ser devidamente investigado.

Evidentemente, nos casos acima, é clara a falta de uma crítica isenta que deveria ser feita por órgão interno da instituição, o que tem deixado de se notar. A instituição de um sistema de gerenciamento de risco operacional que terá um diretor responsável e uma equipe autônoma servirá grandemente para obviar tais tipos de problemas.

A condenação por indenização de danos a terceiros talvez não seja uma área de risco legal sensível, mas não pode ser perdida de vista.

As fraudes internas e externas são extremamente comuns e os sistemas tradicionais de sua identificação pronta e seu abortamento freqüentemente esbarram na existência de conivência entre *o pessoal de dentro e o de fora*. Certamente o papel do diretor responsável pela área de gerenciamento do risco, ora sob estudo, irá inibir esses comportamentos. Será necessário verificar-se, neste campo, a existência de falhas na sistematização estatutária e no controle dos negócios praticados por prepostos, evitando o desvio de atividades e de resultados.

O sistema em tela deverá atuar de forma permanente, buscando sempre melhor nível de aperfeiçoamento, dada a obrigação, entre outras, de monitoramento permanente dos riscos operacionais envolvendo a instituição financeira, da elaboração de relatórios periódicos e de testes de avaliação.

Além do mais, deverá ser montado um plano de contingência, contendo estratégias que assegurem condições de continuidade das atividades operacionais e para limitar perdas graves.

Dentro de um processo de *disclosure* que vem sendo adotado também no Sistema Financeiro Nacional, a descrição da estrutura de gerenciamento do risco operacional deverá ser tornada pública, para conhecimento da clientela atual e potencial.

O sistema em pauta envolverá os diversos órgãos da instituição financeira, em atividades das quais poderão resultar responsabilidades na esfera administrativa, destacando-se que a indicação de um diretor responsável pelo gerenciamento do risco operacional perante o Banco Central do Brasil o tornará o *olho* daquela autoridade monetária no ambiente interno da empresa, sabendo ele que estará caminhando entre a frigideira (os esquemas internos ilícitos eventualmente montados pelo controlador ou mediante a sua conivência — caso claro do Banco Santos) e o fogo, representado pelas punições que a Autoridade Supervisora poderá lhe imputar pessoalmente.

Demandas trabalhistas (nas quais se incluem as ações por segurança deficiente no local de trabalho) no Brasil não representam um risco: elas são uma certeza. Ou melhor, risco existe em saber quantas serão em um determinado montante e qual o valor das condenações. Evidentemente há um lado perverso no caso do direito trabalhista, representado pela ausência de condenação do empregado reclamante na sucumbência, fator que proporciona *aventuras trabalhistas* sem risco de penalidade. De outro lado, é proverbial que o empregador brasileiro não é extremamente zeloso com os direitos trabalhistas. Daí que se trata de uma área sensível, causadora de custos relativamente elevados, a qual necessitará um uma melhoria no gerenciamento desse *risco certo*, mas que pode ser minorado.

A área passível de representar maior preocupação e, conseqüentemente, maior ênfase no gerenciamento de risco operacional é naquela relacionada com as práticas inadequadas ligadas a clientes, produtos e serviços, especialmente tendo em conta a insegurança gerada pelo Judiciário e a recente decisão do Supremo Tribunal Federal sobre a aplicação do Código do Consumidor às instituições financeiras.

No aguardo da publicação da ementa relativa aos embargos de declaração que haviam sido interpostos, as notícias da imprensa especializada são extremamente preocupantes para os bancos, na medida em que o Supremo Tribunal Federal teria aberto as portas para uma livre discussão em primeira instância, caso por caso, da validade das taxas de juros praticadas por aqueles. O horizonte ainda se encontra nebuloso, mas evidentemente este risco aumentou de forma desmesurada.

Mas deve-se contar, ainda, com a extrema demora das ações judiciais até o momento do trânsito em julgado das sentenças definitivas; o desconhecimento dos aspectos técnico-jurídicos pelo Judiciário; a existência de decisões díspares na interpretação e aplicação pelos tribunais de causas idênticas; e, não menos importante, a nova tendência do Processo Civil em privilegiar as decisões de primeira instância (onde o risco de erro é sensivelmente mais elevado pela falta de experiência do magistrado no ramo do direito bancário[3]), dificultando-se o acesso aos recursos previstos na lei.

3. São raras as escolas de direito onde se leciona direito bancário. E as que o fazem dedicam apenas um semestre à matéria, tempo suficiente apenas

3. O processo de implantação do sistema de gerenciamento de risco operacional

O processo em causa terá início em 31.12.2006, justamente pela indicação do diretor responsável pela área e definição da estrutura organizacional que tornará efetiva a sua implementação.

A questão dos deveres e responsabilidades desse diretor não foi desenvolvida pela norma em estudo. Do ponto de vista do Banco Central do Brasil será ele o responsável direto pela área e o primeiro a sofrer as penalidades cabíveis. Mas o sistema de responsabilidade dos administradores de sociedades anônimas (forma obrigatória das instituições financeiras) continua em vigor, aplicando-se o sistema de responsabilidade solidária para os demais diretores quando foram omissos na fiscalização das atividades dos companheiros da diretoria (no limite do que lhes seja possível fazer, na prática) ou quando estiverem com aquele conluiados.

A forma de isentar-se da responsabilidade solidária diante de problemas nesta e em outras áreas está na manifestação expressa de dissidência.

A implementação efetiva do sistema em foco deverá estar terminada em 31.12.2007. Considerando-se o porte e a profundidade das mudanças de que se trata, urge que as instituições financeiras iniciem rapidamente os procedimentos estabelecidos pelo CMN.

Resumidamente, os princípios norteadores da implantação do sistema em causa são os seguintes:

a) Criação de uma unidade específica nas instituições financeiras

Naquelas de pequeno porte entende-se que a estrutura em tela poderá ser *enxuta*, sendo possível a terceirização do serviço em favor de empresas especializadas. Estas, por sua vez, para merecerem maior confiança por parte do Banco Central do Brasil poderão ser certificadas por agência certificadora de renome internacional.

b) Segregação da unidade executora do gerenciamento de risco operacional das demais unidades internas e externas de fiscalização e/auditoria da instituição financeira

A criação da *chinese wall* é imprescindível e ela deve ser inexpugnável. Neste sentido, pode-se dizer que o diretor responsável *está* na instituição financeira a que serve, mas ele não *pertence a ela*. Ele pode ser considerado como uma *longa manus* do Banco Central do Brasil na instituição. Um "judas de carteirinha". Se o calo apertar, ele deve reportar ao Banco Central problemas de desvio de gerenciamento de risco operacional, que, então, tomará as medidas adequadas. Se o controlador não tiver interesse em tais *desvios*, ele ficará extremamente grato ao diretor responsável (no que lhe farão coro os acionistas minoritários), porque sua atuação representará um incremento dos lucros. Caso o controlador esteja jogando no time da ilegalidade, ele demitirá o diretor da área de gerenciamento de risco, mas isto revelará claramente, se a demissão for infundada, que ele anda mal intencionado e o Banco Central do Brasil, no caso, não poderá se passar pela *velhinha de Taubaté!*

c) A extensão do sistema às empresas não financeiras do grupo

A preocupação do Banco Central do Brasil é tão grande com uma possível contaminação do segmento bancário dentro de um grupo que atua em diversas áreas por problemas nelas causados, que determinou a extensão do gerenciamento de risco ope-

para se dar um verniz de conhecimento aos alunos de área tão específica.

racional a empresas não financeiras integrantes do consolidado econômico-financeiro.

Finalmente, destaque-se que o Banco Central do Brasil tem competência para determinar a adoção de controles adicionais nos casos em que julgar inadequados ou insuficientes os controles implementados pelas instituições financeiras e para imputar limites mais restritivos à instituição que deixar de atender as providências que vier a demandar daquelas.

Ou seja, vai mexer onde mais dói: no bolso dos acionistas.

CONSIDERAÇÕES GERAIS SOBRE AS CHAMADAS *FINANCIAL HOLDING COMPANIES*[1]

Ricardo Simões Russo

1. Introdução. 2. Histórico. 3. Atividades permitidas às "financial holding companies". 4. Elegibilidade. 5. Supervisão ("functional regulation"). 6. Conclusão.

1. Introdução

1.1 A aprovação do chamado *Gramm-Leach-Bliley Act* (GLBA) no final da década de 90 abriu pela primeira vez a possibilidade de instituições financeiras[2] praticarem uma vasta gama de atividades no mercado financeiro norte-americano, tais como operações tipicamente bancárias, operações no mercado de valores mobiliários, operações no mercado de seguros, dentre outras.

1.2 Este memorando tem o propósito de apresentar, em linhas gerais, os aspectos principais envolvendo um tipo de instituição criada especialmente pelo GLBA – as chamadas *financial holding companies* –, descrevendo os procedimentos e as vantagens a uma instituição financeira que não seja norte-americana em se tornar uma *financial holding company*, observadas as leis norte-americanas aplicáveis.[3]

2. Histórico

2.1 Desde meados da década de 30 a legislação bancária norte-americana – notadamente o chamado *Glass-Steagall Act* (GSA) – tentou separar e segmentar em diferentes mercados as atividades típicas de bancos de investimento (como, por exemplo, a negociação e o *underwriting* de valores mobiliários) das atividades praticadas por bancos comerciais (por exemplo, a recepção de depósitos e a concessão de empréstimos). A intenção do legislador norte-americano era de, principalmente, proteger o sistema financeiro daquele país, isolando os bancos comerciais dos riscos envolvidos em operações praticadas no mercado de valores mobiliários.

2.2 Em vista desta restrição, as instituições financeiras norte-americanas estavam proibidas de praticar ao mesmo tempo atividades típicas de bancos comerciais e atividades de *investment banking*. Ademais, o GSA proibiu que bancos comerciais estivessem no mesmo grupo societário

1. Este memorando foi redigido meramente para fins de informação e debate, não devendo ser considerado uma opinião legal para qualquer operação ou negócio específico.

2. Norte-americanas ou não.

3. Em fevereiro do ano passado o banco central norte-americano – *Federal Reserve Board* – aprovou o pedido de uma grande instituição financeira brasileira para se tornar uma *financial holding company*, em conformidade com a legislação norte-americana aplicável. Tal instituição tornou-se a primeira instituição financeira brasileira a deter este *status* nos Estados Unidos.

de entidades que tivessem como principal atividade a negociação e o *underwriting* de valores mobiliários (*no affiliations*).

2.3 Com os decorrer dos anos, entretanto, o legislador norte-americano foi diminuindo esta barreira. Na década de 50, por exemplo, foi aprovado o *Bank Holding Company Act* (BHCA), o qual tornou possível que bancos comerciais estivessem no mesmo grupo societário que sociedades que praticassem algumas atividades previstas no BHCA no mercado de valores mobiliários.[4] Além disso, em decorrência de algumas exceções previstas em lei, a prática direta de determinadas atividades envolvendo valores mobiliários foi autorizada aos bancos comerciais.[5]

2.4 Este processo de liberalização das atividades permitidas a bancos comerciais e consolidação de mercados culminou com a aprovação, pelo Congresso norte-americano, do GLBA.

2.5 O GLBA alterou de maneira significativa o ambiente regulatório aplicável aos mercados bancário e financeiro norte-americanos, criando a figura das *financial holding companies*. Basicamente, o GLBA eliminou as restrições existentes à participação de bancos comerciais no mesmo grupo societário de bancos de investimento e outras instituições financeiras (*affiliations*[6]), bem como ampliou as atividades financeiras que esta nova instituição poderia praticar, dentre elas o *underwriting* e a venda de seguros.[7]

3. Atividades permitidas às "financial holding companies"

3.1 Em termos gerais, uma instituição – seja ela norte-americana, ou não – que adquira o *status* de *financial holding company* poderá não apenas controlar um banco comercial, como também praticar, através de suas subsidiárias, as seguintes atividades, dentre outras, no mercado norte-americano: (a) atividades de *underwriting*, negociação, *market-making*, corretagem e aconselhamento financeiro envolvendo valores mobiliários; (b) atividades que o banco central norte-americano (*Federal Reserve Board* – FRB) considere "financeiras em sua natureza", como, por exemplo, *underwriting* e vendas de seguros; (c) aconselhamento econômico, financeiro e de investimentos a seus clientes (incluindo a administração de carteiras de fundos mútuos); e (d) atividades de *merchant banking* (basicamente, investimentos no mercado de *private equity*).

3.2 Outras atividades consideradas pelo FRB de natureza financeira bem como aquelas incidentais ou complementares a estas atividades financeiras também podem ser praticadas pelas *financial holding companies*. Para serem caracterizadas como tais, o FRB considera determinados fatores, dentre os quais: (a) o propósito do

4. Nos termos do BHCA, tais atividades deveriam ser de natureza financeira, fiduciária ou de seguros que fossem tão intimamente relacionadas a atividades bancárias que seriam incidentais a estas. Vale citar, por exemplo: (a) concessão, aquisição, negociação e gestão de empréstimos; (b) atuação como agente de seguros em limitadas oportunidades (por exemplo, apenas em cidades com menos de 5.000 habitantes); (c) aquisição de ações de determinada sociedade, desde que a quantidade de ações não ultrapassasse 5% das ações com direito a voto – dentre outras.

5. Por exemplo: (a) serviços de corretagem de valores mobiliários em nome de clientes; (b) *underwriting* e negociação de títulos emitidos pelo Governo norte-americano; e (c) algumas atividades restritas no mercado de valores mobiliários, através de subsidiárias.

6. Para fins da legislação norte-americana, uma afiliada (*affiliate*) de um banco é uma sociedade que controla, é controlada ou está sob o mesmo controle que um banco.

7. De acordo com o GLBA, as *financial holding companies* podem, diretamente ou através de subsidiárias, praticar (a) atividades "de natureza financeira", incluindo atividades previamente permitidas por lei e quaisquer outras novas atividades que venham a ser permitidas; (b) determinadas atividades "incidentais" a estas atividades financeiras; e (c) determinadas atividades "complementares" a atividades financeiras, desde que não acarretem risco substancial à segurança e liquidez dos bancos e do sistema financeiro norte-americano em geral.

GLBA; (b) mudanças no mercado no qual as *financial holding companies* competem; (c) alterações tecnológicas na prestação de serviços financeiros; e (d) se a atividade pretendida representa algum risco à segurança e liquidez do sistema financeiro norte-americano.

4. Elegibilidade

4.1 De acordo com o GLBA, para obter o *status* de *financial holding company*, uma instituição financeira que não seja norte-americana deve observar, basicamente, três requisitos: (a) deve ser considerada "devidamente capitalizada" (*well-capitalized*); (b) deve ser considerada "devidamente administrada" (*well-managed*); e (c) deve submeter pedido ao FRB, solicitando sua eleição como *financial holding company*.

4.2 Em linhas gerais, para ser considerada "devidamente capitalizada", a instituição deve, basicamente, possuir determinados *ratios* de capital e risco previstos no GLBA e estabelecidos pelo FRB. Para que seja considerada "devidamente administrada", a instituição deve, em termos gerais, ter obtido um *composite rating* satisfatório em sua ultima avaliação, e o banco central de seu país-sede deve concordar com a expansão de suas atividades nos Estados Unidos. Em sua análise, o FRB observa se os dados apresentados pela instituição solicitante são comparáveis com os previstos nos Estados Unidos para bancos norte-americanos detidos por *financial holding companies*.

4.3 Uma vez observados os requisitos acima, a instituição deve encaminhar pedido por escrito ao FRB, solicitando sua eleição como *financial holding company*. O pedido será, então, analisado pelo FRB, e a instituição estrangeira receberá o *status* de *financial holding company* caso o FRB se manifeste neste sentido dentro do prazo fixado pelo GLBA.

4.4 Caso o pedido seja aprovado, o *status* de *financial holding company* permanecerá válido e eficaz, a não ser que a instituição deixe de ser considerada pelo FRB como "devidamente capitalizada" ou "devidamente administrada". Neste caso, a instituição deve observar as medidas necessárias para cumprir as exigências do FRB, ou optar por encerrar suas atividades bancárias nos Estados Unidos (ou, ainda, diminuir suas atividades no mercado financeiro norte-americano, continuando no mercado sem o *status* de *financial holding company*, e sujeita às limitações legais de suas atividades financeiras).

5. Supervisão ("functional regulation")

A supervisão geral das *financial holding companies* é de responsabilidade do FRB (*umbrella supervision*). Entretanto, tendo em vista que tais instituições podem ter subsidiárias que atuem, por exemplo, nos mercados de valores mobiliários e de seguros, o GLBA criou a chamada "supervisão funcional" (*functional regulation*), segundo a qual outras autoridades norte-americanas, tais como a *Securities and Exchange Commission* – SEC e autoridades estaduais de seguro, também participam de referida supervisão, conforme o caso.

6. Conclusão

Até recentemente as atividades praticadas por instituições financeiras estrangeiras no mercado norte-americano encontravam-se sujeitas aos limites e restrições previstos na legislação bancária daquele país. Com a aprovação do GLBA, uma instituição financeira estrangeira que obtenha o *status* de *financial holding company* poderá não apenas praticar atividades típicas de bancos comerciais, como também atuar no mercado de seguros e participar do mercado de valores mobiliários norte-americano, conforme os termos da legislação aplicável.

São Paulo, 9 de setembro de 2003

Bibliografia

GREENE, Edward F., *et al.* U.S. *Regulation of the International Securities and Derivatives Markets.*

MACEY, Jonathan R. *Banking Law and Regulation.*

TORTORIELLO, Robert L. *Guide to Bank Underwriting, Dealing and Brokerage Activities.*

HOMOLOGAÇÃO E EXECUÇÃO DE SENTENÇA ARBITRAL ESTRANGEIRA NO STJ

MARCO AURÉLIO GUMIERI VALÉRIO

Introdução. 1. Homologação de sentença estrangeira. 2. Leis internas e ordem pública. 3. Sentença arbitral estrangeira. 4. Homologação de sentença arbitral alienígena no direito estrangeiro. 5. Homologação e execução de sentença arbitral estrangeira no Brasil. 6. Procedimento junto ao STJ. Conclusão. Bibliografia.

Introdução

Fenômenos em constante evolução, as relações negociais transformam-se continuadamente, modernizadas pelas freqüentes transações entre empresas sediadas em diferentes países.

A velocidade com que os acordos são fechados, as mercadorias circulam e a riqueza é transferida, exige que eventuais conflitos sejam solucionados em tempo hábil, impondo a preferência por um método de resolução de controvérsias especializado e informal.

A arbitragem apresenta-se, assim, como um instrumento em consonância com o dinamismo da economia de mercado, tornando-se um dos procedimentos de maior aceitação no mundo dos negócios. A inserção do instituto no comércio internacional foi tamanha que se pode afirmar serem escassas as áreas que não a tenham escolhido como principal forma de composição de litígios.

As sentenças arbitrais estrangeiras são normalmente cumpridas de forma voluntária, até porque as partes envolvidas têm noção dos efeitos negativos em futuros contratos advindos do inadimplemento. O conseqüente abalo na imagem não impede, todavia, que o descumprimento da decisão ocorra até com uma certa freqüência.

Nesse caso, só resta à parte adimplente pleitear o reconhecimento da sentença arbitral estrangeira junto ao órgão judiciário competente do país em que a decisão deverá surtir seus efeitos. Esse juízo de admissibilidade, que reconhecerá a validade e a eficácia da decisão perante o ordenamento jurídico interno, é denominado de *exequatur*.

No Brasil, o processo de homologação e execução de sentença estrangeira acaba de passar por profundas alterações.

Publicada no dia 31 de dezembro de 2004, a Emenda Constitucional n. 45 trouxe, em seu bojo, a transferência de competência do STF (Supremo Tribunal Federal) para o STJ (Superior Tribunal de Justiça), para processar e julgar, originariamente, o reconhecimento de sentenças arbitrais alienígenas.

Aspecto pouco debatido da Reforma do Judiciário, os efeitos do novo art. 105, I, *i*, da Constituição Federal de 1988 são imediatos, assim, todas as ações do *exequatur* ainda não julgadas serão remetidas do STF para o STJ.

Nessa mesma data, no intuito de garantir a segurança jurídica, antecipando-se em suas novas responsabilidades, a Presidência do STJ editou a Resolução n. 22, que sujeitou tais feitos, transitoriamente, aos ritos previstos nos arts. 215 a 224 para homologação e execução de sentença estrangeira do Regimento Interno do Supremo Tribunal Federal — RISTF. Por meio de seu art. 1º, parágrafo único, a Resolução n. 22/2004 conferiu, à Corte Especial do STJ, as competências atribuídas anteriormente ao Plenário do STF, enumeradas nos arts. 219, parágrafo único, 223 e 228, parágrafo único do RISTF.[1]

Além disso, foi emitido pelo Presidente do STJ, Ministro Edson Vidigal, o Ato n. 15, de 16 de fevereiro de 2005, delegando ao Vice-Presidente do Tribunal, Ministro Sálvio de Figueiredo, a competência para o *exequatur*.[2]

Estes dois dispositivos, todavia, foram expressamente revogados pelo art. 15 da Resolução n. 9, de 4 de maio de 2005, que dispôs, ainda em caráter transitório até que se estabeleça um regimento interno próprio para tal finalidade, sobre a competência acrescida ao STJ pela EC n. 45/2004.[3]

Partindo-se da premissa de que o reconhecimento de sentenças arbitrais estrangeiras é hodiernamente assunto de importância inequívoca para o país, esse trabalho tem por escopo analisar suas novas cores e mais recentes tons.

1. Homologação de sentença estrangeira

O trâmite de execução de uma sentença estrangeira, em sentido amplo, compreende duas etapas, quais sejam, seu reconhecimento e sua posterior execução.

O reconhecimento de sentença estrangeira é também chamado de procedimento de *exequatur*. Consiste, basicamente, na declaração feita por um Estado de que se submete à execução de uma sentença emanada por outro Estado. Em outras palavras, a decisão proferida num ordenamento jurídico estrangeiro passa a ter a mesma validade que uma decisão exarada por um órgão jurisdicional nacional.

Este reconhecimento é feito após um exame realizado por órgão judiciário do país onde se pretende executar forçosamente a sentença estrangeira com vistas a determinar se ela fere as leis locais ou viola a ordem pública interna.

O *exequatur* é, assim, o trâmite processual por meio do qual a justiça estatal exerce controle sobre alguns dos elementos e dos aspectos da sentença estrangeira, seja arbitral ou estatal, para obter uma declaração no sentido de que ela goza das condições exigidas pela lei interna ou tratado aplicável para ser executada.

Cumpre frisar que ela não implica numa análise de mérito, mas apenas numa avaliação de requisitos meramente formais.

2. Leis internas e ordem pública

A autonomia da vontade pode ser definida como a liberdade de contratar, de criar direitos. Todavia, como nenhum princípio é absoluto, este tem por limites as reservas impostas pelo ordenamento jurídico de cada país. Tais restrições se mostram ainda mais significativas quando se cuida da homologação e da conseqüente execução de sentença estrangeira.

1. Brasil, STJ, Resolução n. 22, de 31.12.2004, *dispõe, em caráter transitório, sobre a competência acrescida ao STJ pela Emenda Constitucional n. 45/2004*, *DJ*-I 31.12.2004, p. 1, disponível em <http://www.stj.gov.br>, acesso em 2.10.2005.

2. Brasil, STJ, Ato n. 15, de 16.2.2005, *delega, ao Vice-Presidente do Tribunal, Ministro Sálvio de Figueiredo, matrícula M000764, a competência para conceder "exequatur" às cartas rogatórias e homologar sentenças estrangeiras*, *DJ*-I 18.2.2005, p. 124, disponível em <http://www.stj.gov.br>, acesso em 2.10.2005.

3. Brasil, STJ, Resolução n. 9, de 4 de maio de 2005, *dispõe, em caráter transitório, sobre competência acrescida ao STJ pela Emenda Constitucional n. 45/2004*, *DJ*-I 6.5.2005, p. 154, *DJ*-I 10.5.2005, p. 163, republicado por ter saído com incorreção, disponível em <http://www.stj.gov.br>, acesso em 2.10.2005.

Entre os obstáculos à autonomia da vontade encontram-se as leis internas e a ordem pública. Uma violação a qualquer desses dois elementos conduzirá fatalmente ao não reconhecimento de uma sentença alienígena.

Assim sendo, as partes, ao convencionarem a arbitragem como meio de resolução de controvérsias, precisam de muita cautela. Embora a ratificação de convenções e tratados internacionais sobre o instituto aponte para uma tendência de harmonização das regras que regem o instituto, o tratamento dispensado por cada Estado à arbitragem ainda não é homogêneo.

É bem possível que uma matéria assunto de arbitragem segundo o ordenamento jurídico de um determinado país possa não o ser em outro. A sentença arbitral proferida sob as regras de um ordenamento jurídico, que verse sobre tema estranho ao objeto de arbitragem noutro, poderá ter sua homologação e execução denegada. Nesse sentido dispõe, por exemplo, o inciso I do art. 39 da Lei n. 9.307/1996. No Brasil, a recusa será dada de ofício pela autoridade competente do pedido de reconhecimento da referida sentença, no caso, o STJ, independentemente de provocação da parte contrária.

Também motivo de preocupação no reconhecimento de sentença arbitral estrangeira, a ordem pública pode ser definida como o conjunto de normas que não podem ser alteradas pela vontade particular, caracterizando-se como fator de resistência ao pleno exercício de liberdade das partes.

Nem todos os autores distinguem, mas a ordem pública pode ser dividida em duas: (*a*) ordem pública interna ou nacional, que é o limite estabelecido pela legislação, restringindo a liberdade individual, as disposições e convenções particulares que ferem os princípios fundamentais da organização social de um estado soberano; e (*b*) ordem pública internacional ou externa, que é o limite que um estado soberano opõe à validade extraterritorial de leis estrangeiras, atos e sentenças de outro país. É também chamada de ordem pública do direito internacional privado.

Há quem sustente, a exemplo de Haroldo Valladão e Clóvis Beviláqua, que esta ordem pública internacional pode ser interpretada no sentido de uma ordem jurídica internacional que condena o racismo, a poligamia, a escravidão, o confisco de bens de pessoas inocentes ou outras infrações aos princípios morais da comunidade internacional, embora sem negar os efeitos patrimoniais desses fatos.[4]

O certo é que a ordem pública ainda é um forte elemento limitador à homologação e execução de sentenças arbitrais alienígenas, embora se perceba um relativo abrandamento em seus efeitos. Há uma tendência na jurisprudência em se considerar imprópria a aplicação da ordem pública nacional, restringindo a recusa de reconhecimento somente àqueles casos em que a internacional for violada.

Embora tenha havido uma evolução no sentido de se limitar os casos de denegação de homologação e execução de sentenças arbitrais estrangeiras, não se pode ignorar que as leis internas e a ordem pública ainda persistem como entraves não apenas no Brasil, mas no ordenamento jurídico de diversos países, como se demonstrará a seguir.

3. *Sentença arbitral estrangeira*

A Lei n. 9.307/1996 conceitua sentença arbitral estrangeira em seu art. 34, parágrafo único, como aquela proferida fora do território nacional. A Convenção de Nova Iorque de 1958, parte do mesmo princípio, porém, em seu art. I, o amplia, permitindo

4. Além da ordem pública nacional e da internacional, há a supranacional, também chamada geral, universal, convencional. É a que foi estabelecida por vários países em convenção de direito público internacional, com efeitos sobre o direito internacional privado de cada país signatário ou aderente. Nesse sentido: Haroldo Valladão, *Direito Internacional Privado*; Clóvis Beviláqua, *Princípios Elementares de Direito Internacional Privado*.

que o Estado no qual é requerido o reconhecimento e a execução da sentença arbitral alienígena aplique suas regras a todas as sentenças tidas como estrangeiras conforme sua legislação interna.

Anteriormente à Lei de Arbitragem, o sistema vigente de reconhecimento de sentenças arbitrais alienígenas era o de dupla homologação. A sentença deveria ser sancionada pelo órgão judiciário competente no seu país de origem para, posteriormente, ser homologada pelo órgão judiciário competente brasileiro.

Essa regra gerava, além da inconveniência burocrática, situações surreais em que sentenças arbitrais estrangeiras não eram homologadas simplesmente pelo fato de que no ordenamento jurídico do país em que foi proferida, não havia a previsão de sua primeira homologação, o que tornava logicamente impossível, sua segunda homologação.[5]

Coerentemente, o legislador acabou com essa necessidade e, para essa mesma sentença ser reconhecida ou executada, basta, tão somente, sua homologação, a princípio, pelo STF, hoje, pelo STJ.

A Lei de Arbitragem dispõe no *caput* do art. 34, que a sentença será reconhecida ou executada no Brasil em conformidade com as regras de direito trazidas no bojo de tratados internacionais com eficácia no ordenamento interno e, na sua ausência, estritamente de acordo com a legislação interna. Assim, como explica Beat Walter, a Lei n. 9.307/1996 estabelece, em relação à homologação e a execução de sentença arbitral alienígena, a primazia das normas de direito inseridas em tratados internacionais aprovados pelo país sobre as de origem interna.[6]

Contudo, de nada adiantaria a disposição do legislador em privilegiar regras acordadas em convenções internacionais, se o Brasil não ratificasse os tratados que versam sobre a homologação e a execução de sentenças arbitrais estrangeiras dos quais é signatário.

Talvez por esse motivo, em menos de uma década, o país tenha aprovado por decreto legislativo e promulgado por decreto presidencial três dos principais acordos multilaterais já firmados sobre a matéria: (*a*) Convenção de Nova Iorque sobre o Reconhecimento e a Execução de Sentenças Arbitrais Estrangeiras, de 10 de junho de 1958,[7] (*b*) Convenção Interamericana sobre Arbitragem Comercial Internacional do Panamá, de 30 de janeiro de 1975,[8] e (*c*) Convenção Interamericana sobre a Eficácia Extraterritorial das Sentenças e Laudos Arbitrais Estrangeiros de Montevidéu, de 8 de maio de 1979.[9]

5. Em trabalho anterior à Lei de Arbitragem, Samtleben afirma que, "Condição *sine qua non* para a homologação da sentença arbitral estrangeira, é que ela tenha sido confirmada ou declarada exeqüível no país de origem por uma decisão judicial que preencha todos os requisitos dos quais depende a homologação de decisões estrangeiras conforme o direito brasileiro" (Jurgen Samtleben, "Arbitragem comercial no direito internacional privado brasileiro", *Revista da Faculdade de Direito da Universidade de Coimbra*, n. especial, p. 209-210).

6. Beat Walter Rechsteiner, *Arbitragem Privada Internacional no Brasil depois da Lei n. 9.307/1996 — Teoria e Prática*, pp. 137-138.

7. Brasil, Decreto Legislativo n. 52, de 24.4.2002, *aprova o texto da Convenção sobre o Reconhecimento e a Execução de Sentenças Arbitrais Estrangeiras (Convenção de Nova Iorque), concluída em Nova Iorque, em 10.6.1958*, *DOU*-1 26.4.2002, p. 2; Decreto n. 4.311, de 23.7.2002, *promulga a Convenção sobre o Reconhecimento e a Execução de Sentenças Arbitrais Estrangeiras*, *DOU*-1 24.7.2002, p. 3.

8. Brasil, Decreto Legislativo n. 90, de 6.6.1995, *aprova o texto da Convenção Interamericana sobre Arbitragem Comercial Internacional, concluída em 30.1.1975, na cidade do Panamá*, *DOU*-1 12.6.1995, p. 8.482; Decreto n. 1.902, de 9.5.1996, *promulga a Convenção Interamericana sobre Arbitragem Comercial Internacional, de 30.1.1975*, *DOU*-1 10.5.1996, p. 8.012.

9. Brasil, Decreto Legislativo n. 93, de 20.6.1995, *aprova o texto da Convenção Interamericana sobre Eficácia Extraterritorial das Sentenças e Laudos Arbitrais Estrangeiros, concluída em Montevidéu, em 8.5.1979*, *DOU*-1 23.6.1995, p. 9.197; Decreto n. 2.411, de 2.12.1997, *promulga a Convenção Interamericana sobre Eficácia Extraterritorial das Sentenças e Laudos Arbitrais Estrangeiros, concluída em Montevidéu em 8.5.1979*, *DOU*-1 3.12.1997, p. 28.436.

Além disso, como membro do Mercosul — Mercado Comum do Sul, o país também é signatário do Protocolo de Las Leñas sobre Cooperação e Assistência Jurisdicional em Matéria Civil, Comercial, Trabalhista e Administrativa, de 27 de junho de 1992.[10] Sua relevância prática para a homologação e a execução de sentenças arbitrais estrangeiras, no entanto, é pequena em relação aos Estados-membros do bloco, já que todos eles ratificaram as convenções multilaterais acima citadas.

Além desses acordos vários outros tratados latino-americanos anteriores disciplinam o reconhecimento e a execução de sentenças arbitrais estrangeiras.

Há ainda tratados bilaterais celebrados pelo Brasil aplicáveis à arbitragem internacional. Cumpre destacar, particularmente, a Convenção de Cooperação Judiciária, em Matéria Civil, Comercial, Trabalhista e Administrativa, celebrada com a França em 30 de janeiro de 1981.[11] A convenção é aplicável expressamente a sentenças arbitrais, sendo este aspecto de relevância prática com relação aos laudos proferidos no âmbito da Câmara Internacional do Comércio de Paris — CCI/ICC, quando a sede do tribunal arbitral tem sua localização dentro do território francês.[12]

4. *Homologação de sentença arbitral alienígena no direito estrangeiro*

A grande maioria dos países adota um procedimento de reconhecimento de sentenças arbitrais estrangeiras para que estas sejam executadas em seu território. Esse processo de homologação assumirá diferentes contornos, dependendo do Estado onde será instaurado.

Na Grã-Bretanha, a matéria é regulada pela Lei de Arbitragem de 1996. As sentenças arbitrais estrangeiras, para serem executadas, deverão ter permissão da Corte competente, a *Queen's Bench Division*, integrante da *High Court of Justice*. Após seu consentimento, que também é exigido para sentenças arbitrais nacionais, o processo para a execução será equivalente àquele empregado para sentenças ou decisões emanadas da Corte.[13]

Essa autorização só será dada se a matéria objeto do litígio for arbitrável segundo a lei inglesa e se a sentença arbitral

10. Brasil, Decreto Legislativo n. 88, de 1.12.1992, *aprova o texto do Protocolo para a Solução de Controvérsias, celebrado entre a República Federativa do Brasil, a República Argentina, a República do Paraguai e a República Oriental do Uruguai, em Brasília, em 17.12.1991*, *DOU*-1 2.12.1992, p. 16.613; Decreto n. 922, de 10.9.1993, *promulga o Protocolo para a Solução de Controvérsias, firmado em Brasília em 17.12.1991, no âmbito do Mercado Comum do Sul*, *DOU*-1 13.9.1993, p. 13.552.

11. Brasil, Decreto Legislativo n. 38, de 2.9.1984, *aprova o texto da Convenção de Cooperação Judiciária em Matéria Civil Comercial, Trabalhista e Administrativa, assinada em Paris, a 30.1.1981, pelos Governos da República Federativa do Brasil e da República Francesa*, *DOU*-1 3.9.1984, p. 12.833; Decreto n. 91.207, de 29.4.1985, *promulga a Convenção de Cooperação Judiciária em Matéria Civil, Comercial, Trabalhista e Administrativa entre o Governo da República Federativa do Brasil e o Governo da República Francesa*, *DOU*-1 30.4.1985, p. 6.593; Decreto Legislativo n. 163, de 3.8.2000, *aprova o texto do Acordo de Cooperação Judiciária em Matéria Civil, celebrado entre o Governo da República Federativa do Brasil e o Governo da República Francesa, em Paris, em 28.5.1996*, *DOU*-1 4.8.2000, p. 1; Decreto n. 3.598, de 12.9.2000, *promulga o Acordo de Cooperação em Matéria Civil entre o Governo da República Federativa e o Governo da República Francesa, celebrado em Paris, em 28.5.1996*, *DOU*-1 13.9.2000, p. 6.

12. O Brasil também tem acordo similar com o Uruguai. Todavia, sua aplicação foi prejudicada pelo Protocolo de Las Leñas de 1992, acordo multilateral que regula a arbitragem no Mercosul. Brasil, Decreto Legislativo n. 77, de 9.5.1995, *aprova o texto de Cooperação Judiciária em Matéria Civil, Comercial, Trabalhista e Administrativa celebrado entre o Governo da República Federativa do Brasil e o Governo da República Oriental do Uruguai, em Montevidéu, em 28.12.1992*, *DOU*-1 15.5.1995, p. 6.865; Decreto n. 1.850, de 10.4.1996, *promulga o Acordo de Cooperação Judiciária em Matéria Civil, Comercial, Trabalhista e Administrativa, entre o Governo da República Federativa do Brasil e o Governo da República Oriental do Uruguai, de 28.12.1992*, *DOU*-1 11.04.1996, p. 5.939.

13. Joel Dias Figueira Júnior, *Arbitragem, Legislação Nacional e Estrangeira e o Monopólio Jurisdicional*, p. 257.

estrangeira não for contrária à ordem pública.

Na França, a arbitragem é assunto inserto no Código de Processo Civil. A legislação impôs maiores formalidades para a sentença arbitral interna do que para a internacional. Mas, ainda assim, para que tanto uma quanto a outra sejam executadas, é necessário que um Tribunal de Instância Superior competente profira deliberação favorável ao *exequatur*, tornando possível sua execução.[14]

Não será concedida essa decisão se a sentença arbitral estrangeira for contrária à ordem pública internacional.

Na Itália, seu reconhecimento e execução são regulados pelo Código de Processo Civil. Assim, a homologação será solicitada ao Presidente da Corte de Apelo da circunscrição em que reside a outra parte. Caso esta última não resida na Itália, a Corte de Apelo competente é a de Roma.

A autoridade competente só dará o *exequatur* se a decisão não for contrária à ordem pública e se a matéria for arbitrável, segundo a lei italiana.

Nos Estados Unidos, a arbitragem é regulada pela Lei Federal de Arbitragem de 1925. A sentença arbitral estrangeira estará sujeita a um juízo de admissibilidade do Poder Judiciário. A norma adotou as regras das Convenções de Nova Iorque de 1958 e a Interamericana sobre Arbitragem Comercial Internacional de 1970.

Como destaca Natália Cristina Chaves, ambos acordos prevêem que o objeto do litígio deve ser arbitrável segundo as leis internas do país signatário e que a ordem pública não poderá ser violada, também nos EUA a concessão do *exequatur* está condicionada.[15]

A submissão de sentenças estrangeiras à aprovação pelo Poder Judiciário é procedimento de praxe nos mais variados países, pelo que não poderia ser diferente no Brasil. Embora tal procedimento represente certa barreira aos negócios internacionais, contestar sua presença no ordenamento jurídico pátrio, além de ir contra uma prática adotada internacionalmente, seria o mesmo que defender vantagens não oferecidas por nenhum outro país a contratantes estrangeiros.

5. *Homologação e execução de sentença arbitral estrangeira no Brasil*

Muito se debateu sobre a previsibilidade de homologação de sentenças arbitrais estrangeiras no Brasil. A Lei n. 9.307/1996, ao estabelecer no art. 35, parágrafo único que, uma sentença arbitral alienígena, para ser reconhecida e executada, deveria ser homologada, deu fôlego a essa discussão.[16]

Essa querela estava intimamente ligada à discussão em torno da natureza jurídica da arbitragem. Ao se questionar a necessidade, ou não, de uma maior interferência estatal no procedimento arbitral, estava se discutindo, indiretamente, qual de seus aspectos se privilegiaria: o público ou o privado.

Os privatistas, contrários ao procedimento do *exequatur* alegavam que, a regra inserida na alínea *h*, do art. 102, da Constituição Federal de 1988, não autorizava a homologação de sentença arbitral estrangeira, referindo-se, tão-somente, a *sentença estrangeira*, entendendo-se, como tal, a emanada de órgão judicial proferida por autoridade pública. Assim, ao ampliar a então competência do STF, a Lei de Arbitragem estaria incorrendo em flagrante ilegalidade.[17]

14. Idem, ibidem.

15. Natália Cristina Chaves, *Arbitragem Comercial Internacional: Comentários acerca do Procedimento de "Exequatur" no Brasil e no Exterior*, acesso em jan. 2003.

16. Marco Aurélio Gumieri Valério, "Ainda sobre a necessidade de homologação das sentenças arbitrais estrangeiras pelo STF e a Convenção de Nova Iorque de 1958", *RDM* 131/92, jul.-set. 2003.

17. "A Lei de Arbitragem atribui ao STF a competência para homologar laudos arbitrais estran-

Além disso, o fato de decorrer da vontade das partes e ser destinada a dirimir contendas sobre direito patrimonial disponível, não havendo intervenção de autoridade pública estrangeira, tornaria a sentença arbitral um título executivo extrajudicial, e não judicial como consta no art. 31 da Lei Marco Maciel, o que justificaria sua execução similar à de um título extrajudicial internacional, nos termos do art. 585, VII, do CPC.[18]

Ademais, a homologação de sentença judicial estrangeira se justificaria em virtude de se tratar de ato emanado de autoridade pública que se pretende seja executado e cumprido em outro território, enquanto que, a sentença arbitral estrangeira é ato privado, proferido por pessoa ou pessoas despidas de qualquer autoridade pública pelo que não se justificaria esta apreciação.

Em derradeiro, ao lado desses argumentos, apontava-se a morosidade nos processos de homologação de sentença arbitral estrangeira, tendo em vista a quantidade de casos a serem julgados.

Já os publicistas, favoráveis ao procedimento do *exequatur*, apoiavam a constitucionalidade do art. 35, da Lei de Arbitragem, defendendo a tese de que essa norma infraconstitucional não conferia, então ao STF, a competência para homologar sentença arbitral estrangeira, o que, de fato, seria uma infração à hierarquia das leis. Na verdade, o que ela faz é igualar, em importância e tratamento, a sentença arbitral estrangeira com a sentença judicial estrangeira. Na verdade, a competência do STF para homologá-la estaria implicitamente incluída na regra do art. 102, alínea *h*, da Constituição Federal.

Argumentavam ainda que, apesar da investidura no cargo de árbitro ter caráter privado, a função e o exercício são de interesse estatal e, portanto, de caráter público. Assim, o árbitro, ao ser indicado pelas partes, não atua apenas em nome delas, mas também, em nome do Estado, fundamento, portanto, para equiparar árbitros a juízes togados e, sentença arbitral à sentença judicial, decorrendo, daí, o caráter de título executivo judicial. Tendo em vista que, para a sentença judicial estrangeira ter eficácia de título executivo judicial era necessária a sua homologação pelo STF, hoje pelo STJ, o mesmo deve ocorrer com a sentença arbitral estrangeira.[19]

Por fim, quanto à questão da demora nos julgamentos, justificavam-na pela necessidade de um procedimento que atendesse, em seus trâmites, aos princípios informadores do processo.

Existia, ainda, um posicionamento conciliatório que, de certa forma, saiu vencedor. Apesar de reconhecerem a necessidade de homologação da sentença arbitral

geiros. Ocorre que tal competência não se afigura entre as enumeradas no art. 102 da CF. Segundo esse dispositivo, o STF é competente para a homologação de sentenças estrangeiras. Ao atribuir mais uma hipótese de competência, incorre a Lei de Arbitragem em flagrante inconstitucionalidade" (Alexandre Freitas Câmara, *Arbitragem — Lei n. 9.307/1996*, pp. 123-124).

18. "É certo que a norma citada trata da eficácia executiva de títulos extrajudiciais estrangeiros, mas isso não desabona nossa proposta. Ora se os títulos extrajudiciais estrangeiros são eficazes no Brasil, independentemente de homologação, *a fortiori* assim deve ser considerado um título judicial cuja formação se dá em razão da opção, pelas partes, por solucionar seu conflito através da arbitragem" (idem, p. 125).

19. "No plano internacional, a sentença ou laudo arbitral não possui a mesma eficácia das decisões nacionais, circunstância que decorre da noção de soberania estatal, que a seu turno traça os limites da jurisdição estatal. Logo, a decisão proferida por autoridade estrangeira não adquire eficácia extraterritorial automática, sujeitando-se, na forma das convenções internacionais sobre a matéria ou da legislação do Estado em que se lhe pretenda validar, algum mecanismo de incorporação na ordem interna. Entre nós, esse processo de incorporação toma o nome de homologação de sentença estrangeira, e, no direito comparado, de um modo geral, é tratado como meio de reconhecimento e execução de decisões proferidas por tribunais estrangeiros" (Lauro da Gama, *Arbitragem — A Nova Lei Brasileira e a Praxe Internacional. Reconhecimento e Execução de Sentenças Arbitrais Estrangeiras*, p. 311).

estrangeira, eram a favor de se retira-la do rol de competências do STF de modo a desafogá-lo, o que de fato ocorreu, transferindo-se para o STJ. Todavia, desejavam que fosse atribuída ou ao juiz competente para a execução da sentença arbitral estrangeira ou ao juiz originário da causa.[20]

6. Procedimento junto ao STJ

A Resolução n. 9, de 4 de maio de 2005, estipulou, em seu art. 1º, a criação das classes processuais de homologação de sentença estrangeira e de cartas rogatórias no rol dos feitos submetidos ao STJ. Cabe a estas observar as regras dispostas em caráter excepcional, até que o Plenário da Corte aprove disposições regimentais próprias.

No parágrafo único deste mesmo artigo, foi sobrestado o pagamento de custas processuais nos casos de homologação que deram entrada no Tribunal após a publicação da EC n. 45/2004, até deliberação posterior. Essa medida visa atender à disposição contida no art. 112, *caput*, do Regimento Interno do Superior Tribunal de Justiça — RISTJ, que dispensa o pagamento de taxas nos processos de sua competência originária.[21]

Contrariando disposição anterior do Ato n. 15/2005, que delegou a atribuição para homologar sentenças estrangeiras ao Vice-Presidente, a competência retorna, segundo o art. 2º da Resolução n. 9/2005, ao Presidente do STJ.

Pelo art. 3º, a homologação de sentença estrangeira será requerida pela parte interessada ou remetido por carta rogatória, faculdade atribuída pelo art. 19 do Protocolo de Las Leñas. A petição inicial deverá conter as indicações constantes do art. 282 do CPC, e ser instruída com a certidão ou cópia autêntica do texto integral da sentença estrangeira, além de outros documentos indispensáveis, devidamente traduzidos e autenticados.[22] No que tange ao procedimento, o pedido de homologação — ajuizado pelo próprio interessado ou remetido por carta rogatória

O art. 4º da Resolução n. 9/2005 lembra que a sentença estrangeira não terá eficácia no Brasil sem a prévia homologação pelo STJ ou por seu Presidente. Seu § 1º abre a possibilidade para que provimentos não-judiciais que, pela lei brasileira, tenham natureza de sentença, também sejam homologados. Já o § 2º abre a possibilidade para que sentença alienígena possa ser homologada parcialmente. Por fim, mas não menos importante, o § 3º admite tutela de urgência nos procedimentos de homologação de sentença estrangeira.

São ainda requisitos indispensáveis à homologação de sentença alienígena, segundo o art. 5º da Resolução n. 9/2005: I — haver sido proferida por autoridade competente; II — terem sido as partes citadas ou haver-se legalmente verificado a revelia; III — ter transitado em julgado; e IV — estar autenticada pelo cônsul brasileiro e acompanhada de tradução por tradutor oficial ou juramentado no Brasil.

Frisa o art. 6º, não será homologada sentença estrangeira que ofenda a soberania ou a ordem pública.

20. Natália Cristina Chaves, *Arbitragem Comercial Internacional*:..., cit., acesso em jan. 2003.

21. Brasil, STJ, Regimento Interno do STJ, disponível em <http://www.stj.gov.br>, acesso em 2.10.2005. Art. 112, *caput*: "No Tribunal, não serão devidas custas nos processos de sua competência originária ou recursal".

22. Brasil, Lei n. 5.869, de 11.1.1973. *Código de Processo Civil*, disponível em <http://www.planalto.gov.br>, acesso em 2.10.2005. Art. 112, *caput*: "No Tribunal, não serão devidas custas nos processos de sua competência originária ou recursal. Art. 282: A petição inicial indicará: I — o juiz ou tribunal, a que é dirigida; II — os nomes, prenomes, estado civil, profissão, domicílio e residência do autor e do réu; III — o fato e os fundamentos jurídicos do pedido; IV — o pedido, com as suas especificações; V — o valor da causa; VI — as provas com que o autor pretende demonstrar a verdade dos fatos alegados; VII — o requerimento para a citação do réu".

Já o art. 8º garante que a parte interessada será citada para, no prazo de 15 (quinze) dias, contestar o pedido de homologação de sentença alienígena. A defesa, pelo art. 9º, somente poderá versar sobre autenticidade dos documentos, inteligência da decisão e observância dos requisitos da Resolução n. 9/2005. Na hipótese de contestação à homologação de sentença estrangeira, o processo será distribuído para julgamento pela Corte Especial, cabendo ao relator os demais atos relativos ao andamento e à instrução do processo. Na hipótese de revel ou incapaz o requerido, será nomeado curador especial pessoalmente notificado dos atos procedimentais.

O Ministério Público, segundo o art. 10, terá vista dos autos pelo prazo de 10 (dez) dias, podendo impugná-las.

Das decisões do Presidente na homologação de sentença estrangeira é garantido, pelo art. 11, o cabimento de agravo regimental contra decisões do Vice-Presidente do STJ ou do relator do processo, e os embargos de declaração, destinados ao esclarecimento de obscuridade ou contradição, ou, ainda, ao suprimento de lacuna na decisão.

Com o deslocamento, para o STJ, da competência para reconhecer sentenças arbitrais estrangeiras criou-se a possibilidade de reapreciação da matéria pelo STF, em sede de recurso extraordinário, sempre que houver violação de norma constitucional ou declaração de inconstitucionalidade de um tratado ou lei federal, como frisa o art. 102, III, da Constituição Federal. Porém, a EC n. 45/2004 introduziu restrição ao cabimento de tal recurso, que deverá desestimular a sua utilização desarrazoada nos processos, inclusive de homologação.[23]

Em derradeiro, o art. 12 determina que a sentença estrangeira homologada seja executada por carta de sentença no Juízo Federal competente.

Conclusão

Nada impede que um Estado determine que, em seu território, somente se aplicará a lei que promulgou e se executará as sentenças proferidas por seus tribunais. É o clássico aforismo *lex non valet extra territorium*. Entretanto, o fato é que, hodiernamente, os Estados não se esquivam da necessidade de que, em determinados casos, deve reconhecer, em seu território, a eficácia da lei estrangeira e de sentenças proferidas no exterior.

Esse reconhecimento deve ser creditado à evolução das relações negociais, principalmente a partir da década de 1980. A abertura dos mercados de países até então fechados ao intercâmbio mercantil, a exemplo do Brasil, propiciou uma revolução no comércio internacional, mitigando a clássica noção de soberania.

A Reforma do Judiciário não alterou os pressupostos positivos e negativos de homologação das sentenças arbitrais estrangeiras, previstos na Lei n. 9.307/1996, na Convenção de Nova Iorque de 1958, na Convenção do Panamá de 1975 ou, ainda, no Protocolo de Las Leñas de 1992.

É natural, todavia, que seu procedimento no STJ e o entendimento jurisprudencial dominante no STF sofram algumas modificações, até pelo caráter diverso que definem as duas cortes, até porque, como afirmam Nádia de Araújo e Lauro Gama, "para um país que se afirma como líder regional, busca maior credibilidade no contexto internacional e o incremento de suas transações comerciais com parceiros estrangeiros, é salutar que a cooperação judiciária internacional permaneça na ordem do dia, sofrendo as críticas que induzem ao aperfeiçoamento".

Em concreto, é cedo para avaliar como o STJ desempenhará suas novas funções, mas é certo que terá de afeiçoar-se — e logo

23. Nesse sentido: Nadia de Araújo e Lauro Gama Júnior, *Sentenças Estrangeiras e Cartas Rogatórias: Novas Perspectivas da Cooperação Internacional*, disponível em <http://www.mundojuridico.adv.br>, acesso em 12 dez. 2005.

— aos mecanismos, cada vez mais ágeis, de *cooperação internacional* utilizados no Brasil, a fim de enfrentar os desafios jurídicos gerados pelo incremento do comércio internacional e pela integração regional.

Bibliografia

ARAÚJO, Nadia de; GAMA JÚNIOR, Lauro. *Sentenças Estrangeiras e Cartas Rogatórias: Novas Perspectivas da Cooperação Internacional*. Disponível em <http://www.mundojuridico.adv.br>. Acesso em 12.12.2005.

BEVILÁQUA, Clóvis. *Princípios Elementares de Direito Internacional Privado*. Rio de Janeiro, Freitas Bastos, 1944.

BRASIL. Decreto Legislativo n. 52, de 24.4.2002. *Aprova o texto da Convenção sobre o Reconhecimento e a Execução de Sentenças Arbitrais Estrangeiras (Convenção de Nova Iorque), concluída em Nova Iorque, em 10 de junho de 1958*. *DOU*-1 26.4.2002, p. 2. Decreto n. 4.311, de 23.7.2002. *Promulga a Convenção sobre o Reconhecimento e a Execução de Sentenças Arbitrais Estrangeiras*. *DOU*-1 24.7.2002, p. 3.

______. Decreto Legislativo n. 90, de 6.6.1995. *Aprova o texto da Convenção Interamericana sobre Arbitragem Comercial Internacional, concluída em 30 de janeiro de 1975, na cidade do Panamá*. *DOU*-1 12.6.1995, p. 8.482; Decreto n. 1.902, de 9.5.1996. *Promulga a Convenção Interamericana sobre Arbitragem Comercial Internacional, de 30 de janeiro de 1975*. *DOU*-1 10.5.1996, p. 8.012.

______. Decreto Legislativo n. 93, de 20.6.1995. *Aprova o texto da Convenção Interamericana sobre Eficácia Extraterritorial das Sentenças e Laudos Arbitrais Estrangeiros, concluída em Montevidéu, em 8 de maio de 1979*. *DOU*-1 23.6.1995, p. 9.197; Decreto n. 2.411, de 2.12.1997. *Promulga a Convenção Interamericana sobre Eficácia Extraterritorial das Sentenças e Laudos Arbitrais Estrangeiros, concluída em Montevidéu em 8 de maio de 1979*. *DOU*-1 3.12.1997, p. 28.436.

______. Decreto Legislativo n. 88, de 1.12.1992. *Aprova o texto do Protocolo para a Solução de Controvérsias, celebrado entre a República Federativa do Brasil, a República Argentina, a República do Paraguai e a República Oriental do Uruguai, em Brasília, em 17 de dezembro de 1991*. *DOU*-1 2.12.1992, p. 16.613; Decreto n. 922, de 10.9.1993. *Promulga o Protocolo para a Solução de Controvérsias, firmado em Brasília em 17 de dezembro de 1991, no âmbito do Mercado Comum do Sul*. *DOU*-1 13.9.1993, p. 13.552.

______. Decreto Legislativo n. 38, de 2.9.1984. *Aprova o texto da Convenção de Cooperação Judiciária em Matéria Civil Comercial, Trabalhista e Administrativa, assinada em Paris, a 30 de janeiro de 1981, pelos Governos da República Federativa do Brasil e da República Francesa*. *DOU*-1 3.9.1984, p. 12.833; Decreto n. 91.207, de 29.4.1985. *Promulga a Convenção de Cooperação Judiciária em Matéria Civil, Comercial, Trabalhista e Administrativa entre o Governo da República Federativa do Brasil e o Governo da República Francesa*. *DOU*-1 30.4.1985, p. 6.593; Decreto Legislativo n. 163, de 3.8.2000. *Aprova o texto do Acordo de Cooperação Judiciária em Matéria Civil, celebrado entre o Governo da República Federativa do Brasil e o Governo da República Francesa, em Paris, em 28 de maio de 1996*. *DOU*-1 4.8.2000, p. 1; Decreto n. 3.598, de 12.9.2000. *Promulga o Acordo de Cooperação em Matéria Civil entre o Governo da República Federativa e o Governo da República Francesa, celebrado em Paris, em 28 de maio 1996*. *DOU*-1 13.9.2000, p. 6.

______. Decreto Legislativo n. 77, de 9.5.1995. *Aprova o texto de Cooperação Judiciária em Matéria Civil, Comercial, Trabalhista e Administrativa celebrado entre o Governo da República Federativa do Brasil e o Governo da República Oriental do Uruguai, em Montevidéu, em 28 de dezembro de 1992*. *DOU*-1 15.5.1995, p. 6.865; Decreto n. 1.850, de 10.4.1996. *Promulga o Acordo de Cooperação Judiciária em Matéria Civil, Comercial, Trabalhista e Administrativa, entre o Gover-*

no da República Federativa do Brasil e o Governo da República Oriental do Uruguai, de 28 de dezembro de 1992. DOU-1 11.4.1996, p. 5.939.

______. Superior Tribunal de Justiça. Regimento Interno do Superior Tribunal de Justiça. Disponível em <http://www.stj.gov.br>. Acesso em 2.10.2005.

______. Superior Tribunal de Justiça. Resolução n. 22, de 31.12.2004. *Dispõe, em caráter transitório, sobre a competência acrescida ao Superior Tribunal de Justiça pela Emenda Constitucional n. 45/2004. DJ*-I 31.12.2004, p. 1. Disponível em <http://www.stj.gov.br>. Acesso em 2.10.2005.

______. Superior Tribunal de Justiça. Ato n. 15, de 16.2.2005. *Delega, ao Vice-Presidente do Tribunal, Ministro Sálvio de Figueiredo, matrícula M000764, a competência para conceder "exequatur" às cartas rogatórias e homologar sentenças estrangeiras. DJ*-I 18.2.2005, p. 124. Disponível em <http://www.stj.gov.br>. Acesso em 2.10.2005.

______. Superior Tribunal de Justiça. Resolução n. 9, de 4.5.2005. *Dispõe, em caráter transitório, sobre competência acrescida ao Superior Tribunal de Justiça pela Emenda Constitucional n. 45/2004. DJ*-I 6.5.2005, p. 154. *DJ*-I 10.5.2005, p. 163, republicado por ter saído com incorreção. Disponível em <http://www.stj.gov.br>. Acesso em 2.10.2005.

CÂMARA, Alexandre Freitas. *Arbitragem — Lei n. 9.307/1996*. Rio de Janeiro, Lumen Juris, 1997, pp. 123-124.

CHAVES, Natália Cristina. *Arbitragem Comercial Internacional: Comentários acerca do Procedimento de "Exequatur" no Brasil e no Exterior*. Belo Horizonte, *Praetorium*, acesso em jan. 2003.

FIGUEIRA JÚNIOR, Joel Dias. *Arbitragem, Legislação Nacional e Estrangeira e o Monopólio Jurisdicional*. São Paulo, LTr, 1999, p. 257.

GAMA, Lauro da. *Arbitragem — A Nova Lei Brasileira e a Praxe Internacional. Reconhecimento e Execução de Sentenças Arbitrais Estrangeiras*. São Paulo, LTr, 1997, p. 311.

RECHSTEINER, Beat Walter. *Arbitragem Privada Internacional no Brasil depois da Lei n. 9.307/1996 — Teoria e Prática*. São Paulo, Ed. RT, 2001, pp. 137-138.

SANTLEBEN, Jurgen. "Arbitragem comercial no direito internacional privado brasileiro", *Revista da Faculdade de Direito da Universidade de Coimbra*, Coimbra, n. especial, 1986, pp. 209-210.

SANTOS, Ricardo Soares Sterni dos. *Mercosul e a Arbitragem Internacional*. Belo Horizonte, Del Rey, 1998.

STRENGER, Irineu. *Contratos Internacionais do Comércio*. São Paulo, Ed. RT, 1987.

______. *Arbitragem Comercial Internacional*. São Paulo, LTr, 1996.

VALÉRIO. Marco Aurélio Gumieri. *Arbitragem no Direito Brasileiro*. São Paulo, Leud, 2004.

______. "Cláusula compromissória e contrato de *joint venture*", *Revista de Direito Mercantil* 130, São Paulo, Malheiros Editores, abr.-jun. 2003.

______. "Ainda sobre a necessidade de homologação das sentenças arbitrais estrangeiras pelo STF e a Convenção de Nova Iorque de 1958", *Revista de Direito Mercantil* 131, São Paulo, Malheiros Editores, jul.-set. 2003.

VALLADÃO, Haroldo. *Direito Internacional Privado*. Rio de Janeiro, Freitas Bastos, 1971.

VILLELA, José Guilherme. "Reconhecimento de decisões arbitrais estrangeiras", *Revista de Informação Legislativa* 75/53, Brasília, jun.-set. 1982.

Espaço Discente

INTERNET: O CONCEITO DA ATIVIDADE EMPRESARIAL DE PROVIMENTO DE ACESSO PARA FINS TRIBUTÁRIOS

TARCISIO TEIXEIRA

1. Introdução, exposição do problema e delimitação do trabalho. 2. Conceito de provedor de acesso. 3. O ICMS e o serviço de comunicação: 3.1 Conceito de serviço de comunicação e de telecomunicação; 3.2 Conceito de serviço de telecomunicação e de valor adicionado; 3.3 Posição doutrinária; 3.4 Posição da jurisprudência. 4. O ISS e a prestação de serviços de acesso à internet: 4.1 Princípios do Direito Tributário; 4.2 Posição doutrinária. 5. A integração do Direito Tributário com o Direito Privado diante do serviço de acesso à internet. 6. Posição do Fisco. 7. Tributação do provedor de acesso não remunerado (gratuito). 8. Conclusão técnica: 8.1 Considerações de foro íntimo. 9. Bibliografia.

1. Introdução, exposição do problema e delimitação do trabalho

Com o advento e pulverização da internet,[1-2] ou rede mundial de computadores, surgiu uma nova forma de se comercializar, é o chamado comércio eletrônico. E, sendo o Direito Tributário encarregado de cuidar da arrecadação do Estado e de limitar o poder estatal de tributar, surge, então, um grande desafio.

Cada vez mais se elimina grande parte dos meios físicos, que até então serviam de suporte para a atuação das autoridades fazendárias na fiscalização de ocorrências tributáveis. Com a internet há a necessidade de se repensar conceitos, como, por exemplo, mercadoria, estabelecimento, local da prestação de serviço, etc., face ao Sistema Tributário Nacional vigente.

O comércio eletrônico possibilita as mais variadas e imagináveis negociações, além da convencional prestação de serviços e o convencional comércio de mercadorias, que se utilizam da rede como mero suporte/instrumento às suas negociações.

Então, até onde se poderá tributar a partir da legislação vigente? Como fica a tributação, por exemplo, dos bens digitalizados (programas de computador — *softwares*, músicas, livros, etc.)?

Além disso, a internet traz situações novas, por exemplo, a figura do provedor de acesso, que faz a conexão dos usuários da rede. Assim, até onde vai o poder de tri-

1. É um sistema que interliga computadores, e de acordo com a Norma 004/95, item 3, alínea *a* (aprovada pela Portaria 148/1995 do Ministério das Comunicações) é: "Internet: nome genérico que designa o conjunto de redes, os meios de transmissão e comutação, roteadores, equipamentos e protocolos necessários à comunicação entre computadores, bem como o *software* e os dados contidos nestes computadores".

2. No decorrer do trabalho optou-se por não grifar em itálico a palavra "internet", tendo em vista o fato da mesma já fazer parte da língua portuguesa; nem utilizá-la com a inicial maiúscula, pois assim consta do *Dicionário Houaiss da Língua Portuguesa* (Rio de Janeiro, Objetiva, 2001, p. 302: internet — rede mundial de computadores).

butar do Estado diante da internet? Ou, até onde o Sistema Tributário Nacional alcança as novas figuras trazidas pela internet?

A princípio o ordenamento jurídico tributário alcançaria todas as negociações em que a internet funcione apenas como mero suporte, um dos instrumentos para se negociar, sendo que abstraindo esse instrumento eletrônico a legislação tributária é aplicável.

No entanto, as respostas não são tão simples, isso porque com o advento da internet surgiram novas figuras, que por sua vez desenvolvem atividades que podem ou não estar sujeitas à tributação, associado ao fato da rigidez e descentralização do sistema Direito Tributário Nacional.

As negociações na internet crescem ano a ano sendo então necessário uma revisão no Sistema Tributário Nacional, a fim de redefinir o poder do Estado na instituição, arrecadação e fiscalização de tributos, para que não haja perda para os cofres públicos, mas também não haja incertezas para os contribuintes diante de eventuais arbitrariedades das autoridades públicas.

Assim, o que nos parece de maior relevância é a questão do provedor de acesso e o regime jurídico tributário a ele aplicável, tendo em vista a possibilidade de seus serviços prestados serem ou não passíveis de tributação pela legislação brasileira.

Na Europa há um sistema tributário através de um imposto único sobre valor agregado (*Value Added Tax* — VAT), que simplifica a tributação do comércio eletrônico, notadamente do provedor de acesso e de conteúdo.[3]

Por sua vez, no Brasil, diante da divisão constitucional das competências tributárias entre Estados e Municípios, notadamente quanto ao ICMS e ISS, surgem conflitos sobre qual tributo incide na atividade do provedor de acesso à internet.

O ICMS, imposto estadual, abrange a circulação de mercadorias e os serviços de comunicação, sendo que os Estados-membros têm aplicado a legislação do referido tributo à atividade dos provedores de acesso a sua maneira, não fazendo a devida consideração dos conceitos trazidos pela legislação federal, especialmente a Lei 9.472/1997, que regula a atividade aqui tratada, o que traz insegurança e desconforto para os contribuintes que ficam sujeitos a decisões possivelmente arbitrárias das autoridades públicas.

Quanto ao ISS, sendo a atividade desenvolvida pelo provedor de acesso uma prestação de serviço, necessário será verificar se ela estaria abrangida pela previsão legal do imposto municipal, que trata da tributação de prestação de serviços de qualquer natureza.

É nesse cenário, à luz dos conceitos de Direito Privado diante do Direito Tributário, que passaremos a analisar a atividade desenvolvida pelo provedor de acesso e sua implicação para o Direito Tributário Nacional. Assim, será necessário analisar os conceitos trazidos pela legislação que trata da matéria, a fim de verificar se as autoridades administrativas não estão extrapolando no seu poder de tributar, ao desconsiderar ou desfigurar esses conceitos, o que causa dúvidas e incertezas para os contribuintes.

Contudo, ao se fazer uma análise da hipótese de incidência de um tributo, deve-se buscar sempre seu fundamento legal, a começar pela Constituição Federal. Logo, no que toca a atividade de provimento de acesso à rede mundial de computadores isso não pode ser diferente.

2. *Conceito de provedor de acesso*

Apesar de concentrarmos nossas forças no estudo da atividade do provedor de acesso e seu regime jurídico tributário, mister se faz a distinção do provedor de acesso e do provedor de conteúdo, tendo em

3. Ivan Luiz Sobral Campos e João Agripino Maia, "Tributação dos serviços prestados pelos provedores de conteúdo e de acesso à internet", in *O Direito e a Internet*, p. 122.

vista que às vezes tais figuras se confundem em uma única.

Provedor de acesso é aquele que coloca à disposição do usuário o acesso à internet, mediante o uso de um programa que faz conexão telefônica (sistema de cabo, satélite, etc.), quer dizer, é o canal de contato que cria a conexão do usuário com a internet.[4]

Enquanto que provedor de conteúdo, ou provedor de produtos e serviços, é aquele que na internet coloca à disposição do usuário a possibilidade de adquirir diversos serviços (por exemplo, acesso à informações) e produtos (físicos ou digitalizados). A respeito de serviços são comuns os provedores que disponibilizam, por exemplo, armazenamento de *home page*.

Pode ocorrer, e com muita freqüência ocorre, do provedor de produtos e serviços ser o mesmo que fornece o acesso, isto é, um único provedor exerce a função de provedor de acesso e de provedor de produtos e serviços, sendo que a forma mais utilizada para referir-se a esse modelo é provedor de internet.

Acontece que, quanto aos provedores de conteúdo (de produtos e serviços) e as negociações por eles realizadas, não há grandes dificuldades da aplicação da legislação tributária vigente, tendo em vista que a internet é apenas umas das formas de comercialização, sendo que ao se abstrair o suporte da rede mundial de computadores a legislação vigente é, em regra, plenamente aplicável. Ou seja, se houver circulação de mercadoria há incidência de ICMS, se houver prestação de serviço há incidência de ISS.

Então, começamos o século XXI no Brasil com um relevante debate sobre o regime jurídico do provedor de acesso à internet, onde a doutrina e a jurisprudência têm se debatido. De um lado, no sentido da tributação da atividade desses provedores pelo ICMS (por ser considerada uma atividade de prestação de serviços de comunicação). De outro lado, pela tributação pelo ISS (por considerar uma prestação de serviço não comunicacional). Há, ainda, outra posição no sentido de que tal atividade não é hoje tributável diante da legislação vigente.

Assim, percebe-se que no que tange ao provedor de acesso a aplicação da legislação tributária não se revela tão simples como no caso do provedor de conteúdo, pois, a princípio, haveria as três possibilidades apontadas acima. Logo, mister será uma profunda análise das hipóteses possíveis pelo ordenamento jurídico tributário brasileiro à luz da Constituição Federal.

3. O ICMS e o serviço de comunicação

As competências tributárias dos entes políticos (União, Estados e Distrito Federal e Municípios), foram repartidas pela Constituição Federal, estando no Título VI — Da Tributação e do Orçamento, Capítulo I — Do Sistema Tributário Nacional, arts. 153 a 156.

A competência dos Estados para tributação do ICMS quanto às operações de prestação de serviços de comunicação está prevista na Constituição Federal no art. 155, II,[5] que por sua vez está regulamentado pela Lei Complementar 87/1996.[6] Ambas as

4. A Portaria 148/1995 do Ministério das Comunicações, que aprovou a Norma 004/95, no item 3, alínea *c*, define o serviço de conexão à internet como "serviço de valor agregado, que possibilita o acesso à internet a usuários e provedores de serviços de serviços de informações".

5. "Art. 155. Compete aos Estados e ao Distrito Federal instituir impostos sobre: (...); II — operações relativas à circulação de mercadorias e sobre prestações de serviços de transporte interestadual e intermunicipal e de comunicação, ainda que as operações e as prestações se iniciem no exterior."

6. "Art. 1º. Compete aos Estados e ao Distrito Federal instituir o imposto sobre operações relativas à circulação de mercadorias e sobre prestações de serviços de transporte interestadual e intermunicipal e de comunicação, ainda que as operações e as prestações se iniciem no exterior."

normas tratam de forma exaustiva dos elementos que definem o ICMS, cabendo às leis estaduais instituírem o tributo.[7]

Em contraponto à competência estadual para instituir o ICMS, a Constituição Federal, no art. 21, XI,[8] traz a competência da União para explorar serviços de telecomunicações, de forma direta ou mediante autorização, concessão ou permissão, que obedecerá a lei que irá dispor sobre a organização dos serviços, criação de um órgão regulador e outras questões institucionais.

Cumprindo o referido dispositivo constitucional, os serviços de telecomunicações atualmente são regulamentados pela Lei 9.472/1997 — Lei Geral das Telecomunicações, que dispõe sobre a organização dos serviços de telecomunicações, a criação e funcionamento de um órgão regulador e outros aspectos institucionais. Prevê a lei:

> Art. 60. Serviço de telecomunicações é o conjunto de atividades que possibilita a oferta de telecomunicação.
>
> § 1º. Telecomunicação é a transmissão, emissão ou recepção, por fio, radioeletricidade, meios ópticos ou qualquer outro processo eletromagnético, de símbolos, caracteres, sinais, escritos, imagens, sons ou informações de qualquer natureza.
>
> (...).
>
> Art. 61. Serviço de valor adicionado é a atividade que acrescenta, a um serviço de telecomunicações que lhe dá suporte e com o qual não se confunde, novas utilidades relacionadas ao acesso, armazenamento, apresentação, movimentação ou recuperação de informações.
>
> § 1º. Serviço de valor adicionado não constitui serviço de telecomunicações, classificando-se seu provedor como usuário do serviço de telecomunicações que lhe dá suporte, com os direitos e deveres inerentes a essa condição.
>
> § 2º. É assegurado aos interessados o uso das redes de serviços de telecomunicações para prestação de serviços de valor adicionado, cabendo à Agência, para assegurar esse direito, regular os condicionamentos, assim como o relacionamento entre aqueles e as prestadoras de serviço de telecomunicações.

Por sua vez, ao tratar do imposto estadual — ICMS — a Lei Complementar 87/1996 prevê:

> Art. 2º. O imposto incide sobre:
>
> (...).
>
> III — prestações onerosas de serviços de comunicação, por qualquer meio, inclusive a geração, a emissão, a recepção, a transmissão, a retransmissão, a repetição e a ampliação de comunicação de qualquer natureza;

Diante dos dispositivos legais acima, cabe a análise da possibilidade ou não da atividade desenvolvida pelo provedor de acesso, que é fazer a conexão do usuário à rede, enquadrar-se na hipótese de incidência do ICMS, como veremos adiante.

3.1 Conceito de serviço de comunicação e de telecomunicação

Atílio Dengo, em sua dissertação de mestrado, "A tributação do comércio eletrônico", pondera no sentido de que a telecomunicação e a publicidade são espécies do gênero comunicação.[9]

7. Nesse sentido é a posição de Hugo de Brito Machado: "A Constituição Federal não institui tributo, apenas atribui competência às pessoas de Direito Público interno a fazê-lo. Também a Lei Complementar não cria tributo, a não ser nos casos em que a Constituição determina. Em regra, a instituição do tributo é, em princípio, objeto da lei ordinária, na qual se encontra definida a hipótese de incidência tributária, cuja concretização é conhecida como fato gerador do tributo porque faz nascer a obrigação tributária" (*Aspectos Fundamentais do ICMS*, p. 22).

8. "Art. 21. Compete à União: (...); XI — explorar, diretamente ou mediante autorização, concessão ou permissão, os serviços de telecomunicações, nos termos da lei, que disporá sobre a organização dos serviços, a criação de um órgão regulador e outros aspectos institucionais."

9. *A Tributação do Comércio Eletrônico*, Dissertação de Mestrado (UFRS).

Acontece que, o legislador constitucional utilizou-se das expressões "comunicação" e "telecomunicação", o que poderia trazer algum equívoco de interpretação. No entanto, essa questão foi por José Carlos Moreira Alves, então Ministro do STF, bem ponderada: "Trata-se de matéria tipicamente constitucional, pelo fato de a Constituição ter usado expressões diversas, no art. 21 da CF, quando estabelece que a competência legislativa é exclusiva da União, em se tratando de serviços de telecomunicação, e no art. 155, II, ao estabelecer que o ICMS alcança os serviços de comunicação. A Constituição teria usado expressões diversas no sentido de que telecomunicação é comunicação à distância, e comunicação, à primeira vista, seria qualquer tipo de comunicação. Mas, obviamente, como há necessidade de uma prestação de serviço de comunicação, o primeiro problema que se põe ao leigo é saber o seguinte: em matéria de internet, haverá alguma comunicação que não seja telecomunicação, para efeito de prestação de serviço? Porque só se pode prestar serviço quando há necessidade de uma atividade para telecomunicar-se. Obviamente, se eu estiver diante de outra pessoa me comunicando com ela, evidentemente não haverá prestação de serviço. Salvo se se tratar de alguém que seja surdo e precise de um aparelhinho de surdez. Então, se poderia dizer que talvez houvesse uma prestação de serviços por parte de quem fosse utilizado para efeito de possibilitar essa comunicação. Mas isso é obviamente uma blague. O problema aqui é saber justamente se se trata de telecomunicação em sentido jurídico ou não. Se for telecomunicação, nós teremos que aplicar a lei que disciplina as telecomunicações e que, inclusive, estabelece as definições utilizadas no âmbito desses serviços, para efeito, inclusive, da competência legislativa, privativa da União. Ou, se entendermos que não se trata, propriamente, de telecomunicações, aí estará a razão pela qual a Constituição se utilizou, no art. 155, II, de uma outra nomenclatura: serviços de comunicação".[10]

Partindo do princípio que a expressão "comunicação" é gênero da qual é espécie "telecomunicação", então os serviços de telecomunicações estariam sujeitos a incidência tributária do ICMS. Nesse sentido é a abstração do disposto na Constituição Federal, art. 155, § 3º,[11] onde se refere expressamente a serviços de telecomunicações. Então, poderíamos até admitir que estes serviços sejam atividades que se compreendem no conceito de comunicação previsto no inciso II do art. 155 da Constituição Federal.

Já quanto à expressão "prestação de serviço de comunicação" trazida no arcabouço legal que trata do ICMS (Constituição Federal e Lei Complementar 87/1996), necessário será a sua análise para verificar se a atividade do provedor de acesso à internet enquadra-se na hipótese de incidência do imposto estadual.

Paulo de Barros Carvalho, consultando especialistas em lingüística e comunicação, faz um estudo sobre o conteúdo semântico do vocábulo "comunicação" no seu artigo: "Não-incidência do ICMS na atividade dos provedores de acesso à internet". O autor, em síntese, conclui que comunicação expressa o sentido de um processo comunicativo que consiste na transmissão de uma pessoa para outra de uma informação codificada (remetente, mensagem e destinatário), formando um ciclo de emissão, transmissão e recepção de mensagens.[12]

10. Conferência Inaugural, XXVI Simpósio Nacional de Direito Tributário, in *Contribuições de Intervenção no Domínio Econômico*, pp. 18-19.

11. Art. 155, § 3º: "À exceção dos impostos de que tratam o inciso II do *caput* deste artigo e o art. 153, I e II, nenhum outro imposto poderá incidir sobre operações relativas a energia elétrica, serviços de telecomunicações, derivados de petróleo, combustíveis e minerais do País".

12. In *Direito Tributário das Telecomunicações*, pp. 489-491.

No que se refere à expressão "prestação de serviço", para Aires Barreto "(...) é o esforço de pessoas desenvolvido em favor de outrem, com conteúdo econômico (...)", devendo estar presente três elementos: prestador, tomador e preço.[13]

Logo, a prestação de serviço de comunicação só estará configurada quando houver a junção simultânea dos elementos constitutivos da prestação de serviço e dos elementos do processo comunicacional. Logo, só poderá haver a incidência do ICMS quando o prestador de serviço for intermediário da comunicação entre um emissor e um receptor.[14]

Então, a atividade desenvolvida pelo provedor de acesso, ou seja, o serviço de acesso/conexão do usuário à rede, por si só, não possibilita a emissão, transmissão ou recepção de informações, não estando amoldado ao conceito de serviço de comunicação. Este sim que é um sistema prestado pela operadora de serviços telefônicos, em que por um sistema de telefonia o usuário se conecta à internet.

Assim, é o serviço da concessionária telefônica que está sujeito ao ICMS e não o serviço do provedor de acesso, pois este é também usuário daquela, conforme se abstrai do art. 61, *caput*, § 1º e § 2º da Lei 9.472/1997, onde tais dispositivos (i) consideram a atividade do provedor de acesso serviço de valor adicionado, como veremos adiante (art. 61, *caput*); (ii) sendo que quem presta esse serviço (de valor adicionado) é considerado como usuário do serviço de telecomunicação (art. 61, § 1º); que inclusive haverá um órgão competente para regular o relacionamento entre prestador de serviço de telecomunicação e prestador de serviço de valor adicionado (art. 61, § 2º); (iii) não estando este último sob o enquadramento da hipótese de incidência do imposto estadual.

3.2 Conceito de serviço de telecomunicação e de valor adicionado

Quanto ao serviço de telecomunicação, a Constituição Federal, conforme dispõe o art. 21, XI, declinou a matéria ao legislador infraconstitucional, conferindo-lhe a atribuição de regulamentá-lo, o que o fez pela Lei 9.472/1997.

Essa norma, a Lei 9.472/1997, em seu art. 61, define o que é "serviço de valor adicionado", e posteriormente no § 1º diz que o serviço de valor adicionado não constitui serviço de telecomunicação.

A Norma 004/95, que dispõe sobre o uso de meios da rede pública de telecomunicações para acesso à internet (aprovada pela Portaria 148/1995 do Ministério das Comunicações), no item 3, alínea *b*, definiu como "serviço de valor agregado" o "serviço que acrescenta a uma rede preexistente de serviço de telecomunicações, meios ou recursos que criam novas utilidades específicas, ou novas atividades produtivas, relacionadas com o acesso, movimento e recuperação de informações". Por sua vez na alínea *c*, define o "serviço de conexão" à internet como "serviço de valor agregado, que possibilita o acesso à internet a usuários e provedores de serviços de informações". A norma, na alínea *d*, também define o que é provedor de conexão.[15]

13. "Imposto sobre serviço de qualquer natureza", *RDT* 29-30/188, in Paulo de Barros Carvalho, "Não-incidência do ICMS na atividade dos provedores de acesso à internet", *Direito Tributário das Telecomunicações*, p. 492.

14. Nesse sentido, Paulo de Barros Carvalho, "Não-incidência do ICMS na atividade dos provedores de acesso à internet", cit., pp. 492 e 493.

15. "3. Definições: (...); b — Serviço de Valor Adicionado: serviço que acrescenta a uma rede preexistente de um serviço de telecomunicações, meios ou recursos que criam novas utilidades específicas, ou novas atividades produtivas, relacionadas com o acesso, armazenamento, movimentação e recuperação de informações; c — Serviço de Conexão à Internet (SCI): nome genérico que designa Serviço de Valor Adicionado que possibilita o acesso à

Serviço de valor adicionado, conforme a definição da lei é a atividade que acrescenta novas utilidades ao serviço de telecomunicação dando-lhe suporte, mas não confundindo-se com este, estando relacionado ao acesso, armazenamento, apresentação, movimentação ou recuperação de informações.

Dessa forma, o serviço de acesso/conexão é considerado serviço de valor adicionado (que é sinônimo de agregado ou auxiliar), logo, o serviço prestado pelo provedor de acesso é de valor adicionado e não de telecomunicação. O serviço de valor adicionado é o que dá suporte ao serviço de telecomunicação, mas com ele não se confunde, pois seu objeto não é a transmissão, emissão ou recepção de mensagens, o que conforme a Lei 9.472/1997, art. 61, § 1º é serviço de telecomunicação.

Logo, a função do provedor de acesso é facilitar o serviço comunicacional, aproveitando da estrutura da rede para fazer a conexão do usuário à rede, o provedor não efetua a telecomunicação, esta que é prestada pelas concessionárias de telefonia que transmite informações dos usuários, sendo elas sim que efetuam a prestação de serviço de comunicação, o que configura hipótese de incidência do ICMS.

Então, a atividade do provedor de acesso não se configura como prestação de serviço de telecomunicação, estando sim a atividade do provedor de acesso enquadrado como serviço de valor adicionado, por sua vez caracterizado como tomador/usuário do serviço de telecomunicação, estando fora, portanto, da hipótese de incidência do ICMS.

Paulo de Barros Carvalho propõe comparação com a prestação de transportes:

"Suponhamos que um indivíduo 'A', pretendendo mudar-se, contrata duas empresas, sendo uma com a finalidade de organizar os bens a serem transportados e colocá-los no caminhão de mudanças, e outra com a função de levar esses bens até outro Município. Pergunta-se: ambas as empresas contratadas sujeitam-se à incidência do ICMS, em decorrência da prestação de serviço de transporte intermunicipal? Resposta: obviamente que não. Apenas quem foi contratado para transportar efetivamente os bens é que se sujeitará a esse tributo. A outra empresa, responsável pela organização dos objetos, tornando mais rápida a mudança, não presta qualquer espécie de serviço de transporte.

"Analogicamente, é isso que ocorre com o serviço de acesso prestado pelo provedor: restringe-se a criar condições mais objetivas, facilitando, com isso, a instalação do liame comunicacional. Porém, não presta, efetivamente, serviço de comunicação, sendo este praticado por terceiro, geralmente, uma empresa de telefonia."[16]

Então, são dois serviços diferentes. O primeiro é realizado pelas concessionárias telefônicas que é o de transporte de sinais. O segundo é realizado pelos provedores de acesso que é a conexão do usuário à internet (não realizam o transporte de sinais de comunicação, apenas utilizam um sistema já existente).[17]

Assim, o provedor firma contrato com a concessionária de telefonia, no qual está loca uma porta de entrada na rede. O provedor firma contrato com os usuários que possibilita o acesso destes à rede, sendo que os usuários emitem sinais ao provedor e este por sua vez encaminha à internet.

Ainda poderia se levantar a questão da necessidade de autorização para funcionar, que conforme está disposto no art. 21, XI, da Constituição Federal, compete à União

Internet a Usuários e Provedores de Serviços de Informações; d — Provedor de Serviço de Conexão à Internet (PSCI): entidade que presta o Serviço de Conexão à Internet; (...)."

16. Paulo de Barros Carvalho, "Não-incidência do ICMS na atividade dos provedores de acesso à internet", cit., p. 495.

17. Clélio Chiesa, "A tributação dos serviços de internet prestados pelos provedores: ICMS ou ISS", *RDT* 74/202.

explorar diretamente os serviços de telecomunicação, podendo declinar dessa exploração para terceiros através de autorização, concessão ou permissão.[18]

Acontece que, para desenvolver sua atividade, a de provimento de acesso à internet, o provedor de acesso não necessita de autorização para funcionar e explorar tal atividade. Tal atividade é manifestação da livre iniciativa prevista no art. 170 da Constituição Federal, que no seu parágrafo único expressa o livre exercício de qualquer atividade independente de autorização estatal, salvo nos casos previstos em lei.[19]

Logo, não havendo previsão expressa da lei no sentido de que a atividade de provimento de acesso à internet, desenvolvida pelos provedores de acesso, necessita de autorização do Estado, tal atividade poderá ser desenvolvida livremente, diferentemente do que ocorre com as companhias de telefonia, que necessitam de autorização para exploração do serviço de comunicação.

Contudo, a atividade do provedor de acesso, ou seja, a de promover a conexão do usuário à internet é uma prestação de serviço, mas não de serviço de telecomunicação, podendo se concluir que provimento de acesso à internet é considerado serviço de valor adicionado (Portaria 148/1995, item 3, alíneas *b* e *c* e Lei 9.472/1997, art. 61, *caput* e § 1º), logo, não sendo o provedor de acesso prestador de serviço de telecomunicação (espécie do gênero comunicação, por sua vez tributada pela Lei Complementar 87/1996), não estará então sujeito à hipótese de incidência do ICMS.

3.3 Posição doutrinária

Como vimos acima, a natureza da prestação de serviços do provedor não é a de prestar serviço de telecomunicação, ao contrário, o provedor é legalmente considerado tomador deste serviço junto às empresas que exploram os serviços de telecomunicação. Os provedores então não se amoldam na hipótese de incidência do ICMS, pois apenas utilizam o serviço de telecomunicação que já existe.

Então, o provedor é um tomador do serviço de telecomunicação, assim como ocorre com o consumidor final que paga o ICMS na sua conta de telefone, ele utiliza-se dos serviços prestados pela concessionária de serviço público de telecomunicação. Logo, percebe-se que a atividade realizada pelo provedor de acesso é considerada uma categoria autônoma de serviços, qual seja "serviço de valor adicionado", que por sua vez é diferente de serviço de telecomunicação.

"Serviço de valor adicionado (serviço prestado para possibilitar o acesso à rede) não transmite, emite ou recepciona sinais de telecomunicações, mas apenas utiliza-se do sistema para atingir o seu fim, qual seja, viabilizar o acesso do usuário à 'internet', via um canal aberto, através de uma linha telefônica."[20]

"Na verdade, as atividades exercidas pelos provedores de serviços *internet* qualificam-se como serviços de valor adicionado, que se definem exatamente pela adição de uma série de facilidades a uma infra-estrutura de telecomunicações preexistente. Não se confundem com os serviços de te-

18. "Art. 21. Compete à União: (...); XI — explorar, diretamente ou mediante autorização, concessão ou permissão, os serviços de telecomunicações, nos termos da lei, que disporá sobre a organização dos serviços, a criação de um órgão regulador e outros aspectos institucionais."

19. "Art. 170. A ordem econômica, fundada na valorização do trabalho humano e na livre iniciativa, tem por fim assegurar a todos existência digna, conforme os ditames da justiça social,observados os seguintes princípios: (...). Parágrafo único. É assegurado a todos o livre exercício de qualquer atividade econômica, independentemente de autorização de órgãos públicos, salvo nos casos previstos em lei."

20. Márcia de Freitas Castro Neme e Amal Ibrahim Nasrallah, "A tributação das operadoras envolvendo *TV a cabo* e *direct to home*, *internet* e *paging* — ICMS *x* ISS", in *RT* 26/49.

lecomunicações, ao revés tratam-se de espécie do gênero serviços de informática."[21]

Assim, o serviço de telecomunicação é prestado pela concessionária de serviço público como serviço de comunicação de qualquer natureza, conforme a Lei Complementar 87/1996, sendo que os serviços prestados pelo provedor estão excluídos desta categoria em razão da Lei 9.472/1997, art. 61, § 1º (não sendo enquadrados na hipótese de incidência do ICMS). Nesse sentido é a corrente majoritária da doutrina, os quais são seguidores Paulo de Barros Carvalho,[22] Roque Antonio Carrazza,[23] Hugo de Brito Machado,[24] Ives Gandra da Silva Martins,[25] Júlio Maria de Oliveira,[26] Newton De Lucca,[27] entre outros.

Em oposição aos que defendem a não tributação, há uma outra corrente que considera a atividade do provedor de acesso como parte integrante do ato de comunicação sendo uma prestação onerosa, e que sua atividade estaria enquadrada na hipótese de incidência do ICMS. E é nesse sentido que vem atuando algumas Fazendas Estaduais, como veremos mais adiante.

Para Mário Celso Santiago Menezes, o argumento de que a legislação específica distingue o "serviço de valor adicionado" do "serviço de telecomunicação" propriamente dito não pode prosperar, já que o ICMS não tem restrita sua incidência apenas às telecomunicações, sendo o imposto extremamente abrangente de todas as prestações de serviço de comunicação de qualquer natureza, qualquer que seja o meio de transmissão.[28]

A essa corrente, da tributação do provedor pelo ICMS, se associam Celso Ribeiro Bastos,[29] Marco Aurélio Greco,[30] Carlos Henrique Abrão[31] e Luciana Angeiras.[32] Esta última também considera que o provedor de acesso faz parte do processo comunicacional, e, como tal, sujeito à incidência do ICMS.

3.4 Posição da jurisprudência

Sobre a discussão do enquadramento da atividade de provimento de conexão à internet desenvolvida pelos provedores de acesso, a matéria já teve apreciação do Poder Judiciário, por ocasião do Recurso Especial 323.358-PR, o qual foi relator o Min. José Delgado, onde a Primeira Turma do STJ decidiu pela incidência do ICMS:

> *Tributário. Provedor da internet. Prestação de serviço de comunicação, espécie de serviço de telecomunicação. Relação de natureza negocial com o usuário. Fato gerador de ICMS determinado. Incidência. Lei Complementar 87/1996. Lei 9472/1997.*
>
> 1. Recurso Especial interposto contra v. acórdão que entendeu que "o provedor de acesso à internet não presta serviço de comunicação ou de telecomunicação, não incidindo sobre a atividade por ele desempenhada o ICMS".
>
> 2. O Provedor da internet é um agente interveniente prestador de serviços de comunicação, definindo-o como sendo

21. João Vicente Lavieri, "Internet: incidência do ICMS ou ISS?", *Revista Consulex*, 1999, in Bruno Suassuna Carvalho Monteiro, "Da tributação dos provedores de acesso à internet", *Direito da Informática — Temas Polêmicos*, p. 267.

22. "Não-incidência do ICMS na atividade dos provedores de acesso à internet", cit., p. 496.

23. *ICMS*, 6ª ed., pp. 115-116.

24. "Tributação na internet", in *Tributação na Internet*, p. 91.

25. "Tributação na internet", in *Tributação na Internet*, p. 50.

26. *Internet e Competência Tributária*, p. 123.

27. "Tributação na internet", in *Tributação na Internet*, p. 138.

28. "Incidência de ICMS sobre os serviços de valor agregado", in *Direito Tributário das Telecomunicações*, p. 684.

29. "Tributação na internet", in *Tributação na Internet*, p. 74.

30. *Internet e Direito*, 2ª ed., p. 137, e "Provedores de acesso e o ICMS", in *Revista do Advogado* 69/55.

31. "Tributação na internet", in *Tributação na Internet*, p. 200.

32. "Tributação dos provedores de acesso à internet", in *Internet: o Direito na Era Virtual*, p. 249.

"aquele que presta, ao usuário, um serviço de natureza variada, seja franqueando o endereço na internet, seja armazenando e disponibilizando o *site* para a rede, seja prestando e coletando informações etc. É designado, tecnicamente, de Provedor de Serviços de Conexão à Internet (PSC), sendo a entidade que presta serviço de conexão à Internet (SCI)" (Newton De Lucca, em artigo "Títulos e contratos eletrônicos", na obra coletiva *Direito e Internet*, p. 60).

3. O provedor vinculado à internet tem por finalidade essencial efetuar um serviço que envolve processo de comunicação exigido pelo cliente, por deter meios e técnicas que permitem o alcance dessa situação fática.

4. O serviço prestado pelos provedores está enquadrado como sendo de comunicação, espécie dos serviços de telecomunicações.

5. A Lei Complementar 87, de 13.9.1996, estabelece, em seu art. 2º, que incide o ICMS sobre "prestações onerosas de Serviços de Comunicação, por qualquer meio, inclusive a geração, a emissão, a recepção, a transmissão, a retransmissão, a repetição, a ampliação de comunicação de qualquer natureza", círculo que abrange os serviços prestados por provedores ligados à internet, quando os comercializam.

6. Qualquer serviço oneroso de comunicação está sujeito ao pagamento do ICMS.

7. A relação entre prestador de serviço (provedor) e usuário é de natureza negocial visando a possibilitar a comunicação desejada. É suficiente para constituir fato gerador de ICMS.

8. O serviço prestado pelo provedor pela via da internet não é serviço de valor adicionado, conforme define o art. 61, da Lei 9.472, de 16.7.1997.

9. Recurso Provido.

Mais tarde, no entanto, a 2ª Turma do STJ ao apreciar o Recurso Especial 456.650-PR decidiu em sentido oposto, sendo que, atualmente o tema está sendo analisado pela 1ª Seção do órgão, em Embargos de Divergência. É oportuno lembrar que a questão em última análise ficará com o STF, considerando a constitucionalidade da matéria, a competência para tributar.

4. O ISS e a prestação de serviços de acesso à internet

Uma vez analisado os conceitos de serviço de telecomunicação e de serviço de valor adicionado, pudemos verificar que a atividade de provimento de conexão à internet, que é desenvolvida pelo provedor de acesso não se enquadra como prestação de serviço de telecomunicação, mas sim como de prestação de serviço de valor adicionado, que por sua vez é excluída da tributação do ICMS.

Então, passamos agora a analisar a possibilidade da atividade desenvolvida pelo provedor de acesso estar ou não sujeita ao regime jurídico tributário do imposto municipal — ISS.

A competência municipal para instituir o ISS no que se refere à prestação de serviços de qualquer natureza está prevista na Constituição Federal no art. 156, III,[33] que por sua vez está regulamentado pela Lei Complementar 116/2003:

> Art. 1º. O Imposto Sobre Serviços de Qualquer Natureza, de competência dos Municípios e do Distrito Federal, tem como fato gerador a prestação de serviços constantes da lista anexa, ainda que esses não se constituam como atividade preponderante do prestador.

A Lei Complementar 116/2003 possui uma lista anexa, conforme prevê o seu art. 1º, com as atividades sujeitas a incidência deste tributo. Assim a legislação faz a devida tipificação dos serviços tributáveis.

Acontece que a atividade desenvolvida pelo provedor de acesso é a prestação

33. "Art. 156. Compete aos Municípios instituir impostos sobre: (...); III — serviços de qualquer natureza, não compreendidos no art. 155, II, definidos em lei complementar."

do serviço de conexão do usuário à rede mundial de computadores. Tal atividade, como já vimos, é enquadrada como serviço de valor adicionado.

A Lei 9.472/1997 é quem faz a definição de serviço de valor adicionado, sendo uma atividade que acrescenta novas utilidades ao serviço de telecomunicação dando-lhe suporte, mas não se confundindo com este, estando relacionado ao acesso, armazenamento, apresentação, movimentação ou recuperação de informações.

Ao examinarmos a lista anexa à Lei Complementar 116/2003 (conforme veremos adiante), não encontramos a previsão da prestação de serviço desenvolvida pelo provedor de acesso. Logo, resta indagar se a prestação de serviço de acesso à internet pode ou não ser enquadrada como prestação de serviço sujeita à tributação do imposto municipal.

4.1 Princípios do Direito Tributário

O Direito Tributário é pautado por princípios que não podem deixar de ser observados, sendo que o Princípio da Legalidade reflete a impossibilidade da cobrança de tributo sem previsão legal, conforme o disposto no art. 150, I da Carta Magna.[34]

Paulo de Barros Carvalho faz a seguinte consideração sobre este princípio: "Por este princípio, qualquer das pessoas políticas de direito constitucional interno somente poderá instituir tributos, isto é, descrever a regra matriz de incidência, ou aumentar os existentes, majorando a base de cálculo ou a alíquota, mediante a expedição de lei. Porém, o princípio da estrita legalidade diz mais do que isso, estabelecendo a necessidade de que a lei adventícia traga no seu bojo os elementos descritores do fato jurídico e os dados prescritores da relação obrigacional".[35]

Mas poderia até se cogitar do enquadramento da atividade desenvolvida pelos provedores em um dos serviços elencados no item 1 da lista anexa à Lei Complementar 116/2003, considerando que este item trata de serviços de informática, conforme abaixo:

> Lista de serviços anexa à Lei Complementar 116, de 31 de julho de 2003:
> 1 — Serviços de informática e congêneres.
>
> 1.01 — Análise e desenvolvimento de sistemas.
>
> 1.02 — Programação.
>
> 1.03 — Processamento de dados e congêneres.
>
> 1.04 — Elaboração de programas de computadores, inclusive de jogos eletrônicos.
>
> 1.05 — Licenciamento ou cessão de direito de uso de programas de computação.
>
> 1.06 — Assessoria e consultoria em informática.
>
> 1.07 — Suporte técnico em informática, inclusive instalação, configuração e manutenção de programas de computação e bancos de dados.
>
> 1.08 — Planejamento, confecção, manutenção e atualização de páginas eletrônicas.

Esse enquadramento consideraria que a lista não é taxativa,[36] mas sim exemplificativa, fazendo uso de uma interpretação extensiva ou analógica.

A propósito, por ocasião do trâmite do projeto de lei que resultou na Lei Comple-

34. "Art. 150. Sem prejuízo de outras garantias asseguradas ao contribuinte, é vedado à União, aos Estados, ao Distrito Federal e aos Municípios: I — exigir ou aumentar tributo sem lei que o estabeleça."

35. *Curso de Direito Tributário*, 10ª ed., p. 98.

36. Nos tribunais já se pronunciarem sobre a taxatividade da lista do ISS, ainda da legislação anterior, mas que se aplica também a atual: "Tributário. ISS: DL 406/1968 — serviço de transferência de tecnologia. A jurisprudência do STF, e desta corte, desenvolveu-se no sentido de entender ser taxativa a lista de serviços do Decreto-lei 406/1968. Inadmissibilidade de interpretação extensiva ou analógica" (REsp 351.167-RJ, Min. Eliana Calmon).

mentar 116/2003, alguns parlamentares apresentaram propostas e substitutivos na intenção de incluir a atividade dos provedores na lista de serviços prestados sujeitos a tributação do imposto municipal, no entanto, isso acabou por não ser aprovado.

No entanto, também faz parte do Direito Tributário o Princípio da Tipicidade, onde a legislação deve trazer na sua disposição todas as características do tipo legal. Esse princípio tem a função de dar maior segurança jurídica aos contribuintes, fazendo com que o tipo tributário, assim como o tipo penal, seja fechado.

Assim, diante das peculiaridades do Direito Tributário e seus princípios, as interpretações analógicas ou extensivas podem ser feitas, mas com muito cuidado, a fim de não trazer para a sociedade incerteza e insegurança jurídicas, o que devem ser afastadas, a fim de não causar instabilidades nas relações obrigacionais tributárias.

Para dar suporte a nossa análise, é pertinente a consideração de Hugo de Brigo Machado sobre a incidência do imposto estadual, ainda que suas considerações tenham sido feitas na vigência da legislação anterior, qual seja, Lei Complementar 56/1987 e Decreto-lei 406/1968 que tratavam da matéria: "Portanto, também não incide o ISS sobre a atividade dos denominados provedores da *internet*, pois estes não realizam atividades descritas em nenhum dos itens da citada lista. Não constituem coleta nem processamento de dados, mas mera viabilização da entrada dos usuários nas linhas da *internet*, sendo que o serviço de comunicação já é tributado nas faturas de telefone".[37]

4.2 Posição doutrinária

Não podendo afastar o Princípio da Legalidade e da Tipicidade do nosso ordenamento jurídico, e não estando a atividade desenvolvida pelo prestador de acesso à internet na lista anexa à Lei Complementar 116/2003, se depreende que tal prestação de serviço não pode ser tributada pelo imposto municipal, sob pena de infringir os referidos princípios, o que causaria grande insegurança jurídica.

Essa posição, da não incidência do ISS na atividade de prestação de serviço de conexão desenvolvida pelo provedor de acesso condiz com as opiniões de Ives Gandra da Silva Martins[38] e Júlio Maria de Oliveira.[39]

Mas para Geraldo Ataliba e Aires Brito "a definição, por lei complementar, de serviços tributáveis pelos Municípios agride frontalmente a autonomia Municipal porque, se a lei complementar pudesse definir serviços tributáveis, ela seria necessária e, pois, intermediária entre a outorga constitucional e o exercício atual da competência, por parte do legislador ordinário".[40]

Considerando os referidos autores, Luciana Angeiras externa sua opinião, ainda que na vigência da lei anterior, mas com pertinência para a lei em vigor, diante da semelhança da previsão legal: "Entendemos, portanto, ser esta a interpretação que se deve fazer do art. 156, III, em consonância com os princípios constitucionais, de sorte que os Municípios têm competência para tributar serviços não contemplados pela Lei Complementar 56/1987, com exceção daqueles previstos no art. 155, II da Carta Constitucional. A lista de serviços constante em lei complementar é meramente exemplificativa, e tem a função de definir o que é serviço, quando dúvida houver, sendo certo que os Municípios têm competência para eleger quais os serviços que irão compor o antecedente da norma jurídica tributária e que, ocorridos no mun-

37. *Curso de Direito Tributário*, p. 310.

38. "Tributação na internet", in *Tributação na Internet*, p. 49.

39. *Internet e Competência Tributária*, p. 160.

40. "ISS na Constituição: pressupostos positivos — Arquétipo do ISS", *RDT* 37/38, in Luciana Angeiras, "Tributação dos provedores de acesso à internet", *Internet: o Direito na Era Virtual*, p. 234.

do fenomênico e relatados em linguagem competente (norma individual e concreta), farão surgir, infalivelmente, uma obrigação tributária".[41]

Vislumbramos que, a opção feita pelo legislador constitucional ao prever que o imposto municipal deveria ser definido por lei complementar, tem o sentido de se dar uma uniformidade na legislação dos mais de 5.000 municípios brasileiros, pois se cada um tivesse a discricionariedade para considerar ou não determinada atividade como tributável pelo ISS, isso poderia causar uma, ainda maior, guerra fiscal.

É claro que o serviço de conexão prestado pelo provedor de acesso poderá eventualmente vir adicionado de outros serviços, por exemplo, suporte ou assistência técnica, no entanto, são serviços diversos que podem ou não ser prestados conjuntamente. Sendo que, o provimento de acesso, por si só, não é tributado, o serviço de suporte ou assistência técnica sim é tributado pelo imposto sobre serviços.

Apesar das divergências apontadas acima parece ser acertada a posição pela não incidência do ISS na atividade desenvolvida pelos provedores de acesso, prestação de conexão do usuário à internet, por não estar tal atividade na lista anexa à Lei Complementar 116/2003.

5. *A integração do Direito Tributário com o Direito Privado diante do serviço de acesso à internet*

A relação do Direito Tributário com o Direito Privado se dá notadamente quando aquele se utiliza dos conceitos deste, o que é perfeitamente admissível e recorrente. Nesta relação o Direito Tributário acolhe a conceituação do Direito Privado, mas pode trazer a esses conceitos conseqüências específicas tributárias, que não necessariamente condiz com as conseqüências originais do conceito.

O Direito Tributário pode socorrer-se dos conceitos, institutos e formas de Direito Privado, incorporando-os expressamente, aceitando-os tacitamente ou até mesmo alterando-os também expressamente, dando-lhes seus efeitos tributários. Quanto à possibilidade de alteração, é uma espécie de redefinição, que não é absoluta, pois não pode haver abusos a ponto de distorcê-los, devendo ser a alteração expressa em lei, dentro dos limites estabelecidos na Constituição Federal.

Nessa linha, os princípios do Direito Privado se aplicam ao Direito Tributário, e este deles se socorre, salvo se a lei tributária expressamente os excluírem. Nesse sentido é o disposto no art. 109 do CTN:

> Art. 109. Os princípios gerais de direito privado utilizam-se para pesquisa da definição, do conteúdo e do alcance de seus institutos, conceitos e formas, mas não para definição dos respectivos efeitos tributários.

Assim, são importantes as considerações de Ricardo Lobo Torres: "Quando o legislador fiscal vai buscar os conceitos no Direito Civil, conservam estes, o seu sentido primitivo, limitado pela sua possibilidade expressiva, além da qual começa a distorção ou o abuso da forma jurídica".[42]

Então, pode-se entender que quando a norma tributária apenas se referir a institutos, conceitos e formas de Direito Privado (não tendo alterado-os), o jurista tributário deve entender a fundo o instituto, pois ele continuará mantendo a sua identidade dada pelo Direito Privado, sendo que o Direito Tributário apenas o incorporará, não podendo escapar do que foi estatuído pelo Direito Privado.

Essa linha de raciocínio e interpretação condiz com o que prevê o art. 110 do CTN:

> Art. 110. A lei tributária não pode alterar a definição, o conteúdo e o alcan-

41. *Internet: o Direito na Era Virtual*, p. 234.

42. *Normas de Interpretação e Integração do Direito Tributário*, p. 214.

ce de institutos, conceitos e formas de direito privado, utilizados, expressa ou implicitamente, pela Constituição Federal, pelas Constituições dos Estados, ou pelas Leis Orgânicas do Distrito Federal ou dos Municípios, para definir ou limitar competências tributárias.

Nesse contexto, são as palavras de Heleno Taveira Tôrres: "Comparando o teor desse art. 110 com o art. 109 do CTN, temos que "a lei tributária" (não a autoridade administrativa, mediante ato de lançamento) somente poderá alterar a definição, o conteúdo e o alcance de institutos, conceitos e formas de direito privado quando estes não forem tipos constitucionalmente considerados como critérios para repartição de competências em matéria tributária".[43]

Como se depreende, a definição, o conteúdo e o alcance de institutos, conceitos e formas do Direito Privado não podem ser alterados pela lei tributária, seja federal, estadual ou municipal a fim de definir sua competência tributária.

A competência para legislar dos entes políticos deve estar restrita ao campo delimitado pela Constituição Federal, devendo respeitar os conceitos de Direito Privado, não podendo restringi-los ou modificá-los, sob pena de desrespeito ao estatuído na Carta Magna, podendo inclusive haver dupla tributação para um mesmo fato gerador.

Aqui são muito apropriadas duas passagens, de muito equilíbrio para o tema, da obra de Heleno Taveira Tôrres: "(...) não se pode deixar de reconhecer ao legislador tributário autonomia de qualificação, nos limites do quanto o ordenamento lhe autorize"; e "(...) nada impede que a lei, mas nunca o intérprete em atos de aplicação, possa dar qualificações mais amplas ou mais restritas a conceitos, institutos e formas já regulados em outros ramos do direito".[44]

Cabe salientar que não poderão as leis tributárias dos Estados ou Municípios pretenderem modificar os conceitos trazidos pela lei federal (Lei 9.472/1997), em cumprimento à Constituição, pois senão estarão extrapolando seus poderes legislativo-tributantes. Logo, é a Lei 9.472/1997 — Lei Geral das Telecomunicações — (legitimada pelo art. 21, XI, da Carta Magna) que pode definir o sentido preciso e o alcance de serviço de telecomunicação e de serviço de valor adicionado, conceitos estes recepcionados pela Constituição.

Na esteira do que estamos defendendo escreveu João Vicente Lavieri: "Tem-se por forçoso entender, por expressa definição legal, que os serviços de valor adicionado, gênero no qual se enquadram os Serviços *Internet*, não são serviços de telecomunicações e, portanto, não estão sujeitos à incidência do ICMS. O intérprete da lei não pode ater-se única e exclusivamente à legislação fiscal, fazendo tábula rasa de todo o restante do ordenamento jurídico, mas, ao contrário, precisa conciliar as disposições do ICMS com toda a legislação nacional, em especial àquela de regência do setor de telecomunicações".[45]

A questão ainda pode ser vista do prisma do Princípio da Capacidade Econômica, onde esse princípio deve ser um limite para o legislador tributário. Esse princípio não significa que necessariamente onde exista capacidade de contribuir haja tributação, pois na verdade deve-se afirmar que onde houver a capacidade de contribuir haverá tributo se houver previsão na Constituição e na lei. Associado a isso, a lei não poderá alterar os conceitos utilizados pela Constituição Federal para definir ou limitar competências tributárias.[46]

43. *Direito Tributário e Direito Privado*, p. 81.

44. Idem, p. 74.

45. "Internet: incidência do ICMS ou ISS?", *Revista Consulex*, 1999, in Bruno Suassuna Carvalho Monteiro, "Da tributação dos provedores de acesso à internet", *Direito da Informática — Temas Polêmicos*, p. 266.

46. Hugo de Brito Machado, "Tributação na internet", in *Tributação na Internet*, pp. 90 e 91.

Diante de tudo já exposto, parece estar claro que a definição do que é exploração dos serviços de telecomunicações e serviço de valor adicionado é atualmente de competência da Lei 9.472/1997, conforme determina a Constituição Federal, no art. 21, XI, e não da Lei Complementar 87/1996. A Lei Complementar 87/1996 se refere aos aspectos do ICMS, dentre os quais estão a prestação de serviços de telecomunicações como umas das hipóteses de incidência, mas a definição legal do que é telecomunicação é objeto da Lei 9.472/1997.

Não é demais lembrar que não há hierarquia entre lei ordinária e lei complementar, estando ambas no mesmo patamar, pois o que as fazem diferentes são apenas os aspectos formas, procedimentos e quóruns de votação. Assim, não há hierarquia entre a Lei Complementar 87/1996 e a Lei Geral das Telecomunicações — Lei 9.472/1997.

Contudo, parece bastante pertinente o que escreveu Hugo de Brito Machado: "Ocorre que para fins de tributação, não se pode considerar o conceito amplo de comunicação, mas apenas aquela comunicação como tal designada pela Constituição Federal, pois a norma atributiva de competência tributária deve ser interpretada tendo-se em vista o elemento sistêmico, vale dizer, tendo-se em vista as outras normas da Constituição Federal que se reportam ao serviço de comunicação".[47]

Assim, podemos dizer que o Direito Tributário existe para limitar o poder de tributar do Estado, devendo proteger o contribuinte, podendo alterar os conceitos do Direito Privado sem prejuízo para as relações, desde que de forma explícita em lei, mas para tanto há uma limitação de acordo com a Constituição, a fim de não trazer incertezas e inseguranças do ponto de vista jurídico.

6. Posição do Fisco

Mesmo com a matéria em controvérsia pela doutrina, e a ainda em apreciação pelo Poder Judiciário, no que se refere à possibilidade ou não da tributação da atividade de acesso à internet, promovida pelos provedores de acesso, as Fazendas tem se pronunciado pela incidência do ICMS. Nesse sentido é a resposta à Consulta 82/1997 da Coordenação da Administração Tributária do Estado de São Paulo:

> Assunto: Provimento de Acesso à Internet — Serviço de Comunicação Tributado pelo ICMS.
>
> (...) é entendimento desta Consultoria Tributária que a prestação onerosa de serviço de provimento de acesso à internet, a menos que exportado para o exterior, configura hipótese de incidência do ICMS.

No Estado do Paraná a orientação se dá no mesmo sentido, conforme se abstrai da resposta à Consulta 168/1996:

> O provedor de informações não se sujeitará ao ICMS no tocante aos serviços consistentes no planejamento da *home page* ou serviço publicitário, consistentes na criação, preparação e programação de campanha de divulgação (atividade típica de prestador de serviço). Entretanto a divulgação da mensagem, da distribuição, da informação, e da sua comunicação ao público fazem parte do campo tributável pelo ICMS.

O fisco federal, por sua vez também mantém o mesmo entendimento, já tendo se pronunciado no sentido da tributação do provedor de acesso pelo ICMS, o que se pode perceber pelo parecer da Procuradoria da Fazenda Nacional PGFN/CT 2.042/1997:

> ICMS e internet. Incidência do Imposto sobre Operações relativas à Circulação de Mercadorias e sobre Prestação de Serviços de Transporte Interestadual e Intermunicipal e de Comunicação — ICMS sobre o serviço de comunicação prestado pelo provedor de acesso/informações em rede internet.

Não obstante, os argumentos até aqui expostos, fundamentados inclusive em corrente majoritária da doutrina, sobre a não

47. *Aspectos Fundamentais do ICMS*, p. 37.

incidência do ICMS na atividade exercida pelos provedores de acesso à internet, notadamente, as Fazendas Públicas Estaduais vêm mantendo entendimento no sentido contrário, ficando isso muito claro, também e inclusive, por meio dos convênios firmados pelo CONFAZ — Conselho Nacional de Política Fazendária — (ns. 78/01, 79/09, 116/03 e 139/03).

Vale lembrar que o CONFAZ é formado pelos secretários das Fazendas Estaduais dos Estados brasileiros, que por sua vez tem muitas razões para aumentar a arrecadação do ICMS.

Esses convênios concedem aos Estados autorizações para conceder redução de base de cálculo do ICMS nas prestações de serviço de acesso à internet, visando à arrecadação dos Estados referentes às atividades desenvolvidas pelos provedores de acesso.

O Estado de Minas Gerais, por exemplo, insere no seu regulamento do ICMS — Decreto 43.762/2004 — a alíquota mensal de 0,05 para a prestação onerosa de serviço de comunicação, na modalidade de acesso à internet.

No entanto, muitos provedores vêm resistindo a posição das Fazendas Estaduais, alegando inclusive estarem, suas atividades de provimento de acesso à internet, sob a incidência do ISS. Associado a isso, apesar da questão já ter chegado ao STJ, este ainda aprecia a matéria em sede de Embargos de Divergência.

Neste ponto, trazemos a colação o que escreveu Heleno Taveira Tôrres: "Pudessem a União, Distrito Federal, Estados ou Municípios manipular os conceitos que servem à repartição de competências, mediante leis suas, modificando os tipos prescritos, restaria prejudicada a hierarquia normativa (da Constituição em face das leis) e os princípios garantísticos de certeza e segurança jurídica. (...) É a mais lídima afirmação das funções de norma geral em matéria de legislação tributária, prescrita pelo art. 146, I da CF, em favor da eliminação de eventuais conflitos de competência, em matéria tributária".[48]

Assim, não podem, as autoridades públicas, usar de uma norma tributária para especificar o que é serviço de comunicação ou telecomunicação, e serviço de acesso à internet, em prejuízo da lei especial que trata da matéria, a Lei 9.472/1997 — Lei Geral das Telecomunicações. Esta lei, por sua vez, que define o que é serviço de telecomunicação, sujeito à tributação, e serviço de valor adicionado (estando a atividade de provimento de acesso aqui enquadrada), que não está sujeito à tributação do ICMS.

Se a Lei 9.472/1997 ao tratar da matéria considerou o serviço de valor adicionado não tributável pelo ICMS, logo, não podem as autoridades públicas, a seu arbítrio, desconsiderar essa opção do legislador federal. A legislação tributária não pode contrariar uma norma ordinária a fim de definir os serviços de comunicação, e ainda classificar o acesso à internet como uma espécie desta, sob pena de infração ao disposto no art. 110 do CTN. Logo, devem ser respeitados os conceitos trazidos pela Lei 9.472/1997, até porque a legislação tributária é bastante extensiva a fim de não dar margem a atitudes arbitrárias das autoridades administrativas.

7. Tributação do provedor de acesso não remunerado (gratuito)

No aguardo de uma posição do Poder Judiciário quanto à tributação dos provedores de acesso, nos parece claro e evidente, independente da tendência dos tribunais sobre a incidência ou não de ICMS ou ISS no serviço prestado pelo provedor de acesso, que não deve haver imposição tributária sobre os serviços de provimento gratuito.[49]

48. *Direito Tributário e Direito Privado*, p. 81.

49. Nesse sentido, Ivan Luiz Sobral Campos e João Agripino Maia, "Tributação dos serviços pres-

Até porque a legislação que traz as regras gerais para a cobrança do ICMS determina que o imposto será devido sobre o valor da operação (o que valeria também para o ISS). Logo, sendo a operação gratuita, não há base de cálculo para incidir o tributo.

Nesse sentido pondera Mário Celso Santiago Menezes: "(...) o ICMS não incide sobre a comunicação propriamente dita (fluxo de informações entre o remetente e destinatário). O imposto estadual incide sim, como é de ver do seu próprio *nomen iuris*, sobre a prestação (onerosa) de serviços de comunicação (conceito de fato que pode englobar alguns conceitos jurídicos, como telecomunicações, radiodifusão e serviços postais)".[50]

Logo, independente do que foi tratado nos capítulos anteriores, ao prestar mediante remuneração o serviço de comunicação estará o sujeito passível a tributação pelo ICMS. Sendo que a incidência se dará quando houver negócio oneroso entre o prestador e o usuário, o que não é o caso do provedor de acesso gratuito.

8. Conclusão técnica

A atividade desenvolvida pelo provedor de acesso à internet, que é a prestação do serviço de conexão do usuário à rede, atualmente não se enquadra como fato gerador de tributo, de acordo com a legislação brasileira, não configurando hipótese de incidência do ICMS nem do ISS.

Quanto ao ICMS, a Lei 9.472/1997 diz que o serviço de acesso é considerado serviço de valor adicionado, que por sua vez exclui esse serviço da tributação do imposto estadual, sendo que o sujeito passivo deste imposto é a companhia telefônica não o provedor. Não se pode considerar a atividade dos provedores de acesso hipótese de incidência do ICMS, tendo em vista que a atividade desenvolvida por este não se enquadra no conceito dado pela lei para serviço de telecomunicação.

Já no regime jurídico do ISS a atividade do provedor de acesso não está prevista e nem se enquadra em nenhuma das atividades elencadas na lista anexa à Lei Complementar 116/2003, não sendo possível também a sua tributação pelo imposto municipal.

A prestação de serviço do provedor não se encaixa na tributação estadual, mas se encaixaria na tributação municipal, desde que estivesse incluída na lista anexa a Lei Complementar 116/2003, o que necessitaria de alteração legislativa. Logo, não se verifica a ocorrência do fato gerador de obrigação tributária.

Então, no ordenamento jurídico brasileiro vigente, não há incidência tributária na atividade de provimento de acesso à internet, nem de ICMS nem de ISS, pois as autoridades públicas não podem efetuar qualquer cobrança referente a este serviço, o que na prática tem se tentado. Não têm competências as Fazendas Estaduais ou Municipais para tributar tal atividade. Não podem, arbitrariamente, elas tentarem alargar conceitos e fazer enquadramentos descabíveis a fim de aumentar sua arrecadação, sob pena de infração a ordem constitucional.

As secretárias fazendárias se interessam pelas receitas dos provedores de acesso em razão da proliferação desse segmento empresarial nas últimas décadas, o que pode propiciar uma considerada elevação na arrecadação. É uma fome de arrecadação diante de uma nova figura que promete ser, ainda mais, grandemente pulverizada.

Assim, estamos diante de um impasse que causa insegurança jurídica face as diferentes posições sobre a aplicação do ICMS ou ISS na atividade de provimento de acesso à internet, que não pode ser resolvida tendo em vista puramente os interesses arrecadatórios das Fazendas Esta-

tados pelos provedores de conteúdo e de acesso à internet", in *O Direito e a Internet*, p. 139.

50. "Incidência de ICMS sobre os serviços de valor agregado", cit., p. 684.

duais e Municipais, que se debatem na busca de uma maior fatia da carga tributária nacional.

É necessário o exame da questão considerando os conceitos legais estabelecidos, não podendo os entes públicos distoá-los em seu favorecimento próprio quanto à arrecadação em detrimento do contribuinte. Fazer interpretações extensivas das leis e seus conceitos em favor do aumento da arrecadação traz prejuízos a sociedade do ponto de vista da segurança jurídica.

Contudo, aos operadores do Direito cabe o dever da boa e devida interpretação da norma, a fim de evitar a incerteza e insegurança jurídica nas relações obrigacionais tributárias.

8.1 Considerações de foro íntimo

Considerando tudo já exposto até aqui, pensamos que se o Estado representa a coletividade, sendo que uma das formas de se atender as demandas dessa coletividade é através da arrecadação do Estado por meio dos tributos.

A tributação se dá pela aferição de renda, negociações comerciais, etc., sendo que o sistema tributário procura alcançar todas as atividades mercantis. Sendo que, nos últimos anos, surgiu uma atividade — provedor de acesso à internet — (que tende a crescer ainda mais em razão do real, e potencial, crescimento da internet) que não é alcançada pelas normas jurídicas, assim mister se faz à revisão do ordenamento jurídico a fim de que o legislador tribute tal atividade.

Aqui não está se pregando que a lei é engessada a ponto de que a todo o momento deva ser alterada para alcançar novas figuras, pois a lei tem "certa" flexibilidade para não se tornar obsoleta de maneira muito rápida.

Acontece que, a atividade de provimento de acesso poderia estar sob a hipótese de incidência do ICMS ou do ISS, mas não está, não podendo isso perpetuar, até porque é uma atividade empresarial como outra qualquer, logo, deve ser tributada. Sem dizer que tal situação, da forma como se encontra atualmente, tem gerado incertezas, que por sua vez dão margem para aquelas discussões judiciais que acarretam a expedição de inúmeras liminares pelo Poder Judiciário, a fim de deixar de recolher tributos.

Logo, deve haver uma mudança da legislação a ponto de alcançar tal atividade, seja alterando a lei 9.472/1997 para que o provimento de serviço possa ser tributado pelo imposto estadual — ICMS –, seja incluindo na lista anexa à Lei Complementar 116/2003 a atividade de provimento de acesso para ser tributada pelo imposto municipal — ISS.

9. Bibliografia

ABRÃO, Carlos Henrique. "Tributação na internet", in MARTINS, Ives Gandra da Silva (coord.). *Tributação na Internet*. São Paulo, Ed. RT, 2001.

ABREU, Cláudio de, e PRADO, Marcos Vinícius Passarelli. "Tributação na internet", *Revista Dialética de Direito Tributário* 67. São Paulo, abr. 2001.

ALEJANDRO, Javier Ribas. *Aspectos Jurídicos del Comercio Electrónico en Internet*. Pamplona, Aranzadi, 1999.

ALVES, José Carlos Moreira. Conferência Inaugural, XXVI Simpósio Nacional de Direito Tributário, in *Contribuições de Intervenção no Domínio Econômico*. Centro de Extensão Universitária. São Paulo, Ed. RT, 2002.

ANGEIRAS, Luciana. "Tributação dos provedores de acesso à internet", in SCHOUERI, Luis Eduardo (org.). *Internet: o Direito na Era Virtual*. São Paulo, Lacaz Martins, Halembeck, Pereira Neto, Gurevich & Schoueri Advogados, 2000.

ARAÚJO, Maria Ivany Gomes. *Análise dos Aspectos Conceituais e da Carga Tributária nas Transações do Comércio Eletrônico: o Caso do ICMS*. Dissertação de Mestrado apresentada à Faculdade de Economia, Administração e Contabilidade da USP, 2002.

BALEEIRO, Aliomar. *Limitações Constitucionais ao Poder de Tributar*. Ed. revista e complementada por Misabel Abreu Machado Derzi. Rio de Janeiro, Forense, 1999.

BASTOS, Celso Ribeiro. "Tributação na internet", in MARTINS, Ives Gandra da Silva (coord.). *Tributação na Internet*. São Paulo, Ed. RT, 2001.

BIFANO, Elidie Palma. *O Negócio Eletrônico e o Sistema Tributário Brasileiro*. São Paulo, Quartier Latin, 2004.

BOTELHO, Fernando Neto. "Tributação do serviço de provimento da internet", in TÔRRES, Heleno Taveira (coord.). *Direito Tributário das Telecomunicações*. São Paulo, IOB Thomson/ABETEL, 2004.

CAMPOS, Ivan Luiz Sobral, e MAIA, João Agripino. "Tributação dos serviços prestados pelos provedores de conteúdo e de acesso à internet", in ROCHA FILHO, Valdir de Oliveira (coord.). *O Direito e a Internet*. Rio de Janeiro, Forense Universitária, 2002.

CARRAZZA, Roque Antonio. *ICMS*. 6ª ed. rev. amp., São Paulo, Malheiros Editores, 2000.

CARVALHO, Paulo de Barros. *Curso de Direito Tributário*. 10ª ed., São Paulo, Saraiva, 1998.

______. "Não-incidência do ICMS na atividade dos provedores de acesso à internet", in TÔRRES, Heleno Taveira (coord.). *Direito Tributário das Telecomunicações*. São Paulo, IOB Thomson/ABETEL, 2004.

CEZAROTI, Guilherme. "Breves considerações a respeito da incidência do ICMS nas operações realizadas via internet", in SCHOUERI, Luis Eduardo (org.). *Internet: o Direito na Era Virtual*. São Paulo, Lacaz Martins, Halembeck, Pereira Neto, Gurevich & Schoueri Advogados, 2000.

CHIESA, Clélio. "A tributação dos serviços de internet prestados pelos provedores: ICMS ou ISS", *Revista de Direito Tributário* 74. São Paulo, Malheiros Editores, 1998.

CUELLO, Rafael Oliver. "Cuestiones fiscales controvertidas del comercio eletrónico", *Revista Española de Derecho Financiero* 106. Madri, Civitas, abr.-jun. 2000.

DE LUCCA, Newton. "Tributação na internet", in MARTINS, Ives Gandra da Silva (coord.). *Tributação na Internet*. São Paulo, Ed. RT, 2001.

DENGO, Atílio. *A Tributação do Comércio Eletrônico*. Dissertação de Mestrado apresentada à Faculdade de Direito da Universidade Federal do Rio Grande do Sul, 2001.

FINKELSTEIN, Maria Eugênia Reis. *Aspectos Jurídicos do Comércio Eletrônico*. Dissertação de Mestrado apresentada à Faculdade de Direito da Universidade de São Paulo, 2003.

GRECO, Marco Aurélio. *Internet e Direito*. 2ª ed., São Paulo, Dialética, 2000.

______. "Estabelecimento tributário e *sites* na internet", in DE LUCCA, Newton, e SIMÃO FILHO, Adalberto (coords.) e outros. *Direito e Internet — Aspectos Jurídicos Relevantes*. 1ª reimp., Bauru, Edipro, 2001.

______. "Provedores de acesso e o ICMS", *Revista do Advogado* 69. São Paulo, Associação dos Advogados de São Paulo, mai. 2003.

______. "Aspectos tributários do comércio eletrônico", in UCKMAR, Victor, ALTAMIRANO, Alejandro C., e TÔRRES, Heleno Taveira (coords.). *Impuestos sobre el Comercio Internacional*. Buenos Aires, Ábaco, 2003.

MACHADO, Hugo de Brito. *Aspectos Fundamentais do ICMS*. São Paulo, Dialética, 1997.

______. *Curso de Direito Tributário*. São Paulo, Malheiros Editores, 1998.

______. "Tributação na internet", in MARTINS, Ives Gandra da Silva (coord.). *Tributação na Internet*. São Paulo, Ed. RT, 2001.

MARTINS, Ives Gandra da Silva. "Tributação na internet", in MARTINS, Ives Gandra da Silva (coord.). *Tributação na Internet*. São Paulo, Ed. RT, 2001.

MELO, José Eduardo Soares de. "ICMS/ISS — TV por assinatura e a cabo, *courrier* e internet", *Revista de Direito Tributário* 71. São Paulo, Malheiros Editores, 1998.

MENEZES, Mário Celso Santiago. "Incidência de ICMS sobre os serviços de valor agregado", in TÔRRES, Heleno Taveira (coord.). *Direito Tributário das Telecomunicações*. São Paulo, IOB Thomson/ ABETEL, 2004.

MONTEIRO. Bruno Suassuna Carvalho. "Da tributação dos provedores de acesso à internet", in REINALDO FILHO, Demócrito (coord.). *Direito da Informática — Temas Polêmicos*. Bauru, Edipro, 2002.

NEME, Márcia de Freitas Castro, e NASRALLAH, Amal Ibrahim. "A tributação das operadoras envolvendo *TV a cabo* e *direct to home*, *internet* e *paging* — ICMS *x* ISS", *Revista dos Tribunais* 26. São Paulo, jan.-mar. 1999.

OLIVERIA, Júlio Maria de. *Internet e Competência Tributária*. São Paulo, Dialética, 2001.

SCHOUERI, Luis Eduardo. "Imposto de Renda e comércio eletrônico", in SCHOUERI, Luis Eduardo (org.). *Internet: o Direito na Era Virtual*. São Paulo, Lacaz Martins, Halembeck, Pereira Neto, Gurevich & Schoueri Advogados, 2000.

SILVA, Emerson Drigo da. "Aspecto espacial da incidência do ISS sobre os serviços prestados via internet", in SCHOUERI, Luis Eduardo (org.). *Internet: o Direito na Era Virtual*. São Paulo, Lacaz Martins, Halembeck, Pereira Neto, Gurevich & Schoueri Advogados, 2000.

SOBRINHO, José Wilson Ferreira. "Perfil tributário do provedor da internet", *IOB — Repertório de Jurisprudência Tributário, Constitucional e Administrativo* 22/96, 2ª quin. nov. 1996.

TÔRRES, Heleno Taveira. *Direito Tributário e Direito Privado*. São Paulo, Ed. RT, 2003.

TORRES, Ricardo Lobo. *Normas de Interpretação e Integração do Direito Tributário*. Rio de Janeiro, Renovar, 2000.

VERGUEIRO, Guilherme von Müller Lessa. "A tributação do provedor de acesso", *Revista do Advogado* 69. São Paulo, Associação dos Advogados de São Paulo, mai. 2003.

SERVIDOR PÚBLICO – TERÇO CONSTITUCIONAL DE FÉRIAS – CONTRIBUIÇÃO PREVIDENCIÁRIA – NÃO INCIDÊNCIA

Comentários de
RENATO PELIZZARO
ao REsp 786.988-DF, 2ª Turma do STJ

Recurso Especial n. 786.988-DF (2005/0168447-1)

Rel.: Min. Castro Meira

Recte.: Associação dos Magistrados do Distrito Federal e dos Territórios – AMAGIS/DF (advs.: Dirceu de Faria e outro)

Recda.: Fazenda Nacional (Procuradores: Paulo Eduardo Magaldi Netto e outros)

Ementa: Tributário – Recurso especial – Terço constitucional de férias – Contribuição previdenciária – Não incidência.

1. O sistema previdenciário vigente, a partir da Emenda Constitucional n. 20/1998, encontra-se fundado em base rigorosamente contributiva e atuarial, o que implica equivalência entre o ganho na ativa e os proventos recebidos durante a inatividade.

2. É defeso ao servidor inativo perceber proventos superiores à respectiva remuneração no cargo efetivo em que se deu a aposentação. Pela mesma razão, não deve incidir contribuição previdenciária sobre funções comissionadas, já que os valores assim recebidos, a partir da Lei n. 9.527/1997, não se incorporam aos proventos de aposentadoria. Precedentes.

3. Igualmente, não incide contribuição previdenciária sobre valores, ainda que permanentes, que não se incorporam aos proventos de aposentadoria, como o terço constitucional de férias. Precedentes.

4. Recurso especial provido.

ACÓRDÃO – Vistos, relatados e discutidos os autos em que são partes as acima indicadas: Acordam os Ministros da 2ª Turma do Superior Tribunal de Justiça: "A Turma, por unanimidade, deu provimento ao recurso, nos termos do voto do Sr. Ministro Relator". Os Srs. Mins. Francisco Peçanha Martins, Eliana Calmon e João Otávio de Noronha votaram com o Sr. Ministro Relator.

Brasília/DF, 28 de março de 2006 – *Castro Meira*, relator.

RELATÓRIO – *O Exmo. Sr. Min. Castro Meira*: Cuida-se de recurso especial fundado exclusivamente na alínea "c" e interposto contra acórdão do Tribunal Regional Federal da 1ª Região que, ao prover recurso de apelação e remessa oficial, entendeu incidir a contribuição previdenciária sobre o terço constitucional de férias.

Alega a recorrente que o aresto diverge do entendimento firmado nesta Corte de Justiça por ocasião do julgamento do REsp n. 489.279-DF, relatado pelo saudoso Min. Franciulli Netto, segundo o qual a contribuição previdenciária não incide sobre o terço constitucional de férias.

Contra-razões ofertadas a fls. 206-209.

Recurso especial admitido a fls. 209.

É o relatório.

VOTO – *O Exmo. Sr. Min. Castro Meira* (relator): Demonstrada a divergência nos moldes legais e regimentais, conheço do recurso.

Passo ao mérito.

O sistema previdenciário vigente, a partir da Emenda Constitucional n. 20/1998, encontra-se fundado em base rigorosamente contributiva e atuarial, o que implica equivalência entre o ganho na ativa e os proventos recebidos durante a inatividade.

É defeso ao servidor inativo perceber proventos superiores à respectiva remuneração no cargo efetivo em que se deu a aposentação. Pela mesma razão, não deve incidir contribuição previdenciária sobre funções comissionadas, já que os valores assim recebidos, a partir da Lei n. 9.527/1997, não se incorporam aos proventos de aposentadoria. Nesse sentido, assim decidiu a Turma:

> Previdenciário – Contribuição previdenciária – Função comissionada – Base de cálculo – Lei n. 9.783/1999.
>
> 1. Pela regra do art. 195, § 5º, da CF, "nenhum benefício ou serviço da seguridade social poderá ser criado, majorado ou estendido sem a correspondente fonte de custeio total". "Não se pode criar fonte de custeio sem o benefício correspondente" (ADI n. 790-4-DF).
>
> 2. "Os valores remuneratórios de função comissionada ou cargo comissionado não integram a base de cálculo conceituada no art. 1º da Lei n. 9.783/1999" (Decisão 683/2001, Plenário do TCU).
>
> 3. "A função comissionada não é hoje considerada para fins de fixação dos proventos de aposentadoria ou pensão estatutária. Nem mesmo a opção pode ser levada para a inatividade, dado que ela configura um acréscimo à remuneração do cargo efetivo, não a integrando, portanto (art. 5º da Lei n. 10.475/2002)" (STF, processo n. 316.794/2002).
>
> 4. A contribuição previdenciária tem natureza tributária, pelo quê não se admite a sua aplicação por analogia ou interpretação extensiva.
>
> 5. Recurso especial provido. (REsp n. 796.889-DF, rel. Min. Castro Meira, *DJU* 20.2.2006)

> Processual civil e tributário – Violação aos arts. 458 e 535 do CPC não configurada – Contribuição previdenciária – Lei n. 9.783/1999 – Função comissionada – Incidência indevida – Precedentes do STJ.
>
> O julgador não é obrigado a se manifestar sobre todos os argumentos que lhe são submetidos quando já encontrou fundamento suficiente para dirimir a lide.
>
> É firme o entendimento das Turmas que compõem a 1ª Seção desta Corte no sentido de que não deve incidir contribuição previdenciária sobre os valores percebidos pelo servidor público a título de função comissionada.
>
> Recurso conhecido e provido. (REsp n. 617.592-DF, rel. Min. Peçanha Martins, *DJU* 6.3.2006)

Se nos proventos de aposentadoria não será computada a retribuição auferida na ativa concernente à função comissionada, não deve sobre ela incidir a contribuição previdenciária, sob pena de violação, às avessas, da natureza atuarial do sistema previdenciário. Igualmente, não pode o aposentado receber proventos superiores aos vencimentos que recebia na atividade.

Valendo-se do mesmo raciocínio, também não incide contribuição previdenciária sobre valores, ainda que permanentes, que não se incorporam aos proventos de aposentadoria, como o terço constitucional de férias. Nesse sentido os seguintes precedentes, que colaciono:

> Recurso ordinário – Mandado de segurança – Servidor público – Contribuição previdenciária – Terço constitucional sobre férias e horas extras – Verbas não incorporáveis – Incidência da contribuição – Impossibilidade – Precedentes.
>
> 1. O regime previdenciário dos servidores públicos federais tem caráter

contributivo e atuarial, na conformidade da Emenda Constitucional n. 20/1998.

2. Os valores pagos a título do denominado "terço constitucional" e das horas extras não se incorporam à remuneração para efeito de cálculo e pagamento dos proventos da aposentadoria, limitados à remuneração do cargo efetivo.

3. Recurso ordinário conhecido e provido. (RMS n. 14.346-DF, rel. Min. Peçanha Martins, *DJU* 28.6.2004)

Embargos de declaração – Contribuição previdenciária – Adicional de férias.

1. Como cediço, a jurisprudência majoritária das Turmas de Direito Público exclui a remuneração da função comissionada como base de cálculo, exatamente pela ausência do caráter "retributivo".

2. Deveras, *ubi eadem ratio, ibi eadem dispositio*, por isso que, desenhado o modelo constitucional previdenciário pela Emenda Constitucional n. 20/1998, sob o enfoque contributivo e atuarial, inequívoco que os valores pagos a título de "terço constitucional", posto não integrantes da remuneração do cargo efetivo, não se incorporam para fins de aposentadoria e, *a fortiori*, não fundam a mencionada base de cálculo da contribuição previdenciária.

3. Embargos de declaração acolhidos. (EDecl no REsp n.586.445-DF, rel. Min. Luiz Fux, *DJU* 28.3.2005)

Ante o exposto, *dou provimento ao recurso especial.*

É como voto.

Comentários de

Renato Pellizaro

O v. acórdão proferido pela r. 2ª Turma do egrégio STJ nos autos do REsp 786.988-DF consolida e torna mais abrangente a jurisprudência daquela Corte a respeito da base de incidência da contribuição social sobre a folha de salários, prevista na letra "a" do inciso I do art. 195 da CF ("contribuição previdenciária").

Naquele v. Acórdão é estabelecido o entendimento no sentido de que, desde a promulgação da Emenda Constitucional 20, de 15.12.1998, o sistema previdenciário brasileiro encontra-se fundado em base contributiva atuarial, ou seja, a contribuição previdenciária deve ser a contrapartida dos ganhos aos quais os empregados terão direito quando de sua aposentadoria.

A legislação ordinária a respeito daquela matéria reiterou a característica contributiva/atuarial da contribuição previdenciária ao instituir sua incidência "sobre as remunerações destinadas a retribuir o trabalho pelos serviços efetivamente prestados".[1] Esta disposição da legislação ordinária impede o Instituto Nacional do Seguro Social/INSS de exigir aquele contribuição relativamente a certas verbas pagas pelas pessoas jurídicas aos seus empregados, tais como auxílio-acidente, auxílio-doença, salário-maternidade, adicional de férias etc. No entanto, aquele Órgão vem exigindo dita contribuição nestes casos, como pode ser verificado nas normas administrativas por ele emitidas.[2]

Contendo tal exigência, as normas administrativas referidas ferem, primeiramente, o princípio constitucional da estrita legalidade da tributação,[3] pois estendem as incidências da mesma exação além dos limites previstos em lei. Como ensina o professor Roque Antônio Carrazza, "em função do princípio da legalidade, as autoridades têm o dever de lançar e arrecadar tributos somente na medida e nos casos prescritos nas leis. Apenas à lei – e não ao ato infralegal – está reservado interferir na liberdade, na propriedade e nos demais di-

1. Inciso I do art. 22 da Lei 8.212/1991, com a redação que lhe foi atribuída pela Lei 9.876, de 26.11.1999.

2. Art. 71 da Instrução Normativa MPS/SRP-3, de 14.7.2005.

3. Inciso I do art. 150 da CF.

reitos dos contribuintes, bem como impor-lhes deveres, exigindo-lhes um fazer concreto, um suportar ou um omitir".[4]

Ferem, também, a Emenda Constitucional 20, de 15.12.1998, que instituiu a sistemática previdenciária brasileira em bases contributivas atuariais. Nesta sistemática, o valor da contribuição deve ser proporcional aos valores que serão devidos aos empregados segurados em caso de aposentadoria ou pensão por morte.

Aquelas ilegalidades/inconstitucionalidades das normas administrativas previdenciárias já vinham sendo reconhecidas em outros acórdãos do STJ além do ora comentado, dando, assim, aquela Corte sábia interpretação ao sistema normativo em vigor a respeito da matéria vertente.

4. Roque Carrazza, *Curso de Direito Constitucional Tributário*, 22ª ed., São Paulo, Malheiros Editores, 2006, p. 261.

Pareceres

OFERTA PÚBLICA PARA A AQUISIÇÃO DE AÇÕES (OPA) – TEORIA DA CONFIANÇA – DEVERES DE PROTEÇÃO VIOLADOS – A DISCIPLINA INFORMATIVA E O MERCADO DE CAPITAIS – RESPONSABILIDADE PELA CONFIANÇA – ABUSO DO PODER DE CONTROLE

OFERTA PÚBLICA PARA A AQUISIÇÃO DE AÇÕES (OPA)*, seguida, em poucos meses, da incorporação da empresa. Promessa, publicamente feita, de que a adquirente de ações tinha a intenção de manter o capital social aberto, com liquidez imediata de suas ações em Bolsa de Valores. Declaração negocial que integrou a base subjetiva da decisão relativa à permanência de preferencialistas na empresa. Posterior fechamento do capital. "Intenção consubstanciada na declaração".*

TEORIA DA CONFIANÇA. *Sua dupla formulação, como fonte de obrigações e como fundamento da vinculabilidade dos negócios jurídicos. Os acionistas não-controladores e o princípio da boa-fé.*

DEVERES DE PROTEÇÃO VIOLADOS. *A Violação Positiva.*

A DISCIPLINA INFORMATIVA E O MERCADO DE CAPITAIS. *Amplitude e substancialidade dos deveres informativos. Responsabilidade pela informação lacunosa, inverídica ou não dotada de suficiente seriedade.*

RESPONSABILIDADE PELA CONFIANÇA. *Caracterização da ilicitude. Ilicitude de fins e no modo do exercício do Direito. Culpa. Violação de dever jurídico pré-existente.*

ABUSO DO PODER DE CONTROLE *pela prática do "squeeze out" e "economic duress". Danos derivados da conduta abusiva. O valor do reembolso. Quitação. Extensão da quitação.*

JUDITH MARTINS-COSTA

Parecer: I. Dos fatos, em vista do contexto negocial em causa. II. Do Direito: II.1 Das declarações acerca da manutenção do caráter aberto da companhia e de sua eficácia: A) As declarações unilaterais e a vinculação pela confiança: (i) A confiança como fonte específica de eficácia obrigacional; (ii) A confiança como razão auxiliar de vinculação negocial; B) Os preferencialistas e os deveres decorrentes da boa-fé: (i) Boa-fé e informação exata, séria, verídica e exaustiva; (ii) Boa-fé e interpretação pro preferencialista; II.2 O abuso de poder de controle; II.3 Conseqüências da violação dos deveres. Conclusões.

Consulta

O ilustre Colega, Dr. José Rubens Machado de Campos, encaminha Consulta redigida nos seguintes termos.

"*1.* Trata-se de questão alusiva à ruptura de promessa pública de que o capital social da extinta Cias. CV S/A, incorporada pela BM [por sua subsidiária BV Ind. e Com. Ltda., especificamente constituída no Brasil para operacionalizar dita incorporação], seria mantido aberto, com liquidez imediata de suas ações em Bolsa de Valores.

"*2.* A partir do ano de 1988, a gigantesca multinacional The BM Co., querendo expandir seus negócios no Brasil, cuidou de adquirir empresas nacionais fornecedoras de produtos semelhantes àqueles por ela fabricados nos EUA, bem como em outros países.

"Por isso, em 19 de agosto de 1988, *a sociedade de capital aberto* Cias. CV S/A, em Aviso de 'Fato Relevante' também subscrito pela multinacional compradora, tornou público ter a sua maioria controladora (71,9% do capital votante) celebrado, com a The BM, *contrato de venda* daquelas ações por um preço unitário de US$ 0,798.

"Acrescentava esse anúncio que, efetivado o negócio, e atendendo-se à circunstância de se tratar a CV de companhia aberta, assegurar-se-ia tratamento isonômico aos acionistas minoritários eventualmente desejosos de vender suas ações.

"*3.* Em razão desse anúncio e atraídos pela longa tradição da BM Co. enquanto *sociedade aberta* no país de origem, sujeita aos sabidamente rígidos controles da *Security and Exchange Comission* e respeitadora contumaz dos direitos dos acionistas minoritários, muitos investidores adquiriram, nesse momento, ações preferenciais. São eles investidores institucionais, tradicionalmente atuando no *longo prazo* o que justifica abandonar-se qualquer juízo açodado de que visavam, com os investimentos feitos, meramente o lucro fácil.

"*4.* Visando a personificá-la nessa operação de compra e venda, a BM constituiu, no Brasil, a BV Ind. e Com. Ltda. (mais tarde transformada em sociedade anônima) que, na Oferta Pública divulgada em 27 de setembro de 1988, propôs a aquisição das ações restantes, fixando o seu preço e *declarando ser sua intenção que a CV manter-se-ia 'na condição de Companhia Aberta'*.

"Outras ofertas de aquisições das ações minoritárias foram feitas pela BV no ano de 1989, nelas sempre se reiterando haver a intenção de preservar à CV a sua condição de companhia aberta.

"Assim sendo, e agindo de boa-fé, alguns acionistas minoritários acreditaram nas declarações do grupo BM e seus mandatários brasileiros e decidiram, ou não se desfazer da posição acionária que detinham na CV ou, inclusive, a adquirir tal posição, certos de que a empresa continuaria a negociar suas ações na bolsa, tal qual tradicionalmente ocorria e tal qual publicamente prometido.

"*5.* Sucede, contudo, que a BV decidiu, em 1990 (menos de seis meses após a última promessa pública), promover a incorporação da CV e fechar o capital.

"No 'Aviso de Fato Relevante' datado de 22 de junho de 1990, comunicou a BV que (i) viria promover a incorporação; (ii) que o valor do reembolso determinado para as ações dos acionistas que preferissem se retirar da sociedade era o de CR$ 10,00 (dez reais) por ação; (iii) *que o capital seria fechado*.

"*6.* Com efeito, em julho de 1990, a empresa Cias. CV S/A foi incorporada à BV Ind. e Com. S/A. Em Assembléia Geral Extraordinária de (...) de julho do mesmo ano, a BV decidiu, entre outras medidas (i) aprovar o laudo de avaliação do patrimônio líquido da Cias. CV S/A; (ii) proceder à incorporação, dando por extinta a antiga companhia CV; (iii) denominar-se, desde então, Cias. CV S/A (mesmo nome da sociedade extinta) e (iv) *fechar o capital societário*.

"*7.* Diante desse fato, os ora Consulentes:

"(i) notificaram a CV para a irregularidade de sua conduta;

"(ii) exerceram o direito de recesso; e

"(iii) ingressaram com ações indenizatórias.

"*8.* As ações têm por base três ordens de argumentação: a) a violação da boa-fé, por quebra da promessa de manter o capital aberto, de um lado; b) a conduta abusiva, tendo a CV exercido abusivamente o poder majoritário ao decidir fechar a companhia (Lei das Sociedades Anônimas, arts. 115 e 117) e; c) conduta ilegal e abusiva da BV/CV no que concerne à avaliação das ações (reembolso) conseqüente ao recesso, sendo a quantificação avaliatória desbordante dos cânones estabelecidos na Lei das Sociedades por Ações (art. 264).

"*9.* Os litígios tiveram início em 1990 e foram propostas duas ações indenizatórias contra Cias. CV S/A: a primeira envolvendo as pessoas físicas de J. A. O. H. e A. M. C. F., residentes no Rio de Janeiro; a segunda, integrada por várias empresas e dois outros cidadãos, todos daquela cidade, investidores institucionais que se sentiram atraídos pelas sucessivas ofertas públicas patrocinadas pela incorporadora BV, ligada à multinacional BM.

"*10.* O Egrégio TJSP não proveu as ações. Porém, em agravos de instrumento, no STJ, obteve-se a subida dos processos, sendo provido o primeiro (autor: J. A. O. H. e Outros) para que, tornado ao TJSP, e em novo julgamento, aquele E. Tribunal exare a inteligência quanto ao pedido de indenização por violação à boa-fé, estampado na quebra da pública promessa de manter a companhia aberta, bem como reexamine a questão inserta no art. 264 da Lei Societária.

"Assim sendo, apresentamos a V. Sra. os seguintes quesitos:

"*1.* Ao violar a promessa, pública e reiteradamente feita, segundo a qual haveria a intenção de manter a companhia com o capital aberto, a BM/CV (hoje: Cias. CV S/A) praticou ato ilícito, caracterizador de dano indenizável?

"*2.* Ao fechar o capital e avaliar as ações para fins de reembolso com critérios díspares os controladores da CV exerceram abusivamente o poder de controle?"

O Consulente anexa à Consulta cópia dos seguintes documentos:

1. Petição inicial da ação indenizatória movida por J. A. O. H. e A. M. C. F. contra Cias. CV S/A, protocolada sob o n. 000/90 na Egrégia 00ª Vara Cível de São Paulo;

2. Sentença datada de (...) de 1996, pelo ilustre Juiz M. F. S., da 00ª Vara Cível de São Paulo, no processo n. 000/90;

3. Acórdão exarado pela Egrégia 0ª Câmara Cível do Tribunal de Justiça de São Paulo, datado de (...) na Apelação Cível n. 000 e os votos proferidos;

4. Acórdão proferido no Superior Tribunal de Justiça no Agravo Regimental no Recurso Especial n. 00000-SP, com os respectivos votos;

5. Petição inicial da ação indenizatória movida por Cia. M. e Outros contra Cias. CV S/A, datada de (...) de 1991.

6. Parecer exarado pelo Exmo. Sr. Professor Dr. Luiz Gastão de Barros Leães, datado de 31 de outubro de 1990;

7. Parecer exarado pelo Exmo. Sr. Professor Dr. Alfredo Lamy Filho, datado de 22 de agosto de 1990;

8. Parecer exarado pelo Exmo. Sr. Professor Dr. Silvio Rodrigues, datado de 26 de outubro de 1990;

9. Parecer exarado pelo Exmo. Sr. Professor Dr. Arnoldo Wald, em 20 de novembro de 1992;

10. Acórdão do Egrégio TJSP, na Apelação Cível n. 0000, datado de (...) de 1992;

11. Contra-razões apresentadas em 1º de outubro de 1992 pelo Dr. José Rubens Machado de Campos;

12. Contestação apresentada no mesmo feito, em (...), por advogados de CV;

13. Decisão (em saneador) da 00ª Vara Cível de SP no processo n. 000/91, de (...) de 1993;

14. Laudo pericial contábil firmado pelo Sr. Contador M. G. O. de (...) de 1998 e documentos que lhe são anexos;

15. Memorial dos autores, datado de (...) de 1998;

16. Sentença datada de (...) de 1998, exarada pela Exma. Sra. Juíza da 00ª Vara Cível do Foro Central da Comarca de São Paulo, na ação indenizatória intentada por Cia. M. e Outros;

17. Recurso de Apelação protocolado dessa decisão, e datado de (...) de 1998;

18. Voto n. 1.111, proferido pelo MM. Des. A. C. M. na Apelação com Revisão n. 000.000;

19. Dúvida de Competência n. 0000-São Paulo, suscitante (...) Câmara de Direito Privado do TJSP e suscitada a (...) Câmara de Direito Privado, bem como o respectivo Acórdão;

20. Voto n. (...), na Apelação n. (...) do TJSP, da lavra do Exmo. Des. X. B.;

21. Petição de Embargos de Declaração opostos na mesma Apelação, em (...) de 2001;

22. Manifestação de BM do Brasil datada de (...) de 2002, nos antes aludidos Embargos de Declaração;

23. Acórdão datado de (...) de 2002;

24. Petição do Recurso Especial dirigido ao Egrégio Superior Tribunal de Justiça em (...) de 2002;

25. Documentação relativa à compra e venda de ações (contrato de compra e venda de (...) de 1988; termo aditivo datado de (...) de 1988; contrato de garantia, da mesma data; anexos);

26. Laudos de avaliação do patrimônio de Cias. CV;

27. Laudo de avaliação do patrimônio líquido da BV Ind. e Com. S/A, para fins de cálculo das relações de substituição das ações;

28. Edital da Oferta Pública de Compra de Ações Ordinárias da Cia. CV S/A, datado de (...) de 1988;

29. Edital da Oferta Pública de Compra de Ações Ordinárias da Cia. CV S/A, datado de (...) 1989;

30. Edital da Oferta Pública de Compra de Ações Ordinárias da Cia. CV S/A, datado de (...)de 1989;

31. Atas das Assembléias Gerais Ordinária e Extraordinárias datadas de (...) de 1990; e (...) de 1990;

32. Protocolo de Incorporação de Cias. CV S/A por BV Ind. e Com. S/A, de (...) de 1990;

33. Ata de Reunião do Conselho de Administração de Cias. CV S/A, datada de (...) de 1990;

34. Avisos de "Fato Relevante" datados de (...) de 1988 (sobre a venda do controle acionário de Cias. CV S/A) e de (...) de 1990 (referente à incorporação e ao fechamento do capital);

35. Entrevista concedida ao jornal (...) pelo diretor de *marketing* da BM em (...) de 1990;

36. Notificação apresentada à CV pelos advogados dos ora Consultantes em (...) de 1990;

37. Resposta da CV a essa notificação, acompanhada de "minuta" do recibo de quitação datada de (...) de 1990.

Parecer

O exame da matéria submetida à minha apreciação não prescinde de um minucioso relatório dos *fatos documentados* a que tive acesso, e que serão abaixo arrolados por ordem cronológica, pois a cronologia auxilia a entender a lógica do seu encadeamento, permitindo vislumbrar com clareza o *contexto gerador de confiança*

(Primeira Parte). Subseqüentemente será necessário analisar as características da declaração posta em Editais de Oferta Pública de haver a intenção de manter a CV como companhia aberta, a fim de detectar se foi suscitada a *legítima confiança* dos ora Consulentes e se desta confiança gerou-se dever jurídico, analisando-se, outrossim, a alegação segundo a qual houve *abuso de poder de controle* (Segunda Parte); finalmente, será a hora de examinar as conseqüências da violação da confiança e do abuso de poder de controle (Terceira Parte), com o que poderei responder, fundada e objetivamente, aos quesitos propostos.

I. Dos fatos, em vista do contexto negocial em causa

1. No final da década de 80 — mais precisamente, em 1988 — a empresa Cias. CV S/A (doravante "antiga" CV), cujo capital era, originariamente, inteiramente nacional e acionariamente aberto, viu-se assediada pela gigantesca multinacional The BM Co., sediada nos Estados Unidos da América do Norte que, desejosa de expandir seus negócios no Brasil,[1] tratava de adquirir empresas congêneres nacionais.

Por conta dessa investida, a maioria acionária da CV (71,9% do capital votante) efetivamente celebrou contrato de compra e venda de ações com empresa constituída pela multinacional BM exclusivamente para esse fim, qual seja, a BV,[2] consignando-se, por ação ordinária, um preço em cruzados equivalente a US$ 0,7981.

Nas comunicações de "Fato Relevante" publicadas na imprensa em (...) e em (...) ***de 1988***, dá-se a conhecer ao público esse negócio jurídico. Ali também se afirmava que *seria assegurado tratamento isonômico aos sócios minoritários* que desejassem vender as suas ações. *In verbis*: "As ações ordinárias pertencentes aos acionistas minoritários, aos quais, em se efetivando o negócio, será assegurado tratamento igualitário, são em número de 24.718.968 (vinte e quatro milhões, setecentos e dezoito mil, novecentos e sessenta e oito) correspondendo aproximadamente 28,1% do capital votante e a 10,00% do capital social subscrito e integralizado da CV".[3]

2. Como observei acima, a fim de efetivar a compra e venda a BM constituiu uma empresa no Brasil, sua *longa manus*, qual seja, a BV. A esta empresa coube divulgar os Editais de Oferta Pública de Aquisição de Ações (OPAs) para adquirir as demais ações ordinárias e as ações preferenciais.

Foi nesses editais — *reiteradamente repetidos* — que anunciou a ofertante/compradora: "A Ofertante *declara* não ter intenção de mudar a condição de companhia aberta da Emissora".[4]

3. Assim foi que, no ***período de mais de ano*** em que efetuava as aquisições acionárias seja das demais ações ordinárias (agosto de 1988), seja dos títulos dos preferencialistas (junho de 1989 e novembro de 1989) a Compradora assegurou — sempre declarando publicamente — o que havia sido posto como *verdadeira condição do negócio então proposto*, isto é, da oferta de aquisição de ações: a Companhia não perderia o caráter de sociedade por ações de capital aberto, com ações negociáveis em Bolsa de Valores, o que era essencial para manter, de forma eqüitativa, o tratamento igualitário dos não-controladores, tal qual preexistente ao negócio de compra e venda para a multinacional norte-americana.

4. Foi justamente por conta da intenção publicamente declarada no próprio

1. Assim dá conta, exemplificativamente, a entrevista concedida ao jornal (...) em (...) de 1990, pelo Diretor de *marketing* da BM e relata a sentença da 00ª Vara Cível de SP (proc. n. 0000/90) ao transcrever as afirmativas da contestação.

2. Primeiramente chamada de BV Ind. e Com. Ltda. e, posteriormente, BV Ind. e Com. S/A.

3. Assim, exemplificativamente, a comunicação de "Fato Relevante" datada de (...) de 1988.

4. Cf. Editais da Oferta Pública de Compra de Ações Ordinárias da Cia. CV S/A, datados de (...) 1988; (...) e (...) de 1989 (grifei).

Edital de 1988 e reiterada um ano mais tarde nos Editais de 1989 que grande número dos sócios não-controladores, detentores de ações preferenciais, preferiu não vender as suas ações naquele momento, uma vez que *a própria ofertante criara a expectativa* de manter a companhia aberta. Mais ainda, criara a ofertante a expectativa de incrementar as suas atividades empresariais, para se tornar a "líder no mercado", com isso sinalizando para chances de lucros que se realizariam — para os preferencialistas — na medida em que esses mantivessem a posição detida antes da venda do controle da empresa.

4.1 Em conseqüência, alguns acionistas decidiram não se desfazer de suas ações ao valor ofertado,[5] ao assim agir em razão da promessa segundo a qual a companhia continuaria com o capital aberto, configurou-se, por essa circunstância, a sua *expectativa legítima*, na acepção jurídica desta expressão — uma vez que derivada de declarações expressas, verdadeiras promessas, por parte da empresa ofertante.

4.2 A legitimidade da expectativa ficará ainda mais clara quando se compatibiliza as declarações insertas no Edital com entrevista dada em (...) ***de março de 1990***, ao jornal (...), pelo Sr. B. C., Diretor de *marketing* da BM.

Nessa entrevista anunciava o Diretor da empresa os planos da BM para ser "*líder no Brasil*" no setor, deixando antever os vultosos investimentos que a colocariam naquela posição de liderança. E declarava que, após trabalhar por 21 (vinte e um) meses em silêncio, "*sem nunca esconder que a sua meta é a ser a número um no Brasil*": "A BM termina, até o final do ano, o processo de modernização das três fábricas que a CV já operava no país antes de sua venda: em Manaus (AM), Cachoeira (BA) e no bairro paulistano de Jacarepaguá. O investimento revelado pela empresa é de US$ 50 milhões e inclui o aprimoramento tecnológico que permita a produção de alguns dos novos produtos".

Na mesma entrevista o Senhor C. anunciava ainda que a empresa tinha seis projetos no Brasil, um dos quais referente à marca CV. Dizia-se ainda que a aquisição da CV pela quantia de aproximadamente US$ 70 milhões marcara "a primeira etapa" da inserção da BM no Brasil com o objetivo de "fazer do Brasil o seu principal mercado".

5. Por conta dessas declarações, os sócios que não haviam acorrido às OPAs chamadas pelos Editais de (...), de (...) e de (...) viram ainda reforçada a sua expectativa de permanecer como sócios de uma empresa que só tenderia a crescer, na certeza de liquidez do seu investimento porque confiantes na promessa de continuar ela com o capital aberto aberta, como reiteradamente afirmado. Além do mais, sendo a declaração editalícia dirigida ao mercado, outros investidores acorreram e compraram ações confiantes na declaração feita.

6. Qual não foi, portanto, a surpresa desses sócios não-controladores (antigos e novos, entre os quais se encontram os ora Consultantes) quando, dois meses e meio após essa entrevista, em data de (...) de 1990, Cias. CV (cujo controle já havia sido comprado por BM) fez publicar na imprensa aviso de "Fato Relevante" anunciando:

"1. Nesta data, os órgãos de administração da CV e de sua acionista controladora, BV Ind. e Com. S/A ("BV") celebraram um Protocolo de Incorporação pactuando a incorporação da CV pela BV, a ser realizada de acordo com os arts. 223 e ss. e 264 da Lei n. 6.404/1976.

"(...).

"8. Cabe observar que a BV é uma sociedade anônima fechada. Portanto, os acionistas que decidirem permanecer na sociedade ficam cientes de que não mais

5. Conforme primeiro Edital, cada ação (ordinária) teria preço equivalente a US$ 0,7981, as ações preferenciais valendo, consoante o segundo Edital, o equivalente a US$ 0,173 por ação e, conforme o terceiro Edital, a US$ 0,212 por ação.

estarão participando de uma sociedade anônima de capital aberto."

Assim, de uma penada, *apenas seis meses após a última declaração de que tinha a intenção de manter o capital aberto*, a BV/BM, mediante uma declaração unilateral de "dar ciência", pretendeu simplesmente revogar os efeitos da declaração anterior, constante dos Editais, fraudando a confiança dos acionistas minoritários.

7. Efetivamente, ao fechar o capital acionário em (...) de 1990, a BV podia completar o processo de incorporação da "antiga" CV, que incluiu, na ***mesma data, a extinção empresa BV, que então passaria a chamar-se CV S/A*** ("nova" CV).

Porém, ao assim se proceder, fechando a sociedade e estabelecendo injusta relação de troca de ações entre incorporada e incorporadora, a participação acionária que os ora Consultantes detinham na "antiga" CV, consistente em cerca de 19% (dezenove por cento) viu-se reduzida a menos de 2,87% (dois vírgula oitenta e sete por cento). Isto é: os títulos possuídos perderam a liquidez (por conta da retirada de sua negociabilidade em bolsas). Para ainda agravar a situação, se quisessem então se retirar suas ações escriturais seriam reembolsadas por CR$ 10,00 a ação, *valor inferior ao que anteriormente a BV havia oferecido nos Editais.*

Tão logo tiveram ciência do fechamento do capital, os ora Consulentes notificaram a CV ("nova" CV), registrando a sua divergência e inconformidade com a quebra da palavra dada; assinalando que buscariam indenização pela lesão à sua boa-fé; autorizando o agente emissor das ações escriturais por eles tituladas a transferi-las ou cancelá-las; comunicando que pleiteariam judicialmente o reembolso devido.

Em contrapartida, a "nova" CV respondeu que o valor do reembolso por ela fixado (CR$ 10,00, por ação) encontrava-se à disposição daqueles sócios, devendo ser pago "imediatamente à sua respectiva reclamação e mediante a assinatura de recibo de quitação".

8. Por conta dessa conduta contraditória e desleal, dizem os Consulentes, advieram vultosos prejuízos financeiros.

9. O primeiro desses prejuízos foi a imediata redução de seu peso na composição acionária, que passou de cerca de 19% (na "antiga" CV) a menos de 2,87% (na "nova" CV).

10. O fechamento do capital e a conseqüente — e drástica — redução do peso na composição acionária praticamente coagiram esses sócios à retirada, podendo-se aventar — como oportunamente veremos — nas hipóteses de *economic duress* e de *squeeze out*, figuras que explicam a opressão econômica que se esconde por detrás de uma aparentemente voluntária decisão.

11. Acresce que esses prejuízos foram aumentados pela afronta às normas dos arts. 45 e 264 da Lei n. 6.404/1976 referentemente às avaliações dos patrimônios das sociedades envolvidas, à participação acionária dos minoritários na nova sociedade criada em decorrência da incorporação e ao valor do reembolso das ações dos dissidentes. Não foram avaliados itens tais quais os intangíveis e o fundo do comércio, adotando-se (contra a promessa de "tratamento isonômico") critérios discordantes para a avaliação do patrimônio da incorporadora e o da incorporada.

12. Assim, decidiram os minoritários, ora Consultantes, notificar a empresa para, especificamente: (i) manifestar dissidência à incorporação, exercendo o direito de recesso; (ii) discordar do valor fixado para o reembolso, comunicando que pleiteariam judicialmente a diferença; e (iii) comunicar, "além disso", que cobrariam a indenização de que se julgavam credores.

13. Como resposta a CV, em missiva assinada por seu Diretor Jurídico em (...) de 1990, notifica que o valor do reembolso, tal qual atribuído por Assembléia Geral Extraordinária, "encontra-se, desde logo, à sua disposição na sede" da sociedade, sendo pago "imediatamente à sua respectiva reclamação e mediante a assinatura de recibo de quitação, conforme modelo anexo".

Tal recibo consigna a declaração de recebimento do valor "referente ao reembolso das ações abaixo discriminadas" bem como a declaração do firmatário de "nada mais [ter] a haver da referida sociedade pelo reembolso" das ações, dando, "neste ato, a mais plena, geral e irrevogável quitação do valor ora recebido".

14. Na petição inicial datada de (...) de 1991 consignam os autores ser a pretensão embasada em duplo título indenizatório: pela violação da promessa de manter a companhia "aberta"; e pela violação dos critérios legais quando da avaliação do investimento acionário feito na "antiga" CV, "causando prejuízo que o reembolso pago não sanou". Nessa peça, os ora Consultantes sintetizam: "Em resumo: a Ré obrou ilicitamente, quer ao fixar o valor de reembolso das ações dos Autores, como sócios dissidentes da Cias. CV S/A quer, ainda, porque descumprindo solenes promessas, não a manteve como sociedade de capital aberto. Disso emana, para Ré, encargo indenizatório".[6]

15. Na contestação oferecida às ações indenizatórias[7] aduz-se, quanto à matéria de mérito, que a decisão de fechar o capital da companhia seis meses após a última promessa de mantê-lo aberto deveu-se à revisão da "estratégia empresarial" que levou, também, à incorporação da "antiga" CV (aliás, hoje denominada BM do Brasil S/A). Assegura-se, ainda, que a incorporação não desbordou da lei, bem como o valor pago pelo reembolso. Afirma, ainda, que os valores foram recebidos sem ressalva, dando-se quitação, motivo pelo qual também por isso não caberia o pedido. Assegura, por fim, que "a garantia assegurada pela Instrução CVM n. 3/1978 aos acionistas minoritários de uma companhia aberta, no caso de a maioria deliberar o 'fechamento de seu capital', *é a oferta pública de compra de suas ações, a ser realizada pelo acionista controlador*, pelo preço que ele, a seu exclusivo critério, fixar. Com essa oferta, os acionistas têm garantia da liquidez de suas ações até o efetivo cancelamento de registro de companhia aberta".[8]

16. Foram juntados substanciosos pareceres.

16.1 O do Professor Luis Gastão Paes de Barros Leães adentra nas técnicas de reorganização societária, em especial a incorporação, sublinhando a necessária conciliação de interesses que deve presidir o processo. Conclui ter sido errônea a avaliação patrimonial, e inexata a relação de troca de ações. Por tudo, afirma, esse é um caso "*paradigmático de abuso do poder de controle*", hipótese "típica de opressão dos acionistas não-controladores".[9]

16.2 O do Professor Alfredo Lamy Filho também examina a questão relativa à avaliação. Analisa o problema da "relação de substituição de ações nas incorporações" e a proteção legalmente cometida aos minoritários e examina a responsabilidade do controlador por abuso, concluindo se estar frente a "caso típico de constrangimento do acionista, o *squeeze-out* dos minoritários" de modo a revelar-se, "sem disfarce, um abuso de poder do controlador". Nesse ponto, analisa a violação da confiança, explicitando: "o fechamento de controle da companhia é operação da maior relevância, na medida em que os acionistas minoritários, que confiaram no mercado, são frustrados em sua confiança, passando a deter — sem que tenham sido ouvidos, nem para isso concorrido — um papel sem liquidez, ou, a rigor, um outro papel".

Tão relevante é esse ponto, afirma o parecerista, que a CVM, na Instrução Normativa n. 3, item IX, alínea *i*, editou norma visando evitar a fraude do controlador. Essa norma foi, no caso, violada pelo artifício "da via oblíqua" da incorporação, bastan-

6. Petição inicial da qual são Autores J. A. O. H. e Outro.

7. Recebi cópia da contestação oferecida no proc. n. 000/91.

8. Item 49 da contestação (grifei).

9. Parecer citado, pp. 31-36, item 6.1 e ss.

do, para tal, fosse constituída companhia fechada com as ações de controle e, depois, incorporada a subsidiária, com o que, "a controladora furta-se ao império da Instrução da CVM, e agride as normas de proteção ao mercado", concluindo, em conseqüência, pela ilegalidade do procedimento.[10]

16.3 O Professor Silvio Rodrigues analisa a questão sob o aspecto da força vinculante da promessa unilateral de vontade estampada na declaração de intenção e não fechar o capital. Afirma aí revelar-se *fonte autônoma de obrigação, resultante em responsabilidade civil aquiliana*. Conclui, outrossim, ter ocorrido afronta à boa-fé. E esclarece, quanto à declaração constante nas OPAs:

"Tal declaração, partida de companhia supostamente idônea, provocou no meio para o qual se dirigia, isto é, o mercado, a justa expectativa de que ela seria verdadeira. Dessa maneira, e tendo em vista (como diz a Consulta) a conhecida competência administrativa da BM Co., aquelas decisões conduziram os portadores de ações ordinárias a recusarem a oferta de US$ 0,7981, formulada a (...) de 1989. Ademais, valendo da permissão do edital, muitas pessoas adquiriram, em bolsa, papéis daquela natureza.

"A justificação desse comportamento, por parte do público, era óbvia. Em vista das circunstâncias apontadas, a perspectiva de um lucro honesto e significativo era considerável. E se porventura tal perspectiva não se concretizasse, tais ações poderiam ser vendidas em bolsa, onde eram negociadas diariamente.

"Com o fechamento do capital da CV, essa possibilidade de venda desapareceu *e os acionistas minoritários ficaram encurralados* (...).

"A *pressão sobre os acionistas minoritários é evidente* e já se cristalizou nas decisões resultantes da Assembléia Geral Extraordinária da nova CV, onde: a) se fixa *um preço vil* para as ações dos acionistas dissidentes da decisão de incorporação; b) comunica o fechamento de seu capital e c) ainda dá ciência que parte do patrimônio da CV está sendo alienado."[11]

Conclui, assim, estarem reunidos os pressupostos exigidos pelo art. 159 do Código Civil de 1916, revelando-se inclusive conduta dolosa (em razão do *squeeze*, ou, literalmente, o afogamento dos acionistas) por parte da "nova" CV.

16.4 O Professor Arnoldo Wald, estudando o tema por solicitação da CV, centra sua análise no valor do reembolso das ações do acionista dissidente. Conclui ser impossível, legalmente, efetuar-se o cálculo com base no valor real de mercado do patrimônio da sociedade, na hipótese de incorporação. Afirma, ainda, a possibilidade de fechamento de companhia aberta havendo a sua incorporação por companhia fechada, sendo a revisão da declaração pela qual se manifestara a intenção de mantê-la aberta uma decisão "política e legítima, não implicando em dever de indenizar". Isto porque, assegura, "a intenção de manter a sociedade aberta não constitui uma obrigação contratual assumida para a eternidade, mas revela uma posição tomada pela empresa, num determinando momento, sem que dela possa advir responsabilidade em virtude de modificações posteriores, até pelo fato de não se tratar de uma obrigação e de não existir prazo para a limitação que sofreria a sociedade (dever de não-fazer);

"A boa-fé da consulente também se evidencia pela oferta pública de compra voluntária que, por duas vezes, dirigiu aos acionistas preferenciais, propondo-lhes valores de compra mais altos do que o valor patrimonial líquido contábil e do que o valor de Bolsa e até superior ao valor do re-

10. A ilegalidade, assegura, se caracteriza pela infração a dispositivos da Lei 6.404/1976 (em especial o disposto no art. 264) e nas Instruções ns. 3, 29 e 55 da CVM, havendo, ainda, lesão ao art. 159 do Código Civil.

11. Grifei.

cesso que finalmente foi fixado na incorporação."

17. Foram realizadas perícias contábeis.

17.1 Na primeira perícia, concluiu-se que os bens do ativo haviam sido avaliados a preços de mercado, conforme relatórios da Price Waterhouse com data de (...) de 1990. Concluiu, ainda, que o valor do patrimônio líquido das empresas à época dos fatos era aquele consignado nos balanços anexados aos laudos de avaliação. Alertou também que a CVM (Comissão de Valores Mobiliários) não desaprovara a operação.

17.2 Na perícia realizada em (...) de 1998 no processo n. 000/91, o senhor Perito Judicial, M. G. O. concluiu sinteticamente o que segue:

a) quando da incorporação os patrimônios das sociedades incorporadora e incorporada "não foram avaliados segundo os mesmos critérios e tampouco a preços de mercado" (resposta ao quesito n. 3.1, do MM. Juízo, fls.);

b) "apenas determinados itens do ativo imobilizado da Incorporadora CV e de sua afiliada CV Nordeste foram avaliados a preços de mercado, nenhuma avaliação tendo sido realizada quanto às marcas, patentes e produtos registrados pertencentes à Incorporada CV" (fls.);

c) "nada consta" quanto a Fundo do Comércio ou outros ativos intangíveis da Incorporada CV. "Entretanto, no Balanço Patrimonial da BV elaborado pelos Peritos Avaliadores para a data-base de (...) de 1990, a participação acionária da BV na Cias. CV foi avaliada não apenas pelo método da equivalência patrimonial mas também pelo sobre-preço pago quando da aquisição do controle acionário e demais aquisições posteriores, sob a denominação de ágio" (fls.);

d) a análise contábil demonstra que a participação acionária da Incorporadora BV na Incorporada CV foi avaliada pelos Srs. Peritos Avaliadores "pelo preço de mercado sob a ótica da Investidora, enquanto que a avaliação do Patrimônio Líquido da Incorporada CV, efetuada pelos mesmos Peritos Avaliadores, não observou o mesmo critério (...)" (fls.);

e) O preço de reembolso das ações aos acionistas dissidentes "foi fixado em patamar superior ao valor do patrimônio líquido contábil, todavia, abaixo do valor considerado pelos Srs. Peritos no Laudo de Avaliação da Incorporadora BV" (fls.);

f) "Com a incorporação da Cias. CV S/A, os seus acionistas minoritários passaram a participar do capital social da nova sociedade com percentual equivalente a 3,9415%, incluído neste percentual a participação dos ora Requerentes" (fls.);

g) O "investimento da Incorporadora BV na Incorporada CV foi avaliado pelos Srs. Peritos Avaliadores pelo valor de ***CR$ 19,19 por cada ação***, enquanto que para os acionistas minoritários, porventura dissidentes, foi fixado o preço de CR$ 10,00 por cada ação, para efeito de reembolso. Observa-se, portanto, sob o ponto de vista da Incorporadora BV, uma diferença de avaliação das ações representativas do capital social da CV de ordem de CR$ 9,19" (fls.);

h) Antes da incorporação, "os acionistas minoritários eram titulares de ações nominativas e preferenciais correspondentes a ***19,034% do capital social***. Pela incorporação passaram a ser titulares de ações representativas de ***3,9415% do capital social*** da nova sociedade que surgiu pela incorporação" (fls.);

18. O primeiro julgamento declarou improcedente o pedido porque o critério para julgar o valor do reembolso, tal qual postulado pelos autores, não estaria previsto na lei.

19. Desta decisão foi interposto Agravo ao Colendo TJSP que, provido, ocasionou o retorno dos autos à primeira instância para que realizada a competente prova. A decisão de (...) de 1990, da ...ª Vara Cível voltou a julgar improcedente a ação, uma vez que acatou o laudo pericial oficial, no que concerne ao pedido indenizatório referente à diferença no valor do reembolso.

19.1 Já no que diz com o pedido indenizatório derivado da violação da boa-fé não houve propriamente apreciação judicial. De passagem, referiu o magistrado que, não teria havido a "ilusão" dos minoritários, porque a comunicação de "Fato Relevante" da CV, de (...) de 1990 avisara da decisão de fechar a companhia.

19.2 O argumento, todavia, não parece ser consistente, pois a confiança legítima (suscitada pela promessa contida nas OPAs de 1988 e 1989) já havia sido suscitada, o ato de (...) de 1990 marcando, justamente, a quebra da confiança.

20. Na Apelação interposta dessa decisão, o Egrégio Tribunal de Justiça de São Paulo não examinou a pretensão indenizatória por violação aos deveres de boa-fé, centrando a sua decisão na questão relativa à avaliação das ações (reembolso).

Assim, o voto do Senhor Relator, também seguindo o laudo do Senhor Perito oficial, rejeitou a pretensão, mantendo *in totum* a decisão recorrida, no que foi endossado pelo Senhor Revisor (e prolator do Voto Vencedor), Des. R. B., cujo alentado exame centrou-se na questão relativa ao pedido referente aos valores pagos quando do reembolso.

21. No STJ (Recurso Especial n. 000000) o Ministro (...), em pedido de vista, observou caber razão aos Consulentes, então agravantes, no sentido de não ter sido apreciada, pela instância *a quo*, a totalidade da pretensão deduzida na inicial, deixando-se de apreciar, nomeadamente, a indenização devida em razão da violação dos deveres de agir segundo a boa-fé. Na decisão de (...) de 2006, determinou-se que a alegação relativa à violação da confiança "na verdade não foi respondida pelos dois acórdãos: o da apelação e aquele dos embargos declaratórios", havendo ofensa ao art. 535 do CPC, razão pela qual foi o Recurso Especial provido.

22. A exposição ordenada dos fatos, circunstâncias e dos principais argumentos deduzidos nos processos em causa permite, já, a apreciação do Direito envolvido, tendo como norte a questão relativa à violação da confiança depositada pelos Consulentes na conduta da BV/BM, mas examinando, também, o argumento relativo à conduta abusiva por parte dos controladores da BV/BM, causadora de danos aos Consulentes.

II. Do Direito

Os quesitos propostos suscitam tríplice ordem de indagações, a saber: qual é a eficácia das declarações publicamente feitas acerca da manutenção do caráter aberto da companhia? (II.1). Em face da proteção assegurada pelo sistema brasileiro aos acionistas minoritários (preferencialistas) houve, *in casu*, por parte dos detentores do poder de controle, exercício abusivo desse poder? (II.2). Quais as conseqüências atribuídas pelo sistema à violação da legítima confiança e ao exercício abusivo de posição jurídica? (II.3). Essas questões serão abaixo respondidas.

II.1 Das declarações acerca da manutenção do caráter aberto da companhia e de sua eficácia

Os fatos acima sintetizados ensejam a apreciação da eficácia atribuída às declarações constantes nos Editais das Ofertas Públicas para a Aquisição de Ações (OPAs) segundo as quais a empresa continuaria com o capital aberto. Para tanto, será preciso evidenciar se há ou não vinculabilidade jurídica daí decorrente, e qual o seu fundamento, com o que enfrentarei o tema da confiança como fonte de direitos e obrigações e como fundamento da vinculação derivada de negócios jurídicos (A). Será necessário, subsequentemente, averiguar se a posição jurídica dos preferencialistas tem relevância para uma especial proteção jurídica (B), tema que ensejará referência ao abuso do poder de controle (C).

A) As declarações unilaterais e a vinculação pela confiança

23. Já em fins da década de 1960, em sua tese de cátedra, abordava Clóvis do Couto e Silva aquilo que expressivamente chamava ser "crise da teoria das fontes" como característica marcante do Direito das Obrigações atual.[12] Referia-se o autor ao reconhecimento legal e doutrinário, generalizado sobretudo na doutrina européia,[13] de que deveres obrigacionais nascem não só de fontes negociais — vale dizer, de manifestações volitivas — mas também de outros fatos jurídicos relevantes socialmente, entre os quais se inclui a *proteção da confiança* no tráfico negocial.[14]

Pano de fundo dessa compreensão é o reconhecimento de que o Direito das Obrigações, para além de ser um campo garantido de manifestação da liberdade individual (no qual se inclui a liberdade econômica), também possui reflexos sociais que impõem o respeito a preceitos éticos comuns a uma dada sociedade. Como bem sintetizou Orlando Gomes já há algumas décadas, "Orienta-se modernamente o Direito das Obrigações no sentido de realizar melhor equilíbrio social, imbuídos seus preceitos, não somente da preocupação moral de impedir a exploração do fraco pelo forte, senão, também, de sobrepor o interesse coletivo, em que se inclui a harmonia social, aos interesses individuais de cunho meramente egoísticos".[15]

24. A proteção jurídica da confiança, contudo, não é determinada apenas por deveres de cunho "meramente" moral ou mesmo pelo intuito de promover a harmonia social. Revelada sociologicamente como relevantíssimo fator de redução da complexidade social e, por isso, determinante para a orientação de condutas,[16] ela também pode ser visualizada como elemento básico de um dos ramos mais modernos da doutrina econômica: a chamada *Nova Economia Institucional* (NEI).

24.1 Segundo essa doutrina o desenvolvimento econômico de uma determinada sociedade é determinado pelo modo de ser das suas instituições. São as instituições determinantes para o desenvolvimento social justamente porque são elas que norteiam as *relações de cooperação entre os indivíduos*, haja vista reduzirem a chamada "insegurança estratégica", considerando-se como tal a condição em que se encontra um indivíduo diante de uma situação cujas conseqüências não são determinadas exclusivamente pela sua conduta, mas dependem do agir de outros sujeitos.

24.2 Dessa doutrina decorre a seguinte equação: quanto maior o grau dessa insegurança estratégica, menor será a coope-

12. Clóvis do Couto e Silva, *A Obrigação como Processo*, São Paulo, Bushatsky, 1976.

13. Cf., exemplificativamente, como demonstrativo dessa orientação doutrinária européia-continental, R. Savatier, *Les Métamorphoses Économiques et Sociales du Droit Civil d'Aujoud'hui*, 2ª ed., Paris, Dalloz, 1952, sobretudo pp. 59 e ss.

14. Cf., entre outros, Manuel Antonio de Castro Portugal Carneiro da Frada, *Teoria da Confiança e Responsabilidade Civil*, Coimbra, Almedina, 2004; *Declaração Tácita e Comportamento Concludente no Negócio Jurídico*, Coimbra, Almedina, 1995; Sylvia Calmes, *Du Principe de la Protection de la Confiance Legitime en Droits Allemand, Communautaire et Français*, Paris, Dalloz, 2001; Hélène Aubry, "Un apport du Droit Communautaire au Droit Français des Contrats: la notion d'attente legitime", *Revue Internationale de Droit Comparé*, 2, Paris, 2005. Na doutrina brasileira, v. Gérson Branco, *A Proteção das Expectativas Legítimas Derivadas das Situações de Confiança: Elementos Formadores do Princípio da Confiança e Efeitos*, Porto Alegre, 2001; Luiz Edson Fachin, "O *aggiornamento* do Direito Civil brasileiro e a confiança negocial", in *Repensando Fundamentos do Direito Civil Contemporâneo*, Rio de Janeiro, Renovar, 1998, pp. 115-149, em especial p. 134. Permitimo-nos ainda reenviar para o nosso Judith Martins-Costa, *Comentários ao Novo Código Civil — Do Direito das Obrigações — Do Adimplemento e da Extinção das Obrigações* (coord. Sálvio Figueiredo Teixeira), 2ª ed., Rio de Janeiro, Forense, 2005, pp. 6-44.

15. Orlando Gomes, *Transformações Gerais do Direito das Obrigações*, 2ª ed., São Paulo, Ed. RT, 1980, p. 1.

16. Por todos, Niklas Luhmann, *Legitimação pelo Procedimento*, trad. Maria da Conceição Corte-Real, Brasília, Ed. UnB, 1980, referindo a confiança como fator redutor da complexidade social.

ração entre os indivíduos. Conseqüentemente, quanto maior o grau de confiança na conduta alheia, maior tenderá a ser o nível de integração econômica e, com isso, de eficiência e desenvolvimento. Cabe às instituições, portanto, no que se incluem naturalmente os canais reconhecidos de expressão do Direito, como a jurisprudência e a doutrina, a tarefa de reduzir a insegurança e *promover a confiança*.[17]

25. Não por outra razão uma jurista francesa, Helène Aubry afirma — ao se referir ao Direito Comunitário europeu — ser a confiança acolhida como princípio e como fonte no *quadro comum de referência europeu*, integrando certas características novas do direito obrigacional, derivadas, em síntese, do papel ativo atribuído aos cidadãos europeus no âmbito do mercado único. Cada vez mais, diz a autora, os cidadãos assumem o papel de agentes econômicos que desempenham plenamente o seu papel no mercado, participando da própria orientação da atividade econômica.[18] Para Calmes, a proteção da confiança indica que "o indivíduo deve poder evoluir num meio jurídico estável e previsível, relativamente ao qual ele deve poder dirigir a sua confiança".[19]

26. Trata-se, evidentemente, de uma confiança adjetivada — a ***confiança legítima*** (também dita "expectativa legítima").

O qualificativo "legítima", aposto à idéia de confiança ou de expectativa confere objetividade ao princípio, afastando-o das puras especulações psicológicas. O termo "legítima", explica Aubry, aplica-se a todo ato, conduta, palavra ou comportamento ou omissão relativamente as quais o sujeito é considerado como estando "em bom direito", cabendo aos juízes determinar o que é ou não conforme ao "bom direito" segundo os elementos circunstanciais e contextuais, como, por exemplo: declarações pré-contratuais; eventuais peças publicitárias; a destinação do bem; os usos habituais, as informações acaso prestadas etc.[20]

27. Assim objetivada e dotada que é de conteúdo moral e de relevância econômica, a confiança acaba por compor o núcleo do Direito das Obrigações atual e, vinculada que é à boa-fé objetiva,[21] transforma-se em *fonte de eficácia jurídica*,[22] ser-

17. Cf. Stefan Voigt, *Institutionenökonomik*, Munique, Wilhelm Fink, 2002, pp. 32-33. Por "insegurança estratégica" compreende-se a posição que se encontra alguém quando o resultado da sua conduta não depende apenas da sua ação, mas também da ação de pelo menos um outro ator. Esta, sublinhe-se, é posta, pelos adeptos da NEI, como base geral do desenvolvimento econômico.

18. Hélène Aubry, "Un apport du Droit Communautaire au Droit Français des Contrats:...", cit., *Revue Internationale de Droit Comparé* 2/628.

19. Sylvia Calmes, *Du Principe de la Protection de la Confiance Legitime en Droits Allemand, Communautaire et Français*, cit., p. 31 (tradução livre).

20. Hélène Aubry, "Un apport du Droit Communautaire au Droit Français des Contrats:...", cit., *Revue Internationale de Droit Comparé* 2/634.

21. A *confiança*, por sua vez, também atua multifuncionalmente, seja como (i) princípio geral, seja como (ii) matriz ou fundamento da ação segundo a boa-fé, seja, enfim, (iii) autonomamente, como fonte direta de direitos e deveres. Com efeito, embora a ligação até mesmo etimológica entre boa-fé (*bona fides*) e confiança (*cum fides*), ambas as expressões designam, no Direito das Obrigações, realidades funcionais diversas, ainda que conexas. A boa-fé atua nas relações obrigacionais (como "relações de cooperação") como o princípio que informa ***o modo*** pelo qual tal cooperação será devida, norteando "o teor geral dessa colaboração intersubjetiva" que não está limitada ao campo contratual, espraiando-se em todas as relações obrigacionais. Já o princípio da confiança atua, fundamentalmente, na proteção das expectativas; atuando ainda como justificativa ou explicação para a vinculabilidade dos negócios jurídicos. Desse modo, conquanto a sua íntima ligação, distinguem-se, pois, os princípios da boa-fé e da confiança: aquela, a boa-fé, liga-se, primariamente, ao *dever geral de cooperação*, impondo, para tal fim, pautas de correção, lealdade, probidade e consideração aos interesses legítimos do parceiro (*civiliter agere*); esta, a confiança, prende-se, primariamente, à *geração de expectativas legítimas* cuja manutenção pode constituir um dever jurídico (dever de manter a confiança suscitada) e cuja frustração pode ocasionar responsabilidade por danos (responsabilidade pela confiança).

22. Cf. Manuel Antonio de Castro Portugal Carneiro da Frada, *Teoria da Confiança e Responsabilidade Civil*, cit., pp. 31 e ss.

vindo, também como *fundamento da vinculabilidade* dos negócios jurídicos.

28. A esse duplo campo de atuação da confiança incide o princípio da boa-fé objetiva, princípio norteador da colaboração intersubjetiva, que impõe às partes de uma relação obrigacional a observância de conduta cooperativa e leal.[23] Desse modo, a boa-fé objetiva rompe com a compreensão obrigacional segundo a qual as partes negociais são vistas como *adversários* — de quem sempre se *pode* esperar o pior — para serem vistas como verdadeiros *parceiros* — de quem se *deve* esperar lealdade.[24]

Entendidas como "parceiras", exige o Direito, de cada uma das partes, e em medidas escalonadas de intensidade conforme o tipo de relação obrigacional, o respeito aos legítimos interesses e expectativas da outra e, desse modo, o agir de maneira confiável passa a constituir não somente um dever moral, mas sobretudo um verdadeiro *dever jurídico*. Como observa Laerte Marrone de Castro Sampaio, "uma sociedade na qual um desconfiasse do outro se assemelharia a um estado de guerra entre todos". Bem por isso, afirma, a boa-fé é princípio ético-jurídico voltado "para o comportamento do homem em relação aos demais".[25]

29. O princípio da boa-fé não atua, restritamente, no campo contratual, mas em todas as relações obrigacionais. Tal qual fez o Código Civil alemão (*BGB*) que instalou a boa-fé "en la cúspide del derecho de obligaciones", de modo a subordinar a esse princípio "*todas* las relaciones obligacionales"[26] (contratuais ou não, apanhando também as relações pré e pós-contratuais, as derivadas de negócios unilaterais e mesmo as de fonte delitual), assim também a boa-fé é princípio fundamental do Direito Privado brasileiro, como se revela evidente pela simples leitura do Código Civil de 2002 onde está assentada na Parte Geral (arts. 113 e 187) para além de reger o Direito contratual (art. 422). Porém, como já se tinha cabalmente afirmado ainda na vigência do diploma anterior,[27] mesmo na escassez do texto escrito (Código Comercial, art. 131) a boa-fé já vigorava no Direito positivo, tendo ingressado largamente por via jurisprudencial pois é axiomático que o Direito deve tutelar a boa-fé.

Com efeito, jurisprudência e doutrina acolhiam sem dissídio o princípio, mesmo antes da entrada em vigor do novo Código Civil, de modo que a associação entre os princípios da Autonomia, da Confiança

23. A boa-fé objetiva corresponde à *Treu und Glaube* do § 242 do *BGB* sendo assim adjetivada para discerni-la da *Guter Glaube* ou "boa-fé psicológica", ou "subjetiva" (boa-fé como crença) uma vez que a língua portuguesa dispõe de um mesmo e único sintagma para designar duas realidades normativas que, no idioma alemão, vêm discernidas pelas expressões. Dominante no terreno contratual, diz respeito a um padrão de conduta informado pela lealdade e consideração aos legítimos interesses alheios.

24. Acerca da relação obrigacional como relação de cooperação permito-me reenviar para os nossos *Comentários ao Novo Código Civil* (coord. Sálvio Figueiredo Teixeira), 2ª ed., cit., pp. 27-45, e ainda, *A Boa-Fé no Direito Privado*, São Paulo, Ed. RT, 1999, pp. 437 e ss.

25. Laerte Marrone de Castro Sampaio, *A Boa-Fé Objetiva na Relação Contratual*, São Paulo, Manole, 2004, p. 28.

26. Dieter Medicus, *Tratado de las Relaciones Obligacionales*, t. I, trad. espanhola de Ángel Martinez Sarrión, Barcelona, Bosch, 1995, pp. 74-75 (grifo do autor).

27. Para a trajetória do princípio no Direito brasileiro anteriormente à vigência do Código Civil de 2002, v. Clóvis do Couto e Silva, "O princípio da boa-fé no Direito brasileiro e português", in *Estudos de Direito Civil Brasileiro e Português*, São Paulo, Ed. RT, 1986, pp. 58 e ss.; José Carlos Moreira Alves, "A boa-fé objetiva no sistema contratual brasileiro", *Revista Roma e América*, v. 7, Roma, 1999, p. 194; e os nossos: Judith Martins-Costa, *A Boa-Fé no Direito Privado*, cit., pp. 287-296 e 411 e ss. Ainda: "A boa-fé como modelo (notas para a compreensão da boa-fé obrigacional como modelo doutrinário e jurisprudencial no direito brasileiro)", *Revista Roma e America — Diritto Romano Comune*, Roma, Mucchi Editore, 2002, pp. 71-98, ora também em *Diretrizes Fundamentais do Novo Código Civil*, São Paulo, Saraiva, 2002 e *Comentários ao Novo Código Civil* (coord. Sálvio Figueiredo Teixeira), 2ª ed., cit., pp. 51 e ss.

(boa-fé) e da Auto-Responsabilidade já constituía o norte informador dessa matéria.

30. Visualizada a confiança em sua conexão à boa-fé objetiva, exerce ela duas grandes atribuições dogmáticas. De um lado, *a confiança* faz-se *fonte de específica eficácia obrigacional* (i). De outro, à *confiança* também se atribui o papel de fundamento *auxiliar de vinculação negocial* (ii).

(i) *A confiança como fonte específica de eficácia obrigacional*

31. No plano exclusivamente eficacial, pela expressão "princípio da confiança" se está hoje a indicar o *limite* ao exercício de direitos e poderes formativos (dimensão negativa) e a *fonte produtora* de deveres jurídicos (dimensão positiva), tendo em vista a satisfação das legítimas expectativas criadas, no *alter*, pela própria conduta.

31.1 Como limite ao exercício de direitos e poderes formativos (dimensão negativa) está, por exemplo, a Teoria dos Atos Próprios, que veda *venire contra factum proprium*, expressão tradutora de princípio geral que tem por antijurídico o rompimento injustificado e/ou abrupto com uma conduta que, dada as suas características de segurança e certeza, tenham pautado o comportamento alheio. Veda-se, com isso, não a liberdade de agir conforme os desígnios próprios e individuais do ator privado, mas sim o causar danos ao *alter* pelo fato deste ter confiado na conduta do agente titular do direito ou faculdade.[28] É, pois, o *venire*, uma vedação genérica à deslealdade, como já decidiu, aliás, a 4ª Câmara Cível do STJ.[29]

31.2 Por sua vez, terá a boa-fé atuação positiva mediante, por exemplo, a criação dos chamados "deveres de colaboração e cooperação", *deveres anexos ou laterais de proteção, tema que, no caso, merece especial atenção.*

32. No transcorrer da segunda metade do séc. XX, o tratamento dogmático do princípio da boa-fé objetiva permitiu distinguir, na complexidade da relação obrigacional, entre os *deveres de prestação* (primários e secundários) e os *deveres de proteção* (ou anexos, laterais ou instrumentais).

32.1 Historicamente, foi H. Stoll o principal responsável pela sistematização de tais deveres, ligando-os à boa-fé e recortando o seu campo de atuação, a saber: considerados os interesses envolvidos na relação, têm as partes o dever de fazer algo (ou adotar determinadas medidas) *para que um determinado resultado não seja atingido*. Mais tarde, a doutrina incorporou a essa noção todo um conjunto de deveres que tem uma relação indireta ou qualitativa com a prestação.[30] Entre eles estão os *deveres de lealdade e de cooperação* essenciais para o adimplemento de todos os interesses envolvidos na relação obrigacional.

Explica Jorge Cesa Ferreira da Silva: "Por 'interesses envolvidos na relação' entende-se — fundamentalmente após Stoll — não só aqueles vinculados diretamente ou indiretamente à prestação, como também os vinculados à manutenção do estado pessoal e patrimonial dos integrantes da rela-

28. Para indicações o nosso *A Boa-Fé no Direito Privado*, cit., pp. 462 e ss.; Alejandro Borda, *La Teoría de los Actos Propios*, 3ª ed. atual. e ampl., Buenos Aires, Abeledo-Perrot, 2000, pp. 13-15; e Anderson Schreiber, *A Proibição do Comportamento Contraditório. Tutela da Confiança e "Venire Contra Factum Proprium"*, Rio de Janeiro, Renovar, 2005.

29. REsp 141.879-SP, STJ, 4ª T., Rel. Ministro Ruy Rosado de Aguiar, un., j. 17.3.1998, assim ementada: "*Loteamento. Município. Pretensão de anulação do contrato. Boa-fé. Atos próprios*. Tendo o Município celebrado contrato de promessa de compra e venda de lote localizado em imóvel de sua propriedade, descabe o pedido de anulação dos atos, se possível a regularização do loteamento que ele mesmo está promovendo. Art. 40 da Lei 6.766/1979. A teoria dos atos próprios impede que a administração pública retorne sobre os próprios passos, prejudicando os terceiros que confiaram na regularidade do seu procedimento. Recurso não conhecido".

30. Jorge Cesa Ferreira da Silva, *A Boa-Fé e a Violação Positiva do Contrato*, Rio de Janeiro, Renovar, 2002, pp. 78-80.

ção, advindos do liame de confiança que toda obrigação envolve".[31]

32.2 Pois bem: os "interesses envolvidos na relação" são realizados por dois tipos de deveres, os deveres de prestação (primários e secundários) e os deveres de proteção, também denominados deveres laterais (tradução literal da palavra alemã *Nebenpflichten*), deveres anexos ou instrumentais.[32]

32.2.1 Os primeiros (deveres *de prestação*), que constituem o núcleo da relação obrigacional,[33] têm por escopo conferir ao credor determinado benefício por meio de um *direito à prestação* correspondente ao *dever de prestar*. Paralelamente atua no liame obrigacional uma outra espécie de deveres, "essenciais ao seu processamento"[34] — *justamente os deveres de proteção* —, cujo escopo não é, diretamente, a realização ou a substituição da prestação,[35] mas, como explica Carneiro da Frada, "a salvaguarda de outros interesses que devam, razoavelmente, ser tidos em conta pelas partes no decurso de sua relação".[36]

Considerados individualmente, pode-se dizer que os ***deveres de lealdade*** constringem as partes a não praticar atos (comissivos ou omissivos), *anteriormente à conclusão do contrato*, durante a vigência dele ou até após a sua extinção, que venham frustrar as legítimas expectativas encerradas no ajuste, ou dele legitimamente deduzidas.[37] Assim, tais deveres vedam ao contratante obstaculizar a execução do contrato, proibindo este, por exemplo, de *prevalecer-se de uma situação que contribuíra para criar, em prejuízo do parceiro contratual*, ou de uma condição que ajudara a não-implementar "auxiliando o acaso", como, ironicamente, refere a doutrina francesa a propósito do art. 1.178 do *Code Civil*.[38]

32.2.2 Já os ***deveres de cooperação*** (fundados na estrutura cooperativa ínsita à relação obrigacional, tal qual exposto por Betti[39]) estabelecem às partes o dever de ***colaborar para a realização do programa contratual a que se comprometeram ou que pretendem formalizar***, seja nas atividades prévias à avença, seja ainda, ao "afastar todas as dificuldades para tal consecução, estando este afastamento ao alcance das partes"[40] como a jurisprudência brasileira há décadas reconhece.[41]

31. Idem, p. 69. A referência é à obra de H. Stoll, "Abschied von der Lehre von der positiven Vertragsverletzung", *Archiv für die civilistische Praxis*, Tübingen, J. C. B. Mohr, n. 136, 1932, pp. 287-288.

32. Essa a denominação que adotei em Judith Martins-Costa, *A Boa-Fé no Direito Privado*, cit., p. 438. As classificações ora situam os "deveres de proteção" como gênero, ora como espécie; assim também a expressão "deveres laterais" ou "anexos" ora indica gênero, ora a espécie.

33. Mário Júlio Almeida Costa, *Direito das Obrigações*, 9ª ed., Coimbra, Almedina, 2001, p. 65.

34. Manuel Carneiro da Frada, "Contrato e deveres de proteção", Coimbra, 1994, Separata do v. XXXVIII do Suplemento ao *Boletim da Faculdade de Direito da Universidade de Coimbra*, p. 39.

35. Jorge Cesa Ferreira da Silva, *A Boa-Fé e a Violação Positiva do Contrato*, cit., p. 75.

36. Manuel Carneiro da Frada, "Contrato e deveres de proteção", cit., p. 39.

37. Jorge Cesa Ferreira da Silva, *A Boa-Fé e a Violação Positiva do Contrato*, cit., p. 112; A. M. Menezes Cordeiro, *Da Boa-Fé no Direito Civil*, Coimbra, Almedina, 1986, pp. 606-607.

38. "Aider l'hasard", como refere Dimitri Houtcieff, *Le Principe de Cohérence en Matière Contractuelle*, Aix-en-Provence, Presses Universitaires de Marseille, 2001, p. 828.

39. A referência é à conhecida distinção bettiana entre relação de cooperação e relação de atribuição, utilizada pelo civilista para extremar as relações de Direito obrigacional das relações de Direito Real. Nas relações de Direito Real, resolve-se um problema de atribuição de bens, enquanto nas relações de Direito obrigacional, resolve-se um problema de cooperação ou de reparação nas hipóteses de responsabilidade civil. No primeiro caso, trata-se de atribuir bens a uma pessoa, ou da correlativa exclusão; no segundo caso, trata-se de cooperação, devida por um membro do conjunto social no interesse típico de outro membro do conjunto social (Emílio Betti, *Teoría General de las Obligaciones* (trad. esp.), t. I, Madri, Ed. Revista de Derecho Privado, 1969, pp. 37-41).

40. Jorge Cesa Ferreira da Silva, *A Boa-Fé e a Violação Positiva do Contrato*, cit., p. 114.

41. *V.g.*, TJRS, Ap. Civ. n. 589073956, j. 19.12.1989.

33. Hoje, não mais se discute acerca da existência, da incidência ou mesmo da relevância desses deveres para as relações obrigacionais. Tanto é assim que, no recente Anteprojeto de Código Europeu dos Contratos, originado da Comissão formada pelos mais significativos jusprivatistas europeus, os deveres laterais, anexos ou instrumentais são expressamente referidos como dignos de especial proteção jurídica.[42]

34. Também demonstra esse geral reconhecimento a recente reforma do Código Civil alemão (*BGB*) relativa ao Direito das Obrigações, datada de 2002. Depois de décadas de utilização doutrinária e jurisprudencial, o *BGB* passou a incluir referência expressa aos direitos instrumentais na 2ª alínea do § 241 do *BGB*, logo ao início do Livro dedicado ao Direito Obrigacional.[43]

35. A doutrina brasileira, além disso, acertadamente visualiza na ação do contratante contrária ao pacto celebrado *um verdadeiro caso de inadimplemento*, pois o negócio não é só de per si vinculante, como também apto a despertar a confiança legítima na sua conservação, conforme a conduta da parte contrária,[44] defluindo seja do negócio, seja do comportamento, verdadeiros ***deveres jurídicos*** como os de informação adequada, esclarecimento, veracidade e consideração aos legítimos interesses do *alter*.

42. *Código Europeu dos Contratos*, cf. arts. 6, 7, 8 e, no tocante ao inadimplemento, art. 99.

43. O § 241 do *BGB* dispõe: "(1) Por força da relação obrigacional o credor está autorizado a exigir do devedor a prestação. A prestação também pode consistir em uma omissão. (2) *A relação obrigacional pode, conforme o seu conteúdo, obrigar cada parte ao respeito aos direitos, bens e interesses da outra*" (grifei).

44. Cf., na doutrina mais recente, entre outros, Ruy Rosado de Aguiar Jr., *Extinção dos Contratos por Incumprimento do Devedor: Resolução*, 2ª ed., Rio de Janeiro, Aide, 2003; Araken de Assis, *Resolução do Contrato por Inadimplemento*, São Paulo, Ed. RT, 1991; Jorge Cesa Ferreira da Silva, *A Boa-Fé e a Violação Positiva do Contrato*, cit.; Anderson Schreiber, *A Proibição do Comportamento Contraditório...*, cit., p. 220.

36. Tais deveres existem, pois, *independentemente do fato de haver contrato* podendo resultar inclusive do comportamento concludente[45] e da conduta pré-contratual, como a que se configura no momento da oferta. Assim sendo, não vemos razão no argumento sustentado pelo ilustre Professor Arnoldo Wald segundo o qual, repita-se, "a intenção de manter a sociedade aberta não constitui uma obrigação contratual assumida para a eternidade, mas revela uma posição tomada pela empresa, num determinando momento, sem que dela possa advir responsabilidade em virtude de modificações posteriores, até pelo fato de não se tratar de uma obrigação e de não existir prazo para a limitação que sofreria a sociedade (dever de não-fazer)".

36.1 Na espécie, os deveres são manifestos independentemente de haver contrato, nascendo do ato gerador de legítima confiança, qual seja, a repetida afirmação constante nas OPAs segundo a qual a ofertante "tinha a intenção de manter o capital da empresa aberto".

37. Se confrontada essa afirmação com o *id quod plerumque accidit* não haveria hesitação em afirmar que é manifesta a potencialidade de geração — por conta dessa promessa — de uma confiança avaliável objetivamente, despreendida de conotações psicológicas. Essa promessa foi dirigida ao mercado, recebida e lida pelo mercado com a ótica do que habitualmente acontece, sabendo-se, ademais, que a multinacional BM *é uma companhia aberta* tal qual o era a "antiga" CV.

A manutenção do capital aberto tinha valor econômico objetivamente averiguável, pois, como observou quase acacianamente o Sr. Perito M. G. O., a fls., "um lote de ações de companhia aberta pode ser vendido ou comprado através de negociação em Bolsa. A função da Bolsa é promover a liquidez dos títulos que negocia.

45. Por todos: Paulo Mota Pinto, *Declaração Tácita e Comportamento Concludente no Negócio Jurídico*, cit.

"O mesmo não sucede com um lote de ações de uma companhia fechada, mesmo porque não existem mecanismos de mercado que promovam a liquidez dos títulos."

38. Ainda considerando o *id quod plerumque accidit* ninguém diria, repetidamente, "ter a intenção de manter a companhia aberta" para, poucos meses depois, fechar a companhia, ***salvo se a promessa não passasse de um engodo, adrede arquitetado como preliminar à operação de incorporação***.

Acresce que as promessas públicas foram ainda sucedidas por declarações (também públicas) relativas aos planos para tornar a CV a "número um" do Brasil, com o que era lícito esperar que a participação acionária dos minoritários (ora Consulentes), que atingia um percentual de 13,8674 do capital social da Cias. CV antes da incorporação, tendesse a crescer. Contudo, como também deixou claro a perícia, após a incorporação e o fechamento do capital, esse percentual decresceu para 3,9415%.

39. Note-se bem: *se os Editais das OPAs nada tivessem referido* quanto à intenção de manter a companhia com o capital aberto, a perda dos Consulentes, o decréscimo na participação no capital social, poderia caracterizar apenas o *risco normal do negócio* (desde que, naturalmente, não tivesse ocorrido, como ocorreu, erro no cálculo da relação de troca de ações entre as companhias). Se assim fosse os Consulentes, investidores experientes, *teriam podido contar com o fechamento* e, assim, decidir entre não comprar as ações ou, se titulares, vendê-las pelo preço oferecido nas OPAs.

Mas não foi o que aconteceu. Informados, reiteradamente, da intenção declarada de manter o capital aberto, não puderam, razoavelmente, contar com o fechamento do capital. Ao contrário, tiveram gerada a legítima expectativa pela manutenção da intenção formal e reiteradamente declarada. Só por essa consideração já é possível perceber com clareza o valor econômico da informação constante no Edital, informação que, constante de declaração dotada de valor jurídico, suscitou a confiança dos ora Consultantes. Se não venderam naquele momento as ações de que eram titulares ou se, justamente naquele momento passaram a adquirir ações da CV, tornando-se sócios investidores de uma companhia aberta que declarava sua intenção de continuar com o capital aberto é, justamente, ***porque confiaram na declaração feita***.

39.1 Essa confiança legítima foi fraudada em prazo curtíssimo — ***seis meses*** após a última promessa pública. Se a BM/BV não tinha o dever de manter a companhia aberta por prazo larguíssimo, indefinido no tempo, *ad aeternum*, também não poderia, de surpresa, em prazo tão exíguo, provocar aos Consulentes a armadilha que provocou.

40. Esses elementos indicam com objetividade que a confiança depositada pelos ora Consulentes naquelas declarações editalícias *qualifica-se, indubitavelmente, como legítima*. Por essa razão posso já alcançar a ***primeira conclusão***: considerado meramente o teor das declarações, bem como as circunstâncias do mercado, tem-se que as sobreditas declarações foram aptas para gerar confiança legítima dos investidores na manutenção do capital aberto da companhia.

41. Cabe, porém examinar se a intensidade desses deveres instrumentais vem, ou não, reforçada, no caso, com a segunda atribuição dogmática antes referida à confiança, qual seja, a de servir de razão auxiliar de vinculação negocial.

(ii) *A confiança como razão auxiliar de vinculação negocial*

42. O deslizamento em direção à confiança como fundamento dos negócios jurídicos, esclarece Mota Pinto, em seu aprofundado estudo, conquanto tenha raízes já nos autores dos finais do séc. XIX, afirmou-se, nos finais do séc. XX pela idéia de a responsabilidade do declarante ser ***ligada à geração de expectativas***, constituindo "papel fundamental do direito (...) assegurar a protecção de expectativas",[46] sendo a ordem jurídica, como vimos, justamente uma ordem de institucionalização das expectativas legítimas.

43. No intrincado campo dos debates acerca das razões da vinculação negocial — ou seja, o que faz com que seja obrigatório um negócio jurídico àquele que declara sua vontade — é inconteste que a confiança é tida hoje como uma dessas razões. Ao lado da proteção dos atos de autonomia e, por conseguinte, da liberdade de autodeterminação, o ordenamento jurídico também fundamenta a obrigatoriedade dos pactos e manifestações negociais na proteção da confiança no tráfico.

43.1 Como bem esclareceu Orlando Gomes, em trecho que cabe como uma luva na orientação do caso, "Constitui a *teoria da confiança* abrandamento da *Erklärungstheorie*, que concede primazia da declaração sobre a vontade, sob o fundamento de que o direito deve visar antes à certeza do que à verdade. Também denominada teoria do crédito social, empresta valor à aparência da vontade, se não é destruída por circunstâncias que indiquem má-fé em quem acreditou ser verdadeira. Havendo divergência entre a vontade interna e a declaração, os contraentes de boa-fé, a respeito dos quais tal vontade foi imperfeitamente manifestada, têm direito a considerar firme a declaração que se podia admitir como vontade efetiva da outra parte, ainda quando esta houvesse errado de boa-fé ao declarar a sua própria vontade. ***Enquanto, pois, tem um dos contratantes razão para acreditar que a declaração corresponde à vontade do outro, há de se considerá-la perfeita, por ter suscitado a legítima confiança em sua veracidade***. Protege-se, desse modo, oferecendo-se maior segurança ao comércio jurídico, ao destinatário da relação jurídica, mas sob outros fundamentos que não os da *Erklärungstheorie*".[47]

43.2 Também assim se manifesta Mário Júlio de Almeida Costa, em seu livro tantas vezes citado como repositório da doutrina européia mais atualizada: "As exigências pragmáticas do tráfico jurídico e uma legítima aspiração a um direito objectivamente justo postulam que não se atenda apenas à intenção ou vontade do declarante, mas também à sua conduta e à confiança do destinatário".[48]

43.3 Por sua vez Menezes Cordeiro assegura, em notável síntese, que o fundamento do reconhecimento e da tutela do negócio jurídico não pode ser visto *apenas* na autonomia privada. Fosse esse o caso, observa, o "negócio" cessaria logo que o declarante mudasse de opinião. Por isso é que "O Direito tutela (e cristaliza) o negócio jurídico ***pela necessidade de proteger a confiança que ele suscita nos destinatários e, em geral, nos participantes da comunidade jurídica***. Tendo, voluntariamente, dado azo ao negócio, o declarante ***não pode deixar de ser responsabilizado por ele***".[49]

44. Assentado que a confiança é entendida como uma das razões que fundamentam o negócio jurídico e, assim, explicam a respectiva força vinculativa, há que se constatar como *confiança* e *negócio jurídico* se unem de modo dinâmico, de tal sorte a provocar, por suas forças mutuamente implicadas, uma potencialização de suas respectivas eficácias jurídicas.

45. Ocorre que, se por um lado a confiança é um dos fundamentos dos negócios jurídicos, por outro a constituição de

46. Idem, p. 31.

47. Orlando Gomes, *Transformações Gerais do Direito das Obrigações*, 2ª ed., cit., p. 14 (grifei).

48. Mario Júlio Almeida Costa, *Responsabilidade Civil pela Ruptura das Negociações Preparatórias de um Contrato*, Coimbra, 1984, p. 48 (grifei). No mesmo sentido, Antonio Manuel Menezes Cordeiro, *Tratado de Direito Civil Português, Parte Geral*, t. I, 2ª ed., Coimbra, Almedina, 2000, p. 305.

49. Antonio Manuel Menezes Cordeiro, *Tratado de Direito Civil Português, Parte Geral*, t. I, 2ª ed., cit., p. 305 (grifei).

uma relação de confiança se realça quando vinculada a uma declaração negocial.

45.1 Nenhuma ordem jurídica poderia tolerar que os negócios jurídicos fossem *atos de leviandade*, mutáveis segundo o arbítrio exclusivo de uma das partes, sem nenhuma consideração aos legítimos interesses do *alter*. Pelo contrário, os negócios jurídicos pressupõem declarações marcadas pela seriedade, sendo, como são, dotados de conseqüências jurídicas, uma vez que as declarações negociais são, *por sua própria função*, especialmente capazes de gerar um qualificado grau de certeza — e, portanto, de confiança — sobre os significados da conduta da contraparte. A manifestação negocial, assim, constitui a confiança legítima, ao mesmo tempo em que o negócio jurídico se fundamenta na confiança.

45.2 Em suma: ingressando no âmbito jurídico e em conexão com a boa-fé objetiva, a confiança legítima gera limites ao exercício de direitos, assim como fundamenta o nascimento de deveres instrumentais (laterais ou anexos), que podem ser desdobrados em direitos/deveres de proteção, cooperação e informação. ***Esses direitos/deveres não se confundem e, em certa medida, independem dos direitos/deveres de prestação.***

46. Contudo, na espécie, a confiança atua não apenas isoladamente (como fonte, o que já bastaria para o surgimento de deveres de proteção): atua, por igual, *de forma vinculada a negócio jurídico*, uma vez que as Ofertas de Aquisição de Ações estampadas nos Editais de (...), (...) de 1988 e de (...) 1989, bem como as declarações neles constantes *constituem negócios jurídicos* unilaterais e receptícios destinados a provocar contratos de compra e venda.

47. A concreta declaração segundo a qual, *verbis*, "A Ofertante *declara* não ter intenção de mudar a condição de companhia aberta da Emissora"[50] constitui, sem sombra de dúvida, declaração integrante de negócio jurídico unilateral (a oferta de aquisição de ações) com caráter receptício.[51] A sustentar tal afirmativa, alguns esclarecimentos se fazem necessários.

47.1 Salta aos olhos que a espécie está longe de caracterizar o que a doutrina chama de "negócios de pura obsequiosidade", tais quais as promessas da pura vida social, como a promessa de um convite para jantar. Ninguém colocaria aquela informação num Edital, dirigido ao mercado, se não houvesse nela nenhuma relevância jurídica.

47.2 Por outro lado, há de se ter presente a clássica distinção entre "mera intenção" (a que resta confinada à subjetividade); "intenção de produzir uma declaração negocial" e "intenção de exteriorização", assinalando Mota Pinto ser consensual que a consciência de fazer-se uma declaração (no sentido negocial) inclui elementos subjetivos e objetivos. Nos primeiros inclui-se a voluntariedade, reportada, porém, "ao *comportamento* enquanto declaração de vontade jurídico-negocial, qualquer que seja o conteúdo negocial desta. Vai, portanto, dirigida à produção de efeitos jurídicos, *em absoluto*, isto é, sem consideração da sua específica caracterização". Bem por isso, a declaração negocial liga-se à realização de um ato jurídico-negocial que inclui não apenas "a exteriorização de um conteúdo de pensamento", mas a "relevância jurídica do comportamento".[52]

47.3 Não há dúvidas, portanto, quanto ao sentido jurídico-negocial da declaração editalícia e da promessa, nela contida, de que a empresa "tinha a intenção" de permanecer com o capital aberto. Daí que, da promessa decorrem efeitos jurídicos de vinculação (pela vontade e pela confiança), ainda mais ponderáveis diante da espécie

50. Cf. Editais da Oferta Pública de Compra de Ações Ordinárias da Cia. CV S/A, datados de (...) de 1988; e (...) e (...) de 1989 (grifei).

51. F. Comparato e C. Salomão Filho, *O Poder de Controle na Sociedade Anônima*, 4ª ed., 2ª tir., Rio de Janeiro, Forense, 2005, p. 258.

52. Paulo Mota Pinto, *Declaração Tácita e Comportamento Concludente no Negócio Jurídico*, cit., pp. 22-230.

concretamente caracterizada, é dizer: o fato de a declaração negocial em causa consubstanciar oferta pública de aquisição de ações.

48. A oferta pública de aquisição de ações se apresenta como "una técnica o procedimiento consistente en que una o varias personas físicas o jurídicas anuncian públicamente a todos los accionistas de una sociedad que se comprometen durante un tiempo mínimo a adquirir sus acciones de esa sociedad a cambio de títulos o de dinero, a un precio generalmente superior al de mercado, y normalmente con el fin de, mediante dicha adquisición, lograr o reforzar el control de esa sociedad".[53]

49. Presentemente, o procedimento ou técnica visando à aquisição de ações (OPA) vem regulado pela Instrução CVM n. 361, de 5 de março de 2002, ato normativo realizado como condição de eficácia de negócio jurídico de alienação de controle de companhia aberta, por força do art. 254-A da Lei n. 6.404/1976.[54] Porém, mesmo à época dos fatos analisados — meados de 1988 a fins de 1989 — era inegável que aquisição pública de ações constituía — como hoje — uma técnica que se apóia em estruturas contratuais,[55] ainda que o exercício da autonomia privada esteja fortemente condicionado por normas heterônomas e inderrogáveis *ex voluntate*, destinadas a assegurar a isonomia, o amplo acesso e a lisura do negócio.

50. A autonomia privada vem aí fortemente condicionada porque há proteção legal ao acionista não-controlador, como oportunamente veremos (item B, *infra*), em razão da estrutural *assimetria de poderes*. Por ora, basta lembrar que a categoria do acionista não-controlador não é constituída apenas pelo minoritário *especulador*, interessado no lucro a curto prazo e para o qual é tendencialmente suficiente o preço oferecido pelo potencial adquirente, no momento da oferta pública. Há, também, o minoritário *investidor*, interessado na manutenção de sua posição acionária e nos dividendos que a sociedade pode lhe proporcionar ao longo prazo. Como anota Calixto Salomão Filho,[56] esse último "tem um interesse muito mais semelhante ao dos trabalhadores que ao do minoritário especulador",[57] o que lhe assegura — como veremos brevemente — uma especial proteção do princípio da boa-fé.[58]

51. Não é estranha ao Direito privado a oferta ao público com o caráter de verdadeira proposta, e não o de mera *invitatio ad offerendum*: há *atividade negocial* em sentido próprio, embora sujeita à autorização da Comissão de Valores Mobiliários e aos requisitos estabelecidos pela lei e por atos administrativos normativos.

Essa delimitação é relevante para determinar qual a feição da boa-fé que se manifesta no caso, já que o princípio da boa-fé não se apresenta no Ordenamento de forma sempre igual, pois sua intensidade opera em conformidade com o campo de função no qual concretamente atua.[59]

52. Nesse quadro, a *intenção declarada* de manter a companhia tal qual, com o caráter aberto, ***integra as circunstâncias que ensejaram a não-adesão das Consulentes ao convite para vender suas ações preferenciais*** em 1988 e em 1989, ou para

53. Zurita Saénz de Navarrete, *La Oferta Pública de Adquisición*, Madri, 1980, *apud* Eduardo Corral Garcia, *La Oferta de Contrato al Público*, Valencia, Tirant lo Blanch, 2002, p. 85, nota 151.

54. Cf. Roberta Nioac Prado, *Oferta Pública de Ações Obrigatória nas S/A — "Tag Along"*, São Paulo, Quartier Latin/Direito GV, 2005.

55. Trata-se de "contrato com parte plúrima, sem estrutura plurilateral", na qualificação de Fábio Konder Comparato, "A regra do sigilo nas ofertas públicas de aquisição de ações", *Direito Empresarial*, Rio de Janeiro, Forense, 1995, p. 342.

56. F. K. Comparato e C. Salomão Filho, *O Poder de Controle na Sociedade Anônima*, 4ª ed., 2ª tir., cit., nota de texto n. 51, pp. 263-264.

57. Idem, nota de texto n. 51, pp. 262-265.

58. Item B, *infra*.

59. Judith Martins-Costa, "Os campos normativos da boa-fé objetiva: as três perspectivas do direito privado brasileiro", *Revista Forense* 382/119 e ss., Rio de Janeiro, 2005.

adquirir essas ações *antes da incorporação societária* e enquanto tais ações ainda tinham um peso ponderável na totalidade do capital social (cerca de 19%), compondo a relação pré-contratual de compra e venda de ações entre os então detentores do poder de controle e acionistas preferencialistas.

Relembre-se que "a intenção de manter a companhia aberta" foi declarada publicamente por três vezes ao menos, no espaço de um ano, sendo fraudada tão-logo a BM/BV logrou o seu intento de incorporar a companhia ("antiga" CV) cujo capital acionário adquirira em 1988.

53. Como ***segunda conclusão*** pode-se afirmar, portanto, que a intenção declarada de manter a companhia aberta, inserta nos Editais veiculadores da OPA, vinculou a ofertante pela confiança gerada, haja vista que, exteriorizada em manifestação pública e em negócios jurídicos vinculantes (OPAs), a declaração não só era de supor ser séria, como, principalmente que era expressa para ser cumprida.

Reforça, assim, ao contido na primeira conclusão (item 40) o fato de as declarações virem insertas em negócios jurídicos unilaterais de Oferta Pública de Ações, negócios marcados pela assimetria estrutural de poder negocial, que enseja, inclusive, a mera adesão da contraparte.

54. Assim sendo, se já do teor das declarações em si mesmo considerado, haveria deveres (informativos, de lealdade e de consideração com os interesses legítimos do *alter*), com mais razão se caracterizam tais deveres em razão da forma que encerra aquele teor, qual seja, o negócio jurídico da oferta.

55. Porém, não apenas o meio transmissor da declaração — vale dizer, o negócio jurídico da oferta — reforça a incidência e a intensidade dos deveres derivados da confiança. A posição dos Consulentes como acionistas não-controladores, preferencialistas, lhes conferia, ainda, *proteção peculiar.*

B) Os preferencialistas e os deveres decorrentes da boa-fé

56. Duas são, *grosso modo*, as funções às quais está predisposta a estrutura acionária de uma sociedade de capital aberto: a) captar o maior volume possível de capital, distribuindo ações no mercado e; b) bem gerir esse capital, tendo em conta, imediatamente, o interesse geral dos sócios e, mediatamente, o interesse da comunidade. Como expressivamente manifestou Ascarelli, é preciso, de um lado, "a colheita de um grande capital através do apelo a numerosas camadas da população" e, de outro, a atribuição, a "um pequeno número de pessoas", da administração da empresa.[60]

Aí está desenhada uma polaridade que por vezes se apresenta antinômica, mas que, para realizar o ***valor constitutivo*** que dá unidade ao modelo jurídico societário, deve ser vista de modo complementar, realizando-se na *dialética da complementaridade*[61] entre os poderes conferidos ao acionista controlador e os direitos assegurados aos acionistas não-controladores. Bem por isso, percebe Calixto Salomão Filho,[62] o novo direito societário assenta-se no ***princípio cooperativo***, constituindo a cooperação, o "elemento central" — elemento substancial, e não meramente formal —, que se põe como valor constitutivo das sociedades.

57. Com efeito, o princípio da cooperação opera, concomitantemente, como elemento unificador da empresa e como chave de leitura da análise que distingue, funcionalmente, entre os diferentes *papéis assumidos pelos acionistas* em relação à estrutura societária.

57.1 O princípio da cooperação opera, primeiramente, *conforme os critérios*

60. Tullio Ascarelli, "Usos e abusos das sociedades anônimas", *Revista Forense*, fasc. 460, Rio de Janeiro, out. 1941, p. 10.

61. A noção de dialética da complementaridade está em Miguel Reale, *Experiência e Cultura*, 2ª ed., Bookseller, Campinas, 2000.

62. Calixto Salomão Filho, *O Novo Direito Societário*, 2ª ed. reformulada, São Paulo, Malheiros Editores, 2002, p. 54.

distintivos das diversas espécies acionárias e, secundariamente, segundo as subespécies ou segundo as classes.

57.1.1 Segundo o regime vigente no direito brasileiro, o critério da distinção está na "*natureza dos direitos ou vantagens que confiram a seus titulares*" (Lei n. 6.404/1976, art. 15). A distinção é, pois, ontológica, o que não significa que haja antagonismo entre as espécies, pois há a incidência do princípio cooperativo em suas diversas graduações: há graduação máxima, dever nuclearmente fiduciário, dos administradores, de gerir a empresa com diligência, competência, probidade e correção, em prol dos interesses suprapessoais envolvidos; há graduação mínima, mero dever de consideração aos interesses comuns; e há graduações intermediárias, entre esses dois extremos.

57.1.2 As ações preferenciais têm, *prima facie*, a função econômica de trazer investimento à empresa. Essa função corresponde à utilidade econômico-social buscada pelo preferencialista, que é a de obter retorno financeiro sem, no entanto, ter participação no processo decisório de condução da empresa, processo esse que implica na assunção de deveres e responsabilidades próprios. Daí decorrer um tratamento diferenciado entre os titulares de ações ordinárias e de preferenciais como reflexo da diferença de posição e de finalidade que ambos têm na sociedade, os primeiros sócios ativos, os segundos financiadores e investidores.

58. Tal distinção qualitativa tem reflexos na regulação legal dos direitos e dos deveres atribuídos a cada espécie de ações. Tomando em conta a diferença ontológica (ou "de natureza", *ex vi* do art. 15 Lei n. 6.404/1976) entre as ações ordinárias e as preferenciais, a Lei e os estatutos sociais deferem distintos direitos, vantagens, deveres e responsabilidades entre os titulares de ações ordinárias e de ações preferenciais.

59. Nesta perspectiva se pode afirmar que, em relação aos detentores do poder de controle, o princípio cooperativo incide ***em grau máximo***. Como registrou, há décadas, Fábio Konder Comparato ao lembrar a clássica lição de Brandeis, na Suprema Corte norte-americana,[63] os controladores têm deveres específicos para com os demais acionistas (*fiduciary relationship*), não lhe sendo lícito, portanto, aproveitar-se de sua posição para obter, em troca dela, uma vantagem pessoal. É o que também disse, mais recentemente, Arnoldo Wald, segundo quem, "o controlador não é mais o dono da sociedade, como ocorria no passado, tendo, ao contrário, deveres e obrigações em relação a todos os demais acionistas e outros interessados".[64]

60. O problema está em que, como assegura Wald, "até meados do século XX, admitia-se que, no direito comercial, as partes não estivessem vinculadas de modo estrito aos princípios éticos".[65] Por isso mesmo, observa, "Considerava-se tolerável o chamado 'dolo bom' do comerciante e havia até quem afirmasse que, na atividade mercantil, engana quem pode, ou quem sabe. Uma ampla literatura revelava esse estado de espírito, afirmando que 'os negócios são os negócios', conforme evidencia o título de peça de teatro que ficou famosa. Chegou-se a conceber uma ética 'cinzenta' que determinaria a conduta do empresário".[66]

63. Fábio Konder Comparato, *O Poder de Controle na Sociedade Anônima*, 1ª ed., 1976. Ora em F. Comparato e C. Salomão Filho, *O Poder de Controle na Sociedade Anônima*, 4ª ed., 2ª tir., cit., p. 403, nota de rodapé n. 55: "the majority has the right to control; but when it does so, it occupies a fiduciary relation toward the minority, as much so as the corporation itself or its officers and directors. If, through that control, a sale of the corporate property is made and the property acquired by the majority, the minority may not be excluded from a fair participation in the fruits of the sale" (Southern Pacific Co. *v*. Bogert, decidido pela Suprema Corte, em 1919).

64. Arnoldo Wald, "Os preferencialistas e o Código Civil", in *Valor Econômico*, 18.3.2004.

65. Idem.

66. Idem.

Porém — é o mesmo autor quem reconhece que "a partir da última década, houve, todavia, uma reação válida e construtiva *decorrente dos abusos praticados e que não mais podiam ser tolerados*, nem moral, nem juridicamente.

"***Em todos os países, passou-se a exigir do empresário e, particularmente, do controlador da empresa, uma conduta leal e de boa-fé***, que estivesse impregnada pelo interesse social. A empresa deixou de ser um bem de propriedade dos controladores, do qual poderiam dispor ao seu bel-prazer, para adquirir a condição de verdadeira parceria na qual os direitos de todos os parceiros devem ser respeitados não só de acordo com a letra da lei, *mas também com o seu espírito*. O controlador não é mais o dono da sociedade, como ocorria no passado, tendo, ao contrário, deveres e obrigações em relação a todos os demais acionistas e outros interessados."[67]

61. Tem razão o Professor Wald nessa observação. Logo após a edição da Lei n. 6.404/1976, tão escassas eram nossas doutrina e jurisprudência que carecíamos exemplificar os deveres fiduciários com a doutrina e a jurisprudência norte-americana, que já então reconhecia o dever de boa-fé aos controladores perante aos demais acionistas, numa venda de controle,[68] esclarecendo-se que nos EUA os tribunais haviam estendido aos controladores o dever de boa-fé (*fiduciary duty*).

62. Porém, a partir do final dos anos 1980 o panorama mudou entre nós. A proteção dos acionistas não-controladores, também aqui veio a constituir, "o grande tema de discussão atual",[69] ensinando Calixto Salomão Filho ser "possível, mesmo no ordenamento brasileiro, procurar identificar a existência de um ***dever fiduciário do controlador em relação ao acionista minoritário no momento da alienação de controle***",[70] dever fiduciário porque enucleado na fidúcia (*fides*), portanto, dever de agir segundo a boa-fé (*bona fides*).[71]

63. Como observei em outra sede,[72] hoje também entre nós são reconhecidas as particularidades do princípio da boa-fé no Direito Societário, seja no que tange à sua relação com o caráter estrutural ou substancial do princípio da cooperação;[73] seja no que diz com o direcionamento da cooperação à boa-fé ***como regra de lealdade intra-societária*** e como fonte dos deveres de informação aos demais acionistas e ao mercado, *maximizando* as disposições da Lei Societária.[74]

67. Idem.

68. Fábio Konder Comparato, *Poder de Controle na Sociedade Anônima*, cit., p. 250.

69. F. Comparato e C. Salomão Filho, *O Poder de Controle na Sociedade Anônima*, 4ª ed., 2ª tir., cit., p. 91

70. Idem, p. 132.

71. No campo societário, o princípio da boa-fé e a idéia de dever fiduciário vêem no controlador um fiduciário ou um *trustee* dos acionistas minoritários (cf. E. Salomão Neto, *O "Trust" e o Direito Brasileiro*, pp. 102 e ss., com transcrição de casos da jurisprudência anglo-saxônica em que o dever fiduciário na alienação de controle é definido como tendo como beneficiário o acionista minoritário — verdadeiro *cestui qui trust*).

72. Judith Martins-Costa, "Os campos normativos da boa-fé objetiva...", cit., *Revista Forense* 382/119 e ss.

73. Entendo que o princípio da cooperação é *estrutural*, é elemento substancial à transformação da estrutura societária em verdadeira *Gestalt* — unidade dinâmica e polarizada no sentido de um mesmo valor constitutivo. Opera, assim, concomitantemente, como elemento unificador da empresa e como chave de leitura da análise que distingue, funcionalmente, entre os diferentes *papéis assumidos pelos acionistas* em relação à estrutura societária. Há, pois, intensidades de dever de colaboração, cabendo, sem sombra de dúvidas, a maior intensidade aos acionistas controladores e aos administradores, em sentido amplo.

74. Entre outros, cf. Fábio Konder Comparato "*Insider trading*: sugestões para uma moralização do mercado de capitais", *Revista de Direito Mercantil* 2/43; Nelson Eizirik, "*Insider trading* e responsabilidade de administrador de companhia aberta", *Revista de Direito Mercantil* 50/42-56, São Paulo, 1983; Carlos Klein Zanini, "A doutrina dos *fiduciary duties* no direito norte-americano e a tutela das sociedades e acionistas minoritários frente aos administradores das sociedades anônimas", *Revista de Di-*

63.1 Na vida societária a boa-fé atua, primariamente, na ***concretização da confiança***, entre os acionistas e no tráfego em geral, então tutelando "situações de confiança" e vedando o comportamento contraditório e desleal que não seria compatível com o *standard* do "administrador ativo e probo" de que fala a Lei Societária (art. 153). Entre as "situações de confiança", está uma peculiar modalidade em que a boa-fé gera o dever de não ser fraudada a *confiança do mercado e dos acionistas não-controladores* que se manifesta no procedimento de oferta pública de aquisição de ações (OPA).

63.2 Essa oferta está assentada em inegável *assimetria de poderes* entre as diferentes classes de acionistas (controladores e não-controladores), assimetria que se manifesta também quando as ações são oferecidas, razão pela qual surgem, para o emissor, deveres derivados da boa-fé,[75] *deveres fiduciários de tratamento igualitário*,[76] além de deveres específicos no que tange ao caráter receptício da oferta.

Como ensina Calixto Salomão Filho, na Lei Societária a oferta caracteriza declaração de vontade receptícia, acompanhando, assim, tendência marcada no direito alemão, "que tende a privilegiar os *Rechtsgeschäfte* sobre os *Beschlüße*", de modo a gerar efeitos para o declarante desde o momento da declaração pública.[77] Lembrando que no vigente Código Civil encontra-se a definição legislativa da natureza jurídica das ofertas ao público (que, segundo o art. 429 do Código Civil 2002, equivale à proposta quando encerra os requisitos essenciais ao contrato, salvo se o contrário resultar das circunstâncias ou dos usos), afirma: "Ofertas e propostas contratuais são vinculantes no direito alemão enquanto geradoras de posições contratuais subjetivas para seus destinatários". O mesmo ocorre no direito societário brasileiro, acentuando o professor paulista a importância dessa caracterização, *in verbis*:

"Trata-se do ***equilíbrio das posições jurídicas***. A declaração unilateral de vontade, exatamente por ser unilateral, não permite qualquer medida reequilibradora, caso o beneficiado pela declaração unilateral encontre-se em condição mais frágil. O seu conteúdo não comporta, portanto, interpretação reequilibradora.

"***Não assim com as declarações receptícias***. A necessidade da aceitação e da formação de um vínculo bilateral traz à tona toda a discussão do equilíbrio da relação. (...).

"É o que ocorre nas ofertas públicas de aquisição de ações. É indúbio que a própria regulamentação pública das ofertas já impõe elementos de garantia aos acionistas destinatários. É evidente, também, por outro lado, que esse *controle administrativo não é exauriente*."[78]

63.3 Não sendo exaustivo o controle administrativo, esse equilíbrio decorre também por via do princípio da boa-fé, em sua função produtiva de deveres e reequilibradora que opera, no mais das vezes, por via hermenêutica quando se trata de interpretar regras legais (como as da OPA) ou

reito Mercantil 109/137-149; Arnoldo Wald, "Os preferencialistas e o Código Civil", in *Valor Econômico*, 18.3.2004 e "O governo das empresas", *Revista de Direito Bancário, do Mercado de Capitais e da Arbitragem* 15/55.

75. Maria Isabel Grimaldos Garcia, *Responsabilidad Civil Derivada del Folleto de Emisión de Valores Negociables*, Valencia, Tirant lo Blanch, 2001, pp. 145 e ss. Alude a autora à "profunda transformação" pela qual passa, em nossos dias, o princípio da autotutela, mormente quando ocorre a *assimetria informativa* entre as partes contratantes.

76. "O tratamento igualitário passa a decorrer do dever fiduciário do controlador em relação a todos os minoritários, previsto no art. 116, parágrafo único da lei societária (...) e aplica-se tanto às hipóteses de alienação de controle previstas no art. 254-A como àquelas previstas no art. 255" (F. Comparato e C. Salomão Filho, *O Poder de Controle na Sociedade Anônima*, 4ª ed., 2ª tir., cit., nota de texto n. 52, p. 273).

77. Idem, nota de texto n. 49, p. 256.

78. Idem, p. 258.

negociais (como as do Edital que a convoca).[79] Assinalemos uns e outros:

(i) *Boa-fé e informação exata, séria, verídica e exaustiva*

64. Lembra Maria Isabel Grimaldos Garcia a "profunda transformação" pela qual passa, em nossos dias, o princípio da autotutela, mormente quando ocorre a *assimetria informativa* entre as partes contratantes ou mesmo na fase pré-negocial, quando as ações são oferecidas.[80] E esclarece:

"cuando el emisor realiza una oferta de suscripción de valores *ad incertam personam*, instaura con los inversores un contacto 'especial' asimilable al que, si las operaciones no tuviesen carácter masivo, establecería de forma inmediata y personal entre él mismo y cada uno de los inversores, e idóneo para suscitar la confianza necesaria para que surjan a su cargo deberes precontratuales derivados de la buena fe.

"Así, pues, cabe afirmar que el deber de difundir informaciones impuesta legalmente a la sociedad emisora en 'oferta pública' constituye una especificación del deber general de información que incumbe a ciertos co-tratantes en la fase de formación del contrato."[81]

Ora, é sabido que "o preço da aquisição do controle de uma companhia aberta é normalmente determinado diretamente a partir das perspectivas futuras da empresa".[82] Desse modo, as informações de que a companhia permaneceria aberta, aliadas às reportagens jornalísticas, com entrevistas da Diretoria da BM/BV sobre os seus planos expansionistas no Brasil, ***certamente influenciaram na fixação do preço, para além de terem sido determinantes na decisão dos preferencialistas de não vender***. Tais informações não podem ser vistas como destituídas de conseqüências jurídicas.

65. Detenhamo-nos nesse item verdadeiramente essencial para o deslinde do caso.

65.1 Asseguram os doutrinadores que a obrigatoriedade do *full and fair disclosure* é a regra cardeal nas negociações de transferência do controle,[83] razão pela qual a Instrução CVM n. 31/1984, em seu art. 1º, parágrafo único, determina a divulgação, como Fato Relevante, de qualquer deliberação que possa influir "de modo ponderável" na cotação dos valores mobiliários de emissão da companhia aberta (inc. I) ou na decisão dos investidores em negociar com aqueles valores mobiliários (inc. II). Essas determinações devem ser vistas no âmbito normativo do art. 155 da Lei Acionária, que contempla o dever de lealdade ao prescrever que ao administrador é vedado valer-se da informação obtida em razão do cargo para obter, para si ou para outrem, "vantagem mediante compra ou venda de valores mobiliários".

65.2 Não se deve descurar da *amplitude* e da *substancialidade* desse dever que não se coaduna, de modo algum, com uma perspectiva meramente formal. "A luz do sol é o melhor dos desinfetantes e a luz elétrica o melhor dos policiais", disse o jurista norte-americano Louis Loss, com isso querendo afirmar que, "Diante da necessidade de coibir a fraude e, ao mesmo tempo, manter intocada a liberdade de ação do gestor, a melhor solução é a adoção ampla de um *dever de divulgação* conforme se fez,

79. Sobre a função hermenêutica da boa-fé permito-me reenviar ao meu *A Boa-Fé no Direito Privado*, cit., pp. 428 e ss.

80. Maria Isabel Grimaldos Garcia, *Responsabilidad Civil Derivada del Folleto de Emisión de Valores Negociables*, cit., pp. 145 e ss.

81. Idem, pp. 146-147.

82. F. Comparato e C. Salomão Filho, *O Poder de Controle na Sociedade Anônima*, 4ª ed., 2ª tir., cit., nota de texto n. 52, p. 269.

83. Heller Redo Barroso, "A alienação de controle acionário de companhia aberta e o dever de informação ao mercado", *Revista de Direito Mercantil* 116/58.

com sabedoria, tanto no *Security Act* americano quanto na Lei de S/A brasileira".[84]

E assim é, explica Garrigues, porque, "Junto ao direito subjetivo do acionista (direito de informação) ao qual corresponde o correlato dever da sociedade de facilitar os informes, ***aparece hoje um dever mais amplo, um dever de informação ao público***, precisamente a cargo daquelas sociedades que fazem apelo ao crédito público, levando as suas ações à bolsa. Em tal caso, a marcha dos negócios da sociedade não interessa apenas aos acionistas, mas também ao público em geral, a todos os cidadãos ***que podem, talvez, querer ser acionistas na sociedade em questão, e que, por isso, têm o direito de ser informados*** do que ocorre no seio de determinada sociedade. O direito individual converteu-se em direito público".[85]

Assegura Lamy Filho: "Calar quando o mercado está notoriamente orientado por informações erradas equivaleria a divulgar informações falsas", sustentando ser a falta de informação "igual à divulgação de informação falsa".[86]

65.3 Ora, à luz dessas considerações, não parece procedente o argumento, utilizado na v. decisão de (...) de 1990, da 00ª Vara Cível (processo n. 0000/90) que julgou improcedente o pedido indenizatório derivado da violação da boa-fé referindo, de passagem, que não teria havido a "ilusão" dos minoritários, porque a comunicação de "Fato Relevante" da CV, de (...) de 1990 "avisara da decisão de fechar a companhia".

84. Citado por Heller Redo Barroso, "A alienação de controle acionário de companhia aberta...", cit., *Revista de Direito Mercantil* 116/159.

85. Joaquin Garrigues, *Hacia un Nuevo Derecho Mercantil*, Madri, Tecnos, 1971, pp. 174-175, *apud* Heller Redo Barroso, "A alienação de controle acionário de companhia aberta...", cit., *Revista de Direito Mercantil* 116/159.

86. Alfredo Lamy Filho, *A Lei das S/A — Pareceres*, 2ª ed., p. 377, *apud* Heller Redo Barroso, "A alienação de controle acionário de companhia aberta...", cit., *Revista de Direito Mercantil* 116/160.

65.3.1 Confrontado com a informação contida nos Editais das OPAs, de 1988 e 1989 (o último, seis meses, apenas, antes dessa comunicação de (...) de 1990) esse Aviso de Fato Relevante é, justamente, a comprovação da ***informação defeituosa*** — para dizer o mínimo — informação que pretendeu "mascarar" *a ausência de informação relevante* anterior, a saber: que a companhia "tinha a intenção" *de fechar o capital*, e não de mantê-lo aberto!

Tão mais grave é essa infração quando viola um "programa de transparência informativa" assegurado em diversos sistemas jurídicos como condição para o consentimento esclarecido dos potenciais interessados nas OPAs. Assim asseguram Ferrer Correa e Almeno de Sá, ao comentar as regras relativas ao dever de informar por ocasião das OPAs em Portugal, assinalando que os diferentes sistemas acolhem tal ***programa de transparência informativa***, destinado ao ***cabal esclarecimento dos potenciais interessados*** nas operações a realizar na bolsa de valores. E ensinam: "Não pode haver dúvidas de que a *ratio* do preceito, que se prende com a necessidade de possibilitar aos investidores a formação de uma correcta decisão de contratar, implica a disponibilização, por parte da empresa emitente, de uma informação absolutamente ***completa e acabada***".[87]

65.4 Essas são as razões pelas quais na avaliação do "peso jurídico" da informação dirigida aos minoritários e aos potenciais investidores ("mercado") atua com valor exponencial o princípio da boa-fé *como regra de lealdade* (interna, isto é, entre acionistas e externa, relativamente aos potenciais investidores) *e como regra de proteção do equilíbrio* entre as diferentes classes de acionistas: detentores do poder de controle (e emissários da informação) e não-detentores do poder de controle (e destinatários da informação).

87. Ferrer Correia e Almeno de Sá, "Oferta pública de venda de acções e compra e venda de empresa", Separata da *Coletânea de Jurisprudência*, v. IV, 1993, Lisboa, p. 22 (grifos originais).

66. A boa-fé atua, pois, no campo dos negócios de oferta pública de ações, primariamente como regra de lealdade concretizada pelo dever de informar com completude, clareza, seriedade e correção aos minoritários, pois a informação defeituosa, lacunosa, inverídica, leviana ou por qualquer modo equivocada, ***é tão ou mais danosa que a falta de informação***. Fazer informação inverídica sobre fato importante ou deixar de declarar fato importante — fato esse necessário, a fim de evitar que as declarações feitas, à luz das circunstâncias em que foram feitas — não fossem enganadoras,[88] constituem, afinal, as duas faces de uma mesma moeda. Daí porque — como oportunamente assinalaremos — a infração desse dever gera responsabilidade por danos.[89]

67. No que tange à existência, seriedade, completude e veracidade da informação, a boa-fé se apresenta ao modo instrumental para proporcionar aos investidores o *consentimento informado* à negociação e à igualdade de acesso a essas informações. Conectada ao princípio da boa-fé, a regra do art. 260 da Lei Societária[90] adquire, assim, interpretação ampliativa, para viabilizar o consentimento esclarecido à oferta, como determina, aliás, a Instrução Normativa CVM n. 361, no art. 4º, inciso II, segundo a qual deve a OPA ser realizada, "de maneira a assegurar tratamento eqüitativo aos destinatários, permitir-lhes a adequada informação quanto à companhia objeto e ao ofertante, e dotá-los dos elementos necessários à tomada de uma *decisão refletida* e independente quanto à aceitação da OPA" (grifei).

68. Observa-se, assim que, no procedimento da oferta de ações, a boa-fé incide particularmente sobre a existência, a qualidade, a ***suficiência***, a ***seriedade*** e a ***veracidade da informação*** veiculada no Edital.

69. Na espécie, a informação não foi suficiente, ou não foi séria, ou não foi verídica.

69.1 Ou não foi *suficiente* porque, se a BV não tinha a intenção de manter a companhia aberta num futuro próximo (menos de um ano), tal circunstância deveria ter sido esclarecida.

69.2 Ou não foi *séria* porque, se a intenção de manter a companhia aberta não era firme, conseqüente, não poderia ter sido dada e reiterada, como foi nos Editais, sob pena de leviandade.

69.3 Ou não foi *verídica*, pois, se a BV já soubesse nos finais de 1989 que procederia, em junho/julho de 1990 à incorporação da CV, à sua extinção, à constituição da "nova" CV e ao fechamento do capital acionário, então teria inclusive agido em fraude, sendo dolosa a informação de que tinha a intenção de manter o capital aberto. E assim efetivamente o seria se essa "intenção" fosse sabidamente passageira, sabidamente não-consistente e não-permanente no tempo, permanência essa não destinada — por óbvio — à eternidade, mas a um *prazo razoável* considerada a ***natureza e a função econômico-social do negócio*** de compra e venda de ações.

Se tal tivesse ocorrido estaria configurada inclusive uma espécie particular de dolo, decorrente do silêncio intencional, pois, segundo Ascarelli, o Código Civil de

88. Fábio Konder Comparato, "*Insider trading*...", cit., *Revista de Direito Mercantil* 2/43.

89. Tão forte é esse dever que, hoje em dia, se entende até mesmo à empresa de intermediação do negócio, *ex vi* do art. 7º, § 2º, da Instrução CVM n. 361, de 5.3.2002, pelo qual "A instituição intermediária deverá tomar todas as cautelas e agir com elevados padrões de diligência para assegurar que as informações prestadas pelo ofertante sejam verdadeiras, consistentes, corretas e suficientes, respondendo pela omissão nesse seu dever, devendo ainda verificar a suficiência e qualidade das informações fornecidas ao mercado durante todo o procedimento da OPA, necessárias à tomada de decisão por parte de investidores, inclusive as informações eventuais e periódicas devidas pela companhia, e as constantes do instrumento de OPA, do laudo de avaliação e do edital".

90. Lei 6.404/1974, art. 260, *in verbis*: "Até a publicação da oferta, o ofertante, a instituição financeira intermediária e a Comissão de Valores Mobiliários devem manter sigilo sobre a oferta projetada, respondendo o infrator pelos danos que causar".

1916, nos arts. 92 e 97 admite que "o dolo possa resultar também do silêncio intencional de uma das partes a respeito de ato ou qualidade que a outra haja ignorado", razão pela qual, assegura, "não é mister uma *celatio*, uma *supressio veri*, *mas é bastante o silêncio, a reticência, intencional, sobre um fato ou uma qualidade que, se conhecido, teria impossibilitado o ato*".[91]

70. A doutrina aponta ao ***princípio da responsabilidade por prospecto*** (***ou Edital***) como princípio peculiar à OPA. Como observaram os Professores Ferrer Correia e Almeno de Sá em Parecer sobre rumoroso caso ocorrido em Portugal, "o investidor não tem que procurar elementos mais ou menos veladamente dissimulados, não tem que recear pela completude ou seriedade dos dados nele expostos, não tem que se preocupar com as *démarches* suplementares: basta-lhe a confiança nos elementos postos à sua disposição através do prospecto oficial".[92]

Esse princípio corresponde ao "dever reforçado de informar aos compradores"[93] acerca de pontos essenciais à formação do consentimento esclarecido, traduzindo-se numa manifestação do princípio da boa-fé especialmente dirigida aos controladores de sociedades anônimas nas suas relações com os não-controladores e com o mercado (potenciais investidores).

71. Assim, como ***terceira conclusão***, posso afirmar que a BV infringiu deveres informativos a que correspondem direitos informativos do acionista minoritário.

(ii) *Boa-fé e interpretação pro preferencialista*

72. Como cânone hermenêutico a boa-fé conduz à ***interpretação favorável à parte desfavorecida pela assimetria de poderes***, de modo a dar corpo ao antiqüíssimo brocardo incluindo entre as doze regras para a interpretação dos contratos que Pothier[94] formulou com base na sabedoria do *jus commune*: "Dans le doute, une clause doit s'interpréter contre celui qui a stipulé quelque chose, et à la décharge de celui qui a contracté l'obligation" (*In stipulationibus cum quoeritur quid actum sit, verba contra stipulatorem interpretanda sunt*).

Hoje em dia essa regra hermenêutica está acolhida no Código Civil (arts. 423 e 424). Ao tempo da realização da Oferta Pública ora examinada ingressava por via do Código Comercial que, no art. 131, 5, determinava: "nos casos duvidosos, que não possam resolver-se segundo as bases estabelecidas, decidir-se-á em favor do devedor", isto é, da parte mais frágil, não se devendo esquecer que a proposta contida numa OPA suscita a formação do contrato (de aquisição de ações) sempre *por adesão* ("contrato de adesão").

73. A especial proteção dada aos preferencialistas pelo sistema, maximizada pela incidência da boa-fé ilumina, como diretriz hermenêutica, a interpretação a ser conferida à regra editalícia pela qual os controladores asseguravam não ter a intenção de modificar o caráter aberto da companhia.

Na dúvida sobre ser tal informação séria, verídica, expressiva dos reais propósitos dos controladores e, como tal, apta a carrear a confiança dos acionistas investidores, de um lado; e, de outro, sobre ser uma informação leviana, até mesmo frau-

91. Tullio Ascarelli, "Silêncio intencional — Silêncio do adquirente — Valor da coisa — Dação em pagamento", in *Ensaios e Pareceres*, São Paulo, Saraiva, 1952, p. 43 — grifei (regras repetidas no CC/2002, nos arts. 145 e 150).

92. Ferrer Correia e Almeno de Sá, "Oferta pública de venda de acções e compra e venda de empresa", cit., Separata da *Coletânea de Jurisprudência*, v. IV, p. 22.

93. Henrique M. Mesquita, *Oferta Pública de Venda de Acções e Violação do Dever de Informar — Comentário a uma Operação de Privatização*, Coimbra, Coimbra Ed., 1996, p. 34.

94. R. J. Pothier, *Traité des Obligations*, Paris, 1835, pp. 53-54, ns. 91 e ss., *apud* G. Alpa, G. Fonsi e G. Resta, *L'Interpretazione del Contratto — Orientamenti e Tecniche della Giurisprudenza*, 2ª ed., Milão, Giuffrè, 2001, pp. 16-20.

dulenta, na qual os investidores não deveriam ter acreditado, é de *prevalecer a primeira interpretação*. Caso contrário estar-se-ia privilegiando a fraude em detrimento da confiança.

73.1 Com efeito, o conjunto de atos de responsabilidade da CV — primeiramente, a inserção, no Edital, da informação segundo a qual era sua intenção manter o capital da companhia aberto e o voltar atrás nessa intenção declarada, prejudicando os acionistas que nela haviam confiado — frustrou a tomada de "decisão refletida" sobre vender ou não as ações. O voltar atrás tão repentino, meses após ter-se feito inserir entre as regras editalícias a relevantíssima informação acerca da manutenção do capital aberto da companhia frustrou a proteção dada pela lei aos preferencialistas podendo, inclusive, caracterizar ***fraude à lei***, ensinando Comparato que, quando há um afastamento 'não da forma, mas do espírito da lei', ter-se-á o *desvio de poder* que representa ato típico de fraude à lei e não contra lei".[95]

73.2 Trata-se, aliás, da mesma fraude que preenche o tipo penal do estelionato, pois, como afirma Miguel Reale Júnior, então se estabelece, no plano psicológico, uma relação causal entre o ardil e a ação enganada, levando a pessoa à qual se dirige o ardil a praticar um ato de disposição conducente à obtenção de uma vantagem, de um lado, causando, de outro, um prejuízo patrimonial.[96]

A contrario senso, o mesmo ardil pode levar a pessoa *a não praticar ato de disposição* em certo momento (que lhe seria favorável) para praticá-lo mais tarde (já quando não favorável), não sendo estranha, nesses casos, a ocorrência de dolo, como o que contamina informações enganosas, inverídicas ou levianas ou mesmo o dolo por omissão. Desta forma, a vítima adere voluntariamente porque foi enganada no processo de ludíbrio; realizando-se a equação: *vantagem de um lado, prejuízo do outro, intermediado por uma fraude*.

73.2.1 Nesse sentido, a jurisprudência penalista dá especial relevo, no campo dos negócios, ao "dolo inicial", como elemento caracterizador do estelionato[97] figura que, como se sabe, mantém correspondência, no campo do Direito Civil, com certas formas de dolo. Se desde o início a intenção do agente era a de, por meio do engano, induzir o parceiro em erro (então se praticando atos premeditados para criar a situação enganosa) — tal qual ocorreria, no caso presente, se a BV tivesse feito constar aquela informação no Edital já ciente que a mesma era apenas para "inglês ver" (já que sua intenção real — e não a declarada! — era a de fechar a companhia), haveria, sem dúvida, não apenas a ausência de boa-fé, ***mas efetiva má-fé*** e, no plano penal, estelionato.

74. Posso, assim, consignar a ***quarta conclusão***: na espécie, a BV auferiu a inegável vantagem de não ter que pagar, por ocasião da OPA, aos preferencialistas que em vista da informação constante nos Editais decidiram não vender suas ações por preço que era relativamente vantajoso. Em seguida, a mesma BV procedeu à incorporação da CV e fechou a companhia. O valor das ações dos preferencialistas despencou, sendo-lhes concedido apenas o valor do reembolso, muito inferior àquele estabelecido, quando da OPA, pelas mesmas ações. É inegável o prejuízo sofrido pelos que confiaram nas informações editalícias.

Esse prejuízo, resultando da violação de dever jurídico configura-se como dano no sentido jurídico — e não meramente econômico — do termo.

75. A ele se acrescem os prejuízos derivados do abuso do poder de controle quando do processo de incorporação e da

95. Fábio Konder Comparato, *Poder de Controle na Sociedade Anônima*, cit., p. 308.

96. Miguel Reale Júnior, *Direito Penal Aplicado*, São Paulo, Ed. RT, 1994, p. 102.

97. Attilio Maggini, *La Truffa*, Pádua, Cedam, 1988, p. 42.

retirada dos ora Consulentes. Cabe, pois, examinar essa figura antes de marcar as formas pelas quais o ordenamento responde à violação de um dever anexo de manter-se a legítima confiança suscitada,

II.2 O abuso do poder de controle

76. No Parecer ofertado a essa causa o Professor Silvio Rodrigues alude ao "encurralamento" sofrido pelos acionistas minoritários com o fechamento do capital da CV, quando desapareceu a possibilidade de venderem as ações à companhia pelo preço oferecido nas OPAs e também a possibilidade de negociá-las na Bolsa. Sublinha a "evidência" da pressão sobre os acionistas minoritários, tendo se cristalizado nas decisões resultantes da Assembléia Geral Extraordinária da nova CV, onde — explicita — "a) se fixa *um preço vil* para as ações dos acionistas dissidentes da decisão de incorporação; b) comunica o fechamento de seu capital e c) ainda dá ciência que parte do patrimônio da CV está sendo alienado".[98]

76.1 Não há como deixar de concordar com a análise do eminente jurista. A conduta descrita desenha hipótese de "afogamento" (*squeeze out*) dos minoritários, isto é, o procedimento consistente em forçar a saída do minoritário a preços aviltados, sua retirada — inevitável — decorrendo de um verdadeiro *economic duress* que é forma de coação econômica, direcionada à ameaça de prejuízos financeiros, principalmente, em relações comerciais, reconhecida pelas Cortes norte-americanas desde meados da década de 40 do século passado.[99]

76.2 O *squeeze out*, afirma Thompson, em seu exaustivo livro sobre o tema, pode ser caracterizado (e comumente o é) *through fundamental corporate changes*. Explicitando as manobras utilizadas contra os minoritários por via de seu "afogamento" explica que a prática desses casos acabou por introduzir — via jurisprudência — modificações no direito aplicável aos casos, de modo que, "Over time, the focus of the law has moved from whether these transactions are permissible to defining the limits the law will impose ***via fiduciary duty***, appraisal rights or disclosure requirements".[100]

Isto porque, percebeu-se que, "A transaction in which the majority shareholder is forcing the minority shareholder out of the enterprise at a price chosen by the majority is fundamentally different from the minority's voluntary decision to abandon the enterprise because of a business change proposed by the majority".[101]

Desse modo, assegura, "The flexibility given to majority shareholders in implementing fundamental corporate ***is not unlimited***".[102]

Por essa razão, "Courts apply equitable limitations especially limitations grounded in fiduciary duty concepts, to restrict fraudulent and some oppressive uses of fundamental corporate change".[103]

Ora, se a flexibilidade assegurada aos majoritários para realizar mudanças fundamentais na sociedade "não é ilimitada", devendo ser observados os deveres fiduciários, o que dizer — no presente caso — em que a mudança fundamental consistente no próprio caráter da companhia ***se deu apenas seis meses após a última promessa em***

98. Grifei.

99. Dessa década datam as primeiras decisões, quando a Corte da Califórnia passou a reconhecer, paralelamente ao *duress* (coação) tradicional, também o *economic duress* ou *business compulsion*, como relata Gladys L. Schwatka, "Contracts: restitution and rescission — Economic duress and business compulsion in California", *California Law Review* 40/425, 1952.

100. Robert B. Thompson, *O'Neal's Oppression of Minority Shareholders, Protecting Minority Rights in Squeeze-Outs and Other Intracorporate Conflits*, 2ª ed., West Group, 1998, par. 5/01 (grifei).

101. Idem.

102. Idem, par. 5/02.

103. Idem (grifei).

mantê-la aberta? Se é certo que os controladores não tinham um dever de mantê-la indefinidamente aberta, no tempo, também é certo que *não poderiam fazer a mudança em tempo tão curto (seis meses!) pegando de surpresa, numa verdadeira armadilha, aqueles a quem tinham suscitado a confiança.*

76.3 Por isso é que o caso, além de *squeeze out*, importou em *economic duress*, isso é, numa ***indevida e injustificada pressão*** que está na causa da retirada dos Consulentes.

Essencial, para a caracterização do *economic duress* (traçando-se a necessária distinção entre esse defeito e o jogo comercial "normal", conquanto por vezes "duro"), é saber quais pressões são "normais" e quais infringem o Direito. A ameaça de não-cumprimento para induzir uma modificação no contrato,[104] por exemplo, ou a perspectiva de ruína econômica, podem caracterizar o defeito do negócio jurídico, uma vez que a doutrina do *economic duress* é perpassada pelo reconhecimento de que "uma grande pressão pode obrigar alguém a fazer alguma coisa, mesmo sem a utilização de uma arma".[105]

76.4 Contribui para a caracterização do *economic duress* o fato de a parte beneficiada ter abusado do seu superior poder de negociação.[106] Porém, o critério distintivo determinante da "normalidade" ou não da pressão econômica há de ser buscado contextualmente, segundo os dados do ordenamento e os usos.[107] Assim sendo, convém examinar o que sinaliza a Lei n. 6.404/1976 acerca do abuso da posição de controlador.

77. Como refere Comparato, "o desvio de poder de controle é anomalia sempre ligada à opressão dos não-controladores, à situação que na prática norte-americana denomina-se *intracorporate opression* ou *freezing out* ou *squeezing out minority shareholders*".[108] Tão mais grave é essa conduta quando se tem presente que ao poder de controle correspondem deveres e responsabilidades próprias, exatamente porque se trata de um direito-função atribuído ao titular para a consecução de finalidades precisas.[109] Bem por isso, a lei — e os princípios nela contidos ou dela deduzidos — impõem limites à ação do controlador. Segundo o autor, o art. 117 *é exemplificativo*, "estabelecendo *standards*, que descumpridos caracterizam abuso de poder",[110] razão pela qual admite aplicação analógica.[111]

Observa-se, assim que, em nosso sistema, a Lei 6.404 "preferiu-se garantir o respeito, em qualquer hipótese, a um certo número de direitos dos acionistas, concebidos analogamente aos direitos individuais do homem e do cidadão, na sociedade política (Lei 6.404, art. 109)".[112] O abuso se pode caracterizar pela ilegalidade (como afronta direta à lei) e pelo desvio de poder que se caracteriza "pela elusão de disposições imperativas, pela sua observância meramente aparente ou formal, frustrando-se a finalidade da norma". Nesse caso, acentua Comparato, "sobreleva, neste campo, a função inquisitória do juiz, que não se deve contentar com as aparências, mas atentar sempre para os fins sociais da lei e as exigências do bem comum, como se diz na Lei de Introdução ao Código Civil (art. 5º)".[113]

104. Richard Posner, *Economic Analysis of Law*, 6ª ed., Nova Iorque, Aspen Publishers, 2003, p. 115.

105. Paterson; Hocker, "Contracts avoidable on the grounds of unconscionable conduct", in <http://law.anu.edu.au/colin/Lectures/uncons.htm>, acesso em 15.10.2005.

106. Gladys L. Schwatka, "Contracts: restitution and rescission...", cit. *California Law Review* 40/426 e 427.

107. Stephen A. Smith, *Contract Theory*, Oxford, Oxford University Press, 2004, p. 320.

108. Fábio Konder Comparato e Calixto Salomão Filho, *O Poder de Controle na Sociedade Anônima*, 4ª ed., cit., p. 383, n. 118.

109. Idem, p. 362, n. 114.

110. Idem, p. 392, n. 119.

111. Idem, p. 392, n. 119.

112. Idem, p. 382, n. 118.

113. Idem, p. 382, n. 118.

Também não deve o juiz, nesses casos, restar preso à letra da lei, antes investigando o seu alcance à luz dos princípios do ordenamento onde sobrelevam os da boa-fé, da proteção ao acionista minoritário, assinalando Leães em texto de 1985: "(...) o art. 116, parágrafo único, da lei em vigor, (...) impõe ao acionista controlador o *dever* de usar o seu poder com o fim de fazer a companhia realizar o seu objeto e *cumprir a sua função social*, ao qual são acrescidos deveres e responsabilidades para com os demais acionistas da empresa".[114]

78. O não-cumprimento desses deveres se pode dar direta ou indiretamente. No segundo caso haverá abuso, caracterizado seja pelo desvio de poder, seja pelo *exercício inadmissível de posição jurídica.*

78.1 A inadmissibilidade é detectada conforme certas *balizas* postas pelo ordenamento, de modo especial o fim econômico-social para o qual o direito é vocacionado, assinalando a Lei Acionária no § 1º do art. 117 as modalidades abusivas entre as quais está a incorporação da companhia com o fim de obter "vantagem indevida, em prejuízo dos acionistas, dos que trabalham na empresa ou dos investidores em valores imobiliários" (alínea *b*) ou, ainda, "promover alteração estatutária emissão de valores mobiliários ou adoção de políticas que não tenham por fim o interesse da companhia e visem a causar prejuízo a acionistas minoritários".

78.2 Entre essas balizas está novamente a boa-fé[115] que, como "probidade e correção" atua como critério de mensuração do abuso tal qual versado no art. 117 da Lei Societária (rol de deveres legais restritos ao acionista controlador), *ampliando-os*: se é bem verdade que a relação exemplificativa do art. 117 caracteriza o abuso em relação ao fim visado, a incidência da boa-fé conduz a caracterizar o exercício inadmissível da posição de administrador referentemente ao meio empregado. Assim seria, por exemplo, a adoção de determinada conduta — em si mesma lícita — ***que, pelo modo e pelas circunstâncias, implicasse deslealdade aos demais sócios***, como é exemplo caso lembrado por Zanini de violação, pelos administradores de companhia, das razoáveis expectativas (*reasonable expectations*) dos minoritários na medida em que criada situação que configurava nítida opressão (*opression of the minority shareholder*) dos minoritários.[116]

78.3 Se o poder de controle deve ser exercido no interesse da sociedade sem afronta aos direitos especiais dos minoritários, não há dúvidas que, na espécie, os acionistas minoritários foram prejudicados, pela ação abusiva dos detentores do poder de controle. A conduta danosa pode ser verificada em ***três momentos específicos***, quais sejam:

(i) por ocasião das OPAs (por infração aos deveres informativos e de consideração aos seus legítimos interesses);

(ii) quando da incorporação e fechamento do capital, no primeiro caso pela diferença nos critérios avaliativos dos patrimônios líquidos das sociedades participantes, ferindo-se o art. 264, *caput*, da Lei Acionária,[117] e no segundo porque, nas com-

114. Luis Gastão de Barros Leães, "Conflito de interesses", in *Estudos e Pareceres sobre Sociedades Anônimas*, São Paulo, Ed. RT, 1989, p. 12.

115. Assim está expresso no art. 187 do Código Civil de 2002.

116. Carlos Klein Zanini, "A doutrina dos *fiduciary duties* no direito norte-americano...", cit., *Revista de Direito Mercantil* 109/148.

117. Relembre-se a perícia, segundo a qual, *verbis*, "quando da incorporação os patrimônios das sociedades incorporadora e incorporada 'não foram avaliados segundo os mesmos critérios e tampouco a preços de mercado' (resposta ao quesito n. 3.1, do MM. Juízo, fls.); 'apenas determinados itens do ativo imobilizado da Incorporadora CV e de sua afiliada CV Nordeste foram avaliados a preços de mercado, nenhuma avaliação tendo sido realizada quanto às marcas, patentes e produtos registrados pertencentes à Incorporada CV' (fls.); 'nada consta' quanto a Fundo do Comércio ou outros ativos intangíveis da Incorporada CV. 'Entretanto, no Balanço Patrimonial da BV elaborado pelos Peritos Avaliadores para a data-base de (...) de 1990, a participação acionária da BV na Cias. CV foi avaliada não ape-

panhias fechadas o minoritário, freqüentemente, se encontra bloqueado, sem ter outro comprador para as suas ações senão o próprio controlador, que costuma oferecer, por elas, um preço vil, o que se verificou no caso, sendo aprovado em Assembléia um valor quase 50% menor do que o devido (para os acionistas minoritários dissidentes, foi fixado o preço de CR$ 10,00 por cada ação, para efeito de reembolso; enquanto o investimento da Incorporadora BV na Incorporada CV foi avaliado pelos Srs. Peritos Avaliadores pelo valor de ***CR$ 19,19 por cada ação, resultando, como assinala o Sr. Perito Oficial***, "uma diferença de avaliação das ações representativas do capital social da CV de ordem de CR$ 9,19" (fls.).

(iii) pela não-eqüitativa relação de troca das ações, conforme esclarecido nos Pareceres dos Professores Barros Leães e Lamy Filho e estampado no Laudo do Sr. Perito M. G. O. já referidos.

78.4 O ponto nuclear da conduta abusiva no tocante ao terceiro momento acima sinalizado liga-se com a específica hipótese de ***incorporação de companhia controlada***.

Nesse caso, observam Carvalhosa e Eizirik, "a lei optou por oferecer uma proteção adicional aos acionistas minoritários da sociedade incorporada, procurando uma fórmula que garantisse ser a relação de troca das ações das suas sociedades *a mais justa possível*".[118]

A razão de ser dessa proteção adicional — explicam — está em que, quando as duas sociedades possuem *controladores distintos*, os interesses dos acionistas de cada sociedade são defendidos pelos respectivos administradores e controladores. Porém, diversamente, quando a operação se dá entre controladoras e controladas, *não se verifica o caráter bilateral* que assegura os interesses dos minoritários de ambas as companhias. Nesse caso, o "*mesmo acionista controlador decide pelos dois lados da operação*".[119] O mesmo controlador vota e decide as condições em que será realizada a operação, não havendo o jogo de pesos e contrapesos que, em linha de princípio, acompanha as negociações bilaterais.

Por isso é exigida no art. 264 da Lei Societária a apresentação aos acionistas da avaliação do patrimônio líquido a preços de mercado tanto da incorporadora quanto da incorporada.

79. Essa dupla avaliação serve para evidenciar a eqüidade — ou a injustiça — do critério escolhido.

Com efeito, *mesmo autores que consideram que a relação de troca não deva ser, necessariamente, realizada pelo valor constante da avaliação*,[120] como Carvalhosa e Eizirik, asseguram: "Com efeito, o cálculo da relação de substituição com base no critério do valor do patrimônio líquido a preços de mercado é exigido apenas para *fins de comparação* com o critério indicado no Protocolo e na Justificação, ***a fim de evidenciar a eqüidade da escolha do referido critério***".[121]

80. O que diz, a respeito, o Senhor Perito do Juízo?

A resposta não poderia ser mais clara, a saber: a análise contábil "demonstra que a participação acionária da Incorporadora BV na Incorporada CV foi avaliada pelos Srs. Peritos Avaliadores pelo preço de mercado sob a ótica da Investidora, enquanto que a avaliação do Patrimônio Líquido da

nas pelo método da equivalência patrimonial, mas também pelo sobre-preço pago quando da aquisição do controle acionário e demais aquisições posteriores, sob a denominação de ágio' (fls.), entre outros exemplos".

118. Modesto Carvalhosa e Nelson Eizirik, *A Nova Lei das S/A*, São Paulo, Saraiva, 2002, p. 376 (grifos meus).

119. Idem, grifos meus.

120. Assinalando as divergentes posições doutrinárias no cenário brasileiro, Roberta Nioac Prado, *Oferta Pública de Ações Obrigatória nas S/A*..., cit., pp. 329-341.

121. Modesto Carvalhosa e Nelson Eizirik, *A Nova Lei das S/A*, cit., p. 377 (grifos meus).

Incorporada CV, efetuada pelos mesmos Peritos Avaliadores, não observou o mesmo critério (...)" (fls.); o preço de reembolso das ações aos acionistas dissidentes "foi fixado em patamar superior ao valor do patrimônio líquido contábil, todavia, abaixo do valor considerado pelos Srs. Peritos no Laudo de Avaliação da Incorporadora BV" (fls.).

Como resultado da ***ausência abusiva de eqüidade na troca***, verificou-se que: "Com a incorporação da Cias. CV S/A, os seus acionistas minoritários passaram a participar do capital social da nova sociedade com percentual equivalente a 3,9415%, incluído neste percentual a participação dos ora Requerentes", diz o Sr. Perito Oficial a fls. (...), enquanto, antes da incorporação, "os acionistas minoritários eram titulares de ações nominativas e preferenciais correspondentes a ***19,034% do capital social*** (fls.)".

81. O Superior Tribunal de Justiça, no julgamento do REsp n. 51.655-RJ, Rel. Min. Nilson Naves, já afirmou que: "***não é juridicamente aceitável nem moralmente justificável***, seja o acionista dissidente compelido a aceitar a oferta da maioria, mormente em se tratando de oferta irrisória. Se o ***direito de recesso for exercido numa situação de absoluta iniqüidade***, como referido nos autos, não há o exercício desse direito, *senão a abstração da fórmula*. Em tal aspecto, o acórdão recorrido não ofendeu o art. 137 da Lei n. 6.404/1976, ao assim decidir: 'ponto sensível é o *modus faciendi* quanto à paga do valor da ação, decorrente do recesso, certo que este, por representar mensuráveis interesses econômicos, ***para ser justo***, evitando o enriquecimento da sociedade, assim beneficiando a maioria com o empobrecimento dos retirantes, a minoria há de corresponder aos valores do patrimônio societário ***próximos tanto quanto possível do real*** e não do histórico, quando não meramente simbólicos, constantes dos lançamentos contábeis'".[122]

122. STJ, REsp 51.655-RJ, 3ª T., Rel. Ministro Nilson Naves, j. 3.12.1996, *DJ* 3.3.1997 (grifei).

Diante dessas sábias palavras lícito é inferir, *a contrario senso* que, quando não avalia a justiça — isto é, a relação de eqüidade — entre os valores, se estará a ofender o mesmo art. 137 da Lei Societária.

82. A OPA e o direito de recesso — assegura Roberta Nioac Prado — constituem justamente "os dois grandes instrumentos de defesa dos minoritários, geradores da liquidez necessária para a saída do investimento".[123] Assim, inviabilizar a *devida proteção* aos minoritários nesses momentos (proteção essa representada seja cumprindo com os deveres informativos, seja avaliando as ações segundo a determinação legal que inclui, por exemplo, o fundo de comércio[124]), configura conduta abusiva nos termos da Lei Acionária.

83. Como ***quinta conclusão*** penso ter sido manifesto o abuso por parte do controlador, na forma acima explicitada, cabendo, em conseqüência, a responsabilização por danos daí decorrentes.

84. É hora, pois, de verificar qual a conseqüência atribuída pelo ordenamento à uma violação de um dever anexo de manter-se a legítima confiança suscitada, examinando o tema da responsabilidade civil, aquiliana, pela quebra da legítima confiança e pelo abuso do poder de controle.

123. Roberta Nioac Prado, *Oferta Pública de Ações Obrigatória nas S/A*..., cit., p. 340.

124. Relembre-se que o próprio Código Civil (arts. 966 e 982) determina: "Art. 966. Considera-se empresário quem exerce profissionalmente atividade econômica organizada para a produção ou a circulação de bens ou de serviços". Por sua vez, o art. 982 dispõe: "Art. 982. Salvo as exceções expressas, considera-se empresária a sociedade que tem por objeto o exercício de atividade própria de empresário sujeito a registro (art. 967); e, simples, as demais". Daí resulta que sendo o "estabelecimento" a base para o desenvolvimento da empresa, ele integra o seu patrimônio. Como complexo de direitos e obrigações, compreensivo dos bens, créditos, débitos e demais relações jurídicas de conteúdo econômico, o estabelecimento engloba o fundo de comércio, os intangíveis, o "potencial de lucratividade" denominado de "aviamento", como assegura Roberta Nioac Prado (*Oferta Pública de Ações Obrigatória nas S/A*..., cit., p. 339).

II.3 Conseqüências da violação dos deveres

85. Havendo infração de dever jurídico, positivo ou negativo, e a ocorrência de dano decorrente, por nexo causal, daquela infração, caracteriza-se o dever de indenizar. Como assinalam Menezes Direito e Cavalieri Filho, "A responsabilidade civil opera a partir do ato ilícito com o nascimento da obrigação de indenizar, tendo por finalidade tornar *indemne* o lesado, colocar a vítima na situação em que estaria sem a ocorrência do fato danoso".[125]

Porém, dizem os mesmos autores, sendo certo que não há responsabilidade sem violação de dever jurídico preexistente (salvo os excepcionais casos de responsabilidade civil por atos lícitos), é necessário, para identificar o responsável, precisar o dever jurídico violado e quem o descumpriu, determinando os atos que o obrigado deveria ter praticado e não praticou.[126] É do que agora cuidarei.

86. Já observei que a BV tinha os deveres jurídicos de: a) informar no Edital convocatório da OPA, com veracidade, seriedade e completude acerca de suas intenções de manter ou não a companhia aberta; corresponder à legítima expectativa que por seu comportamento, despertara nos acionistas investidores, acerca do mesmo fato; b) não defraudar essa confiança, mantendo a companhia aberta ou, se houvesse comprovada e justificada necessidade empresarial de alterar a intenção declarada no Edital, pagar, quando do reembolso, no mínimo o que se havia predisposto a pagar pelas ações quando da OPA.

Nada disto tendo ocorrido, caracterizou-se a violação de deveres jurídicos, por forma a incorrer a CV em ilicitude por infração à confiança. Como precisa Carneiro da Frada, "No âmbito da protecção negativa das expectativas, a expressão 'responsabilidade pela confiança' não significa, desse modo, meramente, que alguém é chamado para suportar as conseqüências jurídicas da confiança alheia. Aquela locução tem também um conteúdo mais restrito: assinala o surgimento de um dever jurídico preciso, o de ressarcir um prejuízo".[127]

87. O ilícito está, justamente, na defraudação do dever jurídico de corresponder à confiança, ***mais acentuado em razão da natureza fiduciária dos deveres dos controladores relativamente aos preferencialistas***. Como registrei, com apoio em ponderável doutrina, "ilicitude" significa a *contrariedade ao Direito* e não apenas à lei (ilegalidade), abrangendo, portanto, também a violação de princípios fundamentais do Ordenamento e a deveres que decorrem da incidência de tais princípios.[128] Nesse sentido a ilicitude caracteriza, no dizer de Cavalieri Filho, "a conduta humana antijurídica, contrária ao Direito, sem qualquer referência ao elemento subjetivo ou psicológico".[129] Ou, como precisa em outra obra, juntamente com Menezes Direito, "A conduta contrária à norma jurídica, só por si merece a qualificação de ilícita, ainda que não tenha origem numa vontade consciente e livre. (...) Com efeito, a antijuridicidade de uma conduta é normalmente estabelecida à luz de certos *valores sociais*, que podem ser englobados na noção tradicional de *bem comum*. (...) Em suma, a violação de um dever jurídico possibilita formular, a seu respeito, dois juízos de valor: o juízo de valor sobre o caráter anti-social ou socialmente nocivo do ato ou do seu resultado, e o juízo sobre a conduta

125. Carlos Alberto Menezes Direito e Sergio Cavalieri Filho, *Comentários ao Novo Código Civil. Da Responsabilidade Civil. Das Preferências e Privilégios Creditórios*, Rio de Janeiro, Forense, 2004, p. 48.

126. Idem p. 51.

127. Manuel Antonio de Castro Portugal Carneiro da Frada, *Teoria da Confiança e Responsabilidade Civil*, cit., p. 42.

128. Assim o nosso *Comentários ao Novo Código Civil* (coord. Sálvio Figueiredo Teixeira), 2ª ed., v. V, t. II, cit., pp. 92 e ss.

129. Sergio Cavalieri Filho, *Programa de Responsabilidade Civil*, 3ª ed., São Paulo, Malheiros Editores, 2002, pp. 27 e ss.

do agente, na sua dimensão ético-jurídica; um juízo de valor sobre o ato e um juízo de valor sobre o agente".[130]

88. Na lição de Menezes Cordeiro, a ilicitude pode emergir do *resultado* ou de *meios*, isto é: a conduta ilícita pode alcançar algo que o Direito proíbe ou pode prosseguir uma finalidade em si admissível, mas por meios que o Direito vede.[131] Nos casos de *abuso* há, em regra, ilicitude de meios, também dita *ilicitude no modo do exercício do direito*.

89. A responsabilidade, no caso, deriva também da ***culpa*** da BV/BM.

Compreendida como a "conduta voluntária contrária ao dever de cuidado imposto pelo Direito, com a produção de um evento danoso involuntário, porém previsto ou previsível",[132] a culpa existe quando a conduta do agente é censurável por se entender que podia e devia, nas circunstâncias, ter agido diversamente.

90. Não há dúvidas que a BV/BM podia e devia ter agido diversamente, de modo a: (i) não ter feito consignar, nos Editais, a promessa de manter a companhia aberta se não tinha certeza de assim permanecer por tempo razoável, em vista da finalidade econômico-social do negócio; ou (ii) ter feito consignar no Edital que permaneceria como companhia aberta "até a incorporação" ou por seis meses, ou outro termo qualquer.

91. No exame da extensão do dever descumprido se considera (no caso de informação inexistente, inexata, insuficiente, leviana ou inverídica), "se a informação era suscetível de exercer uma influência sobre o consentimento do vendedor, de tal sorte que ele não teria concluído o contrato, ou só o teria concluído em condições mais favoráveis se ele delas tivesse tido conhecimento".[133]

Observe-se não ser apenas o silêncio doloso que é sancionado com a responsabilidade por danos, mas, por igual, a mera violação da obrigação de ***informar lealmente*** o outro negociador, como anota Patrick Jourdain,[134] o que se põe com especial intensidade quando entre os negociadores há, ou dever fiduciário ou efetiva *desigualdade de poderio* (jurídico, econômico ou fático).

92. Para além da ilicitude e da culpa, o ato infrator da confiança deve ter causado dano, sendo o ***dano à confiança*** ocasionado pela frustração de expectativas legítimas — isto é, juridicamente tuteladas — daí derivando pretensão dirigida à reparação do prejuízo que a vítima (o confiante) não teria sofrido se não tivesse confiado.

92.1 Nesta perspectiva o dano à confiança aponta para a situação em que a vítima se encontraria se não tivesse celebrado o contrato, ou se não tivesse entrado em negociações que se viram injustamente frustradas. Essa frustração injusta pode decorrer do recesso injustificado de uma das partes numa negociação contratual; da revelação indevida de segredos ou informações; do "não-oferecimento" de informações que teriam sido relevantes para formar o consenso; do não-cumprimento de promessas feitas na fase pré-contratual que geraram a justa expectativa etc.[135] Para apurá-lo, "en-

130. Carlos Alberto Menezes Direito e Sergio Cavalieri Filho, *Comentários ao Novo Código Civil*, cit., pp. 56-58 (grifos originais).

131. Antonio Manuel Menezes Cordeiro, *Tratado de Direito Civil Português, Parte Geral*, t. I, 2ª ed., cit., p. 489.

132. Carlos Alberto Menezes Direito e Sergio Cavalieri Filho, *Comentários ao Novo Código Civil*, cit., p. 69.

133. Jacques Ghestin, "Comentário" em *Recueil Dalloz*, Paris, Sirey, 1984, 33ème Cahier, *Jurisprudence*, p. 457, traduzi. No original: "si l'information était susceptible d'exercer une influence sur le consentement de l'acheteur, de telle sorte qu'il n'aurait pas conclu le contrat, ou ne l'aurait conclu qu'à des conditions plus favorables s'il en avait eu conaissance".

134. Patrick Jourdain, "Le devoir de se renseigner", *Recueil Dalloz*, Paris, 1983, *Chronique*, p. 139, traduzi. No original: "Le silence déloyal par le banquier constitue une violation des dispositions de l'article 1.134 du Code Civil énonçant que les conventions doivent être exécutées de bonne foi".

135. Assim escrevi em *Comentários ao Novo Código Civil* (coord. Sálvio Figueiredo Teixeira), 2ª ed., cit., pp. 109 e ss., v. V, t. II, p. 330.

cara-se o prejuízo que o lesado *evitaria* se não tivesse, sem culpa sua, confiado em que, durante as negociações, o responsável cumpriria os específicos deveres a elas inerentes e derivados da boa-fé, 'máxime' convencendo-se de que a manifestação de vontade deste entraria no mundo jurídico tal como esperava, ou que havia entrado correcta e validamente".[136]

92.2 Para que se perceba a correta entidade, no caso, do dano sofrido, observe-se a lição de Calixto Salomão Filho para quem certas "deturpações" causadas no caso das alienações de controle "revela[m] um problema muito mais amplo, que uma vez entendido deve levar à proteção dos minoritários preferencialistas no momento da alienação de controle e em todos os casos de cessão da organização empresarial".

Isso porque, observa, "toda a vez que na compra do controle está implícita pelas afirmações prestadas à autoridade administrativa ou pela própria autoridade do controlador a intenção de dispor da organização empresarial, destinando-a a fim diverso do até então perseguido — *e não apenas nos casos de aquisição seguida de incorporação* — o prejuízo é eminente para qualquer minoritário. Iminente talvez *em especial para o preferencialista*".

Ora, se há esse "prejuízo eminente", e "em especial para o preferencialista" nos casos em que é claramente informada a "intenção de dispor da organização empresarial, destinando-a a fim diverso do até então perseguido" nos casos de aquisição seguida (no caso, em cerca de seis meses!) de incorporação, figure-se a extensão do prejuízo *quando se acresce o engano*, isto é: quando se declara a intenção de nada mudar, mas é efetivamente mudado a própria característica fundamental da sociedade, que, de aberta, passa à fechada!

93. Adicionam-se os prejuízos resultantes do abuso no exercício do poder de controle e consistentes avaliação patrimonial errônea e na inexata — porque não-eqüitativa — determinação da relação de troca de ações, havendo a perceber diferença do valor das ações no momento do reembolso. A conseqüência da conduta abusiva é a de perdas e danos (art. 117), configurando sanção compensatória.[137]

94. Evidentemente, a quitação dada no momento do reembolso não alcança essa pretensão, como quer a BM. A quitação é "reconhecimento de recebimento",[138] para coartar a presunção de adimplemento, mas se trata de presunção *hominis*, e não *juris tantum*, nem *iure et de iure*. Assim, a quitação é prova de fato, do fato da realização da prestação pelo devedor ou por terceiro, mas não envolve a prova da satisfação dos interesses objetivos do credor, o que é mais do que a mera realização da prestação: o bem pode ter sido entregue com defeitos, a obra pode não ter seguido exatamente o projeto, o serviço, por mal feito, pode ter gerado danos ao credor e assim sucessivamente. Todas essas circunstâncias somente com o tempo poderão ser percebidas e a quitação é passada em seguida à realização da prestação. Ela, portanto, não significa uma declaração de que o credor está satisfeito, nem que este não tenha nada a postular contra o devedor.[139]

95. Na espécie, o recibo foi ditado pela empresa, como dá conta o documento ane-

136. Mário Júlio Almeida Costa, *Direito das Obrigações*, 9ª ed., cit., p. 548 (grifei).

137. Fábio Konder Comparato e Calixto Salomão Filho, *O Poder de Controle na Sociedade Anônima*, cit., p. 383, n. 118.

138. Francisco Cavalcanti Pontes de Miranda, *Tratado de Direito Privado*, Rio de Janeiro, Borsói, 1959, t. XXIV, § 2.914, p. 130.

139. Assim Jorge Cesa Ferreira da Silva, com apoio, nas lições de, entre outros, Corrado Chessa, *L'Adempimento*, Milão, Giuffrè, 1996, p. 158; Joachin Gernhuber, *Die Erfüllung und ihre Surrogate*, 2ª ed., Tübingen, Mohr, 1994, p. 526; Karl Larenz, *Lehrbuch des Schuldrechts*, Allgemeiner Teil, t. I, 14ª ed., Munique, C. H. Beck, 1987, p. 246 (Jorge Cesa Ferreira da Silva, *O Adimplemento e o Inadimplemento das Obrigações no Novo Código Civil*, Coleção Estudos sobre o Novo Código Civil (coord. Miguel Reale e Judith Martins-Costa), São Paulo, Ed. RT, no prelo).

xo à carta datada de (...) de 1990 dirigida pela CV aos acionistas reclamantes e em resposta à notificação datada de (...) de 1990 pela qual aqueles mesmos acionistas manifestavam sua discordância à conduta da empresa, inclusive quanto ao valor fixado.

A ***presença da notificação*** é um dado da maior relevância, cabendo lembrar recentíssima decisão do STJ[140] pela qual se decidiu — frente a pleito de construtora segundo a qual a quitação plena "das obrigações assumidas pelas partes no contrato" que a notificação extrajudicial da Encol feita pelo comprador sobre a cláusula referente ao prazo de entrega que, *verbis*: "na medida do possível, o comprador interpelou a ré para resguardar seu direito e que não é absolutamente razoável supor que o faria se não estivesse havendo resistência da empresa até em que colocasse a ressalva no próprio termo de entrega".

Já se vê, portanto, que a quitação dada não tem a extensão que lhe pretende dar a empresa, não servindo para elidir a pretensão às perdas e danos.

96. Como ***sexta conclusão*** tenho, pois, que os Consulentes são titulares de pretensão indenizatória por dano à confiança, acrescido das perdas e danos em razão do abuso do poder de controle e da diferença ao valor de reembolso não-eqüitativo, a quitação dada não elidindo essa pretensão.

Conclusões

97. Posso, assim, ***sintetizar as conclusões*** alcançadas ao longo deste Parecer, respondendo aos quesitos propostos, como segue:

1. Ao violar a promessa, pública e reiteradamente feita, segundo a qual haveria a intenção de manter a companhia com o capital aberto, a BV/CV (hoje: BM do Brasil) praticou ato ilícito, caracterizador de dano indenizável?

Sim. Se *os Editais das OPAs nada tivessem referido* quanto à intenção de manter a companhia aberta a perda dos Consulentes, o decréscimo na participação no capital social nada mais seria que o *risco normal do negócio* (desde que, naturalmente, não tivesse ocorrido, como ocorreu, erro no cálculo da relação de troca de ações entre as companhias). Se assim fosse os Consulentes, investidores experientes, *teriam podido contar com o fechamento* e, assim, decidir entre não comprar as ações ou, se titulares, vendê-las pelo preço oferecido nas OPAs.

Mas não foi o que aconteceu. Informados, reiteradamente, da intenção declarada de manter o capital aberto, não puderam, razoavelmente, contar com o fechamento do capital. Ao contrário, tiveram gerada a legítima expectativa pela manutenção da intenção formal e reiteradamente declarada. Só por essa consideração já é possível perceber com clareza o valor econômico da informação constante no Edital, informação que, constante de declaração dotada de valor jurídico, suscitou a confiança dos ora Consultantes. Se não venderam naquele momento as ações de que eram titulares ou se, justamente naquele momento passaram a adquirir ações da CV, tornando-se sócios de uma companhia aberta que declarava sua intenção de continuar com o capital aberto é, justamente, ***porque confiaram na declaração feita***.

Nesse quadro, a *intenção declarada* de manter a companhia tal qual, com o caráter aberto, suscitando legitimamente a confiança, ***integra as circunstâncias que ensejaram a não-adesão das Consulentes ao convite para vender suas ações preferenciais*** em 1988 e em 1989, ou para adquirir essas ações *antes da incorporação societária* e enquanto tais ações ainda tinham um peso ponderável na totalidade do capital social (cerca de 19%), compondo a

140. STJ, REsp 197.622, Rel. Ministro Aldir Passarinho, j. 26.4.2006, decisão constante do noticiário do STJ com o título: "Comprador de *flat* da Encol obtém indenização por atraso na entrega da obra", in <http://www.stj.gov.br/webstj/noticias/detalhes_noticias.asp?seq_noticia=16976>, acesso em 28.4.2006.

relação pré-contratual de compra e venda de ações entre os então detentores do poder de controle e acionistas preferencialistas.

Essa confiança qualifica-se, indubitavelmente, como legítima.

Note-se que não se está a discutir, neste item, acerca do cumprimento dos deveres de prestação da BM, nem sobre se os controladores podiam, ou não, decidir sobre a mudança (fechamento do capital, como decisão empresarial em si mesma lícita). O que se está a discutir é o descumprimento de dever lateral ou anexo. Não tivessem sido exaradas aquelas manifestações no sentido de manter-se o capital da sociedade aberto, não teria havido dano imputável aos controladores, responsáveis pela declaração constante no Edital.

Assim, o dano (e o inadimplemento) não ocorreu porque a empresa exerceu os seus direitos decorrentes da lei (decidir fechar o capital), mas porque, ao assim proceder, em prazo curtíssimo em seguida à última promessa de ter a intenção de manter o capital aberto, desconsiderou as legítimas expectativas que criara por ato seu, ao declarar publicamente aquela intenção.

O dano decorreu, portanto, nesse ponto, de um ato positivo da empresa que desconsiderou deveres laterais dos investidores.

Concluí, portanto, que o dano — tutelável juridicamente — decorreu do descumprimento de deveres laterais de consideração aos legítimos interesses dos investidores e de dar informação séria, verídica, esclarecedora, completa, sendo esse o descumprimento que enseja o dever de indenizar, por aplicação do art. 159 do Código Civil de 1916, título jurídico da indenização pleiteada.

Sinalo que, do ponto de vista doutrinário e jurisprudencial, não há dúvida acerca da sua existência e eficácia para o regime obrigacional, seja no Brasil, seja na doutrina mais moderna européia, como acentuei ao longo da exposição.

Note-se, ainda que a "violação positiva do contrato" não exige a existência de um contrato, tanto assim que a figura passou a ser mais conhecida na Alemanha como violação positiva "do crédito" ou da "pretensão" (*Forderung*).

Por essa razão minha *primeira conclusão* (item 40) foi no sentido de, considerado meramente o teor das declarações, bem como as circunstâncias do mercado, tem-se que as sobreditas declarações foram aptas a gerar confiança legítima dos investidores na manutenção do capital aberto da companhia.

Porém, acresce que, sendo a intenção declarada de manter a companhia aberta, inserta nos Editais veiculadores da OPA, há ainda um reforço ao contido na primeira conclusão. Tais declarações vindo insertas em negócios jurídicos unilaterais de Oferta Pública de Ações, negócios marcados pela assimetria estrutural de poder negocial, incidem aos princípios hermenêuticos relativos à interpretação *pro aderente* (*segunda conclusão*, item 53).

Além do mais, não apenas o meio transmissor da declaração — qual seja o negócio jurídico da oferta — reforça a incidência e a intensidade dos deveres derivados da confiança. A posição dos Consulentes como acionistas não-controladores, preferencialistas, lhes conferia, ainda, *proteção peculiar* legalmente apreendida no verdadeiro *programa de transparência informativa*, destinado ao ***cabal esclarecimento dos potenciais interessados*** nas operações a realizar na bolsa de valores que é dedutível da Lei Acionária e de Resoluções da CVM, normas que devem merecer interpretação substancialista, uma vez que sua *ratio* se prende com a necessidade de possibilitar aos investidores a formação de uma correta decisão de contratar, implica a disponibilização, por parte da empresa emitente, de uma informação absolutamente ***completa e acabada***.

Assim, escrevi na *terceira conclusão* (item 71) serem essas as razões pelas quais na avaliação do "peso jurídico" da informação dirigida aos minoritários e aos potenciais investidores ("mercado") deve ser chamado o princípio da boa-fé *como regra de lealdade* (interna, isto é, entre acionistas e externa, relativamente aos potenciais investidores) *e como regra de proteção do equilíbrio* entre as diferentes classes de acionistas: detentores do poder de controle (e emissários da informação) e não-detentores do poder de controle (e destinatários da informação).

Esse princípio corresponde ao "dever reforçado de informar aos compradores" acerca de pontos essenciais à formação do consentimento esclarecido.

Diante dos fatos e do princípio, dúvidas não há que a BV/BM infringiu deveres informativos a que correspondem direitos informativos do acionista minoritário.

A essa certeza acresce a *quarta conclusão* (item 74) referente ao fato de a BV/ BM ter auferido a inegável vantagem de não ter que pagar, por ocasião da OPA, aos preferencialistas que em vista da informação constante nos Editais decidiram não vender suas ações por preço que era relativamente vantajoso. Em seguida, a mesma BV procedeu à incorporação da CV e fechou a companhia. O valor das ações dos preferencialistas despencou, sendo-lhes concedido apenas o valor do reembolso, muito inferior àquele estabelecido, quando da OPA, pelas mesmas ações. É também inegável o prejuízo sofrido pelos que confiaram nas informações editalícias.

Esse prejuízo, resultando da violação de dever jurídico configura-se como dano no sentido jurídico — e não meramente econômico — do termo.

2. Ao fechar o capital e avaliar as ações para fins de reembolso com critérios díspares os controladores da CV exerceram abusivamente o poder de controle?

Sim. A conduta abusiva manifestou-se em três momentos distintos, a saber:

(i) por ocasião das OPAs (por infração aos deveres informativos e de consideração aos seus legítimos interesses, agindo a BM em infração a deveres fiduciários);

(ii) quando da incorporação e fechamento do capital, no primeiro caso pela diferença nos critérios avaliativos dos patrimônios líquidos das sociedades participantes, ferindo-se o art. 264, *caput*, da Lei Acionária, e no segundo porque, nas companhias fechadas o minoritário, freqüentemente, se encontra bloqueado, sem ter outro comprador para as suas ações senão o próprio controlador, que costuma oferecer, por elas, um preço vil, o que se verificou no caso, sendo aprovado em Assembléia um valor quase 50% menor do que o devido (para os acionistas minoritários dissidentes, foi fixado o preço de CR$ 10,00 por cada ação, para efeito de reembolso; enquanto o investimento da Incorporadora BV na Incorporada CV foi avaliado pelos Srs. Peritos Avaliadores pelo valor de ***CR$ 19,19 por cada ação, resultando, como assinala o Sr. Perito Oficial***, "uma diferença de avaliação das ações representativas do capital social da CV de ordem de CR$ 9,19" (fls.).

(iii) pela não-eqüitativa relação de troca das ações, conforme esclarecido nos Pareceres dos Professores Barros Leães e Lamy Filho e estampado no Laudo do Sr. Perito M. G. O.

Da combinação entre (i), (ii) e (iii) tem-se a caracterização do que, na doutrina norte-americana, chama-se *squeeze-out* e *economic duress*, formas de conduta particularmente abusiva.

O ponto nuclear da conduta abusiva no tocante ao terceiro momento acima sinalizado liga-se com a específica hipótese de ***incorporação de companhia controlada***, não tendo sido observada a proteção adicional devida aos acionistas minoritários quando a incorporação ocorre entre controladora e controlada.

Por isso, como *quinta conclusão* (item 83), entendi manifesto o abuso por parte do controlador, cabendo a responsabilização por danos daí decorrentes na forma delineada na Lei Societária.

De tudo posso concluir que os Consulentes são titulares de pretensão indenizatória por dano à confiança, acrescido das perdas e danos em razão do abuso do poder de controle e da diferença ao valor de reembolso não-eqüitativo.

É o meu parecer.

De Porto Alegre para São Paulo, em 30 de abril de 2006.

Judith Martins-Costa

GRÁFICA PAYM
Tel. (011) 4392-3344
paym@terra.com.br

RDM 140

DOUTRINA: A INEVITÁVEL INSTABILIDADE DA GOVERNANÇA CORPORATIVA NORTE-AMERICANA – Mark J. Roe • RESOLUÇÃO POR ONEROSIDADE EXCESSIVA – Luiz Gastão Paes de Barros Leães • ***ATUALIDADES***: REFLEXOS DA TEORIA CONTRATUAL CONTEMPORÂNEA NA RESILIÇÃO UNILATERAL DA REPRESENTAÇÃO COMERCIAL – Sérgio Botrel • RACIOCÍNIO JURÍDICO FUNCIONAL A EXEMPLO DO DIREITO SOCIETÁRIO – Lorenz Fastrich • RESPONSABILIZAÇÃO NO DIREITO SOCIETÁRIO DE TERCEIRO POR OBRIGAÇÃO DA SOCIEDADE – Vinícius Jose Marques Gontijo • DA EXECUÇÃO CAMBIAL SEM CÁRTULA ORIGINAL NA HIPÓTESE DE PAGAMENTO PARCIAL DE TÍTULOS DE CRÉDITO – Fabrício Gonçalves de Souza Sabina • LIQUIDAÇÃO, ENCERRAMENTO E EXTINÇÃO DAS OBRIGAÇÕES DO FALIDO – Vera Helena de Mello Franco • DÉBITOS FISCAIS E A RECUPERAÇÃO JUDICIAL DE EMPRESAS – José Eli Salamacha • ALADI – CONTORNOS GERAIS DO SISTEMA DE INTEGRAÇÃO – Cláudio Luiz Gonçalves de Souza • A FUNÇÃO ECONÔMICA DAS PARCERIAS PÚBLICO-PRIVADAS (PPPs) – Marcos Barbosa Pinto • A *ICANN* E A REGULAMENTAÇÃO DOS NOMES DE DOMÍNIO – Luciana Batista Esteves • OPERAÇÕES DE CRÉDITO E A DISCIPLINA DO MERCADO FINANCEIRO – Renato M. Buranello • GERENCIAMENTO DE RISCO OPERACIONAL (Resolução CMN 3.380, de 29.2.2006) – Haroldo Malheiros Duclerc Verçosa e João Alberto Magro • CONSIDERAÇÕES GERAIS SOBRE AS CHAMADAS *FINANCIAL HOLDING COMPANIES* – Ricardo Simões Russo • HOMOLOGAÇÃO E EXECUÇÃO DE SENTENÇA ARBITRAL ESTRANGEIRA NO STJ – Marco Aurélio Gumieri Valério • ***ESPAÇO DISCENTE***: INTERNET: O CONCEITO DA ATIVIDADE EMPRESARIAL DE PROVIMENTO DE ACESSO PARA FINS TRIBUTÁRIOS — Tarcisio Teixeira • ***JURISPRUDÊNCIA COMENTADA***: SERVIDOR PÚBLICO – TERÇO CONSTITUCIONAL DE FÉRIAS – CONTRIBUIÇÃO PREVIDENCIÁRIA – NÃO INCIDÊNCIA – Renato Pelizzaro • ***PARECERES***: OFERTA PÚBLICA PARA A AQUISIÇÃO DE AÇÕES (OPA) – TEORIA DA CONFIANÇA – DEVERES DE PROTEÇÃO VIOLADOS – A DISCIPLINA INFORMATIVA E O MERCADO DE CAPITAIS – RESPONSABILIDADE PELA CONFIANÇA – ABUSO DO PODER DE CONTROLE – Judith Martins-Costa

MALHEIROS EDITORES